日本民俗学の創成と確立

椎葉の旅から民俗学講習会まで

板橋春夫

七月社

日本民俗学の創成と確立

椎葉の旅から民俗学講習会まで

＊

目次

凡例

一、引用文中の仮名遣いは原文のままとし、漢字は旧字体を新字体に改めた。振り仮名は原則として原文のままとした。
一、引用文中の傍線は、特記がない場合は筆者によるものである。
一、柳田國男の著作からの引用は、原則として新版の『柳田國男全集』によった。
一、人名の漢字表記は原則として新字体とした。ただし、「柳田國男」については旧字体のままとした。書名・論文名や引用文中に「国男」を用いている場合はそのままとした。
一、引用文中に、今日の人権意識に照らして不適切と思われる語句が使用されている箇所があるが、時代背景を考慮し、そのままとした。

序論　日本民俗学の生成と柳田國男

はじめに

1　研究の背景

日本民俗学の胎動・誕生・成長の過程を追っていくと、日本民俗学史は柳田國男のライフコースと分かち難い結びつきにあることを改めて気づかされる。柳田は、この新興の学問の枠組みを構想した人物であった。柳田のもとに集った人たちは、本格的な研究団体の組織化にあたって柳田を初代会長に戴いた。研究活動の拠点となる民俗学研究所は柳田の書斎であり、日本民俗学は柳田を中心としたサロン的研究集団から始まった。

日本民俗学を創始した柳田は、昭和三十七年（一九六二）八月八日に享年八十八歳の生涯を閉じた。彼の死後、日本民俗学会は会長を置かず代表理事の制度を長く維持し続けてきた。その事実一つをとっても、日本民俗学における柳田の偉大さとカリスマ性を感じてしまう。柳田は若いときに文学仲間と交流があったことは良く知られる。文学愛好者であった柳田は、東京帝国大学で農政学を専攻し、卒業後は農政官僚として活躍した。その柳田がなぜ日本民俗学を構想していったのか。西洋の Folklore の知識を柳田に伝授した南方熊楠の存在も忘れられないし、国際人の新渡戸稲造が自宅で開催していた郷土会サロンは柳田の人生に大きな影響を与えたと推測される。一人の人間の成長過程における学問の変遷・展開に関しては知りたいことが山ほどある。これが本書の根底を流れる課題となっている。

柳田は、日本民俗学を本格的に展開させる以前、雑誌『郷土研究』や雑誌『民族』を研究仲間と刊行してきた。その編集を通して全国各地の同好者と交流を展開していく。両誌は比較的短期間で終刊となってしまった。素人の雑誌運営と言えばそれまでであるが、日本民俗学の組織化ができると、研究誌の発行は順調に進む。柳田は雑誌運営によって人脈ネットワークの形成に成功したと言える。この点からも民俗関係の雑誌発行に着目する必要がある。

鶴ヶ谷真一は、『記憶の箱舟』で柳田の地名に関する記憶について論じた。鶴ヶ谷の研究に依拠して紹介する。柳田は、初対面の人には必ず「お国はどちら?」と聞いた。そして出身地を聞いた柳田が村はずれの神社には大きなクスノキがあったなどと語り出すので、相手はたいてい驚かされる。これは柳田の非凡な記憶力と全国を旅した際の膨大な知識が備わっている証左でもあった〔鶴ヶ谷 二〇一九 二四三〜二四八〕。雑誌発行にあたっては、柳田の記憶力と地名の知識が大いに役立ったことであろう。山村調査の調査地は柳田がすべて決めたという。柳田は抜群の記憶力と旅の体験によって日本民俗学の構想及び組織化に成功したのではないか。柳田の旅に注意を向ける必要を感じる。記憶を引き出すキーワードとしての地名にも関心を向ける必要があることを教えてくれる。

2 研究の目的と立脚点

以上述べてきた疑問点や問題点を整理してみると、本書の課題は、①日本民俗学の構想にあたって、柳田と周囲の人物たちがどう関わってきたのかを明らかにする、②柳田の旅と民俗研究の実践との関係性を明らかにする、③柳田の西洋学問の導入と民俗学理論がどう関わっているかを明らかにする、という点に絞られていくであろう。本書の目的は、以上の課題を踏まえながら日本民俗学の創成と確立の過程に関する学史を詳述することにある。学史研究の前提として、小池淳一の見解に耳を傾けておきたい。小池は、国立歴史民俗博物館の共同研究「日本における民俗研究の形成と発展に関する基礎研究」の成果論集『民俗学的想像力』の中で、以下のように論じた。

民俗学の歴史とは何か。その指し示すところは論者の立場によってかなり多様なものとなるだろう。個々の学説をたどることもそうだろうし、民俗学者を列伝体で回顧することも学史に違いない。民俗研究の組織体や媒介となった雑誌などに焦点をすえることも可能である。しかし、民俗学史を名乗る以上は、現代にあって民俗学と関連する諸分野における研究に携わりながら、そこにおける個々の研究の営みを見つめ直しつつ、過去の先達の営為に対する考察が行われるべきだろう。つまり、学史研究は民俗研究の現状や現場と離れてはあり得ない、というのが我々の立場である。

〔小池 二〇〇九 一〇〕

小池によると、日本民俗学史を追究する方法には、①学説史、②人物伝、③組織と雑誌、に着目する三つのアプローチがあるという。①学説史は、いわゆる学説による分類である。②人物伝は、民俗学者の伝記をオムニバス風に記述していくものである。講談社の「日本民俗文化大系」では、人物の評伝によって一つの民俗学史を構成させている。また、人物列伝として瀬川清子・植松明石編『日本民俗学のエッセンス〔増補版〕』がある。二三名の民俗学者について、民俗研究者が執筆した評伝オムニバスである〔瀬川・植松編 一九九四〕。この書は②の成功例であろう。③組織と雑誌は、関敬吾の「日本民俗学の歴史」で採用された方法で、雑誌の発行と研究団体との関わりを検討した〔関 一九五八〕。団体の象徴である雑誌の発行に着目した民俗学史の試みであった。三つのアプローチは、いずれも一長一短がある。

このオーソドックスな方法に対し、小池たちは果敢にも民俗研究の現場からの視点による学史研究に立ち向かった。筆者は民俗研究に従事する人間であり、この方法が最も正攻法であると考える。しかし、そこには大きな困難が予測される。それは過去の論文をどれほど読み込めるか、井の中の蛙的な発想に陥らないか、現代に活かす工夫と未来への展望が問われる。本書は、小池の論じる民俗研究の視座から民俗学理論を評価し、さらに人物伝にも着目していきたい。それは象徴的なエピソードによって、研究の特徴や時代の変化が把握できると考えるからでもある。

ここで日本民俗学史研究に際して、筆者が配慮した三つの留意点について述べておく。第一点は、過去に活躍した民俗学者の研究・活動の評価にあたっては、彼らの生きた時代背景や研究環境に十分留意した評価をすべきであるという立場である。現在の学的水準をもとに、単純に論じてしまう危険性を排除したいと思う。電灯がつかなかった時代に、畳の上の埃が見えていないではないかといった論評は成り立たないということである。第二点は、過去と現在における学的状況の連続性を考慮すべきである。物事には何らかの連関があるものであり、常に関係性を考慮した思考が問われるように思う。連鎖の位置づけを検討していきたいと考える。第三点は、数多くの著作と論文を読み込む必要がある。一人の人間にできることは限られている。可能な限り原著に当たる努力をしていくことであり、批評・批判も正当に判断することを心掛けていきたい。そして、隣接諸科学からの批評には真摯に向き合っていきたいと思う。しかし、民俗学への評論によく見られる一過性の流行的批評に対しては、厳格な選別をしていきたい。

柳田没後の日本民俗学は、高度経済成長期に地域社会が大きく変貌するのを横目で見ながら、ひたすら伝統回帰を続けていった。この時期に柳田ブームが起こり、柳田生誕一〇〇年を迎えた昭和五十年（一九七五）に一区切りした。一九七〇年代は柳田の著作が読まれた時代でもあった。しかし、福田アジオ『種明かししない柳田国男―日本民俗学のために―』によると、一九九〇年代に入ると柳田批判が出始め、日本民俗学は耐用年数切れといった批評も出てきた。そして、柳田の著作から課題を抽出し、新しい日本民俗学を目指そうとする動きや柳田回帰をめざす「先祖返りの民俗学」の兆候も一部に見られるようになった。いずれも力を持つことなく、次第に柳田を参照しない民俗学が一般化していったという〔福田 二〇一三―一二〇〜一二一〕。柳田をほとんど参照しない現状を見ると、果たして健全な学問環境と言えるだろうか、と思うことがある。その素朴な疑問が筆者の学史研究を推進させる背景となっている。

一　日本民俗学史における柳田國男

1　日本民俗学史と柳田國男研究の関係

福田アジオは、平成二十一年（二〇〇九）に『日本の民俗学―「野」の学問の二〇〇年―』を上梓した。初めての本格的な日本民俗学史である。福田は、同書で日本民俗学史を専門的に研究する研究者がいないこと、柳田國男論の盛況を受けて柳田から自立した日本民俗学史がないことなどから、柳田を正当に位置づける必要性を感じて執筆に臨んだと述べた〔福田　二〇〇九　二〕。福田の「あとがき」は、以下のように記される。

「はじめに」で日本民俗学史を柳田國男の民俗学史にはしないことを表明したが、通して読み返してみると、結局柳田國男中心の記述に陥っていることを痛感した。柳田國男の存在の大きさを再確認した。しかし、柳田國男が民俗学を形成する時期に、同時代に並行してさまざまな民俗学形成の努力もなされていた。柳田國男に組みせず（ママ）、柳田國男に従属せず独自の民俗学形成を目指した人々もいる。残念ながら、その点を十分に明らかにすることができなかった。〔福田　二〇〇九　三〇五〕

福田が追懐するように、日本民俗学の確立・展開の過程に関しては、柳田の存在を抜きに語れない部分が多すぎる。むしろ最初から柳田中心の論述構成を視野に入れたほうが、より鮮明に学史を明らかにできる可能性が高い。福田の立場は、思想史分野の柳田論に与せず、また無批判な柳田追随者でもない。その福田が令和五年（二〇二三）に出版した『種明かししない柳田国男―日本民俗学のために―』の中で、「民俗学は一定の対象と方法をもった学問分野であり、柳田国男の思想や主張表現の手段ではない。民俗学は柳田国男から切り離さねばならないであろう」と改めて強調している〔福田 二〇二三 一〇〇〕。この主張は、柳田國男が創始した民俗学と現在の日本民俗学の関係を見直すべきであるという見解と理解しておきたい。

本書では、福田の指摘を念頭に置きつつ、柳田をめぐる社会状況と人物群像、そして柳田が提出した民俗学理論などを詳述することを心掛けた。アジア太平洋戦争後の日本民俗学会は、内外の憂慮を抱えながらも発展を遂げていく。本書はそこに至る日本民俗学の創成から確立までの日本民俗学史を描き出すことに努めた。年代的には一九〇八年から一九三五年前後までのわずか四半世紀であり、柳田國男の三十代から還暦に至る時期に当たる。柳田のライフコースと日本民俗学の創成・成長が深く関わることから、最初に柳田の生涯を概観しておきたいと思う。

2 柳田國男の生涯

柳田國男の概説は、牧田茂『柳田國男』を嚆矢とする〔牧田 一九七二〕。詳細な伝記には、後藤総一郎監修・柳田国男研究会編『柳田国男伝』がある。同書は一一四二頁の大冊である〔柳田国男研究会編 一九八八〕。両書に依拠しながら、柳田の生涯を概観してみたい〔1〕。

柳田は、明治八年（一八七五）七月三十一日に、飾磨県神東郡田原村辻川村（現、兵庫県神崎郡福崎町辻川）で、父松岡操、母たけの四男として生まれた。出生時の同居は、両親と長兄、三兄の四人だけであった。師範学校を出て地元の小学校長になった長兄鼎が結婚し、新妻も家族と同居することになる。しかし二夫婦の同居は難しく、長兄の嫁は出ていってしまう。その悲劇を引き起こした家について、柳田は「日本一小さい家」と称した。その生家は現在保存公開されている。失意の長兄鼎は上京し東大医学部別科に学び、医師となって茨城県北相馬郡布川町（現、北相馬郡利根町）で開業する。そして、明治二十年（一八八七）八月に三兄井上通泰に連れられて十三歳の國男は兵庫県から旅立って布川へと向かった。長兄鼎の元に預けられたのである。長兄は医院の運営が順調になると、家族全員を引き取ったのである。兵庫から茨城へ転居した國男にとっては、西日本の暮らしと東日本のそれを比較する契機となった。明治二十三年（一八九〇）には、三兄の井上通泰を頼って東京へ出ていく。そして、明治二十六年（一八九三）に第一高等中学校に入学し寄宿舎生活を始めた。東京帝国大学の学生時代には文学青年たちと各地を旅している。愛知県渥美半島伊良湖岬に滞在して、岸辺に流れ寄った椰子の実を発見し、それを島崎藤村に語って藤村が詩作したことは良く知られている。

明治三十三年（一九〇〇）に東京帝国大学を卒業し、農商務省農務局に入る。その翌年の明治三十四年（一九〇一）には、柳田直平の養子となって柳田國男となる。この時期から農政官僚として活躍をしていくのであった。全国くまなく出張したのは、この明治三十年代であり、農政官僚として講演旅行や視察で全国各地を訪れた。宮崎県椎葉村の旅もそのひとつであった。日本の農業政策の指導的立場にあった人物がなぜ民俗学研究へ転進していくのかという疑問がある。柳田の旅の体験にその兆しが存在すると思われるが、その探索は困難を極めそうである。

日本民俗学の軌跡をたどるときに、明治十七年（一八八四）に東京帝国大学の坪井正五郎を中心に設立された人類学会の存在を無視することはできない。同会は明治十九年（一八八六）には東京人類学会と名称を変更し、同年から『人類学会報告』を発行した。後に、『東京人類学雑誌』と名称は変わるが、現在に続く日本で一番古い雑誌である。東京人類学会の設立時、明治八年（一八七五）七月三十一日生まれの柳田はまだ十歳になっていなかった。学問の胎動期を考察するにあたって、科学であるかどうかという視点で日本民俗学史を執筆した関敬吾は「日本に近代科学が移入され、科学的自覚にもとづいて民俗学的諸問題がとりあげられた時から、私の叙述ははじまる。民俗学研究の端緒は人類学研究に求めることができよう」と論じた〔関 一九五八 八四〕。東京人類学会との関わりが顕著に見えるのは、「蝸牛考」であろう。日本で最初に方言周圏論を提唱した論文である。その発見の芽生えは、柳田の旅にあったと推測できる。

二　本書の視点と構成

本書は、日本民俗学の創成期と確立期を研究対象とした。創成期は、日本民俗学の胎動期というべき時期である。柳田が民俗学へ転進していく画期となる三部作に着目した。年代としては明治四十一年（一九〇八）から大正十二年（一九二三）までの約一五年間である。柳田が農政官僚としての旅で得た知識と、その成果である『後狩詞記』『石神問答』『遠野物語』の三部作の考察を深めた。『後狩詞記』に関しては、先行研究の批評と新発見資料によって詳細に論じた。『石神問答』は研究蓄積が皆無であり、基礎的研究から分析を試みた。『遠野物語』は、日本民俗学からの論評が意外と少ないので、民俗学的な活用の観点から考察を進めた。そして、郷土会の活動と内郷村調査に関しては、参加者の確定など基礎的研究を行った。柳田のジュネーブ滞在の足かけ三年間は学史研究の未開拓領域であるが、先行研究に依拠して概論的にまとめながら問題点の提示を試みた。

確立期は、柳田の民俗学理論が形成され、組織化を迎えるまでの時期である。年代としては昭和二年（一九二七）から昭和十年（一九三五）前後が該当し、約一〇年間の短い期間である。この確立期に、民俗学理論が載る『民間伝承論』（一九三四年）と『郷土生活の研究法』（一九三五年）の二冊が刊行された。柳田は、若手研究者に対して、昭和八年（一九三三）から民間伝承論の講義を始めていた。『民間伝承論』は口述筆記である点が特徴である。そのために同書は『定本柳田國男集』に収録されなかったので、民俗学研究者でも同書を目にする機会は少なかった。両書の刊行とその準備過程を見ると、この時期が民俗学理論の形成期に措定できるであろう。それに先立ち、昭和二年（一九二七）から「蝸牛考」を『人類学雑誌』に連載する。主要な方法論が出揃うのが一九三五年前後であった。

理論に関連して、それを試行するための実践が重要になってくる。民間伝承論の講義を受けた若手研究者を調査員とした山村調査の大事業が始まった。この事業は大々的な総合調査であり、これによって日本民俗学に実践力が伴うことになった。『採集手帖』を片手に全国各地の山村へ調査に向かった。そのまとめをする中、柳田は還暦を迎える。それを記念した日本民俗学講習会が昭和十年(一九三五)に開催された。その講習会の最終日に民間伝承の会が結成された。これによって日本民俗学の理論と実践に続く、組織化が果たされたのである。本書は、この日本民俗学講習会の開催実施までを対象とする。

本書は、序論・本論・結論で構成され、本論は二部構成とした。本論の二部は日本民俗学の時期区分として、創成期と確立期の二区分を考えてみた。そして、それに対応した章構成としている。

[1] 柳田國男の生涯を取り上げた書籍は、牧田茂『柳田國男』(一九七二年)以来、多数出版されている。柳田の生涯を扱ったものとして、橋川文三『柳田國男』(一九七七年)、牧田茂編『評伝柳田國男』(一九七九年)、岩本由輝『柳田國男』(一九八二年)、同『続柳田國男』(一九八三年)、後藤総一郎『柳田国男論』(一九八七年)、川田稔『柳田国男その生涯と思想』(一九九七年)、藤井隆至『柳田国男』(二〇〇八年)、鶴見太郎『柳田国男』(二〇一九年)などが挙げられる。思想史分野からの評伝が多い。一方、民俗学者の書いたものとして、大藤時彦『柳田國男入門』(一九七三年)、福田アジオ『民俗学者柳田国男』(二〇〇〇年)、同『柳田国男入門』(二〇一七年)などがある。大藤の書は、柳田國男の評伝と言うよりも民俗学入門書である。民俗学者の評伝は、柳田の生涯は概論的記述であり、民俗学理論の解説に力点が置かれる傾向にある。菅野覚明『柳田國男』(二〇二三年)は新書サイズながら、柳田の学術性を十分押さえた評伝となっている。

Ⅰ　日本民俗学の創成期——民俗学の胎動　一九〇八～一九二四年

第一章　『後狩詞記』にみる民俗学理論の萌芽

はじめに

柳田國男は、農政官僚時代に『後狩詞記』『石神問答』『遠野物語』の日本民俗学創成期の三部作を出版した。『後狩詞記』は第一冊目であった。ロナルド・A・モースは『近代化への挑戦―柳田国男の遺産―』で、「柳田のわずか六十九頁ばかりの本は、土地の慣習の簡単な説明を付した狩ことばの語彙集であった。この語彙集によって、彼は、自然と宗教的行事と人間的残留の諸要素とを織りまぜてひとつの有機的統一体を作ろうと試みたのであり、猟師の物質生活と精神生活の全体的な見方を再構成しようと努力したのである」と批評した（モース　一九七七　一五八～一五九）。この指摘は卓見であると思う。

昭和二十三年（一九四八）九月十二日、民俗学研究所で開催された「民俗学の過去と将来　座談会（上）」で、柳田は「一言でいふならば、明治四十一年に九州地方を長く歩いた事があつたが、その時に今日民俗学でやつてゐるやうな事を、どうしてもやらなければならないと思つた。その頃は、まだ民俗学といふ言葉はなかつた。この事も今日の問題にしてもらひたいとおもふ。九州を歩いた時、椎葉村といふ村に入つたが、そこが珍らしく印象の深い村だつた。それが因縁だね」と語った（柳田ほか　一九四九ａ　一二七）。柳田自身は『後狩詞記』を民俗学の出発点と認識していた節がある。

神島二郎・伊藤幹治編『シンポジウム柳田国男』で、米山俊直・神島・伊藤の三名が「旅と柳田民俗学──『雪国の春』『秋風帖』『海南小記』──」と題して鼎談した。米山は柳田にとって旅と読書は車の両輪であったと語る（米山 一九七三 六五～六八）。伊藤は「柳田民俗学は旅を土台として構築されている。そしてその旅は柳田が転換期を迎えるたびに行なわれていた」と指摘した（神島・伊藤編 一九七三 八三）。柳田の旅はいつも何らかの転換期に連動していたという指摘であるが、民俗学転進の糸口を探していた筆者には一つの啓示となった。本章では、米山と伊藤の指摘を念頭に置きながら、明治四十一年（一九〇八）の宮崎県椎葉村の旅を取り上げる。この旅から『後狩詞記』が生まれた。本章では、先行研究の批評を通して、椎葉村の旅が柳田の民俗学理論の萌芽にどのような影響を与えたかという命題に迫ってみたい。

一　先行研究の検討

1　楢木範行「椎葉紀行」、野間吉夫『椎葉の山民』、宮永真弓『海から聞こえる笛』

楢木範行と野間吉夫の二名は、柳田の椎葉村の旅を追体験した人物であった。楢木は、昭和七年（一九三二）十二月末に椎葉へ向かった。交通の不便さは柳田の時と比べて安楽になったと考えたいが、実際はどこへ出るにも椎葉村から一日費やして歩かなければならず、明治時代とさほど変わっていない。昭和八年（一九三三）時点にカンテラを用いる家は半数で、残りはタイマツなどで辛抱していると「椎葉紀行」に記している（楢木 一九三三 三四～三六）。この紀行は方言調査が目的であったが民俗的な記述も多い。野間は、九州大学農学部で村落社会学を専攻した新聞記者である。大学時代に小出満二教授の指導を受けた。当時早川孝太郎が助手として小出のもとにいたので早川の指導も受けた。その早川は、当時椎葉村長黒川盛衛と親しかったという。『椎葉の山民』には、昭和四十年代に再訪した記事が載るが、同書の内容は昭和十年代の資料に基づいたものである。野間は、昭和十九年（一九四四）に椎葉を訪問し、柳田を案内した当時の村長中瀬淳宅に一泊した。同書の口絵には着物姿の中瀬が収まり、「中瀬淳翁」の項目には、中瀬から聞き書きした正月言葉のことなどが記された〔野間 一九七〇 一〇四〜一〇七〕。宮永真弓は『海から聞こえる笛』（朝日新聞社、一九八一年）の「椎葉人」で、柳田國男の椎葉村入りと柳田の中瀬村長宛書簡での執筆依頼を紹介した。宮永自身が鶴富屋敷に滞在した折の詩情豊かなエッセイである〔宮永 一九九七 四〇〇〜四一五〕。

2　山口保明「日向の狩猟とその伝承―柳田国男『後狩詞記』を視座に―」

山口保明の論文「日向の狩猟とその伝承―柳田国男『後狩詞記』を視座に―」は、地元の猪狩り伝承と『後狩詞記』の比較を試みた。田山花袋の『縁』を引用しながら柳田の椎葉村の旅を紹介した。柳田の椎葉の旅について「椎葉村では中央の官吏の来村ということで、中瀬淳村長以下が襟を正して迎えることとなり、この時の柳田は紋付袴に白足袋の、いわば貴公子風の姿であったと伝えている。柳田は中瀬村長宅に五泊して、すっかりうちとけ〈猪狩りの話〉の聞き手となった」と記した〔山口 一九八八 一二二〕。山口論文は、後述の牛島盛光の研究以前の執筆であり事実誤認はやむを得ない。山口によると、柳田は三兄井上通泰の知人である宮崎市の眼科医杉田直（俳号作郎）と会っている〔1〕。『杉田作郎日記』に柳田が農業経済講話をしたことや出発時の見送りのことが記されているという〔山口 一九八八 一二二〕。山口は、柳田の椎葉村への旅が現地調査と民俗語彙の基礎になっている点も指摘した。

3　野本寛一の民俗語彙の指摘

山口論文以降、『後狩詞記』に関する論考が見当たらない中、野本寛一が『柳田國男全集』五巻（ちくま文庫）の「解説」を執筆した。野本は、『後狩詞記』が「民俗語彙」を集積して一定分野の民俗の総体を描き出す方法を採ったと指摘し、それが「分類民俗語彙」や『綜合日本民俗語彙』の嚆矢であると指摘した〔野本 一九八九 五四七〜五四八〕。野本は、自身の現地調査資料をもとに、①中瀬の家に五泊して村内を歩いたこと、②中瀬淳の次女からの聞き書きをして柳田が中瀬家に宿泊した部屋があることを解説した。それらの指摘の多くは、飯田辰彦によって事実誤認であることが明らかにされた。

4　赤坂憲雄と松本三喜夫の山人への着目

赤坂憲雄は、平成三年（一九九一）に『山の精神史―柳田国男の発生―』を刊行した。同書は、季刊雑誌『創造の世界』六八号〜七五号に連載した原稿の加筆訂正である。「柳田は都から訪れた貴種として、椎葉の村人たちに迎えられたのである。その日の晩から、柳田は村長中瀬淳の家に一週間ほど滞在した」と従来説を解説する〔赤坂　一九九一　五五〕。赤坂は山人論に関する貴重な見解を提示している［2］。松本三喜夫『柳田国男と民俗の旅』では、「椎葉村への旅と『後狩詞記』の世界」で上記の通説が紹介される。定型化した民俗への関心に触れ、山人への注目にも言及した〔松本　一九九二　一一九〜一四一〕。

5　牛島盛光編著『日本民俗学の源流―柳田国男と椎葉村―』

牛島盛光は、論文「幻の『後狩詞記』―柳田國男の手紙は語る―」で、『後狩詞記』の研究が急速に展開するのは、大学の講義で柳田の『後狩詞記』を解説した際に受講生（中瀬淳の曾孫）が牛島に声をかけてきたのが発端であったと述べる。牛島は中瀬淳の長男沂《のぼる》（静岡県三島市在住）が柳田の中瀬淳宛書簡を保管していることを知った〔牛島　一九九〇　三二〕。調査の結果、牛島は『日本民俗学の源流―柳田国男と椎葉村―』を著し、新説を発表した［3］。従来は、柳田は熊本で広瀬弁護士に奈須地方の話を聞き、人吉でも同じ話を聞いて椎葉村への旅を熱望した、椎葉村では村長中瀬淳の家に五泊したというのが通説であった。それが田山花袋宛の絵はがきの新発見によって、柳田の椎葉村における止宿先と行動経路が明らかになった。『後狩詞記』の成立過程に関しては、牛島の同書が基礎資料である。牛島は椎葉の旅を、①熊本の広瀬弁護士と鍋屋旅館の主人から聞いた話、②都城で同宿した宮崎県知事による焼畑の話、に触発された偶然性の強い動機によるものと考えた〔牛島編著 一九九三 三五〜三六〕。同書と同年月発行の三浦佑之「柳田国男の目覚め―『後狩詞記』と『遠野物語』―」があることを付記しておく。その後、牛島は「『後狩詞記』の付録『西山小猟師　獅子弐流』の出自とその校訂釈文」を『日本民俗学』二二九号に載せた。熊本の弁護士広瀬完爾と人吉の旅館主富田清作の情報が記される。柳田の出張は、内務省の嘱託としての旅であったことを明らかにした〔牛島 二〇〇二〕。

6　藤井隆至の農政学的視点

藤井隆至は、『柳田國男 経世済民の学―経済・倫理・教育―』の「第五章『後狩詞記』の学問的意義」で『後狩詞記』を取り上げ、「郷土」を措定した点を強調した。書名の由来から語り、村人は稲作民であって狩猟民ではないと論じた。柳田は椎葉村で稲作を試みることに反対し、適地適産の政策論を主張した〔藤井 一九九五 一九八〜二〇二〕。藤井は『柳田国男―『産業組合』と『遠野物語』のあいだ―』を著したが、同書「第三章『後狩詞記』を読もう」では、柳田が椎葉村へ向かった動機を山茶の商品化と焼畑の割替慣行の調査であると推測し、椎葉村で自助と協同の精神を見出した点を指摘した。藤井によると、柳田は椎葉村が自力で作成した『椎葉村是』を読んでおり、九州出張の翌年執筆の「農業経済と村是」の中で、柳田は専門家ではない村人が自力で作成した意義を高く評価した。藤井は、『後狩詞記』は語彙に着目した書であると評価し、幸田露伴「水上語彙」に端緒があると指摘した〔藤井 二〇〇八 一二一〜一二三〕。民俗語彙に着目した野本寛一の指摘に通じる。

7　石井正己の書誌研究

石井正己は、平成十一年（一九九九）の『柳田國男全集』一巻に収載された『後狩詞記』の「解題」を執筆した〔4〕。

執筆時における先行研究を網羅している。明治四十二年(一九〇九)三月十二日発行の同書奥付に「発行兼編著者　柳田國男」とあり、正確には「編著」であったことも明らかにした。「東京市牛込区市ヶ谷加賀町二丁目十六番地」は養父の自宅であった。同書は小豆色の表紙である。目次、序、本文三五頁、付録一三頁から成っている〔石井　一九九九　七七六〕。柳田は「予が出版事業」で、「この本は現在むやみに景気がいゝが、実は私の著書では無く、日向の椎葉村の村長の口授を書写、それに或旧家の猟の伝書を添へて、やゝ長い序文だけを私が書いたもの」と述べている〔柳田　二〇〇三　二三五〕。石井は、成城大学民俗学研究所編『諸国叢書』第二輯の千葉徳爾解説と中瀬淳書簡が載る『諸国叢書』第三輯を紹介した。石井は、ヨーゼフ・クライナー編『日本民族の源流を探る―柳田國男『後狩詞記』再考―』に、論文「書簡に見る中瀬淳と柳田國男」を寄稿している。牛島が翻刻した書簡以外に、未公開の書簡三点を翻刻している。柳田は、椎葉の旅以降も折に触れて中瀬と書簡のやりとりをしていた。

8　江口司『柳田國男を歩く―肥後・奥日向路の旅―』

江口司の著書『柳田國男を歩く―肥後・奥日向路の旅―』は、牛島の著書をもとに柳田が歩いた足跡を踏査した民俗誌である。柳田の止宿した家の子孫を訪ねて詳細な聞き書きをした。熊本県菊池市の菊池神社の「社務所日誌」に柳田の参拝記録を見出し、阿蘇神社の「社務日記」にも柳田が参拝したことを確認している。江口は柳田の旅の動機について考察する中で、古川古松軒と橘南谿を紹介した。この二人は希望したが、椎葉村へは足を運べなかったのである。柳田は、熊本県八代市で八代神社の禰宜の緒方小太郎を訪ねている。緒方は国学者で神風連の生き残りで、『石神問答』に出てくる人物である。書簡では狩猟図の借用が話題になっていた〔江口　二〇〇八　八三～八五〕。

柳田は、熊本市で弁護士の広瀬完爾に会った。五木村の焼畑訴訟事件の弁護人で、柳田にその詳細を教示したと思われる。同書は「熊本の弁護士広瀬某」という人物を突き止めた〔江口　二〇〇八　八七～九七〕。その調査は、牛島の補完に留まらず、従来の研究を超える情報に満ちている。江口は、柳田の椎葉村への旅の動機について、①近世紀行家二名が椎葉村へ未踏であったのでぜひ行きたい、②焼畑における山茶生産を見ておきたい、③焼畑をめぐる現地調査の名目、を挙げた〔江口 二〇〇八 一四六～一四七〕。①と③の動機は従来ほとんど指摘されていない新しい見解である。

9 ヨーゼフ・クライナー編『日本民族の源流を探る』シンポジウム

平成二十一年（二〇〇九）六月、法政大学で「柳田國男『後狩詞記』出版記念シンポジウム」が開催された。参加したヨーゼフ・クライナー、野本寛一、原田信男、池谷和信、佐々木高明の五名、及び石井正己と中村羊一郎の二名が寄稿した書籍が刊行された。『後狩詞記』をめぐる学際的研究書である。猪の食用と供犠という視点、山茶がウーロン茶や紅茶の生産につながるかもしれないという柳田の視点、アジア地域における焼畑と狩猟における比較民族学的視点、宿借りに見る旅人と山の神信仰の視点など、多角的な論考が収録されており、『後狩詞記』の研究が総合的に行われる意義を見出した論集である。

10 飯田辰彦『のらさん福は願い申さん―柳田國男『後狩詞記』を腑分けする―』

飯田辰彦『のらさん福は願い申さん―柳田國男『後狩詞記』を腑分けする―』は、奇抜な書名である。副題の「腑分け」は狩猟に関する用語である。豊富な写真が収載され、椎葉村の景観や狩猟文化などが堪能できる。飯田は、野本寛一が、ちくま文庫版『柳田國男全集』五巻の「解説」に記した間違いを指摘した〔飯田 二〇一五 二二～二四〕。飯田は、牛島が推定した山道を実際に確認し、牛島の見解も一部修正した。牛島が調べた椎葉村の止宿先と行動経路を写真と文で詳細に紹介している。

二 先行研究の成果と課題

柳田が、椎葉村で何を見て、何を考えたかが先行研究のテーマである。椎葉村への入村経路と止宿先も先行研究では問題になっていた。この点に関しては、牛島の研究成果が画期となるが、牛島の研究も完璧ではない。飯田によると、柳田の椎葉村訪問は熊本の広瀬弁護士、人吉の旅館主人、宮崎県知事から聞いた焼畑の話などに触発されたもので、極めて偶然性の強いものであったという〔飯田 二〇一五 五五〕。この指摘に関しては課題も残る。柳田の九州旅行の行動経路とその詳細に関しては、江口司『柳田國男を歩く』が詳しい〔江口 二〇〇八〕。止宿した記録である親族宛絵はがきの公表前の調査である点に留意しておきたい。

本章では、江口が指摘した三点のうち、①近世紀行家二名が椎葉村へ未踏であったのでぜひ行きたい、③焼畑をめぐる現地調査の名目、という新しい見解の検証が必要になる。柳田が思いつきで急遽椎葉村へ出かけたのかという疑問の解決につながる。千葉徳爾が論じたように、柳田の椎葉訪問の表向きの動機は、焼畑跡地に生育する山茶の産業的価値の調査や椎茸やコンニャク栽培の調査であったと考えられる〔5〕。少なくとも、猪狩り調査が目的ではなかった〔千葉 一九八五 二〇五〕。この点に関しては、藤井隆至と田中宣一も同意見である〔6〕。柳田は、焼畑と狩猟を主とする山村における、個人所有を原則としない土地所有のあり方、人びとの互助協同の実態、そして山の神信仰に多大なる関心を持ったという〔田中 二〇一七 二二〕。

藤井隆至によると、柳田は宮崎県知事と対談した際、椎葉村に農業慣行としての割替が現存していることを聞いて実際に見たいと思ったというが、江口の見解では、県知事の意見はそれほど強力な動機ではなかった。椎葉村には焼畑を割替する慣行がまだ残り、その慣行は自助と協同の精神が宿る点を柳田は見抜いたのであった。割替慣行は、貧しい人には土地を多く分け、裕福な人や家族数が少ない家は耕地を減らす方式である。それを柳田は「社会主義の理想の実行さるゝ椎葉村」と表現した〔柳田 二〇〇六a 六二七〕。割替慣行は全国各地の僻村に残存し、柳田は椎葉村の旅でその割替慣行を聞き取りしたはずであるが、『後狩詞記』に割替慣行は記されていない。

三　椎葉村の村入り時の白足袋エピソード

明治四十一年（一九〇八）の九州・中国・四国をめぐる旅行（五月二十四日から八月二十二日の約三か月間）は、柳田にとって最も長い国内旅行であった。旅の最後に宮崎県椎葉村を訪問した。同年七月十三日から十九日まで六泊七日の滞在であった。ここで椎葉村への村入りについて考えてみたい。村入りの様子に関しては、宮本常一の「柳田國男の旅」で紹介されたエピソードがよく知られている。当時、国や県の役人が地方に出かけると、迎える側では関係者が威儀を正して迎え入れるのが通例であった。椎葉村では、地元の中瀬村長らが出迎えることになった。宮本常一が「柳田國男の旅」で紹介した文章を以下に引用してみる。

> 私は昭和十五年春中瀬翁から直接きいたのであるが、「当時この山中を訪れる中央の官僚などほとんどいなかった。ところが法制局の参事官が来ると県庁から電報があって村の者はおどろいた。それまで県の下級官吏の来るときは洋服に脚絆をつけ、草鞋ばきが多かった。参事官はどういう支度で来るであろうかということが問題になり、とにかく道の両側の草を刈り、村の入口の中山峠の上まで村長以下吏員、有志が羽織袴で迎えにゆくことになった。峠の上で待つほどに下から上って来た人を見ればまだ若い、しかも紋付に仙台平の袴をはき、白足袋姿の貴公子で、旅姿ではなかった。これには全く度胆をぬかれた」それが中瀬翁の述懐であった。
>
> （宮本　一九七九　一〇五〜一〇六）

白足袋姿の柳田に関して、船木裕は『柳田国男外伝—白足袋の思想—』で宮本の該当部分を引用して論じた。同書刊行以来、柳田の旅を「白足袋の旅」と揶揄する表現を見かける。船木は、柳田が天皇制国家官僚として白足袋で一般民衆の中に踏み込んだと評した〔船木 一九九一 二〇二〕。しかし、その論拠である宮本の文章には瑕疵があることが牛島によって証明されている。

官僚による袴と白足袋の着用は、初対面の挨拶儀礼における支度であった。宮本が本人から「直接聞いた」と記しているので、宮本の文章を信用してしまう。高齢者が昔の出来事について記憶をたどりながら語った点に留意が必要である。宮本常一の文章は聞き書きの面白さを感じるが、資料の裏付けに課題を残した。牛島盛光の詳細な研究は、柳田の椎葉村における行動を明らかにした。中瀬村長らと柳田たちが出会った峠は牛島の推測どおりであろう。中瀬村長らが見た柳田の服装に関しては、宮本の記述の通りであったと理解しておきたい。

四　花袋宛絵はがきにみる椎葉村の止宿先

牛島盛光『日本民俗学の源流―柳田国男と椎葉村―』では、椎葉村へ向かうルートが異なっていることが指摘された。椎葉村への村入りの峠が違うらしい。その判断の決め手は柳田が田山花袋に送った一枚の絵はがきであった〔館林市教育委員会文化振興課編 一九九一 一八六～一九二〕。

牛島は、この絵はがきによって椎葉に向かうルートなどの再考の必要性に迫られた〔7〕。昭和三十七年（一九六二）のNHKテレビ番組での発言、宮永真弓（元朝日新聞記者）が昭和三年（一九二八）に中瀬淳から聞いたという話（『海から聞こえる笛』角川書店、一九八一年）、中瀬元平（中瀬淳の孫）が叔母の椎葉ハル（中瀬淳の次女）から聞いた話、そして牛島が椎葉ハルから聞いた話、などをすべて再検討した。その結果、牛島は「結論を言えば、以上の証言はみな嘘ということになる」と衝撃的な結論を発表した〔牛島編著 一九九三 二二一～二二三〕。牛島によると、「五夜中瀬君と同宿」の箇所に関しては、「中瀬宅に五泊し、大河内の椎葉宅に一泊、合計六泊した」といままで解釈していた間違いに気づいたという〔牛島編著 一九九三 二二三〕。仮に、中瀬宅に五泊したとすれば、村内各地を探訪するために片道一五キロか

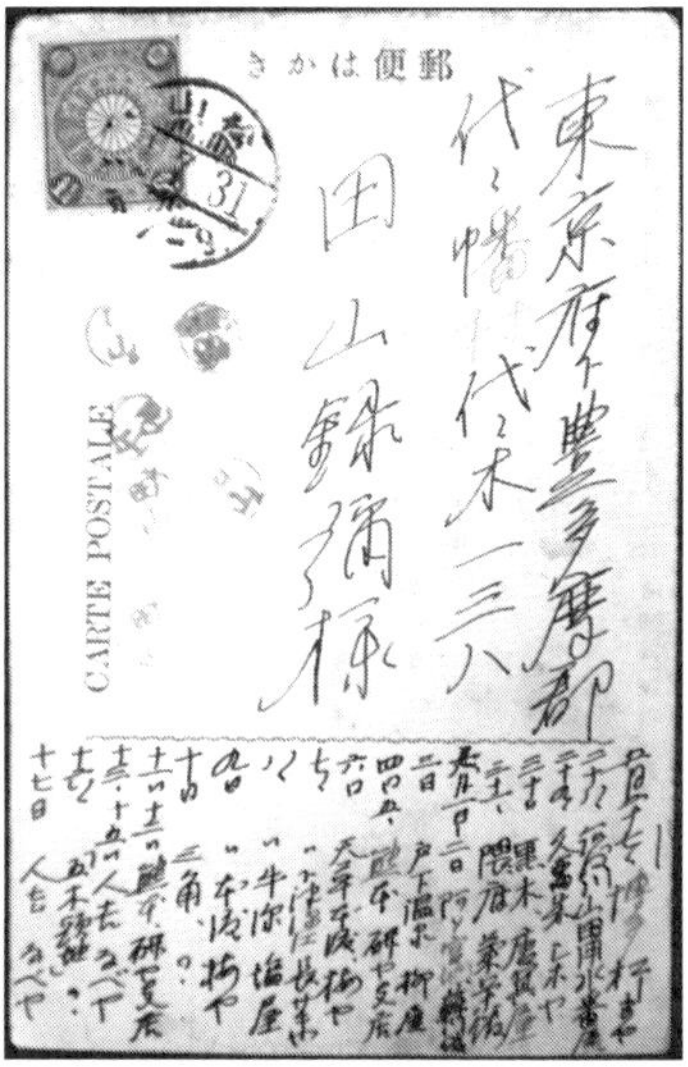

図①②　田山花袋宛絵はがき。明治41年（1908）7月31日の消印がある（館林市立田山花袋記念館所蔵）

ら二〇キロの山道を峠越えで往復することになる。現地調査をしてからまた戻るという時間がかかる行程を選択することになる。これに関しては、三浦佑之も田山花袋の絵はがきによって、従来の見解が誤りであることに気づいた。しかし三浦は、椎葉村全村をくまなく歩いたことを指摘しながら、中山峠で村長以下、村人の出迎えを受けたとしている（三浦　一九九三　五九）。この点に関しては、牛島のほうが実証的で、三浦は通説の足枷から脱却できていない。

柳田が花袋に宛てた絵はがきを見ると、柳田の九州の日程がびっしりと書かれている（図①②）。牛島は、この絵はがきを検討した結果、柳田と村長らが出会ったのは中山峠ではなく、笹の峠であったであろうと推測した（牛島編著　一九九三　一二三）。牛島は夏の炎天下（実際は雨模様が続いていたらしい）において、山道を四時間以上歩いた後に、峠の直前で羽織袴に着替えて威儀を正して会うことは過剰な演出であると考えているが、迎える側が正装するのであれば、当然迎えられる柳田はそれ相応の支度をしなければならないであろう。

宮本常一の文章は既に引用したが、宮本が本人から聞いた話として書いたので、たいていは信頼してしまうであろう。しかし、牛島の詳細な分析によって、宮本の文章には聞き間違いと誇張があることが判明した。柳田が椎葉村に入ったのは、通説の中山峠からではなく、笹の峠からであった。さらに、椎葉村滞在中は中瀬村長宅に連泊していたという通説を採用していた人にとって、牛島の著書は衝撃的であった。牛島は、柳田と中瀬が同じ宿に泊めてもらって一緒に行動したと判断した（牛島編著　一九九三　二三〜二四）。柳田の花袋宛絵はがきに記された地名は、表①の通りである。

牛島は『日本民俗学の源流―柳田国男と椎葉村―』で詳細を検討し、「柳田国男の椎葉村旅行行程図」を付けた。牛島の研究によって、椎葉村への入村と巡回経路が明らかになった。飯田辰彦によると、桑弓野の郵便局を営む黒木盛衛家に七月十四日と十七日の二回宿泊しているが、十七日は二度目であるから中瀬村長は自宅に帰宅して、柳田だけが宿泊した可能性があるという（飯田　二〇一五　四四）。筆者はその意見に同意したい。椎葉村六泊のうち、柳田は中瀬と五泊を一緒にしたという記載に符合するからである。

五　家族宛の絵はがきにみる椎葉の旅

さらに牛島の推測を補強する資料がある。それは成城大学民俗学研究所が保管する「絵はがきコレクション」である。柳田が、明治三十九年（一九〇六）から同四十二年（一九〇九）までの旅行時、家族へ宛てた絵はがきを綴ったアルバム三冊から成っている。絵はがきの写真版と翻刻が掲載される『民俗学研究所紀要』四六集別冊（「柳田國男旅先からの絵はがき」）が令和四年（二〇二二）に刊行された。翻刻には今野大輔と林洋平の二名があたり、今野が解題を執

表①　田山花袋宛絵はがきにみる行程
（『田山花袋宛柳田国男書簡集』より作成）

期　日	葉書に記入された地名・人名	地　　名
7月12日	神門？	宮崎県東臼杵郡南郷村神門 （現、美郷町）
7月13日	椎葉山中松尾村松岡久次郎	宮崎県東臼杵郡椎葉村下松尾
7月14日	椎葉桑弓野　黒木（郵便局）	宮崎県東臼杵郡椎葉村桑弓野
7月15日	同大河内　椎葉徳蔵	宮崎県東臼杵郡椎葉村大河内城
7月16日	同不土野　那須源蔵	宮崎県東臼杵郡椎葉村不土野坂元
7月17日	同桑弓の　郵便局	宮崎県東臼杵郡椎葉村桑弓野
7月18日	同椎原　那須鶴千代*	宮崎県東臼杵郡椎葉村下福良
7月19日	馬見原　八田氏	熊本県阿蘇郡蘇陽町馬見原 （現、上益城郡山都町）
7月20日	三田井　フヂヤ	宮崎県西臼杵高千穂町三田井

*『田山花袋宛柳田国男書簡集』では「那須鶴蔵」と誤読

筆している。同書には、椎葉村の旅に関する絵はがきは三点（便宜上、①～③とする）が載る（図③～⑤）。①（「絵はがきＢ50」）は、養父柳田直平宛の絵はがきで、以下のように記される（読みやすさを考慮し、筆者が適宜句読点を補った）。

①（「絵はがきＢ50」）

七月十二日、宮崎より約二十七里の山村東臼杵郡南郷村神門《ミカド》に着、明日より数日間椎葉村に入り申候、同行八県技師渡部吉田平野の三氏、桑原同属、田尻郡吏員、椎葉村々長、役場員等大勢にて、沿道の世話尤も周到に付、御心配被下ましく候　國男

（成城大学民俗学研究所編　二〇二二　一九四～一九五）

この絵はがきによれば、柳田側は、柳田本人と宮崎県技師の渡部・吉田・平野の三名、桑原同属、田尻郡吏員、の計八名である。『柳田國男全集』別巻一（年譜）によると、「渡部豊技師」と出てくる（小田編　二〇一九　五九）。椎葉村側は、中瀬村長が全期間にわたって案内したと思われるが、三好利八校長や甲斐医師が加わったであろう。少なくとも一〇名内外で、徒歩移動したのであった。柳田らの到着を告げる前触れをする役目も必要であった。食事・休憩・宿泊などを考慮に入れると、この椎葉村の旅はかなり大がかりな旅程であった。しかも天候は梅雨時でありいつも雨が降っていたのである。山道に加えて足元は決して良くなかったと言えよう。②（「絵はがきＢ51」）には、以下のように記される。

②（「絵はがきＢ51」）

七月十三日、椎葉村下松尾松岡久次郎方一泊、七月十四日、同村桑弓野黒木盛衛方一泊、七月十五日、同村大河内椎葉徳蔵方一泊、十二日以来又日々雨、山中無聊に候、國男

（成城大学民俗学研究所編　二〇二二　一九六～一九七）

この「絵はがきＢ51」には、「一泊」という記述が見える。泊まり歩いたことを証明するものである。そして、③（「絵はがきＢ52」）は、以下のように記される。

③（「絵はがきＢ52」）

七月十六日、椎葉村大河内ヲ発シ、小崎ヲ経テ不土野着五里、七月十七日、不土野発、同尾前ヲ経テ再桑弓野ニ

図③④⑤　柳田直平宛絵はがき（上より B50・B51・B52）（成城大学民俗学研究所所蔵）

カヘリ一泊、六里、七月十八日、桑弓野出発、今夕ハ椎原泊、國男（成城大学民俗学研究所編 二〇一二 一九八～一九九）

これを総合的に見ていくと、牛島が推測した順路はほぼ間違いがないことが明らかである。宿泊先については「一泊」の表記があり、出かけた地域で宿泊していたことが明らかになった。徒歩による移動経路に関しては、牛島及び江口の推測どおりである。

なお牛島は、『柳田國男事典』の「椎葉」及び「『後狩詞記』」の二項目を執筆している。「椎葉」の項目で「柳田国男の椎葉旅行行程図」を付けている。七月十五日は、椎葉徳蔵家で宿泊し、「狩りの伝書」を見せてもらった。この古文書は、柳田に『故郷七十年』の中で「日本民俗学の出発点」と言わせた『後狩詞記』の種本であった。七月十七日は、桑弓野の郵便局を営む黒木盛衛家に泊まるが、黒木家には計二泊した。牛島によると、桑弓野では、三好利八校長や甲斐医師が夜の談話に来た可能性があるという（牛島 一九九八 七〇五）。

六 杉田作郎の記録にみる柳田の動向

山口保明は、宮崎市在住の眼科医杉田作郎に着目した。作郎は俳号で、本名は直《なお》である。山口論文「日向の狩猟とその伝承―柳田国男『後狩詞記』を視座に―」の中で、『杉田作郎日記』と『回顧八十年』を用いて、柳田が椎葉村へ入る直前の動向を指摘していた（山口 一九八八 一二一～一二二）。筆者は、この資料が宮崎県立図書館に所蔵されていることを確認した。以下に紹介する翻刻は初公開となる。

1 『杉田作郎日記』にみる明治四十一年の記録

明治四十一年（一九〇八）七月に柳田國男が宮崎市にきて、三兄井上通泰の友人で眼科医の杉田直に会っているが、その杉田は日記を残していた。ここではその日記から柳田に関する部分を抜き出してみる。

七月八日　雨
風雨各地ノ渡船止マル
電灯コノ夜ヨリ光薄し
七月九日　雨
コノ朝、司法省法制局参事官柳田國男氏（井上通泰氏舎弟）着宮、夕桑原氏ヨリ通知ニ付夜訪問仕申候、伊（亥）角渡辺
成合三氏アリ、九時半帰宅、
七月十日　晴
柳田参事官午後一時ヨリ、郡会議事堂ニテ農政経済講話アリ
午後五時、柳田参事官、浅井技師同伴来訪、同時岡峰氏来訪、午後六時半、柳田氏慰労会（泉亭）、内ニ会者三
橋・亥角・浅井・塚本・渡辺、吉田、成合、七人、午後九時散会、帰途旅館神田橋柳田氏ヲ訪ヒ、同訪ノ桑原氏
同道、十時半帰宅
七月十一日　曇
朝八時柳田参事官ノ出発ヲ神田橋ニ見送ル、同行者、渡辺、吉田、（椎葉迄同行）見送り三橋、浅井、後レテ成合
氏参
七月二十八日　晴
井上通泰氏ヨリ礼状来ル

2　『回顧八十年』の記録

『回顧八十年』は杉田作郎の手書きの書である。明治四十一年（一九〇八）の七月九日の項に、以下の記事がある。

七月九日　井上通泰氏ノ弟、司法省法制局参事官兼書記官、柳田國男氏来宮（井上氏ヨリ通知シ来リ居ケリ）、十日、郡会議事堂ニテ農政経済講話アリ、夜、泉亭ニテ慰労宴会ヲ開く。

『杉田作郎日記』と『回顧八十年』における柳田関連の記事を拾ったところ、新たに以下のことが判明した。まず、七月九日に出てくる「桑原氏」は「桑原属官」とあるので、柳田に同行した内務省の役人と思われる。そのために、途中から杉田に連絡をしたり、慰労会後にも柳田の宿へ同道したりしている。杉田は、桑原属官から柳田が宮崎へ到着する旨の連絡を受けた。夜、杉田が柳田のいる旅館へ挨拶に訪問すると、そこには亥角（事務官＝警察部長）・渡辺（＝「渡部」の誤記？／技師）・成合（事務官補）の三名がいた。そして、七月十日に柳田の講演後の慰労会に参加した七名は、三橋徳三（事務官）・亥角仲蔵（事務官＝警察部長）・成合徳次（事務官補）・渡部豊（技師）・浅井熊作（技師）・吉田登（技師）・塚本常弥（宮崎郡役所郡長）である。三橋は宮崎県庁では知事高岡直吉に次ぐ人物であり、いずれも県庁のトップクラスの役人たちであった。

七月十一日、柳田の出立にあたって、同行者として渡部・吉田の二名が付き添い、それを三橋・浅井・成合が見送りしている（肩書きは明治四十一年『県庁職員録』による）。柳田の養父直平宛絵はがきには、県技師渡部・吉田のほかに平野の名がある。この平野は、『杉田作郎日記』には出てこない。『県庁職員録』に「内務部技師平野篤夫」の名がある。渡部・吉田と同じ部署であるので同一人物と推測する。

杉田作郎の手稿『回顧八十年』の明治四十一年（一九〇八）七月九日の項に、柳田が「井上通泰氏ノ弟」とわざわざ書くのは、杉田は井上と東大医学部の同窓であり、井上から弟が宮崎訪問すると伝えられていたからであった。

七　田山花袋『縁』にみる椎葉の旅

田山花袋宛の絵はがきに、なぜ詳細な行程が記されていたのだろうか。そのヒントは花袋が明治四十三年（一九一〇）に出した『縁』にある。花袋は自然主義文学者で自伝的な作品が多く、『縁』もその範疇に属する。主人公の服部清は花袋本人、田舎の住職は花袋の妻の兄太田玉茗、友人の西は柳田國男、田辺は国木田独歩という具合であった。描かれている内容はほぼ事実のままであるとされる〔前田　一九七三　七四六〕。『縁』に描かれた柳田の椎葉村の旅は、以下のように記される。

日向の海岸の道には、馬車が時間で立場から発つやうになつて居た。松並木の間からは日向灘の波がをり〳〵白く見えた。

県庁のある町に近づいたのは、もう午後四時を過ぎて居た。ある立場からは、パナマの古く汗に滲んだ帽子を冠つた洋服の男と、これも矢張背広を着た三十二三の男と、透綾の羽織を着た商人風の男とが乗つた。背広の男はある旅から帰つて来たといふ風で、パナマ帽の男に頻りに其話をして聞かせた。

「椎葉の山の中はそんなにひどいですかな。」

「ひどいつて何のつて、それはお話になりやしません。路なんてないやうな処を歩くんですから。」

「よくそれで東京の人は歩いて行きましたな。」

「え、中々足の達者な方で……見かけによらん人でした。事務官などは随分弱つて居りましたけれど……」

「で、今日は延岡からですか。」

「え、県の境まで送つて行つて別れて来ました。事務官は一緒に別府まで行くつていふことでした。」

「今度来た人は、若くつて中々学者だつていふことですねえ。」

「え、気の置けない話が旨い人でした。」

「中央政府から来た人のお供も中々大変ですな。」

パナマの男は慰め顔に言った。

中央政府の役人に椎葉の山の中までついて行つたといふ県庁の属官は、日に焼けた黒い顔をして、いかにも疲れたといふ風に見えた。

〔田山 一九七三 一一四～一一六〕

この記述は、実際の椎葉村の旅の描写に近いように思われる。花袋は小説の素材にしようと考え、柳田から絵はがきを送ってもらい、期間は少し短いが、花袋自身も柳田の九州の旅の足跡をたどった。花袋が書いたように、柳田に同行した県職員から直接聞き書きをできたかどうかは不明である。県職員が「ひどいつて何のつて、それはお話になりやしません。路なんてないやうな処を歩く」と語るのは、幾分誇張が含まれるにしても、山道を歩くのが大変であったことを想像させる。七月十二日から数日間は雨に降られていたようなので苦行であったかもしれない。そのような環境にあっても、柳田は健脚であった。

八　中瀬淳との往復書簡

柳田への情報提供者は、村長の中瀬淳とされてきた。千葉徳爾は『諸国叢書』二輯の解題で以下のように解説している。

宮崎県東臼杵郡椎葉村において、狩に関心の深い村長中瀬淳氏と地域の歴史を研究していた小学校長三好利七氏とが、柳田先生にこの土地の生活とその史実とを交々、提供したことがらを、先生の解釈を加えて記録したものである。
〔千葉 一九八五 二〇五〕

千葉の解説する「三好利七氏」は、三好利八であるが、従来取り上げられなかった人物である〔8〕。柳田『後狩詞記』の中には、その名前が出てこないためであろう。千葉によれば、柳田の指示によって、宮崎県佐土原で晩年を過ごしていた三好利八を訪問し、一泊させてもらって話を聞いたという〔千葉 一九八五 二〇五〜二〇八〕。三好は、郷土史に詳しかったので柳田の旅に同席したのであろう。それは柳田の中瀬淳宛の書簡に三好の名が出てくることからも確認できる。柳田は帰宅後に中瀬へ手紙を書いた。帰郷後は多くの人に椎葉村のことを語ったと述べた後、猪狩りのことを詳しく執筆して欲しいと依頼した。『諸国叢書』三輯に掲載された、中瀬淳宛の明治四十一年（一九〇八）十月二十五日付書簡に、以下のような記事が見える。

来月十一日にハ又東京ニ於ける有力なる一学会ニ於て焼畑に関する小生が調査を報告し、かねて椎葉ニ於ける観察をも述可申考に候　而して更に御多忙なる貴下ニ学問上の御助力を煩し度願有之候　御地方と雖、猪ハ段々少くなり、猪狩の慣習も将来漸く衰へ候事他地方の山村と同しからんと想像せられ候か、其に先ちて貴下の如く熱心なる猪狩人の居らるゝ間ニ記録して世ニ伝へ度ハ山中の地名ニ有之候　御承知の通山とか麓とかいふ名称ハ平地ニ住する人民の見聞にて付与したる名詞なれハ其数少く到底山地々形の委曲を尽すこと能ハす、而も一方ニハ地理学の研究ハ益細微ニ入るニ折角国民か昔より使用せる語ありなから之をすてゝ外国語の翻訳を用ゐるハ不本意にも有之、又当を得さるの恐も有之候故、御地方なとニて狩人の山中に通暁せる者の使用するハエとかニタとかいふ種類の方言を凡て集め置度小生考に候　斯道の大家山崎教授（直方氏）なとも之を切望せられ候間、何と

そ御ひまに御心掛御集め被下、可成ハ画又ハ文字にて詳しき御説明を御附被下度候　（柳田　一九八六　九二）

書簡中の「来月十一日」とは、明治四十一年（一九〇八）十一月十一日のことである。『柳田国男年譜』を見ると、「有力なる学会」とは行政研究会であり、そこで「九州南部地方の民風」の報告をした（小田編　二〇一九　六二）。柳田は帰郷後に出張したときの記録と記憶をていねいにまとめていた。その過程で、柳田は中瀬へ書簡で猪狩りの詳細と、椎葉に伝わる狩人言葉の記録化を依頼した。単なるお願いではなく、図を付けたり説明書きを詳細に記して欲しいと懇願した。さらにオコゼの伝説や椎葉徳蔵家で見た狩りの文書の書写を依頼した。中瀬村長は、自身も狩猟が好きであったが、猪狩りは焼畑を荒らす害獣駆除の役割も果たしていた。肉の需要もあったであろう。柳田は中瀬たちから狩猟伝承を聞き、帰郷後に中瀬へ原稿にまとめて欲しいと依頼したのである。

翌明治四十二年（一九〇九）一月八日の書簡を見ると、中瀬は詳細を送っていることがわかる。中瀬は猪狩りの言葉はどこにもあるとでも書いたのだろうか。柳田は重要性を強調して出版に向けて準備しており、「あれにて都人士どもをびっくりさせる腹に候」と書いた（柳田　一九八六　九四）。続く文面には「松岡三太郎老」「那須右門君兄弟」「黒木局長」「甲斐国手」「三好校長」の名が出てくる。「松岡三太郎」は一番目に泊まった松岡久太郎の父または祖父であろうか。「甲斐国手」の国手とは医師のことである。「三好校長」は國學院出身の三好利八である。柳田が椎葉の旅でたくさんの人に会って交流を深めていた事実を裏付けるものである。『民間伝承』六巻六号（一九四一年）の「会員通信欄」に以下の文章が載る。

★旧臘自分が別府に遊び候際近親の別荘滞在中、往古より上椎葉那須大八郎宗貞に縁故ある旧家に伝はる狩の巻を一見致候これあながち素人の作成せしにあらず民俗誌の参考となるべきかと被思候に付帰京の節必ず御目にかけ候様中間置候拙老事は正に七十八歳に達したるもまだ軽易の労働をなし余生を送り今一度は貴容に接し度一念

に候山ヲコゼは其節持参すべく候（日向　中瀬淳）【註　中瀬翁は「後狩詞記」と縁故深き古老】〔中瀬　一九四一　一〇〕

石井正己は、中瀬淳が柳田に送った書簡をそのまま掲載したと推測している〔石井　二〇一二　一二七〜一二八〕。中瀬は柳田との邂逅以来、狩の巻やオコゼに関心を持ち続けていたことがうかがえる。柳田の旅がいかに強い磁力を持っていたかを感じる短報である。中瀬は柳田に会え、「山ヲコゼ」を柳田へ手渡せたのであろうか。これに関して野本寛一に「旅の継承」というエッセイがある。野本によると、中瀬淳は娘のハルと一緒に柳田邸を訪問したという。東京に初めて空襲があった昭和十七年（一九四二）のことで特別誂えの矢を土産に持っていった。山オコゼではなかった〔野本　一九九八　六〕。

九州旅行の長旅から帰った柳田は、各界の人たちに椎葉村を含めた九州の旅の見聞を語った。その中に水野葉舟がいて、その内容に触発された水野が柳田へ佐々木喜善を紹介することになった。『遠野物語』と『後狩詞記』は同時期の執筆であったので構成が似通っている。この類似性に関しては三浦佑之が既に指摘したように、序・本文・古文書の順で配列している〔三浦　一九九三　六〇〕。『後狩詞記』は付録「狩之巻」がある。『遠野物語』は、それに対応させ獅子舞唄を掲載した。両者は構成など体裁を合わせている。

九　『後狩詞記』の農政学的評価

1　農政学からの評価

並松信久は「柳田国男の農政学の展開─産業組合と報徳社をめぐって─」の中で、『後狩詞記』における協同自助の精神について論じている。焼畑の割替慣行を取り上げ、平等性と助け合いの精神があることを紹介した〔並松　二〇一

〇 一〇四）。並松は、同時期の『農業政策』の中で地域の特性を論じるが、あくまでも農政学との関わりで理解しようとする。並松は『後狩詞記』を産業組合の精神と重ね合わせて、以下のように記した。

『後狩詞記』は、主に猪猟の狩詞を紹介した書籍という体裁をとっているが、柳田にとって、その猪狩の形態は自身の産業組合論とのつながりを暗示させた。猪狩を行なう場合は、老練者の指揮のもとで各自が自分の役割を分担して遂行されている。柳田によれば、猪狩は協同と自助の精神を前提として成り立っている狩猟であった。柳田は椎葉村の猪狩について、産業組合の精神を重ね合わせて観察している。〔並松 二〇一〇 一〇五〕

並松によると、柳田にとって農政学と民俗学との境界はないに等しかったという。そして、柳田が農政官僚時代にいだいていた問題意識は、民俗学へそのまま引き継がれたという。並松は、一般に言われるように農政学に挫折して民俗学へ移っていったという不連続の視点ではなく、あくまでも連続性を保っていたという考えを採っている〔並松 二〇一〇 一一三〜一一五〕。この視点に関して、天艸一典は『都市と農村』の分析から、農政学から民俗学への流れを発展・継承と捉え、並松と同様に連続説を強調した〔天艸 一九八九 一四〜一五〕。この視点は、東畑精一が提示した考えに近い。東畑は、内発的な発展方向に民俗学が存在したと考えており、天艸のような必然としての連続性とは若干異なっている〔東畑 一九六一 四〇〜四五〕。以上に関しては、藤井隆至が『柳田國男 経世済民の学―経済・倫理・教育―』の中で整理している〔藤井 一九九五 三〜一〇〕。

2 「九州南部地方の民風」にみる焼畑の割替慣行と山茶

『後狩詞記』について、採集資料であるとか民俗調査書などという評価があるが、同書はあくまでも猪狩りに特化した書である。同書からは、旅の意図と成果などは明確に見つからない。椎葉村への旅が柳田國男の民俗学転進に関連していることを考えると、その旅における見聞記録を探してみる必要がある。椎葉村の猪狩りが焼畑慣行と関係することは、同書の序でわずかに触れる程度である。柳田は帰郷後に行政研究会で講演したが、その談話記録が「九州南部地方の民風」として、『斯民』四編一号に掲載された。雑誌は、明治四十二年（一九〇九）四月発行である。この談話記録は以下のように一二の見出しで構成される（「　」内が見出し、↓は筆者による内容要約）。

① 「古日本の民俗を窺知すべき九州の山村」↓山地の概説と野生茶の存在。
② 「九州の中心たる阿蘇山彙」↓阿蘇山とその周辺山村の概説。阿蘇・奈須・矢部の地名の指摘。
③ 「山民の土地保有に関する思想」↓山村の土地所有に関する特徴。
④ 「奈須の山村に於ける珍奇なる事実」↓山林原野の地目がない。みな畑となっているという事実と焼畑の特色。
⑤ 「社会主義の理想の実行さるゝ椎葉村」↓焼畑の所有の分割方式がユートピアに近いと述べる。
⑥ 「宅地及開墾せる土地に対する山民の思想」↓共有地が焼畑耕作後、一定期間は広大な草地となっている。共有地の私有を著しく嫌う傾向がある。
⑦ 「中世思想の遺響」↓土地に関する慣習以外にも古い中世の思想が残っている。
⑧ 「九州南部を旅行して感じたる点」↓牟田・古閑という湿地帯や新開地を示す地名が多い。
⑨ 「九州の名家旧家と新移住者」↓鎌倉前後に開拓に従事した氏族が名家として残っている。
⑩ 「九州南部の山間部に於ける水田耕作の隆昌」↓米食の増加によって山間奥地でも水田を行う傾向がある。しかし、米以外の農作物に着目すべきである。
⑪ 「米食人種、水田人種の優勝」↓山民研究の必要性。
⑫ 「九州南部に於ける製茶業」↓天然の山茶、椎茸の生産の将来。

これを見ると、最初に掲げられた「古日本の民俗」云々に驚く。この当時、柳田は「民俗」の用語を使用していた。この場合の「民俗」は、現在の使用に比較的近いと思う。土地の保有に関する考え方は、その事例を紹介しながら特徴を認めている。それは個人所有ではなく、共有的であるという点であった。その点に関して、柳田は焼畑の所有慣行について、「社会主義の理想の実行さるゝ椎葉村」と表現した。社会主義の理想とする共有が現実に実施されていたことに驚いたのである〔9〕。

柳田は、椎葉村における焼畑とそれに伴う山茶・椎茸の存在をことのほか強調している。山茶と椎茸は山間地の特産品にすべきという見解も記されている。それに合わせて、山間部でわざわざ水田耕作をする必要はないという意見も付している。それは自立できる産業の一つという意味もあった。この談話記録はていねいに報告されたが、『後狩詞記』はあくまでも猪狩りがテーマの書籍であるため、それらの重要な点が記されることはなかった。

耕作地を一定年限で交換する割替慣行は、江戸時代に各地の新田など生産力の不安定な地域に多くみられた。江戸時代には農民の年貢負担を均等化する役割も果たしていたのである。水田の割替と畑・山林（山林の場合は山分けともいう）なども あり、洪水常襲地帯、地滑り地域などで災害によって耕地が減少したり位置がわからなくなったりすることがあるなど、一定しない場合もこの割替慣行が行われた。椎葉村では、柳田が訪問した明治四十一年（一九〇八）時点で、現行習俗として残存していると聞き、柳田はそれを実際に自分の目で確かめたかったと思われる。

十　『後狩詞記』の民俗学的意義

1　民俗語彙への着目

『後狩詞記』は語彙集の性格を持っている。その点に関しては、従来から指摘されていたことであった。野本寛一は、ちくま文庫版『柳田國男全集』五巻に収載された『後狩詞記』の解説で、「手法として『民俗語彙』を集積する形で一定分野の民俗の総体を描き出すという方法が注目される」と指摘した〔野本 一九八九 五六〇〕。福田アジオは、「ニタ」の項目見出しのカタカナ表記は中瀬が柳田に送った「猪猟の話」で採用されたという。中瀬が語彙に対する漢字を思いつかなかったのかもしれないが、カタカナ表記は中瀬の考案であった可能性もあるという〔福田 二〇一三 四三〕。地域で日常的に用いる語彙を重視する姿勢は、後の研究姿勢へ連なっている。民俗語彙に関して、柳田は『分類漁村語彙』の序で以下のようなことを記しているのである。

露伴先生の水上語彙を見たのは、明治三十一年か二年のことゝ思ふが、是が此集の発願の日であつた。大正の初めの頃、甲寅叢書の計画を立てた際に、私は先生を訪ねて、あの本の増修再刊を勧めたのだが、それは容易な業で無いからと謂つて辞退せられた。実際当時は未だ地方に今日のやうな同時採集も起らず、いつ迄坐して待つて居たら、どれほどの漁民の生活が明かになつて来るといふ見込も付かず、よほど気の長い者でも、是をさう大きな学問上の労作とは、考へることが出来なかつたのである。〔柳田・倉田編 一九三八 序二〕

『分類漁村語彙』は、当初は『島』に連載したものを一冊にまとめたものである。昭和八年（一九三三）五月五日発行の『島』一巻一号の「漁村語彙」の「序」は、以下のような書き出しで始まる。

四十年余りも前に、幸田露伴氏の水上語彙といふものが、神戸の智徳会雑誌の別冊付録として出たことがあつて、私なども久しく其本を蔵して居た。再版せられてはどうかと勧説したこともあつたが、増補が容易で無いからといふことで承諾せられなかつた。先生は自身東国の河と海とを採集せられたが、他の地方にはまだ同志が至つて尠なかつた。さうして彼集の主たる資料となつた「物類称呼」の単語が、是ほどまで変化無く今も行はれて居たことは、あの頃はまだ之を確めることが出来なかったのである。

〔柳田　二〇〇二　三九〕

民俗語彙への着目は、幸田露伴の「水上語彙」が淵源であることを柳田自らが語った。露伴の作品は「物類称呼」からの引用が多く、語彙を中心として船に関する知識を体系的に論じた。連載が終わると『分類漁村語彙』が出版され、「序」は上述のように、『島』に書いた序を改訂したものである。「水上語彙」は、明治三十年（一八九七）七月の『智徳会雑誌』四〇号に載った論考で、倭寇の歴史を書くために船に関わる語彙をたくさん収集して語彙集としたのである。それを友人に雑誌掲載を勧められ、投稿掲載したのである。しかし、露伴自身は倭寇の歴史を書いていないので、準備だけで未完に終わった。露伴は柳田の三兄通泰の友人で柳田も面識はあった。柳田は露伴の「水上語彙」を読んで影響を受けた。柳田は、椎葉村長の中瀬から送られた原稿を見て「狩猟語彙」をまとめようとした可能性が高い。柳田が中瀬にカタカナ表記のアイデアを語った可能性もあるが、筆者は十分な論証資料を持ち合わせていない。

２　周圏論の発想と比較研究の芽生え

柳田は『後狩詞記』の「序」で、椎葉村の主たる生業の焼畑について詳しく紹介した。焼畑の作物が猪によって被害を受けるために、畑のまわりにヤエジメを挿した。髪の毛を焦がして串に結び付けたヤエジメは焼占であり、中世荘園の榜示と起源が同じであろうと述べた。続けて以下のような指摘をした。

焼畑の土地は今も凡て共有である。又茅を折り連ねて垣のやうに畑の周囲に立てること。之をシヲリと言つて居る。栞も古語である。山に居れば斯くまでも今に遠いものであらうか。思ふに古今は直立する一の棒では無くて。山地に向けて之を横に寝かしたやうなのが我国のさまである。

〔傍線原文〕〔柳田　一九九九a　四三五〕

柳田は、椎葉村を旅をして焼畑に古い言葉が残っていることを例示しながら、日本の歴史の時間軸を一本の棒にたとえたのであった。その棒を横に倒してみると、過去と現在の関係が地理的な面に反映されるという理論である〔10〕。山地に古いものが残るという発想が、後に方言周圏論として理論化されていったと推測される。当然それは比較の視点にも連なっていった。柳田は語彙を取り上げた後に、注記を付している。それを見ると、椎葉村のことではなく、遠くは群馬県下仁田の事例などを紹介している。明らかに比較の視点が入っている。また、松崎憲三は序文の解読をする中で、古いものと新しいものとが同居する驚きの表現があるという。これは『後狩詞記』と『遠野物語』に共通している点であると指摘している〔松崎　二〇一二　九二〕。明らかに新旧の比較の視点である。『後狩詞記』には、その後に展開する民俗学理論の芽生えがあると言えよう。

まとめ

本章は、柳田が明治四十一年（一九〇八）七月に出かけた椎葉村をどう歩き、何を見たのか、そして何を考えたのかを考察することを目標とした。椎葉村の旅は、日本民俗学の黎明期における旅であった。柳田は椎葉村の旅から帰ると『後狩詞記』を出版した。同書は「日向国奈須の山村に於て今も行はるゝ猪狩の故実」という長い副題をもつ、猪狩りに関する語彙集である。牛島盛光の研究の意義は大きい。柳田の椎葉村の旅における行程や止宿先が、柳田から花袋宛の絵はがきの発見によって明らかになった。その後、江口司と飯田辰彦が現地調査で牛島説を補完した。江口は椎葉村への旅の動機に関する新見解を提出した。それは牛島説よりも蓋然性が高く説得力がある。さらに成城大学民俗学研究所に保管される家族宛の絵はがきによって、牛島の推測が補完されることになった。

柳田の九州旅行は、九州縦貫鉄道の開通に合わせて計画されている点も興味深い。椎葉村の旅は、明治四十一年（一九〇八）七月十三日から十九日までの六泊七日の期間であった。通説では、中瀬村長の家に泊まり続けて村内を歩いたとされてきた。しかし、実際は行く先々の旧家で宿泊した。ある意味では無駄のない行程であり、宿泊先で話を聞いたり、椎葉家のように狩りの書を見る機会を得たのである。柳田の単独行動ではなく、県庁の技師三名、郡役所の吏員一名、そして同属一名の五名が同行した。椎葉村では、中瀬村長一人だけが案内したのではなく、三好利八小学校長や甲斐医師なども参加したと推測される。想像以上に大がかりな旅であった。天候は梅雨時にあたっており、最初の数日間は雨の中の移動であった。田山花袋が『縁』の中で、柳田とおぼしき人物が、実によく歩いて話を聞いている姿を描いたが、柳田の旅もそのようなものであったと推測される。

明治四十二年（一九〇九）に刊行された『後狩詞記』は、椎葉村長の中瀬淳から送られた原稿に、柳田が注をして序文を付した民俗語彙集である。奥付に「編著者　柳田國男」とある。柳田自身もそれを語っていたのだが、いつの間にか柳田の単独著書とされるようになった。椎葉村長の中瀬が柳田へ送った原稿と刊行された書を比較すると、おおむね中瀬の文章のままである。柳田は全体の五分の一に及ぶ序文を執筆し、中瀬の本文に注書きを付けた。その点からも「柳田國男編著」と称するのが適切であろう。

椎葉村への旅の動機に関しては、江口の新説は説得力がある。この旅の成果である『後狩詞記』には、①民俗語彙への関心、②方言周圏論の芽生え、③地名研究への遡源、④山の神信仰の探究など、その後に創始される日本民俗学の民俗学理論や課題が芽生えていることを明らかにした。帰郷後の講演会などの記事を見ると、椎葉村の旅の成果の一つである山村の割替慣行に関して、柳田は明治維新以後四〇年近くなるのに、なぜ慣行が残るのかという疑問を提示し、人びとが持ち続けた伝承の強さを改めて知ったのである。椎葉村の旅は、柳田に思想的転換をもたらし、民俗学理論の芽生えを育んだものであった。

［1］杉田直《なお》は、野田泉光院（杉田姓）から数えて五代目の子孫にあたる。泉光院の没後百年忌に『日本九峰修行日記』を刊行している。直は柳田の三兄井上通泰と東大医学部の同窓で、宮崎市内で眼科医院を開業し俳人としても活躍した。俳号は作郎であり、

日記は『杉田作郎日記』と称す。

［2］山人の存在については議論がある。福田アジオは柳田が日本民族に対して山人を別の民族と把握していたとし、「山人外伝資料」に示されているという。椎葉村の旅の体験から得た可能性があるという〔福田 二〇一六a 五〇～五三〕。

［3］牛島盛光の新発見資料によって、椎葉村では柳田國男来村を記念した「柳田國男ゆかりサミット」を計画した。「柳田國男を知ろう会」が組織され、その会の生涯学習テキストとして、一九九二年に牛島執筆の『柳田國男と椎葉村―『後狩詞記』誕生の背景―』を椎葉村教育委員会から発行した。同書は四五頁の小冊子である。発行日（七月十三日）は柳田が椎葉村を訪問した月日であり、随所に図版が載り工夫がされている。同書は翌年刊行の牛島編著『日本民俗学の源流―柳田国男と椎葉村―』の原型と言えるだろう。

［4］宮崎靖士は、『後狩詞記』のテクスト分析を行った。「序」が同書の五分の一を占め、本文は①狩りをめぐる歴史、②本書の対象と成立事情、③椎葉村の情報、④二種の資料紹介に整理できる。テクストの構成分析から「序」は本文への拘束が少ない導入的役割を果たしているという〔宮崎 二〇一二 六～七〕。

［5］山茶に関して、千葉徳爾は『民俗と地域形成』の中で、椎葉では近世中期にお茶が産物であったことを記している〔千葉 一九六六 三八六〕。中村羊一郎は、『番茶と庶民喫茶史』の中で「柳田國男が見た山茶」の項目を立て九州の山茶を取り上げている。柳田は九州旅行の五月三十日には八女川流域の筑後黒木（現、福岡県八女市）に宿泊し、山茶が集荷される実際を見学した。柳田は「九州南部における製茶業」で、焼畑の後に出てくる自生の山茶に着目している。当時、柳田は自生の茶と認識し、紅茶に加工して販路を開けば輸出産業としての可能性があると考えた。山茶は、その後の研究によって、ある時期に人為的に持ち込まれた外来種であることが判明し、日本茶自生論はほぼ否定されているという〔中村 二〇一五 一〇五～一一九〕。

［6］田中宣一は、帰郷後の研究発表などから、①生業の大部分を猪狩りに負っている地域が存在する（狩猟伝承）、②農業の大部分が焼畑に支えられる地域が存在する（焼畑耕作）、③私有を原則としない土地所有のあり方（土地所有）、④人びとの互助協同の実態、山の神への信仰（互助協同）、⑤先住民族としての山人存在への確信（先住民山人）、⑥実生活に触れて実感した伝承の豊かさ（生活伝承）、という論点を抽出した〔田中 二〇一七 二一～二二〕。

［7］黒木勝美は、牛島から田山花袋の絵はがきの存在を教えてもらい、急遽、群馬県館林市の田山花袋記念館へ出かけ、くだんの絵はがきを見たという。椎葉村で柳田が二泊した黒木盛衛家について、黒木は「わが父の家に投宿しているではないか。思わず身

震いするような感動に襲われた」と記した〔黒木 一九九八 一六〕。当時、黒木勝美は椎葉村助役で、椎葉村史の編纂に関係していた。

［8］千葉徳爾は、解題の中で「三好利七」と記している。しかし、山口保明や牛島盛光は「三好利八」と表記している。松崎憲三も三好利八としている〔松崎 二〇一二 九〇〕。『日向郷土事典』（文華堂、一九五四年）に「神代《かみよ》の日向《ひゅうが》 郷土史家三好利八著、著者は宮崎郡砂土原町の人、国大に学び地歴を専攻し、長く教育界にあつた。話昭《(昭和)》九年五月発行」とあり、「三好利八」が正しい。三好は國學院大学の二十一期生（大正二年卒）で、高等師範部国語漢文科であった（『院友名簿』による）。昭和三十五年（一九六〇）の『椎葉村史』の序には、三好がかつて別の『椎葉村史』を著していると記すが、実物は未確認である。

［9］松崎憲三は、九州の旅が柳田に与えた影響について論じる中で、現実の山村の実情をつぶさに見聞した意義に触れた。柳田にとって椎葉村の共有地の分割制度は理想的な実践例であったという〔松崎 二〇一二 九三〕。

［10］松本修は、『言葉の周圏分布考』の中で、古語は辺境に残るという柳田の発想に関して、松本自身の方言調査の結果を紹介しながら、『後狩詞記』の序を引用した。松本によると、それから一八年後にカタツムリの方言を調べた成果である「蝸牛考」へ連なるという〔松本 二〇二二 二六～二九〕。

［付記①］宮崎市の渡辺一弘氏には、宮崎県立図書館所蔵『杉田作郎日記』と『回顧八十年』の写真撮影のご協力を得た。田山花袋宛絵はがきは、館林市立田山花袋記念館所蔵、柳田直平宛絵はがきは成城大学民俗学研究所所蔵である。撮影及び掲載許可等でお世話になった。以上記してお礼申し上げる。

［付記②］尾前秀久著『椎葉村尾向 秘境の歳月―山里の生活誌―』（須藤功編、鉱脈社、二〇一九年）は、尾向で生まれ育った著者と民俗写真家である編者による三七〇頁の民俗誌である。全国唯一の小学生焼畑体験をはじめとする地域密着の内容である。同書には早川孝太郎と交流した黒木盛衛書簡及び早川の調査報告も掲載される。

第二章　『石神問答』の制作意図と問題関心

はじめに

『石神問答』は、日本民俗学創成期三部作の一冊である。同書は、シャグジと呼ばれる石神を取り上げ、柳田が識者たちと意見交換する書簡形式を採っている。ほかの二作品（『後狩詞記』と『遠野物語』）と異なり正規の出版ルートで出版された。それにもかかわらず日本民俗学史でもほとんど忘れられた存在である。それはなぜなのだろうか。

柳田らは文献資料を用いて論じたが、往復書簡の中心人物である山中共古は滞在先における口碑伝承を用いていることが確認できる。同書の中心テーマは、シャグジと呼ばれる石神の本質を探究することにあった。道祖神が境に存在し、外から訪れるものを遮る機能に着目しつつ、仏教・道教との関係、地蔵との関係、歓喜天と縁結び、猿田彦、道祖神祭りなど話題が多岐にわたり、京都祇園祭の山鉾にも言及している。これらの話題は、民俗学における民間信仰研究の萌芽とも言える。

本章の目的は、従来等閑視されてきた『石神問答』の制作意図を検討することにある。具体的には、同書の制作過程に着目する。柳田と山中共古の往復書簡の検討を通して、柳田の問題関心を捉えていきたいと思う。

一　先行研究の批評

明治四十三年（一九一〇）五月刊行の『石神問答』に関する先行研究の批評を見ていくことにする。漢文調の書簡で難解なイメージが伴うためであろうか、民俗学界での批評はごく限られているようである。

1　幸田露伴の新聞書評

作家の幸田露伴は、明治四十三年（一九一〇）六月十二日付『読売新聞』に「石神問答を読みて」を載せた。同紙は、『石神問答』に「しやくじんもんだふ」とルビを振っている。露伴は、この書はいたって浮世離れのした面白い著述であると評価した。気になった箇所を頁数入りでコメントしている。現代の書評のようであるが、「精進」については露伴自身の見解を述べ、「サク」という地名は露伴も気になったらしく自身が知っている事例を紹介している。一月十五日の左義長では男鹿のナマハゲをていねいに紹介しながら面白い刺激を受けたと記している〔幸田 一九七六 二八四〕。そして露伴は、「予《よ》は此《こ》の書《しよ》によりて幽《かす》かな、但《ただ》し面白《おもしろ》い刺激《しげき》を受《う》けた事《こと》を悦ぶ。多数《たすう》の人々《ひとびと》の材料《ざいれう》の提供《ていきよう》によつて柳田氏《やなぎたし》が今《いま》一段明白《だんめいはく》なる推定《すいてい》に進《すす》まんことを祈《いの》つて止《や》まぬものである。著者《ちよしや》が疑《うたが》ひを存《そん》した点《てん》に対《たい》して各地方《かくちはう》の人々《ひとびと》が寸燭燭炬《すんしよくしやくきよ》を与《あた》へ与へしたならば遠《とほ》からずして完《まつた》きシヤクジ考《かう》は成《な》るだらうと思《おも》ふ」と結んでいる〔幸田 一九七六 二八四〕。『石神問答』に関する書評が見られない中にあって貴重であると思う。

2　南方熊楠の学術的批評

南方熊楠は、留置所で『石神問答』を読んだ。南方は柳田へ送った明治四十四年（一九一一）三月二十六日付書簡で「小生合祀反対のことにて未決監に入監中、貴下の『石神問答』さし入れもらい、監中にて初めて読み申し候」と書いた〔南方 一九七二 八〕。柳田の『故郷七十年』では、柳田は坪井正五郎に贈ったところ、坪井から南方へも贈るように言われて贈ったのが交際のはじめであったと語っている〔柳田 一九九七g 二二二〕。『故郷七十年』の記述を基にして、柳田が贈った本を南方が留置所で読んだと巷間に知られるようになった。しかし近年の研究によると、これは間違いであり、南方の「入監中ノ手記」にあるように、牟婁新報社の植字工である秋川正次郎から差し入れられた本であったことが判明している。もちろん実際に留置所で読んでいたのであるが、柳田から贈られた本ではなかった。この部分は、柳田の記憶違いであった。通説は改められねばならない。柳田が南方との交流を思い立ったのは明治四十三年（一九一〇）七月で、柴田常恵に紹介を依頼している〔志村 二〇二三 一九一〜一九二〕。

南方は書簡の中で、初版本の頁数を明記してからコメントを記していく。その中で「シャクジの起源を石神とする説は、坪井博士あたりに始まり候様信じおり、云々。按ずるに、この説は、『塩尻』巻一（帝国書院刊行、一三頁）に、見えおり候」と記している〔南方 一九七二 一一〕。柳田がシャグジの語源は坪井正五郎が言い出した説だろうと書いたのに対し、山中がそれは違う、松浦武四郎が言い出したほうが早いと述べた。南方はその問答に対して、『塩尻』に出ているとコメントしたのである。近世随筆をよく読んでいる証拠であろう。南方は、『石神問答』の早い時期の読者であり、柳田に直接コメントをした人物でもあった。

3 関敬吾の学史評価

関敬吾は「日本民俗学の歴史」において、『後狩詞記』『石神問答』『遠野物語』を論じる中で、『石神問答』について以下のように論じた。

シャクジ、サグジと呼ばれる石神を中心とした民間信仰、姥神・山神・荒神などの比較研究であった。氏はシャクジは延喜式の佐久神に由来すると推論した。（中略）日本の民俗学発展と関連して、いくつかの問題を指摘しなければならない。第一は『石神問答』でとり扱われた民間信仰の問題（中略）第二に重要なことは『石神問答』において示された研究方法である。石神信仰は「問題自体既に過去のことに属し資料を過去の文籍の中に覔めるの他なかつた結果」（再刊序）と述べてあるごとく文献資料は多いが、しかし資料の地域的広がりと過去の文献との比較研究により、しかも音韻の変化によってその起源を追求しようとする比較方法である。これは氏の一貫した方法であるとともに、日本民俗学を支配した研究方法でもあった。〔関 一九五八 九〇〜九一〕

この文章の中で、関は『石神問答』が民間信仰の研究書であり、柳田が比較研究法を採用した点を指摘している。関敬吾は、日本民俗学の萌芽をそこに見出し、理論的考察を加えた。関の先見性を感じる論述である。

4 篠宮はる子による分析視角

篠宮はる子は、論文「『石神問答』における柳田国男の視点と方法」を執筆した〔1〕。篠宮論文は、昭和四十年（一九六五）九月発行の相模民俗学会の会誌『民俗』六二号に掲載された〔篠宮 一九六五 一〜四〕。杉原和佳子が同論文を引用し、「シャグジの由来は地境を侵されることを防ぐ鎮護の機能にすべての結果が収斂し柳田はその証明に成功した」と評価した〔杉原 二〇一三 四一〕。

篠宮は、『石神問答』で柳田がシャグジと呼ぶ神に抱いていた仮説と方法の分析を試みた（以下の書簡番号は後掲の表②に対応）。柳田は、書簡①で山中共古に質問する。すると山中は、書簡②で神体石ゆえに石神と書き、それを音読してシャグジという説を採った。柳田は書簡③で強く反論した。しかし、山中は書簡④で柳田説に納得していない。柳田の山中への反論は、書簡⑤で決定的となった。この時点において、山中の石神音読説に対する柳田の反論はほぼ完結していると言える。では、その後も延々と書簡が続いているのはなぜであろうか。篠宮は、その追究のあり方にこそ柳田がシャグジに抱いていた仮説と方法が内在しているのではないかと考えた。柳田がとった視点は、書簡①で明らかになっているという。書簡①は、以下のように記されている。

自分には取留めたる考も無之候へ共　何でも蕃人の神にて　我々の祖先土著の砌彼等との地境に之を祀り相侵さゞるを許りしこと　恰も山の神塞の神荒神などゝ同じきかと存じ候　それには社の有どころ何よりも研究の必要有之候　従来御心付のことも候はゞより〳〵御聞せ被下度　民俗学の専門家出で候は何れの日とも期しがたく候故　呑気なる言草ながら大人を頼りにして此からシャグジの調査に取掛り申度候　何分御助力願上候也　頓首

〔柳田　一九九九ｂ　五〇五〕

柳田は地境に着目し、辻のある場所の研究の必要性を強調した。篠宮は、視点と方法の分析手法として、対象と側面という二つの指標による類型化を試みる。対象は祭神・地名・塚に分類し、側面は実態と語義の二つに分けて考察している。祭神は、いずれも里から離れた山中や国境にある。祀り方は社殿がなく森だけであること、邪神を送り出す送り物としての祀り方があることを認めている。ご神体については、道祖神は石をご神体としている点に注目した。地名では、精進は東国に、障子は西国にそれぞれ多く、両者が同義であるとすれば広い地域に分布することになるであろうと述べる。そして、たいていは山の中にあることが多く、洛東の将軍塚は邪神の侵入を防ぐためにあるという。語義の面からの分析では、祭神については、音から意味を考える立場である。防ぐ、隔絶というような意味が考察される。地名の語義では、地名と神名は同じ源と考えている。塚の名称とその語義でも祭神と同様であるという。そして、篠宮は結論として「すべてが一点に収斂していることがわかる。すなわち、シャグジの因由は、地境を侵されることを防ぐ為の鎮護の機能にある、ということである。かくて柳田はその証明に成功したわけである」と記した〔篠宮　一九六五　三〕。実態と語義を追究することで証明できたと言い、篠宮はその認識こそが柳田の方法であると推測した。

5　佐野賢治の十三塚志向

佐野賢治は、ちくま文庫『柳田國男全集』一五巻に収録された『石神問答』『大白神考』などの解説を執筆した。これは民俗学者の『石神問答』に関する解題として注目される。佐野は、『遠野物語』と『石神問答』の関係について、文学者としての柳田國男から民俗学者柳田國男への転換点が見られるとした。その上で、『石神問答』ではシャグジを糸口に対象へのアプローチの方法、手紙のやりとりという形式で同志から資料を収集する方法など、後の柳田民俗学の性格がうかがえるという〔佐野　一九九〇　五六二〕。

佐野は、近世国学者の書簡利用のあり方と柳田のそれを比較しながら、柳田の書簡が持っている意義を指摘している。柳田は多様な石神信仰について、石神は境を塞ぐという機能を中心に考えようとしたという。そして佐野は、「石神→シャグジ→将軍塚→道祖神」というように、境に関わる信仰を表徴するものと理解しようとした、と論じた。柳田は境界にこだわり、特に十三塚に深い関心を持ち、十三の数の解釈に関しては「十二プラス一」にこだわったが、それは十三仏説という強力な仏教的解釈を故意に避ける姿勢でもあった。十三塚はいくつかの説があるが、いずれもその背景には怨霊慰撫の信仰があり、築造には修験者が関わっていたという。柳田の関心は、戦後の『十三塚考』へとつながっていった〔佐野　一九九〇　五六五〕。

6　石井正己の書誌学研究

『石神問答』の書誌に関しては、石井正己の研究が詳しい。石井は、平成十一年（一九九九）刊行の『柳田國男全集』一巻に収録された『石神問答』の「解題」を担当した。初版本と改版本に関する詳細な書誌分析を行い、『石神問答』の内容に関しては、収録書簡のやりとりを分析した。また、『遠野物語』と『石神問答』が同時期に制作された背景を詳しく論じた〔石井　一九九九　七八八～八〇一〕。

『柳田國男全集』一巻の「解題」を執筆した翌年、石井は『遠野物語の誕生』を出版している。同書の「Ⅴ『石神問答』の意義」の中で、『遠野物語』の頭注と、頭注にはないが関連すると思われる部分を紹介・分析している。石井によると、柳田は熱心に通った日本山岳会での講演で『遠野物語』の内容を語るだけでなく、『石神問答』のことも語ったという。同書の往復書簡一覧は『柳田國男全集』の「解題」で用いたものとほぼ同じである。注目したいのは、往復書簡を「こうして並べてみればわかるように、柳田を中心にして放射状の関係を形成しているが、この往復書簡の最も重要な相手は静岡県吉原にいた山中共古であり、『後狩詞記』の中瀬淳、『遠野物語』の佐々木喜善のような役割を担っていた」と評価した点である〔石井 二〇〇〇 一五七〕。

石井は、この往復書簡によって書籍を制作する手法を「実に奇抜な方法であった」と評価し、『石神問答』は刊行当初から難解であったこと、『定本柳田國男集』に入るときに『遠野物語』と『山の人生』は同巻であるが、『石神問答』は別の巻に引き離されたので関連性が薄いと認識されたと推測した〔石井 二〇〇〇 一七〇～一七二〕。『石神問答』の初版発行後まもなくの『読売新聞』には「西洋の学者に手を下されると悔しいからもちよいと先鞭を著けて置くとのこと也」と広告が載る〔石井 二〇〇〇 一七〇〕。これは、書簡㉜の「もしや西洋の学者にでも手を著けられ候ては残念と存じ候まゝ 大胆ながら片端世に公に致し置度とも考へをり候」に対応したものであろう〔柳田 一九九九b 六〇二〕。

7　由谷裕哉「柳田國男『石神問答』におけるシャグジ・道祖神以外の雑神の解釈」

由谷裕哉の論文「柳田國男『石神問答』におけるシャグジ・道祖神以外の雑神の解釈」は、『石神問答』の研究史を概観して未開拓の研究分野を見いだし、同書収載の書簡に関する考察を行った結果、柳田の話題は拡散しており境界に石を立てることでシャグジの起源を求める議論がある点を指摘した〔2〕。道祖神以外の雑神への関心を示し、猿田彦神・ミサキ・御霊神・荒神などに言及し、シャグジをすべて境界を守護するものとする思考には無理があると論じた〔由谷 二〇二四 七〇～七一〕。

二　イシガミとフクロウ、『石神問答』の位置

石井正己によると、『石神問答』初版は、天金の豪華な造本で表紙の中央上は黒の帯を入れ、白抜きの横書き文字である。左には赤色と灰色で植物を描き、背は「イシガミ」とし、その下にフクロウ（梟）を描くが、裏表紙には何もない（石井　一九九九　七八八〜七八九）。『柳田國男全集』一巻の口絵を見ると、明治四十三年（一九一〇）に聚精堂から刊行された『石神問答』初版の背表紙に「イシガミ」と大きくカタカナ書きされている（図⑥）。これが正しいのだろうが、幸田露伴の書評には「しやくじんもんだふ」のルビが振られていた。

『故郷七十年』では「せきしん」とルビが振られている。『柳田國男事典』の索引で検索すると、『石神問答』は「し」の項目であり、「しゃくじん」と読ませた可能性がある。「いしがみ」の項目もあるが、これは信仰の解説である。『日本民俗大辞典』上では「いしがみ」である。『柳田国男伝』には『石神問答』に触れる文章が見当たらない［3］。

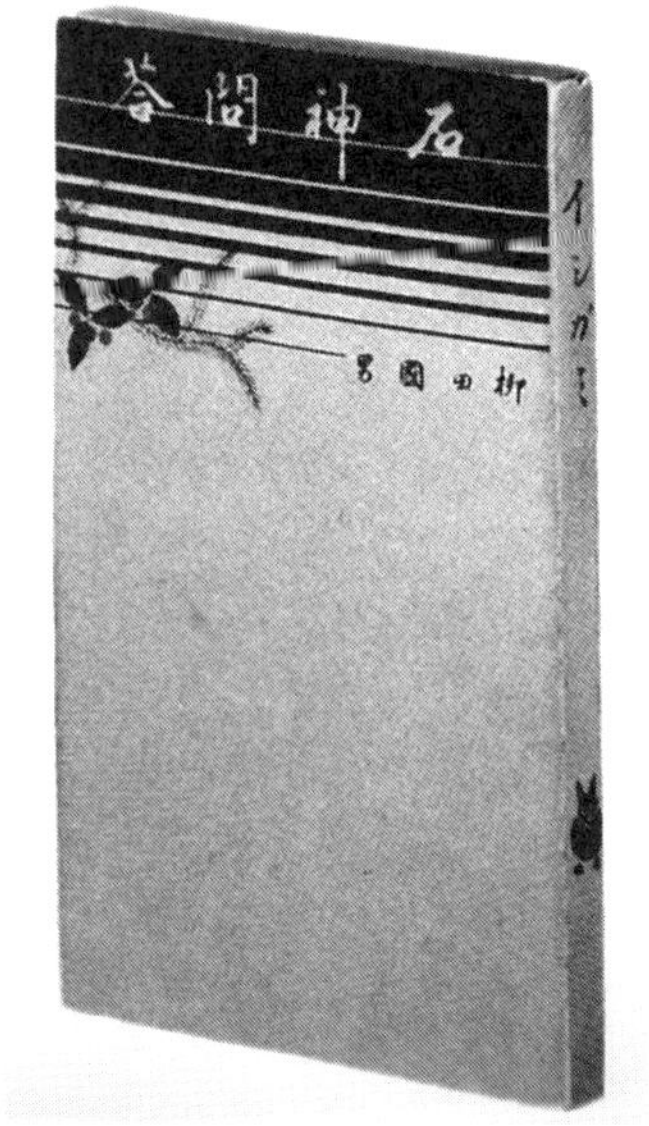

図⑥　『石神問答』初版の表紙と背（『柳田國男全集』1巻口絵より）

また、『遠野物語』の序の末尾に「おきなさび飛ばず鳴かざるをちかたの森のふくろふ笑ふらんかも」と、フクロウを詠んだ短歌が載る。同時期の作品なのでフクロウがデザイン化されたのだろうか［4］。

柳田は明治三十三年（一九〇〇）に大学を卒業して農商務省へ入り農政官僚としての道を歩む。柳田は、東京専門学校（現、早稲田大学）で農政学を担当し、明治三十五年（一九〇二）からは専修学校（現、専修大学）で農業政策学を担当した。このほかにも中央大学で農業政策、法政大学で農政学を講じた。中農養成策を唱えるが、これ

は農本本主義的な小農保護論に対する見解である。小作料米納の慣行に対しては、小作料金納論の立場であり、当時の社会政策学会で論争もしている。柳田は農民が農業だけで生活できる中農に育成することを願っていた〔岩本 一九八二 一二五～一四五〕。このように農政官僚として活躍していたが、明治四十年代以降は急速に民俗学へ傾倒していった。『後狩詞記』『石神問答』『遠野物語』の三作品は、民俗学創成期の記念碑的著作とされるが、『遠野物語』だけが突出して多くの読者を獲得している。柳田はこれらの著作を発刊することで何をめざしたのであろうか。それを考える上で参考になるのが、折口信夫の「先生の学問」（『折口信夫全集』一六巻所収）という論考である。折口は、柳田の『後狩詞記』『石神問答』『遠野物語』の三作品について、次のように論じている。

> 先生が、この学問の方向へ志を向けられたのは、明治四十年代の「後狩詞記」・「石神問答」・「遠野物語」で、一人の経歴で言へば、私が専門学校を出る頃です。学校を終る頃になつて私共は初めてこれらの暗示に富んだ、其でゐて、まだ暗示の具体化せられきつてゐなかつた当時の学風にふれたのです。〔折口 一九六七b 五一三〕

折口は、彼自身が青年時代に新しく誕生する民俗学に触れたと言っている。その民俗学という学問を、農政学者である柳田が新しく興そうとしていた。同論考で、折口は柳田の学問には経済史学の知識がしっかり根を張っており、それは地盤の如くであると論じた。さらに、柳田の民俗学には神の発見があるという。柳田の初期の論考をみると、自分は必ずしも専門家ではない、素人が書いたものというディレッタント（好事家）の姿勢を持ち続けていたという。そして、折口は「先生の学問には、広い意味の歴史に対する情熱、狭く見ればやはり経済史学に帰する愛が土台になつてゐます」と指摘した〔折口 一九六七b 五一二〕。

『後狩詞記』は、民俗調査報告の一つの型を示したものである。『遠野物語』は文学作品として読まれることが多いが、民俗資料としては積極的に活用されていない。『石神問答』は、民俗学史の中でも忘れられた存在である。しかし、

『遠野物語』の頭注に『石神問答』が出てくる。『遠野物語』第一七話のザシキワラシの頭注に「ザシキワラシは坐敷童衆なり此神のこと石神問答一六八頁にも記事あり」とある〔柳田 一九九七a 一九〕。また、第一一一話のダンノハナに関しても頭注で「ダンノハナは壇の塙なるべし即ち丘の上にて塚を築きたる場所ならん境の神を祭る為の塚なりと信ず蓮台野も此類なるべきこと石神問答の九八頁に言へり」と解説される〔柳田 一九九七a 四八〕。石井は、『遠野物語』を読む際に『石神問答』を一緒に読んで欲しいと柳田が希望したことを強調する〔石井 二〇〇九 四四〕。『遠野物語』が『石神問答』と関連付けられていることは意外と知られていない。その引用を確認する人もいなかったが、それは『石神問答』の初版を目にする機会がほとんどなかったからでもある。両書は同時期の執筆だったので、柳田は『遠野物語』作成にあたって、注で『石神問答』を挿入したのである。

三 山中共古を中心とした往復書簡

1 往復書簡の内容要約

『石神問答』は、柳田國男と山中共古ら八名との往復書簡三四通によって、シャグジと呼ばれる石神について論じ合った書である。『石神問答』の「概要」は、目次のように見えるが、同書の内容を要約したものである〔柳田 一九九九b 四九一〜五〇三〕。頁数が記され、索引機能を持たせている。初版は明治四十三年（一九一〇）五月二十日に聚精堂から刊行された。昭和八年（一九三三）に複製本が刊行された。そして、昭和十六年（一九四一）十二月三十日に創元社から「日本文化名著選」の一冊として再版された。

『後狩詞記』の刊行から一年後であり、『遠野物語』が出る一か月前の出版であった。往復書簡を掲載するのであるから、当然それに先だった書簡群ということになるが、『石神問答』で、柳田と書簡のやりとりをしたのは以下の八名である。

山中共古（一八五〇～一九二八）　もと幕臣。牧師。英語が堪能。
白鳥庫吉（一八六五～一九四二）　東洋史研究者。
伊能嘉矩（一八六七～一九二五）　遠野の台湾研究者。
佐々木喜善（一八八六～一九三三）　『遠野物語』の語り手。昔話・伝説研究者。
和田千吉（一八七一～一九四五）　考古学者。
喜田貞吉（一八七一～一九三九）　古代史研究者。民俗学に造詣が深い。
緒方小太郎（一八四四～一九二〇）　熊本県八代の神職。神風連の生き残りの国学者。
松岡輝夫（一八八一～一九三八）　國男の弟、日本画家、号映丘。

収録された書簡に、それぞれ番号と日付が記される。明治四十二年（一九〇九）九月十五日から明治四十三年（一九一〇）四月九日までに取り交わされた書簡群である。柳田が差出人の書簡は二二通である。その内訳は、山中宛一〇通、和田宛一通、白鳥宛四通、喜田宛一通、伊能宛二通、佐々木宛二通、緒方宛一通、松岡宛一通である。それに対し、柳田が受取人の書簡は一二通である。その内訳は山中から八通、伊能から一通、緒方から一通、佐々木から一通となっている。

書簡三四通に関して、差出人と受取人に分けて同書に記された日付から追ってみたのが表②「『石神問答』の往復書簡一覧」である。石井正己が同様の作業を『柳田國男全集』一巻の「解題」で行っているが、石井は差し出しを中心に作成したので、書簡を出さない場合が浮き彫りにされない〔石井　一九九九　七九九〕。

柳田と山中の書簡に関しては往復書簡と言える。一覧を見てわかるように、柳田が一方的に出している書簡が一二

表②　『石神問答』の往復書簡一覧

柳田國男	書簡の相手	書簡の内容要約
柳田①　9/15→	←山中共古②　10/5	①路傍に所在するシャグジのことを知りたいと質問。 ②シャグジは石神の音読みであると回答する。
柳田③　10/6→	←山中共古④　10/8	③山中説に反論。 ④オシャモジの事例追加し、自説を補強。
柳田⑤　10/28→	←山中共古⑦　11/9	⑤シャグジの流行性。 ⑦オシャモジ信仰の報告。
柳田⑥　10/28→	和田千吉	⑥将軍塚、十三塚の質問。
柳田	←伊能嘉矩⑧　11/18	⑧シャクジンは必ずしも石ではない。
柳田⑨　11/23→	山中共古	⑨意見が違うが、それを固執と思わないで欲しい。往復書簡は続けたい。
柳田⑩　11/24→	白鳥庫吉	⑩シャグジの概要として、道祖神・山神・荒神・姥神・子ノ神・子安・石神・オシャモジを報告。
柳田	←緒方小太郎⑪　11/24	⑪石神はシャグジの音読みでもよい。
柳田⑬　12/12→	←山中共古⑫　11/26	⑫守公神の件の報告。 ⑬都の境に塚を築くのは邪神の侵入を防ぐため。将軍は宛字で将軍の語。語義が明白になればシャグジも判明する可能性あり。
柳田⑭　12/12→	白鳥庫吉	⑭猿田彦系統の神々は国つ神系であり、塞神の信仰と関わる。左義長とトンド、唐土の話題。
柳田⑮　12/13→	喜田貞吉	⑮籠石の話題。
柳田⑯　1/13→	伊能嘉矩	⑯精進場とショウズ、ショウヅカの地名の話題。
柳田⑰　1/15→	←山中共古⑱　1/20	⑰シャグジの語義は別問題として、和漢三才図会の説に従えば、シャグジは石神と称しても良いかもしれない。 ⑱十三塚は仏教から出たものか。釣船神社のお札の事例紹介。
柳田⑳　2/10→	←山中共古⑲　1/31	⑲追伸的内容。 ⑳サエ、サイに注目。ズグジは地境鎮護の神である。
柳田㉑　2/11→	伊能嘉矩	㉑象頭の問題。陰陽二神が向きあう。
柳田㉒　2/11→	白鳥庫吉	㉒アラハバキの神。
柳田㉔　2/23→	←佐々木喜善㉓　2/21	㉓オクナイサマ、ザシキワラシのこと。 ㉔ザシキワラシに似たヨーロッパの神の話を紹介。
柳田㉖　2/27→	←山中共古㉕　2/22	㉕石棒は生殖器崇拝。 ㉖左義長とダンジリ、トンドを話題にする。
柳田㉘　3/28→	←山中共古㉗　3/18	㉗納地神と縄入れ。 ㉘納地神は付会であろう。ウバ、オボに着目している。
柳田㉙　3/25→	白鳥庫吉	㉙大歳神社のこと。
柳田㉚　3/29→	←佐々木喜善㉛　4/6	㉚ウンナミ、ニワタリの問い合わせ。 ㉛ウンナミはあるが、ニワタリはない。
柳田㉜　4/6→	山中共古	㉜精進と象頭の理解の間違いを認める。象頭は歓喜天と関連あり。シャグジは境界を意味する塞神である。今回で往復書簡を打ち切りにすると通告。
柳田㉝　4/9→	緒方小太郎	㉝研究の重要性を述べる。
柳田㉞　4/9→	松岡輝夫	㉞研究の端緒を紹介する。

（網掛け）は柳田からの一方的な書簡を示す

通存在している。差出しと受取りに関する不均衡を見ていくと、果たして往復書簡と言い切れるのかという疑問が湧いてくる。和田千吉・白鳥庫吉・喜田貞吉からは返信がなかったようである。内容を読まなければ、柳田が一方的に出した書簡のように見えてしまう。白鳥庫吉の場合は、柳田が白鳥の講演に触発されて一方的に質問を送ったといい、白鳥の家が柳田家の近くにあったので、柳田は書簡を直接持参した。そのために書簡によらず、その場で直接情報を得たようである。これに関しては、昭和十六年（一九四一）の再版に付された「再刊序」でその旨を述べている〔柳田 一九九九b 六二七〕。また、伊能嘉矩・緒方小太郎・佐々木喜善の三名からは、先に来信があった体裁になっているが、実際に書簡が掲載されていないのは不自然である。

以上、『石神問答』は、往復書簡による作品とは断言できない。さらに、書簡⑧と書簡⑪の二通は、ほかの書簡に見られるような時候の挨拶と書簡らしい文言がなく、「前略」と「後略」で処理され、必要な箇所だけを掲載した体裁である。書簡⑧に関しては、小田富英編「柳田國男年譜」によって新たな発見が得られた。柳田は、明治四十二年（一九〇九）の遠野の旅から帰った九月二日、以下のように礼状を出している。

九月二日　伊能嘉矩宛てに、突然の訪問にもかかわらず、南部家文書などを見せていただき感謝すると礼状を出す。及川、鈴木両翁にもよろしくとしながら、自分の『後狩詞記』などは不出来で興味も減じているが、南部文書はぜひ公刊すべきと述べる。この時、伊能自身は、台湾に行っていたため、返事は一一月一八日となる。〔小田編 二〇一九 六九〕

柳田は遠野旅行から帰った九月二日、遠野の伊能へ書簡を送った。しかし伊能はすでに台湾へ出かけていた。十一月十三日の項に「伊能宛てに、夕方宮内省の一室で遠野の旅を思い出したと書いたあと、『シャグジ』について山中と書信を往復していること、韓国の民俗や古韓語を知らなければ地名を調査できないことなどを手紙に書く」とある〔小

田編 二〇一九 七〇〕。柳田は、山中とシャグジに関する往復書簡を始めたことを伊能に伝え、改めて関連資料の依頼をしたと推測される。その返信が十一月十八日の伊能からの手紙であったと考えられる。また、柳田は『後狩詞記』の執筆に際し、熊本県八代の緒方小太郎から狩猟図説を借用したらしい。書簡⑪は、柳田が借用本のことで書簡を送った際の返事に若干の報告があったので載せたと思われるが、緒方自身はシャグジは石神という認識であった〔柳田 一九九九b 五三四〕。書簡㉝は、その借用本のことがあり石神関連の本が出たら送る旨が記された〔柳田 一九九九b 六〇六〕。伊能と緒方の二人との往復書簡は全体の中で見ると、やや添え物の感がある。

2　柳田が主張する見解

篠宮論文に依拠しながら、柳田の書簡を検討してみる。書簡①で、柳田は特別な考えを持たないと言いながらも「我々の祖先土著の砌彼等との地境に之を祀り相侵さゞるを計りしこと　恰も山の神塞の神荒神などゝ同じきかと存じ候」と推測している〔柳田 一九九九b 五〇五〕。そして山中共古を頼りにシャグジの調査に取り掛かりたいと述べた。書簡②は、山中からの返信である。山中はオシャモジは石神であるという考えを採用したいと返信し、いよいよ往復書簡が始まるのである。前提として、シャグジに関する異名は日本各地で、かなりのバリエーションが存在している。

ここからは柳田の書簡に限定して考察する。書簡③では、山中に反論しながら「行々はシャグジ考とも題すべき大著述出来候はゞ　定めて大に学界を裨益」するだろうと書いた〔柳田 一九九九b 五一一〕。しばらく話題は広がっていくが、書簡⑬では、柳田は都の境に塚を築くのは邪神の侵入を防ぐためであると考えた〔柳田 一九九九b 五三六〕。書簡⑭は、白鳥への書簡であるが、その中で猿田彦系統の神々は国つ神系であり、塞神の信仰と関わると記した〔柳田 一九九九b 五四二〕。書簡⑰では、道祖神は往来の安全を図るだけでなく邪神の侵入を防止すると述べた〔柳田 一九九九b 五四八〕。書簡⑳では、ズグジは地境鎮護の神であり、遠さかる・天さかるのサカ、磐裂根裂のサクなどは皆隔絶を意味すると論じた〔柳田 一九九九b 五六二〕。書簡㉜では、「蝦夷に対立して守りたる境線の義なるべく候　従つてサグジ又はシヤグジも塞神の義にして」と記した〔柳田 一九九九b 六〇一〕。

以上、柳田が書簡で主張した意見を逐一紹介してみた。いずれも柳田は隔絶・邪神を防ぐ・地境を守るという意義を主張したのであった。それは篠宮が既に指摘したように、すべてが一つに収斂する思考であったと言えよう。明治四十二年（一九〇九）九月から八か月に及んだ往復書簡から柳田の思考を読み解くと、邪神からの防禦・隔絶・塞神という類型が形成されていったと考えられる。柳田は地境に設定された〈道祖神＝石神〉は、鎮護のためであったという結論を導こうとした節がある。篠宮はそれを「鎮護」という用語で概念化しようとした。道祖神を内包した石神は、隔離・隔絶・邪神からの防禦によって地境鎮護という重要な意義を持っていたのである。

四 柳田國男と山中共古の意見交換

前節で見たように、往復書簡を頻繁に行ったのは山中共古である。柳田は山中の該博な知識を借りながら石神をめぐる民俗学の研鑽に努めたのであった。これは石井正己も指摘したように、山中は『遠野物語』における佐々木喜善、『後狩詞記』における中瀬淳と同じような産婆役を果たしていたと思われる〔石井 二〇〇〇 一五七〕。柳田は『故郷七十年』で、山中との出会いを語る中で、たくさんの「町の学者」と知り合えたのは山中のおかげと述べるが、柳田は山中に関しても「町の学者」という理解であったようである〔柳田 一九九七g 一四三〜一四四〕。

『石神問答』は、柳田から山中への書簡で始まる。山中に宛てた書簡①は、シャグジと呼ばれる路傍の神の存在を知りたいと念願している。「民俗学の専門家出で候は何れの日とも期しがたく候」と書き、民俗学の専門家が出現するまでは是非山中先生に教えを乞いたいという手紙である〔柳田 一九九九b 五〇五〕。その返信である書簡②では、山中はシャグジは石神であると明言し、「如貴説民俗学進み候はゞ解釈出来候ことも多く御座候」と記した〔柳田 一九九九b 五〇八〕。これらを見ると、明治四十二年（一九〇九）頃には、「民俗学」の言葉が普通に理解されており、土俗学、俚諺学は既に古い分野に属していたと思われる。

山中はシャグジは石神の音読みであると明快に返信した。柳田は書簡③で、「シャグジの起源は石の神なりとする御考証には未だ心服仕る能はず候に付　試に疑点を申述べ候　何とぞ御閑暇の折御批判被下度候」と具体例を示して反論した（柳田　一九九九b　五〇九）。書簡㉗は、山中が静岡県富士郡須津村の事例として聞き書きを載せた。検地の縄のことであるが、山中は古文献だけでなく、地域の聞き書きを報告している。それに対し、柳田はほとんどが文献からの引用であった。現地調査の手法という点では、山中のほうが現在の民俗学に近い。

柳田は、昭和十六年（一九四一）の再刊に際し、「再刊序」の中で「私は実はシヤクジは石神の音読であらうといふ、故山中先生の解説に反対であつたばかりに、この様な長たらしい論難往復を重ねたのであつた」と述べた（柳田　一九九九b　六二五）。復刊の意義として「初期の民俗学の混沌時代の産物として、記念せられることは致し方も無いが、今頃私が是を覆刻するに至つたのには微意がある。或は時すでに遅しの憾みがあるかも知らぬが、何故に斯ういふ珍しい祠の神が盛り又衰へたかを、もう一度問題にしてもらひたいのである」と記した（柳田　一九九九b　六二六〜六二七）。そして、柳田はシャグジの起源は石神とする説には反対であると明記した。当然、「石神」はシャクジンと呼んで欲しくないことが理解できる。

五　山中共古の観察記録と影響力

本節では、山中共古の観察記録のあり方を考える。柳田は「町の学者」と書いているが、山中は当時とすれば一流の知識人であった。中山正典「山中共古の人と学問」によると、徳川家の御家人であったが、幕府瓦解後は静岡の英学校で英語を教えており、J・G・フレーザーの『金枝篇』を原書で読んでいたという。英学校を辞めてメソジスト派のキリスト教会牧師となるが、これは日本のキリスト教会の草分けでもあった。明治十四年（一八八一）の静岡教会を振り出しに、明治二十年（一八八七）は甲府教会へ赴任している（中山 二〇〇〇 八〇〜八二）。山中は甲府教会時代、キリスト教普及のために山間奥地へ足を運んでいる。山中のフロンティア精神は、師として仰いだ蝦夷地探検家の松浦武四郎からの影響が多分にあると思われる。伝道しながら当該地域の人びとの暮らしに接していた。山中共古研究者の広瀬千香は『山中共古ノート』二集で、以下のように記している。

甲府住中の山中師についても、相手をよく理解しようといふ気持ちが根底であったのではあるまいか。その努力の中から、思はぬ収穫が報ゐられてゐたものと思ふ。珍らしい食べ物、干柿の天ぷらを御馳走になったり、他国者など滅多に足を踏入れないような土地で、御膳に小魚を出され、一箸いたゞくと、びっくりするほど苦いので、名を聞いてみると、メダカだと答へられて、思はず腹をさすった——といふようなめにもあひ乍ら、遠い山間でも、一人でも神を求めてゐる人があると知れば、草鞋をはき握飯を腰につけて尋ねて行った。交通不備の時代でありながら、先生の足跡は、驚くほどの奥地まで及んでゐる。『甲斐の落葉』一冊をみても、よく立証される。

（傍点原文）（広瀬 一九七三 一一）

甲府在住の見聞を記録したのが『甲斐の落葉』であった。柳田によって見出され、大正十五年（一九二六）に炉辺叢書の一冊として毛筆のまま刊行された（中山 二〇〇〇 六五〜一一九）。山中の自筆本は早稲田大学図書館所蔵であり、同館の「古典籍総合データベース」で閲覧が可能である。「甲斐の落葉」は、明治三十五年（一九〇二）十月に『人類学雑誌』一八巻一九九号に載り、第六回（一八巻二〇八号）まで連載された。「甲斐の落葉（一）」をみると、図が載っており理解しやすく、箇条書きのため興味のある点を抜き書きしやすい（山中 一九〇二 二三〜三二）。

全体が項目別の記述となっており、江戸時代の随筆を思い起こさせる。「甲斐の落葉」は、柳田の『遠野物語』よりも一〇年近く早い。山中は自分で見聞したことを記し、柳田は伝聞を記している点が異なる。山中の報告は、柳田によって活用されていく。たとえば岩田重則が指摘するように、「甲斐の落葉」は『先祖の話』の重要な部分で活用されている〔岩田 二〇〇三 一四二〜一五〇〕。

山中は、明治三十八年（一九〇五）五月から静岡磐田市の見付教会に勤務した。そこでの見聞をまとめたのが『見付次第』である。自筆原本は長らく所在不明とされていたが、現在、慶應義塾大学図書館が所蔵しており、遠州常民文化談話会はその原本を翻刻した〔遠州常民文化談話会編 二〇〇〇〕。『見付次第』の「はしがき」は、「明治乙巳歳六月遠江国見付へ居を転することゝなりて西の小路に住居ぬ」で始まる。「明治乙巳歳」は明治三十八年（一九〇五）であり、約二年間の布教期間に見聞したことを書き留めた。山中は「はしがき」の最後に以下のように注記した。

磐田郡見付のことを重とすれと、他郡にも及すことあり。地名を記さざるは見付のことゝす。書籍に記るされしものは書名を記るせど、さなきは予が見聞せしものなり。土俗のことは時々変しつゝあるものゆへ、予の記せしは明治三十八年の六月より同四十年の五月迄の二ヶ年なり。〔山中 二〇〇〇 七〕

この注記は注目すべきである。情報源の区別を明確にしており時間軸も明瞭である。この時代には珍しい記載方式である。同書で「山中共古の生涯」を執筆した中山正典は、記述に科学的な手法を取り入れたことを高く評価している〔中山 二〇〇〇 六九〕。山中の研究者としての活躍に関しては飯島吉晴の解説がある〔飯島 一九九五 三五五〕。そして飯島の解説に関し、飯倉義之が反論を試みている。飯倉は、山中はあくまでも好事家でありコレクターであったと評価した〔飯倉 二〇〇七 五二〕。果たしてそうであろうか。

山中と羽柴雄輔は『東京人類学雑誌』への寄稿者仲間として明治二十年代から交流があり、明治四十三年（一九一〇）五月二十六日付の羽柴宛書簡に次のような記事が見える。

此程法学士柳田国男氏久振にて参られ同氏の研究之石神シヤグシ道祖神山の神等の談話ニ日の長談仕候　同氏ハ
御承知之事とは存知候が林岡田両氏も久敷知人ニて官吏ニハ珍敷御方ニ御座候　同氏奥羽風俗ニ関シ貴君ニ拝眉
致し度被申居候間　御招介《ママ》仕置候　同氏ハ先ニ後狩詞記を出板《版》（44オ）」され今又石神問答と題せしヲシヤモジ
神の書を出板《版》さるゝと申事ニ御座候
〔成城大学民俗学研究所編　一九九二　四〇〕

これによると、明治四十三年（一九一〇）には、山中が関わっていた『石神問答』の出版が間近いことがうかがえる。また、羽柴雄輔を柳田に紹介したのは山中であったこともわかる。山中は、柳田が『石神問答』の中で、最も多く手紙をやりとりした人物であり、柳田の学問形成に与えた影響は大きかったと推測できる。

六　『石神問答』からの展開

『石神問答』のシャグジについて、石神の音読みであると述べた山中共古に対し、柳田は境界の神であることを繰り返し主張した。

境界の神でよく知られているのは道祖神である。『石神問答』以降、道祖神は境の神であるという部分が強調されていった。倉石忠彦は『道祖神信仰の形成と展開』で、境界に機能する道祖神だけを強調する風潮は『石神問答』の呪縛が強すぎた結果であると指摘した〔倉石　二〇〇五　二八五〕。柳田は、石神の境界機能を強調したが、それは倉石の見立てどおりであった。倉石は道祖神研究にあたり、柳田の指摘した境界神に限定されない総合的研究を目指していった。一方、神野善治は『人形道祖神―境界神の原像―』で、村境に立つ藁人形に注目した。石神に先行する可能性を秘めた人形道祖神であるが、神野は『石神問答』には言及がない〔神野　一九九六〕。

柳田國男は、昭和十六年（一九四一）の再刊本の序で、信州諏訪大社の御左口神は木の神であることが判明したと述べ、中部地方とその周辺にシャグジが多く分布することに注意を喚起した〔柳田 一九九九b 六二五〕。長野県のシャグジはいずれも縄文時代の石棒や石皿と関連付けて時代を大きく遡らせて原始信仰へと飛躍している。その研究に対して、三渡俊一郎は論文「シャグジ（社宮神）の始源に関して」で、愛知県のシャグジ研究を深め、以下のような興味深い結論を提示した。

シャグジ祭祀の初現は考古学的遺跡分布と対比すると縄文時代にはさかのぼりえず、愛知県における祭祀の最盛期はほぼ一七世紀であって、伝播・継続の期間を考慮にいれて、その始源は一四世紀中頃の「作神」であろう。シャグジ信仰以前に石神信仰が存在し、石神を「シャクシン」と発音させる説が出されるにおよんで、石神とシャグジが習合し、石棒を神体とする風習を生じ、ために道祖神とも習合して多様な信仰対象となったのであろう。〔三渡 一九八二 一二〕

三渡俊一郎は、尾張地方のシャグジ社の多くが慶長検地以前に存在し、さらに天文七年（一五三七）の田地売り渡しの売券に「さいくう神の田かみへ付也」という文言があり、「さいくう神＝シャクジン」と推定されるので、中世まで遡れるという〔三渡 一九八二 一四〕。金田久璋は、論文「『石神問答』とシャクジ研究・地名をめぐる言説」の中で、中山太郎や今井野菊の研究を紹介し、シャグジ信仰の整理を試みた。民俗学分野の探究は、三渡と金田の二人の研究があるが、シャグジ研究の入口の段階で止まっている。

服部幸雄は、論文「後戸の神―芸能神信仰に関する一考察―」で、仏堂中央の本尊の背後の空間としての後戸に祀られる神仏を「後戸の神」と把握し、歌舞音曲を奉納する芸能神の性格を明らかにした〔服部 一九七三 七三～八五〕。服部は、柳田が『石神問答』で、サカ・サキ・サク・セキ・セキなどはみな同じで、辺境を意味すると紹介した宿神の実体を探った。柳田は「毛坊主考」で、宿神・粛慎などとも表記しているが、いずれも辺境に祀られて外敵を降伏させる地境鎮護の神という認識であったという。服部の研究は、金春禅竹の『明神集』と結びついて『宿神論―日本芸能民信仰の研究―』として結実した〔服部 二〇〇九 七五〕。

服部の研究が導火線となって、『石神問答』は芸能史はもちろん建築学・民俗学・思想史にも影響を与えた。その延長に中沢新一『精霊の王』がある。中沢は、服部の「宿神論」に影響を受けながら独創的見解を提示した。中沢は、お宮へ奉納された真綿と扇子を、それぞれ胞衣と女性器に見立てた。胞衣は胎児を強力に守るので後戸の概念に近いとし、翁と宿神の結びつきが可能になったという。「後戸の神」は、折口信夫の論じる翁（＝まれびと）と共通点を持つという〔中沢 二〇〇三 一六二〕。しかし、事例とした奉納物はシャグジに対してではなく長野県上伊那郡辰野町沢底《さわそこ》の鎮大神社へ奉納したものである。『辰野町誌近現代編』を見ると、お宮参りに際し、扇に真綿・麻苧を付けて、神社の拝殿の格子にしばりつけ、洗米やお神酒を一緒に供えたという〔辰野町誌編纂専門委員会編 一九八八 一〇〇五〕。『精霊の王』の掲載写真をよく見ると、麻苧が長く付いているが中沢はそれには言及していない。扇は末広がりを示す縁起物であり、真綿は白色で白髪を意味し、麻苧も白髪に関連して長命を表象する。この奉納物は誕生した赤子の無事成長と長命を祈願した民間信仰である。『精霊の王』には金田久璋が厳しく批判したように、地元の民間伝承の検証が見られない〔金田 二〇〇七 四〕。

まとめ

『石神問答』は、本格的な出版物として、明治四十三年（一九一〇）五月二十日に発行された。漢文調で書かれた難解なイメージの強い往復書簡集の体裁の書である。シャグジと呼ばれる雑神を中心に民間信仰が論じられた。同書の背には「イシガミ」とカタカナ書きされ、その下にフクロウが描かれる。天金の装幀で一五〇〇部発行予定であったという。売れ行きが良くなかったので実際の発行は九〇〇部であったらしい〔石井 一九九九 七九二～七九三〕。同書は

『遠野物語』との関わりが随所に見られるのも特徴である。『遠野物語』は多くの読者を獲得したが、『石神問答』は民俗学界からも忘れ去られた存在である。

同書は、シャグジと呼ばれる路傍の石神をめぐって、柳田國男と八名の研究者が自論を展開した書簡集で、三四通の書簡の中心を成すのは、柳田と山中共古の往復書簡である。現在であれば、『石神問答』は「柳田國男編著」の表記が適切かもしれない。柳田は、山中の知識を頼ってシャグジ研究の見通しを立てたが、それは境界に立つ石神に関する研究計画書とも言える内容であった。山中はフレーザーの『金枝篇』を原書で読む能力を持ち、牧師として地域の踏査を積極的に行った。書簡には聞き書きの成果も入っている点に留意しておきたい。同書の往復書簡は、シャグジと呼ばれる路傍の石神をテーマに展開された。篠宮はる子も指摘したように、柳田は各人への書簡で、石神は隔離・隔絶・邪神からの防禦による地境の鎮護という点を強く主張した。柳田は、いずれ民俗学の専門家が出てくれば明らかになることもあるだろうと、山中への書簡に書いた。それはこのテーマが、いずれ民俗学の研究主題として大きく発展することを願ったからであろう。

日本民俗学では、倉石忠彦が『道祖神信仰の形成と展開』で、境界に機能する道祖神を強調する風潮を『石神問答』の呪縛と指摘するなど、むしろ境界に限定しない研究を推進してきた。しかし今後は、佐野賢治がちくま文庫の解説で『石神問答』にみる境界の十三塚を論じたように、柳田が執拗に追い求めた境界の神に関する再検討の必要があるように思う。さらに諏訪信仰に関する検討など多くの課題も残る。芸能史の服部幸雄が『石神問答』で話題にされた宿神の実体を探る中で、金春禅竹『明神集』と関連付けて「宿神論」を展開させた。その論は中沢新一『精霊の王』へ影響を与えたようであるが、中沢の壮大な仮説は、『石神問答』研究に新しい発展形態をもたらすには至っていない。

柳田は、道祖神が境にあって外から訪れるものを遮るという機能に着目し、仏教・道教との関係、地蔵との関係、歓喜天と縁結び、猿田彦、道祖神祭りなどを問題にした。『石神問答』に収録された書簡群には、境界をテーマに防禦・対立・隔離といった重要な概念が胚胎しており、堅実な研究姿勢からの再検討が望まれる。

［1］『民俗学評論』二号の「教育大民俗学研究室便り」によると、篠宮は東京教育大学の史学方法論教室の第五回生で、昭和四十一年（一九六六）三月卒業である〔大塚民俗学会編 一九六七 八五〕。

［2］拙論「柳田國男『石神問答』から倉石忠彦『道祖神信仰論』へ」は、令和五年（二〇二三）十二月発行の『長野県民俗の会会報』四六号に掲載された。同論文は倉石忠彦先生の追悼論文として執筆したものである。由谷の論考は、令和六年（二〇二四）五月刊行であり、拙論と発行時期が近接しているため、由谷は筆者の論文を参照されていないようである。拙論の中核部分は、本章にそのまま活用した。拙論は、柳田が境界に立つ石神へ収斂させてシャグジを理解しようとする視点を強調したものであり、由谷の論点とは異なっている。

［3］杉原和佳子は「『石神問答』考―柳田学の揺籃期と『人類学雑誌』―」の中で、『石神問答』の書名が揺れていることを指摘している。『故郷七十年』で「石神問答」の箇所にわざわざ「せきしん」とルビを振っている〔柳田 一九九七g 二二二〕。シャクジンと読むと、シャグジの起源は石の神という山中説を追認することになるので、あえてセキシンのルビを振ったと考えられる。昭和十六年（一九四一）の再刊にあたり、柳田は山中説に対して明確に反対の見解を示した。石神は境に関わる信仰を表徴するものと確信したのであろう。

［4］大室幹雄は『ふくろうと蝸牛―柳田国男の響きあう風景―』の終章「ふくろうと蝸牛」の中で、『遠野物語』の序の最後に付けられた短歌「おきなさび飛ばず鳴かざるをちかたの森のふくろふ笑ふらんかも」について論じる。翁さびた森のフクロウの嘲笑は甘受しつつも、フクロウを隠喩する世界の広さを畏敬していたという〔大室 二〇〇四 四七四～四七八〕。フクロウは、その存在だけで老年の感覚を持ち、知恵を備えているとされる。大室はフクロウに関して蘊蓄を披瀝するが、『石神問答』の背表紙のフクロウ図には言及がない。初版本を目にしていない可能性がある。

第三章　『遠野物語』の執筆動機と民俗学的意義

はじめに

柳田國男の『遠野物語』は、明治四十三年（一九一〇）六月十四日に発行された。初版はわずか三五〇部発行であったが、現在では文庫本も刊行され関連書籍は数多い。しかし、日本民俗学界からは『遠野物語』への言及が少ない状況である。その点に関し、評論の世界から厳しい批判も寄せられている〔1〕。『遠野物語』は書名に「物語」を付けており、論考形式を採用していない。文学・思想関連の蓄積が多く、論評はある種の難しさがある。

筆者は、日本民俗学の胎動を予測させる作品という視座から『遠野物語』の中に民俗性を見出したいと考えてきた。そのような中、室井康成が『柳田国男の民俗学構想』において、『遠野物語』を日本民俗学の著作とする見方に疑義を提出した。室井は、柳田の農政論・近代化論との関わりの中で同時代史的に解明する必要があると提案した。それは『遠野物語』を学術的に論ずることの困難な環境を刷新させる試みでもあった。

本章の目的は、第一に室井論文の批評を通して、柳田の『遠野物語』がどのような経緯で執筆されたのかという動機に関する検証をしてみることにある。第二に、『遠野物語』が前後して出された『後狩詞記』と『石神問答』とどう関連しているのかを考えることである。第三に、『遠野物語』に内包される民俗性の特徴を考えてみることである。

一　『柳田国男の民俗学構想』の批評

室井康成が『柳田国男の民俗学構想』の中で『遠野物語』を取り上げた第一章と第二章を中心に読み解いていきたい〔2〕。室井は、『遠野物語』を民俗学の著作として位置付けることはかなり困難であると考えた。それは、柳田がヨーロッパのFolkloreを吸収すべく洋書の購読を始めるのは明治四十四年（一九一一）からであり、日本民俗学の構想以前に『遠野物語』は刊行されたという〔3〕。室井は、「少なくとも民俗〝学〟を意識して書かれたものでないことは断言できる」という（室井 二〇一〇 二五）。室井は、当時の柳田には民俗学研究の自覚がなかったと考えた。国家官僚の柳田が、一地方の伝承を書き綴った動機に関する問題提起をした（室井 二〇一〇 二六）。

室井によれば、『遠野物語』には三通りの読み方があるという。第一は、文学として楽しむ読み方である。これは三島由紀夫の評論の影響が大きく桑原武夫の評価もある。第二は、民譚のテクストとしての読み方である。それは折口信夫の影響がある。近年では三浦佑之・赤坂憲雄・石井正己の業績もあるが、作品の読み直しという作法である。第三は、作品自体に柳田の政治性を看取するという読み方である。それは、柳田の事績を追いながら時代背景を確認して政治的に理解する方法である。船木裕は事実と作意を論じ、村井紀は植民地政策に関わらせる議論をしたという（室井 二〇一〇 二六〜三六）。室井は、読み方を深く考察する中で、第一の文学と第二の民譚としての読み直しに関して柳田は文学として執筆していないと推察した。第三の政治性に関しては、柳田の肩書きからの速断・推測が多く現実性が稀薄であると述べる。

室井は三通りの読み方を分析した上で、『遠野物語』の近代化と農政論の視点からの再読の必要性を力説する。日本の近代化を推進してきた柳田の目に遠野の伝承世界がどう映ったかを議論すべきであるとし、同時代的な視点からの読み直しの必要性を強調した。室井は、『遠野物語』が編まれた目的と想定した読み手は誰かという点を問題にしている。そして、室井は『遠野物語』を民俗学の書物として位置付ける言説自体が後世の研究者によって創出・補強された一種の神話であると論じた〔室井 二〇一〇 六〇～六一〕。柳田の農政官僚としての知見や関心が反映されているとしても、それに関する先行研究は皆無に等しい状況であるという。室井の見解・主張は以下のように整理できる。

①『遠野物語』を執筆した時期に、柳田は民俗学的な記述をほとんど残していない。
②『遠野物語』は、農政官僚としての関心から作成された可能性が高い。
③同時期に書かれた『後狩詞記』には習俗の古態への関心があるが、『遠野物語』は古態を認めようとした痕跡がうかがえない。つまり、両者は同じ関心に基づいて書かれたものではない。
④前近代的な意識と感覚が人びとを拘束していた時代の思考様式にあふれる話が多く、それを啓蒙する必要がある。
⑤『遠野物語』には、同時代史的な読み方が必要である。

室井の見解・主張を確認していくと、『遠野物語』で語られる遠野の人びとと農政上の啓蒙対象である人びとの思考様式は同じであり、柳田の職業上の属性を重視すべきというものであった。その際、テクストとしての『遠野物語』の分析評価をどう理解すべきだろうか。室井は、「此の書を外国に在る人々に呈す」という扉の裏書きの解釈について、通説とは異なる解釈をしてみせる。すなわち、海外に出かける石黒忠篤の名を具体的にあげ、日本の農業技術向上のために西洋へ留学する農政官僚に向けた言葉であったと論じた。室井は、あくまでも同時代史的読み方を力説したが、その見解は、そのまま受容できるものであろうか。室井は、論文「『遠野物語』再論―柳田国男の〝動機〟をめぐる新たな読みの可能性―」では、以下のように記している。

このように、彼の職務や彼自身の関心事は、一貫して農政にあったのであり、やはり農村を舞台に、農業者が語る民譚を記述した『遠野物語』もまた、民俗学的あるいは好事家的な興味に促されて書かれたというよりも、むしろ彼の農政官僚としての関心から作成されたとみる方が自然であろう。

〔室井 二〇〇七 二〕

『遠野物語』の執筆の前提は、民俗学や好事家としてではなく、あくまでも農政官僚からの関心に基づいていると強調した。この室井の視点の根拠は、あくまでも同時代史的な視点である。当時の柳田が置かれた状況から推測すると室井の指摘は無視できない。ロナルド・A・モースも既に『近代化への挑戦─柳田国男の遺産─』(一九七七年)で同様の指摘をしている〔4〕。室井は『遠野物語』を文学作品ではなく、迷信に満ちた啓蒙すべき農民を活写した書と理解した。その指摘自体が、実は当時の農村社会の実態を映し出しており、それが民俗であると言える。柳田には農学者、農政官僚という表向きの顔がある。しかし、次に紹介する「幽冥談」を見ると、柳田には別の違った一面があったことに気づく。

二 「幽冥談」と主体的発想の問題

室井が整理して見せたように、柳田は大学で農政学を学び、農商務省に入省してからは農政学関連の論考を執筆し続けている。本節では、明治三十八年(一九〇五)に「幽冥談」を執筆している点に着目する〔5〕。「幽冥談」は、柳田の農政官僚時代における数少ない民俗学関連の論考である。この論考は、国木田独歩が編集する『新古文林』一巻六号に談話筆記の形で発表された。この世は現世と幽冥から成り立っており、幽冥から現世は見聞できるが、その逆は不可能であるという。取り上げられた幽冥教(天狗)は、二つの世界を交流できる存在である。この考え方は他界観に連なるもので、まさに民俗学的研究の芽生えと言えるかもしれない。

相馬庸郎が「柳田民俗学の文学性」で論じたように、「幽冥談」は固有信仰の問題を取り扱っており、ほとんど滅び去ろうとしている天狗について、伝説や身近な人たちからの聞き書きと古文献を駆使してその神秘性を語ったものである。柳田はこの研究を進めていけば国民の歴史を明らかにできると考えた。特に国民の性質を計ることができるだろうと論じた。相馬は「幽冥談」に、柳田の民俗研究の淵源を見出している。『石神問答』の序文で柳田の父約斎について触れ、固有信仰を研究していたと述べる。相馬の指摘で興味深いのは以下の箇所である。

柳田民俗学の淵源になっているものとして次に考えられるのは、主体的発想の問題である。これは主体のおかれているアクチュアルな状況に誠実に対決するところから出る。「幽冥談」についていえば、幽冥教の不可思議を研究することは、実はこれを通じて自国の国民性の特質を研究することになるという発想がそれである。国民性の特質を比較し自覚するということは、いわばナショナリズムの近代的自覚といいかえてもよかろう。この発想は、西欧文明の圧倒的移入という形で近代化を行っていった明治的近代のあり方から、逆説的に出て来たものであることはいうまでもない。この「幽冥談」発表の頃は、日露戦後の国民的自覚昂揚の時にもあたっていた。

〔相馬 一九六一 一二五〕

相馬は「幽冥談」が民俗学の芽生えであり、執筆者の柳田が当時の識者と比べて「主体的発想」が豊かな点を指摘した。国民性の特質を比較して自覚するというものであるが、これは『遠野物語』に通じるものではないだろうか。読む人を啓蒙しようとするのではなく、一緒に考えてみようという発想にほかならない。

「幽冥談」は、柳田が農政学関連の論考を多く執筆している中にあっては、一見すると異質な存在に見える。しかし、柳田はこの時期に仕事とは関係なく、かつての文学仲間と幽霊や幽冥界に関する勉強会を行っていた。水野葉舟との交流もその一連のものであったことを忘れてはならない。つまり水野が連れてきた佐々木喜善に関してもその文脈で理解してみるべきであろう。柳田は不思議な話の数々を聞きたかった可能性が高いだけで、最初から東北農村の聞き書きを目指していたのではなかったと思われる。農政官僚の立場から東北農村へ関心をもって佐々木喜善の話を聞いた可能性は稀薄であったと言わざるを得ない。以下では、その視点から『遠野物語』の民俗世界を検証してみたい。

三　『遠野物語』の語り手と聞き手・書き手

『遠野物語』は、柳田國男が佐々木喜善《きぜん》（ペンネーム＝「鏡石」「繁」、一八八六～一九三三）の語った遠野地方の民譚をまとめたものである。柳田に喜善を紹介したのは水野葉舟《ようしゅう》（一八八三～一九四七）である。喜善は文学を志していた早稲田大学の学生であった。同じ下宿にいた文学者の葉舟に連れられて柳田宅へ出かけ、遠野の昔話や怪異譚を柳田に語った。柳田は喜善の話に興味を持ち、続けて聞くことになった。葉舟は仲介者であり、聞き手・書き手でもあった。葉舟は柳田と一緒に喜善から話を聞いているが、彼自身も聞き書きを文章化していたのである。

1　『遠野物語』の語り手、佐々木喜善

大島広志が『遠野物語小事典』に執筆した「佐々木喜善」に依拠し、佐々木喜善を紹介してみる。喜善は、明治十九年（一八八六）十月五日、土淵村山口（現、遠野市土淵町）に生まれた。父厚楽茂太郎の急死により、生後まもなく母の実家佐々木家の養子となった。佐々木家は裕福な家で、祖父は喜善を医者にさせるべく私立岩手医学校へ進学させた。しかし、文学への関心が高まり、医学校を中退して東京へ出た。最初は哲学館（現、東洋大学）で学ぶが、しばらくして早稲田大学に転じた。文学者泉鏡花の幻想的作品の愛読者として鏡花に私淑する。

喜善は水野葉舟の紹介で柳田國男に会う。養父と養祖父が相次いで死亡したこともあり、明治四十四年（一九一一）に帰郷し、地元土淵村で農会長、青年会長、村会議員などを歴任し土淵村長も務めた。しかし、政治の世界で失脚してしまい、村にいられなくなり仙台へ転居した。ＮＨＫ仙台中央放送局のラジオ講座「東北土俗講座」を企画したり、

雑誌を発行したりしながら民俗学者として活躍した。著書には『奥州のザシキワラシの話』（一九二〇年）、『江刺郡昔話』（一九二二年）、『和賀郡昔話』（一九二四年）、『紫波郡昔話』（一九二六年）、『老媼夜譚』（一九二七年）、『聴耳草紙』（一九三一年）などがある。昭和八年（一九三三）九月二十九日、腎臓病のため亡くなった〔大島 一九九二 一一三〜一一四〕。数多くの昔話集を発行し、同郷のアイヌ語学者金田一京助から「日本のグリム」とその業績が讃えられた。

なお、ペンネーム「鏡石」については、三好京三『遠野夢詩人』によると、佐々木喜善が泉鏡花と夏目漱石の二人の文豪の名前から勝手に採ったものだという〔三好 一九九一 一四〕。桑原武夫は『遠野物語・山の人生』の「解説」で、泉鏡花の「鏡」と、郷里に近い釜石の「石」を組み合わせたものであると説明している〔桑原 一九七六 三二五〕。話としては、三好京三説が興味深い。実際はどちらであろうか、今後の課題である。

2　出版の意図

『遠野物語』は、明治四十三年（一九一〇）六月十四日に初版が聚精堂から刊行された。定価五十銭、発行部数三五〇部であった。現在では自費出版に近い書籍であろう。この本は、しばらく絶版状態になっていた。折口信夫の助力によって、増補版が昭和十年（一九三五）七月に郷土研究社から刊行された。これには「遠野物語拾遺」が付いている。そして、戦後になって第三版が昭和二十三年（一九四八）十月、文芸春秋叢書として刊行された。柳田は「予が出版事業」（初出は『図書』四七号、昭和十四年十二月）の中で、『遠野物語』について、下記のような興味深いことを書き残している。

是も精確には私の著書といふことが出来ない。再版になつてから便宜のために、さういふ語を掲げた者があるといふのみである。少なくとも始めてこれを世に出した時に、私以上に満悦して居た人があるのである。しかもこの人のうれしがるといふ外に、私の心の中には出版者心理が働いて居た。西南の生活を写した後狩詞記が出たからには、東北でも亦一つは出してよい。三百数十里を隔てた両地の人々に互ひに希風殊俗といふものは無いといふことを、心付かせたいといふやうな望みもあつた。

〔柳田 二〇〇三 二三六〕

引用文中の「私以上に満悦して居た人」は誰だろうか。それは、遠野の話を語ってくれた佐々木喜善であろう。柳田は、ほぼ同時期に『後狩詞記』と『石神問答』を出している。いわゆる創成期の三部作と言える。とくに宮崎県椎葉村における猪狩りの伝承記録『後狩詞記』を出版した後に、「出版者心理」が働いたという。それは東西の文化比較を視野に入れたのであった。『遠野物語』の第一一九話は、獅子舞の長い歌詞を載せており、ほかの話とは異質である。その部分は省略しても良いのではないかと思うが、東西の文化比較ということを前提に考えると、『後狩詞記』の付録「狩之巻」にある祭文を意識したと思われる〔柳田 一九九九a 四五九～四六六〕。椎葉村の猪狩りに関わる祭文と対比させる意図があったと考えられるのである。

『遠野物語』の完成後、柳田は続編を出すことを計画し喜善にそれを勧めていた。柳田は「広遠野譚」という仮の書名で数編の物語を発表し、一方の喜善も資料採集に励んでいた。岡村千秋などが『広遠野物語』の出版計画を立て既に公表し、未発表のものなどの原稿を柳田に預けて検討を依頼していたのである。ところが、喜善が『聴耳草紙』を出版したために、柳田はやる気をすっかり失って計画を断念した。その後、折口信夫が関わって、國學院大学出身の鈴木棠三（本名脩二）に編集を依頼し「遠野物語拾遺」をまとめあげた増補版は、昭和十年（一九三五）の柳田の還暦記念として刊行された。この時点では既に喜善は死亡していた。

3　記録された不思議話

『遠野物語』が出された時期に、文壇では一部の同好の士が怪異譚を持ち寄って研究する「怪談研究会」などが組織され柳田も参加していた。柳田の場合は、単に怪異譚を語るのではなく、幾多の幻想的な日常世界を記述することに本領があり、ヨーロッパ近代文学の影響を受けているという。フランス文学研究者の桑原武夫は、「『遠野物語』から」というエッセイで、「この物語の編者が簡古な文語体をして内容と完全に合致せしめ、一つ一つの話を素朴でしかも気品の高い短章としたことは、卓見であり手腕であった」と評価している〔桑原 一九六八 一六二〕。

『遠野物語』に、柳田が「一字一句をも加減せず感じたるままに書きたり」と書いた、その表現が問題とされる。つまり喜善の語り口を文章にしたのに、なぜ「感じたるまま」なのかという疑問である。柳田による記述の操作が推測されている。表紙扉の裏に「此書を外国に在る人々に呈す」という一文がある。日本が近代化を積極的に進めている時期に書かれたので、橋川文三は『近代日本政治思想の諸相』の中で、「当時の柳田のインターナショナルな競争心を示すものであろう」と述べた〔橋川 一九六八 二二九〕。この一文は、素直に読めば外国に出かけた日本人への献辞である。少し読み方を変えると、西洋かぶれの日本人への批判になっていると考えられる。日本は近代化を進めているが、これほど興味深い話が地方にはまだ残っているということであろうか。いずれにしても物語はここから始まる。

『遠野物語』は、文語体で記述され、一一九話で構成される。折口がまとめた「遠野物語拾遺」には二九九話が載り、文体は口語体である。同書は、鈴木棠三が整理して折口が解題を書いている。『遠野物語』一一九話の内、最も長い項目は第一一六話の九九五字であり、最も短かいのは第四八話の二七字である。その多くは短文である。内容に関しては、永池健二の分類によると、実験談七五、神話・伝説一九、昔話四、信仰・風習・年中行事一二、地理・その他八、歌謡一、以上、計一一九となっている〔永池 一九八九 八七〕。全体としては、口碑の集成といえる。ごく近い過去に実際に体験された出来事を伝える新しい話が比較的多いのが特徴である。口碑の多くは現実にはあり得ないような出来事が実際に起こったもので、しかも事実であるという位相の上に立って語られる。現実の出来事であるが、非現実的で魔可不思議な世界を描いていると言えよう。その点に関して、小田富英は以下のように述べている。

『遠野物語』計一一九話のうち、柳田自身が「目前の出来事」と言うように、時代的にも明治の初期、あるいは、実在する人物の直接間接の体験話と設定できるものが八十五話近くにものぼる。

〔小田 一九八二 七五〕

『遠野物語』は、すぐ前に出版された『石神問答』と関連付けられている。第一七話のザシキワラシの頭注に「ザシキワラシは坐敷童衆なり此神のこと石神問答一六八頁にも記事あり」と紐付けられている。第一一一話のダンノハナに関しても頭注で解説した後、最後に「蓮台野も此類なるべきこと石神問答の九八頁に言へり」とある。これに関して、石井正己は、『遠野物語』を読む際に、柳田は『石神問答』を脇に置いて読んで欲しかったことがわかるという〔石井 二〇〇九 四四〕。

四　サムトの婆と神隠し伝承

1　サムトの婆

『遠野物語』第八話の「サムトの婆」は短い文章である。神隠しがテーマであり、もの悲しさが漂う内容になっている。神隠しに遭うのは子どもと女性が多い。神隠しには一つの特徴がある。永遠にいなくなる前にたいてい一度は家に戻ってくる。サムトの婆のときは親類が集まっている日であり、大勢の人がその姿を見るのである。神隠しにあった人物は変わり果てた顔かたちを家族に見せて驚かす。その現れ方にも類似点が多い。盆や祭りの宵や人混みの中に、ふと行き違ったときに言葉をかけてくる。大騒ぎをして探そうとするが見つからない。一昔前には、神に召された人を信じる人がいたということであろうか。第八話は以下のようである。

八　黄昏《タソガレ》に女や子共の家の外に出て居る者はよく神隠しにあふことは他《ヨソ》の国々と同じ。松崎村の寒戸《サムト》と云ふ所の民家にて、若き娘梨の樹の下に草履《ザウリ》を脱《ヌ》ぎ置きたるまゝ行方を知らずなり、三十年あまり過ぎたりしに、或日親類知音の人々其家に集りてありし処へ、極めて老いさらぼひて其女帰り来れり。如何にして帰つて来たかと問へば、人々に逢ひたかりし故帰りしなり。さらば又行かんとて、再び跡を留めず行き失せたり。其日は風の烈しく吹く日なりき。されば遠野郷の人は、今でも風の騒がしき日には、けふはサムトの婆《バヽ》が帰つて来さうな日なりと云ふ。

〔柳田 一九九七a 一七〕

「サムトの婆」では、地名は「サムト」であり、「寒戸」の漢字が当てられている。語り手である喜善は、自分で採集した昔話を『東奥異聞』(一九二六年)としてまとめている。その中に「サムトの婆」の原話と思われる「不思議な縁女の話」が、以下のように記録されている。

岩手県上閉伊郡松崎村字ノボトに茂助と云ふ家がある。昔此の家の娘、秋頃でもあつたのか裏の梨の木の下に行き其処に草履を脱ぎ置きしまゝに行衛不明になつた。然し其の後幾年かの年月を経つてある大嵐の日に其の娘は一人のひどく奇怪な老婆となつて家人に遭ひにやつて来た。其の態姿は全く山婆々のやうで、肌には苔が生い指の爪は二三寸に伸びてをつた。さうして一夜泊りで行つたが其れからは毎年やつて来た。その度毎に大風雨あり一郷ひどく難渋するので、遂には村方からの掛合ひとなり、何とかして其の老婆の来ないやうに封ずるやうにとの厳談であつた。そこで仕方なく茂助の家にては巫子山伏を頼んで、同郡青笹村と自分との村境に一の石塔を建てゝ、こゝより内には来るなと言ふて封じてしまつた。其の後は其の老婆は来なくなつた。其の石塔も大正初年の大洪水の時に流失して今は無いのである。

〔佐々木 一九八六 一九六〕

菊池照雄は、『山深き遠野の里の物語せよ』の中で、喜善が採集・発表した第八話に着目して『遠野物語』との比較を試みた。菊池によると、「寒戸」の表記は柳田の聞き違いか、あるいはミスプリントであって、正確には松崎村登戸であるという〔菊池 一九八九 一二〕。柳田の毛筆本が載る『柳田國男自筆原本遠野物語』を見ると、サムトの脇に「寒渡」の漢字が当てられている〔原本遠野物語編集委員会編 二〇二二 一〇〕。書き手の柳田が、「サムト」と「ノボト」を聞き間違えるだろうか。語り手の喜善が「ノボト」を「サムト」と間違って語った可能性もある。あるいは、喜善が意識して言い間違えたのかもしれない。近くに寒風という地名があるので、柳田が書き間違えた可能性も消せない。菊池の指摘以前にも、岩本由輝が『もう一つの遠野物語』の中で、「サムト＝寒戸」というのは、柳田の誤記であるとしている〔岩本 一九八三b 九七〕。

菊池の調査によると、土淵村山口のぶどう峠の入口にある南沢という屋号の家では、子どもたちが夜寝付かれないで泣いていると、「いつまでもうるさくしているど、モンスケ婆さまくるぞ」と伝承していたという〔菊池 一九八九 一七〕。この「モンスケ婆さま」は、喜善の『東奥異聞』で語られる茂助の娘であった婆様に違いない。つまり「登戸の茂助婆様」は事実談として語られていたが、それが何らかの理由によって「サムトの婆」に変更された。

喜善が『東奥異聞』に再録した話では、茂助の婆様が何度もやってきている。しかも茂助の婆様がやってくると、決まって大風雨となり、村中が難儀することが多かったのである。この災害の原因は、茂助婆様が村にやってくるためであるということになり、村に入って来ないようにして欲しいと言われ、村境に石塔を建てて入ってくるのを封じることにした。ここから先には入って来ないで欲しいと、巫女山伏に祈禱を依頼している。それを行ったので、ようやく茂助婆様は来なくなった。かなり厳重なフセギが実施された。

一方、岩本由輝はその後も研究を深め、論文「〈サムトの婆〉再考――『遠野物語』の初稿考察の一環として――」を発表した。その中で、自説も検討し直して新しい見解を示した。その結果、柳田の誤記ではないことが明らかになった。岩本は、サムトの婆が喜善の創作かどうかは不明であるが、喜善は柳田に遠野地方のことを語る一年ほど前に「館の家」という短編を書いていたことを指摘した。短編は「サムトの婆」の類話であるが、『遠野物語』の「サムトの婆」

とは異なり、血の雨や血の風を巻き起こしながら子どもをさらいにやってくるおどろおどろしい存在として描かれている〔岩本 一九九三 二九八〜三〇七〕。

『遠野物語』では、サムトの婆は一回だけの帰還のように語られる。しかし、喜善の『東奥異聞』では、毎年やってきてそのたびに大風雨をもたらした。そのために入ってこないように石塔を建て、専門の呪術者に祈禱を依頼したという念の入れようであった。ここでは、村境という境界が重要になっている。この境界は入ることを禁じる結界にほかならない。結界を示す石塔を建て、村に入ってはいけないと文字を彫った。さらに巫女山伏の呪術者に頼んで祈禱をしてもらった。村を出て行った娘の家で祈禱代を負担しなければならない。このような理不尽なことがまかり通っていた時代の伝承である。血の雨や血の嵐をもたらす恐ろしい存在ゆえにきびしい結界を設けたと考えることもできる。

『遠野物語』第八話は、『山の人生』（一九二六年）の「十四 殊に若き女の屢隠されし事」に出てくる話に良く似ている。「女の神隠しにはことに不思議が多かった」で始まり、若い女性が神隠しに遭うという話題として遠野以外の例が紹介されている。青森県三戸郡櫛引村〔現八戸市〕では、大風の吹く日に「けふは伝三郎どうの娘がくるべ」と人びとが諺のように言っているという〔柳田 一九九七d 五二八〕。親類知音の者が集まっているところへやってくる老婆である。岩手県釜石地方の某家では、神隠しにあった女性がいつか帰ってくると信じられており、盥に水を入れて表口に出して、草履を揃えておく日があるという。いつの間にか、草履も板縁も濡れているという噂がある。この家は娘ではなく、嫁であったが、その嫁の戒名を付けて祀っていたという。柳田は神隠しに対する、一つ前の時代の人びとの対応のあり方であったろうと語っている〔柳田 一九九七d 五二九〕。神隠しにあって、いなくなってしまった女性が帰ってくるときは、大風が吹くことが多い。その記憶と印象が強くなり、「サムトの婆が帰ってきそうな日だ」などと言い合うようになったらしい。『山の人生』には、このほかに数例が紹介されている〔柳田 一九九七d 五二七〜五二九〕。

2　神隠しに遭遇する日暮れどき

神隠しに関しては、小松和彦が『神隠し―異界からのいざない―』で、『遠野物語』を用いて論じており、小松の研究に依拠しながら考察してみたい〔小松　一九九二〕。神隠しの話では、失踪する経緯を明らかにしているものは少ない。何らかのきっかけで山の中へ入り込んでしまう。これは失踪であろう。山の中で異人（山男あるいは山の主）の妻になってしまう。失踪者が山という異界に行ってしまうのである。村人・家族から見れば失踪であるかもしれないが、異人から見れば、妻、住人となるのであって定着であろう。急にいなくなってしまった理由はわからないが、いなくなった場所には、決まって靴や草履などの履き物が揃えて脱いで置いてある。人びとは急にいなくなってしまった女性がどこに行ったかを気にするが見つからない。

いなくなる時間帯は、黄昏（＝日暮れどき）である。神隠し譚の多くは、日暮れどきに隠れ遊びをしているときに神隠しにあっている。いなくなってしまったときの行動として、一定の探索方法があった。それは、鉦・太鼓を叩いて大勢の村人で探すことである。『山の人生』にはたくさんの事例が紹介されている。多人数で鉦太鼓を叩きながら「太郎かやせ次郎かやせ」と合唱した。近親者は最後尾について行き一升枡を持ってその底を叩きながら歩いた。そうすると子どもの場合は、その者の目にとまるという。叩くものは金盥も使われた。枡や茶碗を持って叩く作法は各地に類例がある〔柳田　一九九七d　五二四〕。枡や茶碗には窪みの空間があり、そこに魂がたまるという信仰を基にした行為である。

日暮れどき（夕暮れどきとも言う）をタソガレ（黄昏）という。漢字にすれば「誰ぞ彼」である。また、この時間帯のことをカワタレとも言った。これは「彼は誰」となる。いずれも薄暗くて少し先の相手が見えない状態であり、魔物が百鬼夜行を始めようとする時間帯であると考えられてきた。

日暮れどきを意味する方言をみると、オオマガドキ・ガマガドキ・モウモウドキ・カワタレ・タソガレ・マジマジゴロ・メソメソジブン・ウソウソ・オモアンドキ・マグレ・ケソメキ・タッチアイ・ヨサリガタ・シケシケなどバラエティに富む。オオマガドキは漢字に当てはめれば「逢魔が時」であり、岐阜県飛騨地方のガマガドキは、この「逢魔が時」の転訛したものという〔柳田編　一九五五　三九四〕。

柳田國男は「妖怪談義」の中で、お化けが出没する時間帯は日暮れどきであるといい、どのような時間帯であるかについて、各地の方言などから解説している。モウモウドキは島根県邑智郡の方言で、モウモウという化け物が出る時間という意味である。信州松本あたりでメソメソドキ、ケソメキと言っていた。暗くなりかかるという動詞をケソメクで、素知らぬ顔で通りすぎることを、「ケソケソとして行く」などと言っている。これに類したのが山梨県西八代のマジマジゴロ、愛知県北設楽地方のメソメソジブン、名古屋市のウソウソである。対馬ではマグレヒグレはまぎれるという意味であろう。石川県のタッチアイは立ち会いで、本来は市立を指しており仲間でない人が顔を合わすのは交易のときであったから、気を許せない時刻という意味である。富山県でシケシケというのは、しげしげ見るというのが元であり、東北地方のオモアンドキは、アマノジャクが出てくる時刻なので「思わぬとき」の意味であったと、柳田は推測している〔柳田　一九九九e　一七三〕。

薄明かりの時間帯に行き交う人に対しては、互いに挨拶を念入りにしたものである。それは夕闇の中を歩く自分は決して怪しいものではないという表明でもあった。日暮れどきには子どもたちを早く家に戻らせた。そのときの脅し文句に魔物を使ったのである。たとえば長野県埴科《はにしな》地方では、フクロカツギが大きな袋を持って歩き、夕方隠れ鬼をしていると隠されてしまうと脅し、東北地方ではアブラトリという怖いおばけとして脅したものである〔柳田　一九九九e　二五七〜二六二〕。このように、日暮れどきは曖昧模糊としており、人の姿もはっきりしない悪い時間帯と考えられてきた。そのために人びとはこの時間帯をできるだけ避けようとした。吉田禎吾によると、魔性が生じたりするのはあれでもないこれでもないというどちらつかずの状態、すなわち曖昧な領域のときで、ここに神秘性・魔性が存在するという〔吉田　一九九八　三〕。

『山の人生』の「七　町にも不思議なる迷子ありし事」の中で、柳田は子どもが急にいなくなってしまう不思議に関して解説している。寂しい村はずれ、森や古墳の近くなど良くないところがあって、神隠しに遭いやすい場所とされていた。しかも子どもが急にいなくなる季節があったという。多くの地方で旧暦四月の蚕の上蔟や麦の刈り入れで忙しい時期に子どもがいなくなる。神隠しに遭いやすい季節を高麦の頃という。東京のような都会でも、夜に隠れん坊をすると鬼に連れ去られるなどと伝承していた。多くの土地で、夕方暗くなる時分に隠れん坊をすると、狸・狐・鬼などに連れ去られると語られていた。秩父地方では、子どもが行方不明になるのを隠れ座頭に連れて行かれた、ヤドウカイに連れ去られたなどと言った。ヤドウカイは「夜道怪」である〔柳田　一九九七d　五〇〇～五〇二〕。

五　ザシキワラシの伝承とその性格

1　ザシキワラシの伝承

『遠野物語』のザシキワラシ譚は、第一七話と第一八話の二つである。ザシキワラシ〔座敷童子〕は、十歳くらいの子ども〔男児・女児〕で、夜中に音を立てるが姿は見えない。ザシキワラシが家を出てしまうと、その家は没落するという。第一七話は、ザシキワラシ伝承の導入部と言える内容で、二つの事例が語られる。

一七　旧家《キウカ》にはザシキワラシと云ふ神の住みたまふ家少なからず。此神は多くは十二三ばかりの童児なり。折々人に姿を見することあり。土淵村大字飯豊《イヒデ》の今淵《イマブチ》勘十郎と云ふ人の家にては、近き頃高等女学校に居る娘の休暇にて帰りてありしが、或日廊下《ロウカ》にてはたとザシキワラシに行き逢ひ大に驚きしことあり。これは正しく男の児なりき。同じ村山口なる佐々木氏にては、母人ひとり縫物をして居りしに、次の間にて紙のがさ〲と云ふ音あり。

此室は家の主人の部屋《ヘヤ》にて、其時は東京に行き不在の折なれば、怪しと思ひて板戸を開き見るに何の影も無し。暫時《シバラク》の間坐《アイダスハ》りて居ればやがて又頻に鼻を鳴《ナラ》す音あり。さては坐敷ワラシなりけりと思へり。此家にも坐敷ワラシ住めりと云ふこと、久しき以前よりの沙汰なりき。此神の宿りたまふ家は富貴自在なりと云ふことなり。
○ザシキワラシは坐敷童衆なり此神のこと石神問答一六八頁にも記事あり。

〔柳田 一九九七a 一九～二〇〕

整理すると、①土淵村飯豊の今淵家では、ザシキワラシと呼ばれる子どもの神様が住んでいた。女学校の生徒が出会っている。ばったり出会って驚いたことが書かれる。ザシキワラシは男の子であった。②同村山口の佐々木家では、留守を守る女性が裁縫をしていると、主人の部屋でガサガサと音がする。誰もいないはずなのに鳴っているので、さてはザシキワラシかなと推測する。佐々木家ではザシキワラシは見えない存在である。この神がいるときは富貴自在と語っている。

第一八話は、村の草分けの山口孫左衛門家にザシキワラシが棲んでおり、そのザシキワラシと村人が出会って会話をしたという話である。ザシキワラシがいる家は富貴であるが、出てしまえば没落する実際の没落譚が語られる。

一八　ザシキワラシ又女の児なることあり。同じ山口なる旧家にて山口孫左衛門と云ふ家には、童女の神二人いませりと云ふことを久しく言伝へたりしが、或年同じ村の何某と云ふ男、町より帰るとて留場《トメバ》の橋のほとりにて見馴れざる二人のよき娘に逢へり。物思はしき様子にて此方へ来る。お前たちはどこから来たと問へば、おら山口の孫左衛門が処から来たと答ふ。此から何処へ行くのかと聞けば、それの村の何某が家にと答ふ。その何某は稍離れたる村にて今も立派に暮せる豪農なり。さては孫左衛門が世も末だなと思ひしが、それより久しからずして、此家の主従二十幾人、茸《キノコ》の毒に中《アタ》りて一日のうちに死に絶え、七歳の女の子一人を残せしが、其女も亦年老いて子無く、近き頃病みて失せたり。

〔柳田 一九九七a 二〇〕

孫左衛門家から出てきたザシキワラシは女の子二人である。会話をすると、そこから離れたところの家に行くと答えた。孫左衛門家は没落し、後にザシキワラシが行った家は現在も豪農であるという。明らかに富貴が移動したことを示している。しばらくして、孫左衛門家では奉公人を含めて家族二十数名が毒茸を食べて死んでしまった。幸い七歳の女の子が生き残ったが、その娘は年老いて先頃亡くなったという。

没落の原因は第一九話で詳しく語られる。孫左衛門家では、ある日、梨の木のまわりに茸がたくさん生えていた。その茸は食べられるかどうかが話し合われたとき、孫左衛門は食べないほうが良いと言った。しかし、一人の下男が食べられる処理法を説明したところ、一同がそれに賛同して食べたのである。偶然、生き残った七歳の娘は遊びに出ていたので食べずに助かったという。第二〇話ではその前兆が語られる。大きな蛇が出てきたときに、主人の孫左衛門は殺すなと言ったが、撃ち殺してしまったという。蛇塚を作るほどたくさんの蛇を殺してしまったのである。

第一九話と第二〇話では、孫左衛門が奉公人たちを制止していた。主人の言うことを聞かないというのは考えられないことである。その点からも奉公人たちと主人の関係にある種のひずみが出ていることが推測される。そして、このザシキワラシに関連する話は第二一話まで続き、孫左衛門本人についても語っている。村には珍しい学者であったという。狐と親しくなって家産を増やそうとして狐の祠を建て、自ら京都に出かけて正一位の神階を受けてきたというのである。財産があったからできたことであるが、孫左衛門は狐と親しくなった、と村人から笑われた。孫左衛門の発言を真剣に受け止めなかったのは、孫左衛門にも原因があったと言えるかもしれない。孫左衛門は学問好きであったから、家の富貴を支えてくれるスピリット（Spirit ＝精霊）であるザシキワラシを信じていなかった可能性がある。そして稲荷を信仰していたので、家の神であるザシキワラシから絶縁状を出されたと考えられるのである。在来の原始的な信仰と現世利益を宣伝する稲荷信仰との確執があったと推測できる。

蛇と毒茸がモチーフの話として、「遠野物語拾遺」第二二八話がある。ある家の爺様が山に行って大蛇に呑まれてしまった。爺様は持っていた鎌で大蛇の唇を切って脱出した。村に帰ってこの話をすると、若者たちが山に行って大蛇が死んでいるのを確認したという。数年後、銀茸に似たみごとな茸が沢一面に生えていた。爺様が採っていたら「油させ」と言う声が聞こえたので、茸を煮る際に油を鍋に入れろと言うことだと思い、その通りにして賞味した。近所の居酒屋では、若者たちがこの茸を煮て食べた。すると一〇名の内九名が茸の毒で死んでしまった。生き残った一人も三日間病んでいたという。これは事実譚として語られていたが、孫左衛門家の毒茸の話に類似している〔柳田 一九九七a 一五五〕。蛇殺しは先祖殺しを意味し、先祖殺しをした者は滅亡すると言われていた〔石井 二〇〇九 八四〕。

2　ザシキワラシの納戸神的性格

「遠野物語拾遺」には、ザシキワラシに関連する話として拾遺第八七話から拾遺第九一話まで、五つの話が載っている。いずれも断片のような短い話ばかりであるが、『遠野物語』の第一七話から第二二話までを確認した後に、それら一群をひとまとまりの話として読んでいくと、ザシキワラシ伝承の全体像が見えてくる。ザシキワラシをお蔵ボッコと呼んでいた家もあった。赤塗りの桶を持って出てくると家産が傾くという話の内容は同じである。人の眼に見えるようになると「カマドが左前」になると言われていた。拾遺第九一話では、赤い振り袖を着た女の子が赤い扇子を持って現れている。佐々木喜善が収集したザシキワラシ話にも、赤色が出てくる。この色について赤坂憲雄は、赤色が旧家や豪家の没落の前兆となる色であったことを指摘した〔赤坂 一九九四 一八六〜一八七〕。

ザシキワラシは、いたずらをする、かわいい子どもの神様である。その家に棲んでいる間は家を富ますが、何らかのきっかけでいなくなるとその家は没落する。このザシキワラシの神的性格に関して、高取正男「後戸の護法神」が興味深い指摘をしている。高取は、中世の仏教寺院で成立した後戸という空間について民俗事例も網羅しながら考察した。大陸伝来の魔多羅神は天台系寺院に祀られていったが、魔多羅神は迎えた側の土着の霊威を合わせながらその神威を増幅させたという。民間では、遠野の家々奥で誰に会うこともなく神とも言えないような精霊として棲み着いた。その精霊は味方にすれば心強く、敵にすれば怖ろしい神になるという〔高取 一九八二 三七四～三七五〕。ザシキワラシ伝承は、まさにそれを象徴的に語るものであろう。納戸に棲むザシキワラシは、その家の守護神の精霊であり、西洋の妖精に近いものであった。後戸論に関しては、鈴木正崇の『神と仏の民俗』が研究史を概括している〔6〕。

ザシキワラシによく似た話として、佐々木喜善『江刺郡昔話』(一九二二年)では「淵から上つた福神童ウントクの話」が語られる。一人の爺様が山に行って淵のほとりで柴を刈っていると、淵の水がくるくる渦を巻いており、面白いと思って柴を一束入れてみた。あまりに面白いので次から次へと投げ込み、三か月分の柴を水中に投げてしまった。すると、美しい女性が出てきて柴のお礼を言い、お礼をしたいからと言って誘う。しかし水の中へは行けないと言うと、それではといって女性の背中に乗せられて水底へ着いた。立派な家があり、老人が出てきてお礼を述べ酒肴でもてなされた。帰りに醜い童子をもらって帰る。この童子がウントクで、自分から家の奥に置いてくれと頼む。その童子はよく働くのでお金がたくさん貯まった。爺様は山仕事から帰ると、いつも奥の部屋に行ってウントクの頭を撫でてニコニコして出てくる。婆様は不思議に思い、ある日ウントクを見つけて追い払ってしまう。以後は貧乏暮らしに戻ってしまったという〔佐々木 一九二二 一三～一五〕。

これと同じ話が、佐々木喜善『紫波郡昔話集』(一九二六年)の巻頭に載る「福の神よけない」である。ある男が正月の門松を採った帰り、淵のところで渦ができているのをみて、門松を投げ入れてみた。門松はくるくる回って水中に沈むが、それが面白いので次から次へと投げ入れた。すると渦の中から娘が出てきて、お礼をしたいから家まで来てくれと言う。男が水の中など入れないと言うと、娘は目をつむっていれば大丈夫と答え、男を背中に乗せて水中の家に連れて行った。欲しいものを聞かれたらば、ヨケナイが欲しいと答えるように教えてもらう。家にたどり着くと、老翁が出てきてお礼を言い、欲しいものを尋ねる。教えてもらったとおりにヨケナイを所望した。とても醜い子どもであったが、もらって帰ることにした。ヨケナイが自分を人目のつかないところに置いてくれと頼むのでその通りにした。ヨケナイは、朝から晩までよく働き、稼いで家を裕福にしてくれた。男が留守の間、嫁がヨケナイを見つけてしまい、あまりに醜いので箒で叩いて追い出してしまった。それから元の貧乏暮らしになってしまったという〔佐々木 一九一六 一～三〕。

二つの地域で呼び名が違うだけで、ほぼ同じ話が伝承されていた。昔話で語られたウントクとヨケナイは、いずれも家に幸運をもたらす福の神である。その姿は醜い小童であり、福の神が家にいる間は幸運をもたらし続ける。昔話は、小童がいなくなることを強調している。この点に関し、石橋直樹が「ザシキワラシ考―不在を〈語る〉ということ―」で興味深い指摘をしている。『遠野物語』のザシキワラシの話は、「いなくなる」ことに力点を置いた結果生じる「いる」状態の語りであるという〔石橋 二〇二一 三九六〕。そして、ザシキワラシの本質は、家を没落させることにある。恐るべき魔力を発揮するのは出て行く瞬間であり、いなくなるのは一瞬の出来事である。そして、「いなくなる⇒没落」という構図ができあがる。佐々木喜善が柳田國男に語った十九世紀は、怪異が新たな局面へ移行した時代であったと推理している〔石橋 二〇二一 四〇二〕。

折口信夫は「座敷小僧の話」で、ザシキワラシの特色を次のようにまとめた。①寝ている人の枕を返す。しかし決して人を脅さない。②雨が降ると縁側をぶるぶる震えながら通る。③赤い顔の河童のような顔の子が出る。④家運が傾くころになると出ていってしまう。⑤由緒ある家にときどき出現する。⑥遠州の事例では、旅人を泊めて殺してから富むようになったという伝説があり、枕返しは座敷坊主がするという〔折口 一九六七a 二五八～二六二〕。折口は、徳島のアカシャマグマや沖縄のキジムンの事例も紹介し、「東北地方では所謂まびくと言ふ事をうすごろと言ふ土地もあつて、そのまびかれた子どもが、時々雨の降る日など、ぶる〳〵慄へながら縁側を歩くのを見る。これを若葉の霊といふのだ」〔傍線・傍点原文〕と論じた〔折口 一九六七 二六二〕。折口は、ザシキワラシが座敷だけにいて、庭には降りない点に着目し、ザシキワラシが出ていくときは家が滅びるときであるのは、庭にいないことに意味があると推測した。

六　マヨヒガにみる家の盛衰

『遠野物語』にマヨヒガの話がある。マヨヒガは、迷い家であり、民俗世界における「隠れ里＝ユートピア（桃源郷）」であった。第六三話には、以下のように記されている。

六三　小国《ヲグニ》の三浦某と云ふは村一の金持なり。今より二三代前の主人、まだ家は貧しくして、妻は少しく魯鈍《ロドン》なりき。この妻ある日門《カド》の前《マヘ》を流るゝ小さき川に沿ひて蕗《フキ》を採《ト》りに入りしに、よき物少なければ次第に谷奥深く登りたり。さてふと見れば立派なる黒き門《モン》の家あり。訝《イブカ》しけれど門の中に入りて見るに、大なる庭にて紅白の花一面に咲き雞《ニハトリ》多く遊べり。其庭を裏《ウラ》の方へ廻《マハ》れば、牛小屋ありて牛多く居り、馬舎《ウマヤ》ありて馬多く居れども、一向に人は居らず。終に玄関より上《アガ》りたるに、その次の間には朱と黒との膳椀《ゼンワン》をあまた取出したり。奥の坐敷には火《ヒ》鉢《バチ》ありて鉄瓶《テツビン》の湯のたぎれるを見たり。されども終に人影は無ければ、もしは山男の家では無いかと急に恐ろしくなり、駆《カ》け出《ダ》して家に帰りたり。此事を人に語れども実《マコト》と思ふ者も無かりしが、又或日我家のカドに出でゝ物を洗ひてありしに、川上より赤き椀一つ流れて来たり。あまり美しければ拾ひ上げたれど、之を食器に用ゐたらば汚《キタナ》しと人に叱《シカ》られんかと思ひ、ケセネギツの中に置きてケセネを量る器《ウツワ》と為したり。然るに此器にて量り始めてより、いつ迄経《タ》ちてもケセネ尽きず。家の者も之を怪しみて女に問ひたるとき、始めて川より拾ひ上げし由を語りぬ。此家はこれより幸運に向ひ、終に今の三浦家と成れり。遠野には山中の不思議なる家をマヨヒガと云ふ。マヨヒガに行き当りたる者は、必ず其家の内の什器家畜何にでもあれ持ち出でゝ来べきものなり。其人に授《サヅ》けんが為にかゝる家をば見する也。女が無欲にて何物をも盗み来ざりしが故に、この椀自ら流れて来たりしなるべしと云へり。

○此カドは門には非ず川戸にて門前を流るゝ川の岸に水を汲み物を洗ふ為家ごとに設けたる所なり
○ケセネは米稗其他の穀物を云ふキツは其穀物を容るる箱なり大小種々のキツあり〔柳田 一九九七a 三一〜三二〕

三浦家が富裕になる物語であり、典型的な長者譚の一つである。マヨヒガは明らかに「迷い家」であった。山の中を歩み進むと、長者の家が出現する。紅白の花が咲き乱れるのは「隠れ里＝ユートピア」のイメージ化である。そこへ迷い込んだ女性が無欲で何一つ取らずに帰宅した点が重要である。ある日、女性が川で洗い物をしていると川上から赤い椀が流れ着いた。ケセネギツ（ケシネ櫃）に入れておき、米を量る道具に使ったところ、不思議なことに米がまったく減らない。そこから富貴が三浦家にたぐり寄せられていったのである。山奥から流れ着いた赤い椀は山中に住まう木地屋が制作した椀であろう。

第六三話とよく似た話が第六四話でも紹介される。こちらは同じマヨヒガであるが、出かける人は聟になっている。聟は山路で迷ってマヨヒガにたどり着いたものの、帰宅してマヨイガのことを話してしまった。聟自身は無欲であったが、話を聞いた人たちは大勢で出かけて宝物を得ようと考えた。しかし、出かけてみたら何もなかったという話である。無欲だからこそ富貴になれるなどマヨヒガに出逢える人の性質が見え隠れしている。第六三話と第六四話は、全国各地に広がる椀貸伝説のモチーフと同じであるのは興味深い。ケセネギツにも注目したい。ケセネはケシネであり、米や稗などの穀物のことである。「晴と褻」といった場合の「褻」である。いわゆる日常である。晴着と普段着といったときの普段に相当する。柳田國男は『一目小僧その他』（一九三四年）の中で「隠れ里」の項を設け、椀貸伝説を全国規模で紹介し隠れ里にも言及した。椀が流れる源流には隠れ里があり、大まかな傾向としては西日本の隠れ里は夢幻的なものが多く、東北のほうへ進むほどそれがもっともらしく語られると指摘した〔柳田 一九九八f 五一五〕。

隠れ里と関わる椀貸伝説は、人寄せで食器が足りないときに必要な膳椀の数を書いてお願いすると、翌日には揃って置いてあるという伝説である。借りた数をきちんと返却しているうちは借りられるが、ある人が一つ返却しなかったことがあり、その次には必要な膳椀をお願いしても膳椀は出てこない。各地に借りたままの膳椀を保存する旧家があり、その話に信憑性を持たせようとする。類話は全国に分布している。

柳田は「隠れ里」の中で、椀貸伝説を木地師の活躍と関連付けて解説した。柳田は、人類学の鳥居龍蔵が椀貸伝説は無言貿易の一種と論じたことを解説したり、山中共古が、かつての村では仏堂などに膳椀を保存することがあり岩穴の中に保存した可能性があったと述べたことを紹介した。柳田は、二人の初出論文を明らかにしていないが、『人類学雑誌』の論考であろう。これは「借りて返す」という交換の儀礼を推測させる。隠れ里は、壮大な文化史を予測させる伝説である。宮田登は、隠れ里と関わることが幸運の兆しであり、長者になることであると論じ、長者は栄華を誇りながらも一瞬にして没落してしまうことが多い点を指摘した〔宮田 二〇〇六 三二～三五〕。

七　明治三陸地震津波の幻想と鎮魂

第九九話は、明治二十九年（一八九六）六月十五日（旧暦五月五日）に発生した明治三陸地震津波の話である。福二の住む田の浜は、この津波のときは二三八戸のうち流失家屋が二二九戸を数える。残った家は高台にあったわずか九戸だけだったという〔三浦 二〇一四 一九九～二〇二〕。小説家吉村昭の『三陸海岸大津波』には以下のように記される。

東閉伊郡船越《ふなこし》村　当村は船越、田ノ浜、大浦の三字《あざ》で成り、その被害は惨憺たるものがあった。田ノ浜では全戸数二三六戸がことごとく流失し、人口一、三〇〇人名中、九四五名が死亡するという惨状を呈し、救援もおくれて死臭は全村をおおった。この村の前面には船越湾があり、隣接した山田湾との間に小さな半島が突き出ているが、津波は、四〇メートル余の波高で村を襲うと同時に、半島の基部を乗りこえて山田湾にも注いだ。そのため半島の基部は海となって、さながら孤島のような形状をしめした。

〔吉村 二〇〇四 四四～四五〕

津波に襲われた人たちに関するエピソードは村ごとに異なっているが、田の浜の被害は甚大であった。海で漁をしていた漁師たちは、津波を乗り越えて無事であることが多かったが、浜に戻ったときの驚きと落胆は大きなものであった。その後、多くの人が津波恐怖症になり、大きな物音に過敏な反応をしたり、一斉に逃げることも度々あったという。死体が散乱した海岸一帯は不気味な地域として恐れられてしまった。海への親近性が忌避に変化したのである。海岸一帯に死霊が彷徨うという噂も広まったりして、人びとは日が暮れると外出することが少なくなったという。船や漁具を失った漁師たちは三年近くも休業を余儀なくされ、その結果貧困にあえぐことになった。それをわかりやすくした話が次の第九九話であろう。

九九　土淵村の助役北川清と云ふ人の家は字火石《ヒイシ》に在り。代々の山臥にて祖父は正福院と云ひ、学者にて著作多く、村の為に尽したる人なり。清の弟に福二と云ふ人は海岸の田の浜へ聟に行きたるが、先年の大海嘯《オホツナミ》に遭ひて妻と子とを失ひ、生き残りたる二人の子と共に元の屋敷の地に小屋を掛けて一年ばかりありき。夏の初の月夜に便所に起き出でしが、遠く離れたる所に在りて行く道も浪の打つ渚《ナギサ》なり。霧の布《シ》きたる夜なりしが、その霧の中より男女二人の者の近よるを見れば、女は正しく亡くなりし我妻なり。思はず其跡をつけて、遥々と船越村の方へ行く崎の洞ある所まで追ひ行き、名を呼びたるに、振返りてにこと笑ひたり。男はと見れば此も同じ里の者にて海嘯の難に死せし者なり。自分が聟に入りし以前に互に深く心を通はせたりと聞きし男なり。今は此人と夫婦になりてありと云ふに、子供は可愛くは無いのかと云へば、女は少しく顔の色を変へて泣きたり。死したる人と物言ふとは思はれずして、悲しく情なくなりたれば足元を見て在りし間に、男女は再び足早にそこを立ち退きて、小浦《コウラ》へ行く道の山陰を廻《メグ》り見えずなりたり。追ひかけて見たりしがふと死したる者なりしと心付き、夜明けまで道中《ミチナカ》に立ちて考へ、朝になりて帰りたり。其後久しく煩ひたりと云へり。

〔柳田　一九九七a　四四〜四五〕

平成二十三年（二〇一一）三月十一日に発生した東日本大震災後、この話が多くの人の関心を呼び、にわかに注目された。村助役の北川清は、佐々木喜善の祖母チエの兄（大伯父）にあたる人物である。その北川清の弟福二は、田の浜へ婿に行って大津波の被害を受けたのであった。遠野は内陸に位置するが、海岸沿いの村々は生活交流圏であったので、婚姻も結ばれていた。福二は家族を失い、仮設住宅に住んでいたのである。

日本民俗学会は、東日本大震災から一〇年を経た節目と、令和二年（二〇二〇）からの新型コロナウイルス感染症の拡大による日常生活の変化に着目して災害特集号を刊行した。前川さおり「震災をめぐる岩手県の民俗学に係る動向」は、岩手県の被災の状況と文化財レスキューの活躍、歴史民俗資料ネットワークの発足と活躍を紹介した。民俗の聞き書き手法による津波体験を記録した調査報告書が何冊も発行されており、同論文でそれらの特色を詳細に論じた。前川は、遠野市立博物館学芸員であるが、同論文の中で第九九話の福二に関して興味深い記述をしている。

ある日、福二の四代後の子孫にあたる男性が、前川の勤務する遠野市立博物館を訪ねてきたという。その男性は田の浜に住んでいて、今回の津波で家を流されてしまった。流失した家系図を復元したいということで博物館にやってきたのである。その男性の話では、福二については心的外傷に起因する病気のせいか、親戚や家族の間ではあまり話題にすることが少なかったという。そのために同家では福二に関わる話をあまり伝えていないらしい。そのような中にあって、男性の母親が生前に、『遠野物語』の中にわが家の話が載っており、先祖のことだから記憶しておくようにと言われていたことを思い出したという。男性の母は、東日本大震災の津波で流されて行方不明となった。男性は各地の遺体安置所を探し歩いたが見つからなかった。葬式を出すべきかどうかを悩んでいたとき、台所に立つ母の夢を見て心の区切りが付いたと語っていたという。そして前川が、男性の家を訪問して話を聞いて一緒に墓参りをした際に、男性の母と福二の妻の名が同じ名前であったので、前川はその偶然に大きな衝撃を覚えたという〔前川 二〇二三 二三七〕。どこまでも不思議なことは起こるものである。

まとめ

日本民俗学創成期に『後狩詞記』『石神問答』『遠野物語』の三冊が立て続けに刊行された。『遠野物語』を優れた文学という評価で完結させるのは惜しい。本章の課題の一つは『遠野物語』の執筆経緯であった。室井康成は『柳田国男の民俗学構想』で、『遠野物語』を柳田の農政論・近代化論と関わらせ同時代史的視点から解明する必要性を主張した。本章は、室井説を検証しながら『遠野物語』がどのような経緯で執筆されたのかを確認してきた。室井は、『遠野物語』は民俗学の著作ではないと主張するが、柳田には近代化を推進する農政官僚という立場と怪談や不思議譚に興味を持つ好事家の二面性があった。明治三十八年（一九〇五）の「幽冥談」は怪談を楽しむ論考であり、日本民俗学へ展開するテーマであった。農民を救う学問という意気込みだけでは理解できない。

第二の課題は『遠野物語』と三部作の関連であった。『後狩詞記』が西の山村の事象であり、『遠野物語』は東の農村の事象であった。伝承のあり方、語りの記録などに特色がある。『遠野物語』の中で『石神問答』への注記があるなど関連性が認められる。ザシキワラシは「後戸の神」的性格がある点を紹介した。

第三の課題は『遠野物語』に内包される民俗性の特徴であるが、サムトの婆・ザシキワラシ・マヨヒガ・津波の話に限定して検討した。その結果、神隠し、家の盛衰、椀貸伝説、災害と心意の問題など、民俗学的テーマを再確認できた。「此書を外国に在る人々に呈す」の献辞は、ウィリアム・バトラー・イェーツの『ケルトの薄明』に向けての言葉であったかもしれない。ザシキワラシは日本限定ではなく、国際性を強調した可能性もある。『遠野物語』は文学性だけでなく、民俗性も豊かであり、その観点からの研究が期待される。

［1］赤坂憲雄は、『遠野物語へようこそ』の「あとがき」で「『遠野物語』にひとつの源流をもつ民俗学は、いまあきらかに大きな岐

路に立たされています。学問へと成りあがるためにはひとたび、文学から身を遠ざける必要がありました。しかし、文学に背を向けた民俗学には、なにかが欠けています。魅力がいかにも乏しいのです。(中略) わたし自身のいわれなき確信を書き留めておくことにしましょう。それは、民俗学以後にも、『遠野物語』だけは生き残り、さらに百年の歳月を生き永らえるにちがいない、ということです」と記している〔三浦・赤坂 二〇一〇 一五八〕。

〔2〕室井の著書に対し、二つの書評がある。一つは渡部圭一が『國學院雜誌』一一二巻六号に載せたものである。渡部によると、室井の論点は戦後民俗学が低迷し、それを正当化する学史も低迷した構造的悪循環を明るみに出したと評した〔渡部 二〇一一 三二〕。もう一つの書評は、永池健二が『日本民俗学』二八二号に載せたものである。永池は、室井が『遠野物語』を前近代的な思考にとらわれた人びとの現実を描いた啓蒙の書と主張する点に関し、その論証は根拠の少ない読解と評した。『遠野物語』の多彩な口碑群が内包する豊かな想像力をすべて捨象し、そこに旧弊や陋習の残存を見る室井の立場を批判するが、その厳しい態度は書評の流儀を超えているように思われる〔永池 二〇一五 八四～八九〕。

〔3〕柳田は『遠野物語』執筆時にFolkloreに関する文献は未読の可能性が高い。しかし、ウィリアム・バトラー・イェーツの『ケルトの薄明』を読んでおり、『遠野物語』刊行三か月前の佐々木喜善宛書簡の中で、ザシキワラシと似た神がヨーロッパにいることを記している〔柳田 一九七一a 四三二〕。『ケルトの薄明』は、成城大学の柳田文庫目録に載っていない。読んだ本のすべてが蔵書として残っているわけではない点にも留意しておきたい。

〔4〕ロナルド・A・モースは、『近代化への挑戦―柳田国男の遺産―』の中で、『遠野物語』は日本近代文学の古典として評価されるとしつつ、「これを書いたもう一方の意図として、おそらくは当時の農業政策への批判の意も込められていたのではないか、という想像も成り立とう。ことに同年に出版された『時代ト農政』の農業政策への批判などをみると、その関係が必ずしも想像だけにとどまらないと思える。が、ここでは文学に限定して述べてゆこう」〔モース 一九七七 五三〕と述べた。

〔5〕「幽冥談」に先立つ明治三十六年(一九〇三)、柳田は田山花袋と『近世奇談全集』一巻を校訂している。この編纂を通じて天狗や山姥などに関心を深めていく。

〔6〕鈴木正崇『神と仏の民俗』は、第一部「神楽」、第二部「後戸」の二部構成の書である。後戸に関しては、建築学からの見解と芸能史からの見解を含めた研究史を詳細に論じ、さらに魔多羅神に及ぶ。魔多羅神は、変化自在に護法神や鎮守神あるいは「春来る鬼」とみなされる翁に比定されていくという〔鈴木 二〇〇一 三二五〕。

第四章　**郷土会の活動と内郷村調査**

はじめに

郷土会は、明治四十三年（一九一〇）十二月四日に新渡戸稲造邸で産声を上げた［1］。郷土会の活動は研究報告を中心としていたが、現地調査も重視したようであり、その集大成として大正七年（一九一八）八月に神奈川県津久井郡内郷村（現、相模原市緑区）において、民家研究グループの白茅会と共同調査を実施した。これが日本最初の村落共同調査と言われる「郷土会の内郷村調査」である。

調査責任者の柳田國男は、調査に先立って小野武夫と一緒に現地を下見し、「村落調査様式」と呼ぶ調査項目を作成するなど、用意周到の準備をして現地調査に臨んだ。しかし、調査報告書が刊行されなかったこともあって内郷村調査の全貌は明らかではない。内郷村調査に関しては、山下紘一郎が『柳田国男伝』の中で文献を渉猟して概要を明らかにした成果を発表して研究の先鞭を付けた。新聞記事や地元協力者の長谷川一郎と鈴木重光のエッセイは、現地調査の参加者確定などに際して混乱を生じさせた。山下論文以降も現地調査の参加者を特定できない状況が続いており、内郷村調査に関する基礎的研究の必要性を痛感する。

本章の目的は三点ある。第一点は新渡戸稲造を中心とした郷土会が内郷村調査に出かけるまでの助走期間を確認する。第二点は、先行研究の批評を通して、内郷村調査における調査地選定、調査日程と参加者、調査分担や調査内容などの基礎的事項を明らかにする。第三点は、内郷村調査の実態とその成果や課題を明らかにすることである。

一　『郷土会記録』にみる研究旅行

新渡戸稲造を中心としたサロンとしての郷土会の活動は、柳田國男編『郷土会記録』によって、おおよそが明らかになっている。同書の緒言は「郷土会の創立は明治四十三年の秋であつたと思ふ。郷土会と云ふ名称は、最初からのもので無かつたが、仮にさう呼んで居るうちに、次第に親しい言葉になつてしまつた」で始まる（柳田編　一九二五　一）。そして、同書には、内郷村に関して以下のように記されている。

自分の処には第四十回頃までの記録しか存して居らぬが、少くとも大正八年の末までは続いていた筈である。其八月に大挙して、津久井の内郷村へ研究旅行に出かけたのが、たしか第六十何回かの催しであり、後に又其報告の会があつたとも記憶して居る。（柳田編　一九二五　二）

これによると例会が回数を重ねた結果、その最終的なまとめとして内郷村調査が実施されたように読み取れる。新渡戸が国際連盟の事務局次長として渡欧以降、この郷土会は解散状態になっていた。新渡戸がいったん帰国するという連絡を受け、柳田が手元にある資料によって急遽整理したのが『郷土会記録』であった。

郷土会は、ほぼ毎月新渡戸邸で開催されており、美味しい料理が振る舞われ、居心地の良いサロンで多くの参加者があった。農政学関係だけでなく、地理学や歴史学などに造詣の深い人たちの報告があった。『郷土会記録』にはそれらの発表記録が収められている。郷土会は当初は報告が主であったが、地理学の人も多かったので自然に現地調査へ出かける気運が出てきたと思われる。第一六回の郷土会は、大正二年（一九一三）三月二十九日（土）から一泊二日で実施された。以下のような詳細な記事が載っている［2］。

郷土会旅行記事　第十六回の郷土会は、埼玉県北足立郡大和田《おほわだ》町大字野火止《のびどめ》への一泊旅行であつた。三月三十日の日曜は、一年に稀なる春の日であつたが、其前日出発の日は風の強い土埃の立つ日で、よく〳〵武蔵野新開の荒い生活を理解することが出来た。野火止はもと平林寺の裏山なる古塚の名である。七百町歩の一大字は、新編風土記に所謂皆畑《かいはた》の村であるが、慶安承応の交に開かれたと云ふ野火止用水の細かな網は、実に此村存立の要件であつて、単に屋敷々々に引込まれて勝手の用に供せらるゝのみならず、更に其湿潤の力を以て見事な色々の蔬菜を作り、頗る畠地灌漑地の妙趣を示して居る。（中略）瀧沢郡書記土岐田町長などの世話で、村の中でも殊に大百姓の正親《おほぎみ》氏に泊めて貰ひ、夜分には二つの学校の校長も来られて、色々の質問に一同草臥を覚えなかつた（後略）。

〔柳田編　一九二五　七〜八〕

地理学における野外実習に近い現地巡見を行った。「郷土会旅行記事」とあるように、一泊旅行であった。紹介した記事以外の部分に平林寺の梅林を見学したり地形を考えながら散策したとある。地理学の小田内通敏らが積極的に関わった旅行であったと推察する。

第二〇回例会は同年九月二十六日に開催され、小田内通敏が「大山及び三峰の村組織」を報告した。例会記事には以下のように記される。

郷土会第二十回例会　九月二十六日午後五時半から例の会場で開いた。当番の講演者小田内通敏氏が、此夏の研究旅行の土産話として、大山と三峰とのことを詳細に報告された。非常に興味ある話であつた。講演後一時間に亘つて、種々面白い問題が提出されて雑談に花が咲いた。次の会は一泊研究旅行をすることに決して、その目的地も大抵極つたやうだ。

〔柳田編 一九二五 四七〕

小田内通敏が例会で報告した内容に関連した一泊旅行が計画された。「郷土会旅行記事」には以下のように記される。

郷土会旅行記事　第二十一回の例会は講演を廃して、阿夫利山麓なる秦野地方への研究旅行を試みた。午後一時半新橋発の列車で、二宮駅に着いたのが四時、それから秦野の有志の案内で、軽便鉄道に乗つて目的地に着いたのが五時。其夜は有志の談話やら古文書の閲覧やらで過し、翌日朝から日没まで、付近の農村やら地理やらを視察して、頗る益する所が多かつた。

〔柳田編 一九二五 五七〕

郷土会は、一泊の研究旅行だけでなく、日帰りの巡見も行っていた。大正六年（一九一七）三月から五月の足かけ三か月に、柳田が台湾・中国・朝鮮旅行に出かけていたこともあり、その間の郷土会の様子は記録がない。柳田は帰国するとまもなく村落調査の準備を始めている。そして、大正七年（一九一八）に内郷村調査の実施に踏み切ったのである。

二　先行研究の批評と課題

1　先行研究の批評

内郷村調査に関する先行研究に関して、発表年順に文献批評を行い、問題点と課題を見出し、本章の仮説と理論の見通しを述べておきたい〔3〕。

①山下紘一郎「内郷村調査」一九八八年

山下紘一郎は、柳田国男研究会編『柳田国男伝』の「第六章第一節　郷土会とその人びと」で、新渡戸稲造邸のサロンに参加する農政学者と地理学者らの研究者群像を描いた（山下　一九八八　三九五〜四四四）。郷土会は研究報告だけでなく、東京近郊の埼玉県野火止、神奈川県秦野地方への一泊旅行にも出かけており（柳田編　一九三五）、内郷村調査は機が熟した時期の共同調査であった。山下は、地理学者の小田内通敏「内郷村踏査記」に依拠して内郷村調査に関する総合的な記述を試みた。村落調査様式は、小野武夫・小田内通敏・那須皓の三人が編集員となって郷土会考案として作成し、調査分担も決めていたことがわかる。山下は、小田内と小野の論考によって、初日に予定どおり参加した者を九名とし、論文中では中村留二と石黒忠篤の動向も記しており、参加者は合計一一名という認識があったようである。山下の論文は、使用する資料が限定的ではあるが、内郷村の位置と景観、村入りの様子、宿泊所となった正覚寺をていねいに紹介し、食事準備や寝具の調達にも言及した。

②松本三喜夫「内郷村への旅」一九九二年（一九九〇年）

松本三喜夫は『柳田国男と民俗の旅』の「内郷村への旅」（松本　一九九二　三七〜七七）と「相州内郷村余聞―柳田国男農村調査のころ―」（松本　一九九二　七八〜九二）で内郷村調査を論じた。前者は、『府中市郷土の森博物館紀要』三号（一九九〇年）所収の論文で、原題「柳田國男・鈴木重光・長谷川一郎」である。後者は正覚寺前住職の山田亮因へのインタビュー記録である。山田は明治四十二年（一九〇九）生まれで、郷土会が調査に訪れたときは十歳であったが、貴重な記録である。同書には図版・写真が多数挿入され、内郷村の理解に役立つ〔4〕。

松本は、内郷村調査を民俗学確立期の重要な共同調査で、農村問題を現地で学ぼうと試みたものと評価した。松本は、農村調査の実態、調査の目的、現地の協力者・農民の反応の検討、という三点の解明を目標にした（松本　一九九二　三八）。調査目的は、村の生活の総合的把握であるという。そのために生活の変遷を知り、子孫の幸福と不幸の分岐点になる将来計画の資料を得る必要があるという（松本　一九九二　六七）。柳田たちの個別の活動については記述が少ない。調査地は地元の理解を得やすかった点を考慮して内郷村が選択されたという。柳田は、内郷小学校長の長谷川一郎と十数回に及ぶ書簡交換を通して準備を整えた（松本　一九九二　五四）。そして、調査は八月十五日から二十五日までの一一日間とする。参加者について、小野は一〇名（記憶不明確）、長谷川は一二名であると紹介するが、松本自身は参加者の特定をしていない。現地の協力者に関しては、長谷川一郎と鈴木重光という地元の熱心な仲間を得たことを取り上げ、鈴木が『相州内郷村話』を出版したことも紹介した。

③鈴木通大「柳田國男と神奈川の民俗学研究Ⅰ―郷土会の相州内郷村調査を中心に―」一九九一年

鈴木通大は、松本三喜夫「柳田國男・鈴木重光・長谷川一郎」に触発されて、『神奈川県立博物館研究報告―人文科学―』一七号に「柳田國男と神奈川の民俗学研究Ⅰ―郷土会の相州内郷村調査を中心に―」を執筆した。柳田が内郷村調査について「学問上の失敗」と指摘した理由として、統一テーマの欠如、問題意識の不明瞭、時間の欠如、資金面の欠如などをあげている。この点に関し、鈴木は共同調査であったにもかかわらず、統一テーマの欠如が最も大きな理由であり、それは郷土会の体質に原因があったと推測した（鈴木　一九九一　六）。鈴木は、柳田が長谷川一郎へ送った調査依頼の書簡を紹介している。その中で柳田が調査にあたっての一〇項目を記したが、それは現在の民俗調査の心得に通じるという。長谷川ら地元民は柳田の依頼に応えたのである。調査参加者に関しては、各人に若干の混乱を来していると指摘しつつ、鈴木は長谷川一郎「内郷村共同調査の思い出」を論文で紹介し、長谷川の記載を信用してしまい、参加者一二名、不参加六名を採用している。

④関戸明子「昭和初期までの村落地理学研究の系譜―小田内通敏の業績を中心に―」一九九二年

関戸明子の論文「昭和初期までの村落地理学研究の系譜―小田内通敏の業績を中心に―」は、論文名に内郷村調査の名が見えないこと、副題が「小田内の業績を中心に」とあることから、見落としがちな論文である。内郷村調査の中心的存在であった小田内の業績をていねいに跡づけている。特に「郷土会考案村落調査様式」に関して詳細に論じた。関戸は、小田内の「内郷村踏査記」を用いて、参加者の活動を紹介しているが、『聚落と地理』からの引用なので、田中信良の担当は蚕室のままになってしまった。関戸は一九九一年当時の現地を歩いて写真も載せる。そして、この内郷村調査は、後に続く山村調査の一〇〇項目の『採集手帖』や調査組織に影響を与えたと推測した〔関戸 一九九二 一七六〕。

⑤関一敏「しあわせの民俗誌・序説―地方学から内郷村調査まで―」一九九三年

関一敏は、論文「しあわせの民俗誌・序説―地方学から内郷村調査まで―」の中で、内郷村調査を、柳田が農政学から農村生活誌へ方向転換する時期の共同調査と評価し、貧困問題の理解を深める民俗学を構築する過程の農村調査という認識で論を進める。内郷村調査の内容は、先行する山下と松本の二論文を参照している。関は、柳田の内郷村調査は失敗だったという発言に対し、文化人類学のロベール・エルツ（一八八一〜一九一五）の六週間、文化人類学者のブロニスワフ・マリノフスキー（一八八四〜一九四二）の数年間に及ぶ現地観察調査を引き合いにして、わずか一〇日間の共同調査で失敗だったとあきらめるべきではないと述べる。関によると、内郷村調査によって長谷川一郎や鈴木重光が郷土研究に入るきっかけを与え、この体験が昭和九年（一九三四）から始まる山村調査で役立っていくという〔関 一九九三 三一八〕。柳田は、集団体制のもとに効率的な調査を実践して生産性を高める手法を採用するに至るが、内郷村調査はその視点と方法を鍛える調査であったと論じた。

⑥小川直之「柳田國男と郷土会・内郷村調査」二〇〇二年

小川直之の論文「柳田國男と郷土会・内郷村調査」は、民俗学からの本格的論文である。内郷村調査の経緯、柳田の学問形成の位置付け、その後の民俗学への影響の検討が研究目的であるという。小川は、先行研究が調査参加者を明確にできておらず、内郷村調査前後における柳田の言説で論じられていない点があると指摘する（小川 二〇〇二 四八）。調査参加者は、『東京日日新聞』一一名、『横浜貿易新報』一一名、長谷川の回想一二名、小田内「内郷村踏査記」一一名（予定どおりの参加者九名、全日程ではない二名）を紹介し、新聞二紙と小田内の記述からの類推によって参加者を一一名とした。石黒忠篤「内郷村の二日」を紹介するが、参加者の中途参加状況までの論究はない。調査地の選定に当たっては、長谷川一郎の存在が大きかったことを柳田書簡を用いて論述した。小川は『相模湖町史民俗編』に「郷土会と内郷調査」を執筆したが論文と同じ内容である。同書には内郷村調査の新聞記事が掲載されており資料的価値は高い。

⑦塩原将行「牧口常三郎と郷土会―内郷村農村調査の参加者とその成果―」二〇〇五年

塩原将行の論文「牧口常三郎と郷土会―内郷村農村調査の参加者とその成果―」は、サブタイトルに論文内容が明記されている。塩原の研究目的は、内郷村調査の参加者の確定と調査成果の検討にある。塩原は、山下と小川の先行研究に言及していないが、両論文も参加者数の確定を目指していたのである。塩原論文によって、内郷村調査の現地調査に参加した人物が一一名と特定され、おおよその動向も明らかになった。塩原が参加者の特定に使用した資料は九点である（後述）。塩原の研究が先行研究と異なる点は、最も詳細とされる小田内通敏「内郷村踏査記」を軸に、新聞記事、長谷川の資料から考察を重ね、初日の八月十五日の参加者は九名であり、遅れた参加者二名で、計一一名であると推論した。新渡戸稲造・三宅驥一《きいち》・小平権一・中山太郎・小野武夫の五名が載る新聞もあるが、実際には不参加である。調査参加者の確定に関しては、塩原論文が最も説得力がある。

⑧小島瓔禮「柳田國男の『地方の研究』時代—明治四十二年愛川村訪問から大正七年の内郷村調査へ—」二〇〇七年

小島瓔禮の論文「柳田國男の『地方の研究』時代—明治四十二年愛川村訪問から大正七年の内郷村調査へ—」は、柳田が愛川村へ講演に来たことを紹介し、当時の地方学について論じる中で鈴木重光に触れる。小島論文は、内郷村調査を本格的に論じたものではないが、内郷村調査の参加者に関する貴重な資料を紹介した。鈴木重光の書類綴りに収録されていた謄写印刷[5]の「郷土会共同調査参加者名簿」である（図⑦）。これには郷土会会員（一三名）と白茅会（四名）の計一七名の肩書き及び氏名が記される。手書きで参加したことを示す○印が一一名に付けられ、さらに「石黒忠篤先生二十三日夜来」「中桐確太郎先生十七日帰」「牧口常三郎先生二十五日帰」「中村留二先生十七日来、二十三日帰」と手書きの注記がある（小島 二〇〇七 一〇一～一〇二）。実際の参加者が確認でき、しかも参加者の早退動向などがわかる資料である。内郷村調査には一一名が参加し、そのうち四名の遅参、早退が明らかになったが、「石黒忠篤先生二十三日夜来」の記載に関しては疑問が残る。

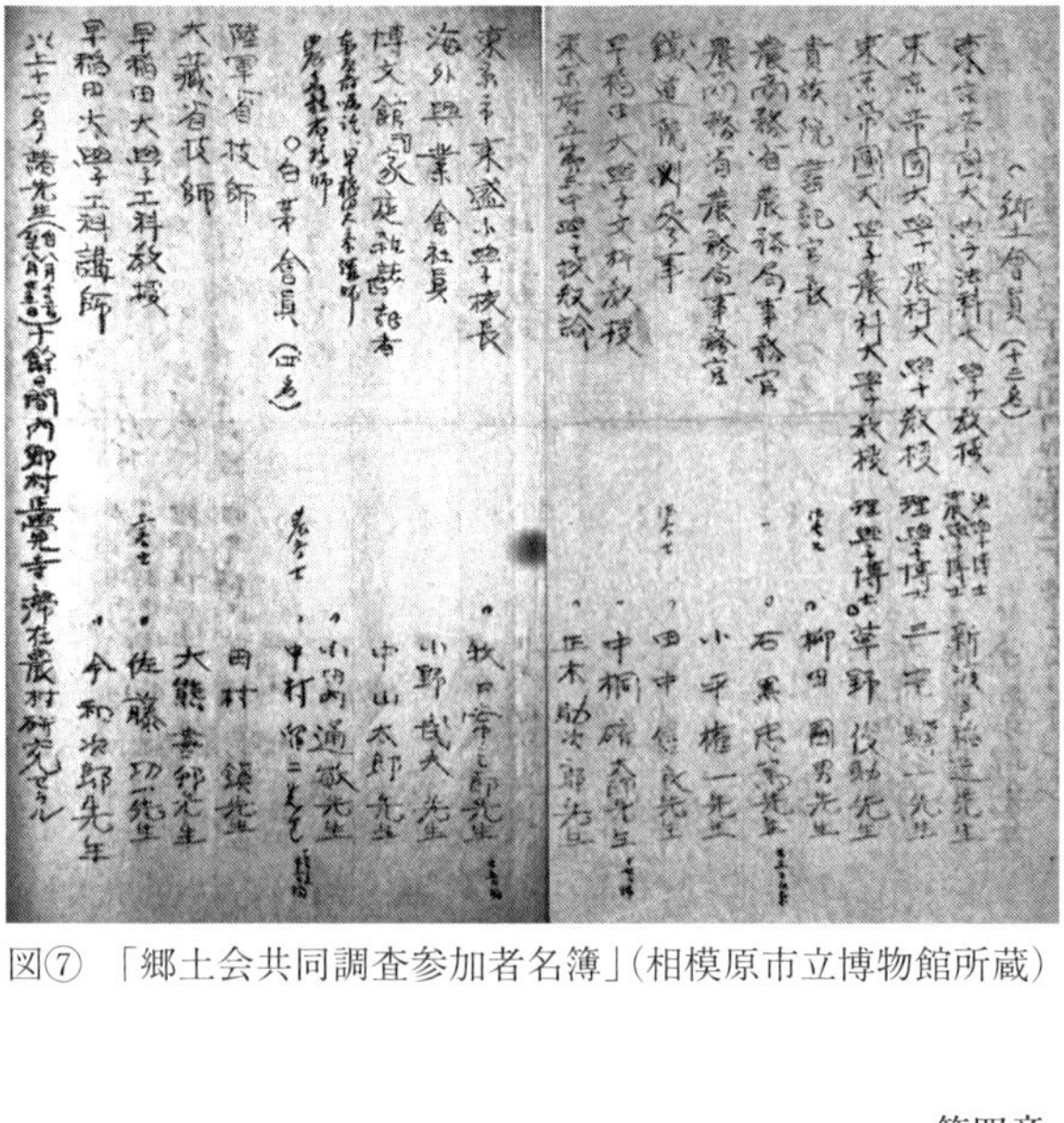

図⑦　「郷土会共同調査参加者名簿」（相模原市立博物館所蔵）

⑨野澤秀樹「柳田國男と小田内通敏—『郷土研究』をめぐって—」二〇〇八年

野澤秀樹は、論文「柳田國男と小田内通敏—『郷土研究』をめぐって—」で、内郷村調査を取り上げる。柳田と小田内の「郷土研究とは何か」が論の中核である。調査参加者と調査内容に関しては言及していない。内郷村調査の調査報告書の出版に関して、小田内が出版を主張したのに対し、柳田は強く反対したという。実際にどのような場面かは不明であるが、那須皓らはその原因について、社会学的調査目的を設定するまでに至らなかったこと、土俗学的調査やら種々の見地が混合して存在していたことを挙げているという〔野澤 二〇〇八 一八二〕。郷土に対する認識が、柳田と小田内では異なっていたということであろう。

⑩堀越芳昭「一九一八年柳田國男らによる内郷村調査—各所感報告の検証—」二〇一七年

堀越芳昭の論文「一九一八年柳田國男らによる内郷村調査—各所感報告の検証—」は、内郷村調査に関わった関係者による所感報告を網羅している。柳田國男「津久井の山村より」をはじめ、小田内通敏、今和次郎、石黒忠篤、小野武夫、那須浩、長谷川一郎、鈴木重光の八名が書いた論考・エッセイを取り上げて、簡単な概観をした後に、堀越自身のコメントが付されている。そして、内郷村調査の先行研究として、宮田登『新版日本の民俗学』（講談社文庫）の紹介をはじめ、神奈川県の郷土史家による論考までを、実に丹念に拾い上げた。堀越論文は、現時点におけるもっとも詳細な文献を網羅している。内郷村調査に関する研究史の検索では無駄なく原典にたどれる有益な論文であり、学史研究の共有知識にしておきたい文献の一つと言えよう。

2　先行研究の批評から浮かび上がる農村生活誌の視点

山下紘一郎の論文「郷土会とその人びと」は、『郷土会雑誌』と雑誌『郷土研究』の記事を丹念に読み込んでおり、郷土会の内郷村調査に関する先駆的業績の評価を得るにふさわしいものである。しかしながら不明な点も少なくない。松本三喜夫の論文は、内郷村調査を民俗学確立期の重要な共同調査と認識し、現実の農村の実態と農村生活の総合的把握を通して生活の変遷を知り、住民の幸せを考えた将来計画の資料を得る調査であるという視点は重要である。

鈴木通大の論文は、柳田が失敗としてあげた、①統一テーマの欠如、②問題意識の不明瞭、③時間の欠如、④資金面の欠如をあげ、共同調査にもかかわらず、統一テーマが欠如していたことが最も大きな失敗であったという。郷土会の体質に原因があると推測したが、統一テーマは当初からあったのではないか。むしろ将来構想が欠如していた可能性がある。

関一敏論文は内郷村調査について、柳田が農政学から農村生活誌へ方向転換する時期の共同調査と評価し、貧困問題の理解を深める民俗学を構築する過程における農村調査という認識で論を進めた。実は、柳田の問題意識は松本や関が指摘したように農村生活誌の研究にあったのではないか。

先行研究の検討から、内郷村調査に関して明らかにすべきは、なぜ内郷村が選ばれたのかという調査地選定の問題である。当然、その調査に参加した人物の特定も重要である。塩原将行論文は説得力をもつが一部に推測が混じっている。そして、松本や関が指摘したように、調査の目的と内容の検討も重要である。報告書は未完であるが何人かがエッセイや記録を残しており、それらを継ぎ合わせて再構成する必要がある。野澤秀樹論文は、郷土研究の理念に関して重要な論点を含み、関論文は、内郷村調査が昭和九年（一九三四）から実施されていく山村調査へのステップになった可能性を指摘した。小川直之論文が目指したように、内郷村調査が柳田の学問形成にどう生かされたのか、という視点も重要であろう。

三　共同調査の準備

1　調査地の選定と調査期間

内郷村調査の準備に関して、柳田は長谷川宛書簡で細部について依頼している。主な依頼点を記してみると、人数は十人内外、宿は暑い時期なので寺院が理想、寝具の都合如何、青年達との懇談希望、新聞社への連絡は遅めに、といった内容である。鈴木重光によると、柳田は当初、他村に白羽の矢を立てていたという〔鈴木 一九六五 三〇〕。しかし、それに先だって、柳田が職場旅行の際に長谷川に出会い、その人柄に惹かれ応援態勢ができることを確信し、内郷村に変更・決定したのである〔松本 一九九二 五〇～五四〕。

内郷村調査は、大正七年（一九一八）八月十五日（木）から二十五日（日）までの一〇泊一一日である。期日は八月十五日からであるが、この時期はお盆（八月十三日～十六日）の期間である。内郷村では、調査時には盆踊りが消滅していたという。盆は先祖との交流の期間であり、一般には他所からの訪問者は歓迎されなかったはずである〔6〕。現地調査などは、遠慮すべき期間であったのではないだろうか。なぜ盆の期間を選択したのかは不明である。調査は、夏場の暑い時期の一〇日間である。当時の気温を調べてみると、大正七年は前後の夏と比べ、気温の高い猛暑日が続いていた。横浜気象台の記録によると、八月十五日は最高気温三一・二度、最低気温二三・九度で、十八日は最高気温三三・八度、最低気温二五・八度と暑い日であった。内郷村と横浜では二度前後は違うだろうが、当時とすれば暑い夏の調査であったと言えよう。

2 調査項目の作成

調査に先立って調査項目が作られた。小野武夫・小田内通敏・那須皓の三人が村落調査項目づくりに関わるが、中心は小野であった。調査項目は「村落調査様式（郷土会考案）」として作成され、大正十四年（一九二五）刊行の『農村研究講話』に載っている〔7〕。同書によると、郷土会で村落調査の実施が話題になり調査項目をまとめたとある。調査に先立って、柳田と小野は、内郷村へ下調べに出かけ、長谷川一郎に会って打ち合わせをしている。「村落調査様式（郷土会考案）」には、「地図を四枚調整」とある。その四枚の内容は、交通路・高低・部落の位置・土地利用・土性・宅地家屋を示すものであるが、現在に伝わっていない。調査の項目と細目は以下のとおりである。細目については、原文は長いので、筆者が簡略にして（ ）内に示した。

第一　沿革及び住民（村の開発の沿革、村の境界の変遷及び理由、住民生業の変遷、古来の風水害事変、旧家及び偉人の事蹟、戸口増減の状況など）

第二　風土（村の名称及び広さ、大字の名称と広さ、郡における村の位置、土性、傾斜、乾湿及び日当たり、初霜晩霜期、各季節の風の方向並びに強弱など）

第三　土地（土地所有状況、地目別土地所有面積、入会関係、共有地の状態、村に所属する飛び地、耕地・山林・原野の境界の目標、水利慣行など）

第四　交通（主要道路、水路、鉄道、物資交換の状況、名所旧跡ほか）

第五　農業及びその他の生業（地主・自作・小作の割合、村民の生計と主副業との関係、作物の種類、家畜の売買、農家一日の労働時間、村の経済の近況ほか）

第六　衣食住（宅地面積、家居の状況、防風林、飲食物、燃料の種類及び変遷、衣服、装身具、衣服の保存年数など）

第七　社会生活（村の組織制度、村の公人、新旧の団体、娯楽休日、冠婚葬祭に関する慣習及び費用、押売、乞食など）

第八　衛生（出産及び死亡の状況、風土病、村の疾病の種類、医師、衛生思想など）

第九　教化（村民教育の状況、有識階級と村民との関係、図書・新聞・雑誌の購読の状況、青年会、処女会等の村の風紀、青少年の風紀、飲酒の弊、犯罪など）

第十　信仰（神社、祠、仏閣、祈禱、神社仏閣と村の経済）

第十一　俗伝（農に関する儀式、禁忌、禁厭、俚謡、村特有の伝説）

上述した一一の項目と一二五の細目は、現在の民俗調査の項目とはかなり異なっている。年中行事、通過儀礼、民俗芸能などが欠落しており、生産生業も現在の項目とは異なる。「村落調査様式表」における細目数を見ていくと、「第

五　農業及びその他の生業」（三二細目）が最も多く、「第六　衣食住」（一五細目）、「第二　風土」「第三　土地」（どちらも一三細目）がそれに続く。「第九　教化」の項目（一二細目）も比較的多い。調査様式表を一瞥する限りでは、全体的に農業分野に関心が深かったことがうかがえる。それは柳田が農政学と関わってきたこと、郷土会のテーマの中心が農政学関係にあったことも関係しているであろう。そもそも内郷村調査は、郷土会で話題になっていた農村生活の実態把握の獲得にあった。柳田が農政学から農村生活誌へ方向転換していく過渡期における共同調査に位置づけられるかどうか、また貧困問題の理解を深める民俗学の構想の有無についても検討が必要であり、柳田の問題意識が農村生活誌の研究にあった可能性の検討にも関連するであろう。

四　調査参加者の確定

福田アジオは『日本の民俗学―「野」の学問の二〇〇年―』で「郷土会内郷村調査の教訓」として内郷村調査を論じる。現地調査参加者に関しては『東京日々新聞』の大正七年（一九一八）八月二十七日付の記事から参加者一一名としている〔福田　二〇〇九　八六～八七〕。当時の新聞記事に、新渡戸稲造・三宅驥一・小平権一・中山太郎・小野武夫の五名が載るが、彼らは明らかに不参加である。小野武夫は現地の下見をした調査の中心的人物でもあったが、母親の病気のため急遽不参加となった。中山太郎は執筆分担が決まっていたが欠席した。その理由は不明である。農政関係者が急遽不参加・遅参になったのは、富山県で八月三日に勃発した米騒動の対応に忙殺されたためである。

最も良質な資料とされる小田内通敏「内郷村踏査記」は、調査初日の八月十五日の踏査参加者は九名と明記している。この部分だけを読むと参加者は九名となってしまうが、本文中で中村の早退、石黒の遅参に触れており合計一一名になる。小島瓔禮が紹介した「郷土会共同調査参加者名簿」は、鈴木重光のメモであるが、それには、郷土会会員（一四名）と白茅会（四名）の計一八名の肩書きと氏名が記され、参加した一一名に〇印が付けられており、実際の参加者が唯一確認できる重要な資料である（小島 二〇〇七 一〇一～一〇二）。

ここで、内郷村調査の参加者情報が記載された新聞・論考・エッセイを古い順に並べてみると、以下のようになる。（ ）の中は塩原論文の資料番号を示す。

①大正七年八月十日 『東京朝日新聞』、一〇名ほか数氏（塩原論文、資料g1）
②大正七年八月 「郷土会共同調査参加者名簿」謄写印刷資料、一八名
③大正七年八月二十七日 『東京日々新聞』、一一名（塩原論文、資料a ※塩原論文は石黒を除外して一〇名としている。実際には石黒は記されており、計一一名となる）
④大正七年八月三十一日 『横浜貿易新報』、一一名（塩原論文、資料b）
⑤大正七年九月五日 『東京朝日新聞』、未参加者含む（塩原論文、資料g2）
⑥大正七年十一月 小田内通敏「内郷村踏査記」『都市及農村』四巻一一号、九名+二名（塩原論文、資料c）
⑦大正八年一月 長谷川一郎「内郷村の農村調査」『神奈川県教育』一六四号、一八名（塩原論文、資料d1）
⑧大正十四年 小野武夫『農村研究講話』、郷土会員一〇名の名前を紹介するが、現地参加者と同一かどうかに言及していない。（塩原論文、資料e）
⑨昭和三十一年 長谷川一郎「内郷村共同調査の思い出」『神奈川県の民俗』、二二名（小野含む）（塩原論文、資料d2）
⑩昭和四十年 鈴木重光「長谷川一郎先生の面影を偲ぶ」『石老の礎』、一二名
⑪昭和四十七年 聖教新聞社編『牧口常三郎』、一二人（人名に誤りあり）（塩原論文、資料f）

塩原は、⑥小田内通敏「内郷村踏査記」を基に、新聞記事と長谷川の資料を加味して一一名と推測した。その時点では塩原論文が最も合理的な見解であるが、推測の範疇である。今回、小島論文で紹介された謄写印刷資料によって

一一名が確定したと言える。もちろん、そのメモにも若干の記録ミスがある。

地元の長谷川一郎と鈴木重光の記録は参加者が異なっている。筆者はこの点に関し、次のような事情があったと推測している。長谷川は、大正八年（一九一九）一月発行の『神奈川県教育』一六四号に「内郷村の村落調査」を執筆したが、そこでは郷土会員一四名と白茅会四名の計一八名の肩書きと氏名を載せる〔長谷川 一九一九 二二〕。これほどすばらしい肩書きの人たちが大勢内郷村へ来村し、調査を実施したという権威付けがあったと思われる。それを裏付けるように、新渡戸以下は肩書き順で、博士と学士の序列になっている。当初打ち合わせをした参加予定者を載せたので、調査期間に来村しなかった郷土会の新渡戸稲造・三宅驥一・小平権一・小野武夫・中山太郎の五名、白茅会の田村鎮・大熊喜邦の二名までが記された可能性が高い。

この名簿とほぼ同じものが、②の「郷土会共同調査参加者名簿」である。この名簿は柳田と村役場・長谷川が打ち合わせの上で作成した名簿であったと推測する。⑨の「内郷村調査の思い出」は一二名である。長谷川は下見に訪れた小野を含めている。長谷川にとっては、小野は実際に来

表③　内郷村調査関係者一覧

	氏名	担当	所属・学位	参加状況	備考
1	新渡戸稲造	——	東京帝国大学法科大学教授 法学博士・農学博士	×	
2	三宅驥一	——	東京帝国大学農科大学教授 理学博士	×	
3	草野俊助	天然と土地	東京帝国大学農科大学教授 理学博士	◎	
4	柳田國男	沿革	貴族院書記官長 法学士	◎	
5	石黒忠篤	農業	農商務省農政局事務官 法学士	△	二十二日夜来
6	小平権一	農業	農商務省農政局事務官 法学士・農学士	×	
7	田中信良	交通	鉄道院参事庶務課人事掛長 法学士	◎	
8	中桐確太郎	教化衛生	早稲田大学文科教授	□	二十五日早朝帰
9	正木助次郎	天然と土地	東京府立第三中学校教諭	◎	
10	牧口常三郎	教化衛生	東京市東盛小学校長	□	二十五日早朝帰
11	小野武夫	社会生活	海外興業会社員	×	
12	中山太郎	俗伝	博文館『家庭雑誌』記者	×	
13	小田内通敏	衣食住	東京府嘱託、早稲田大学講師	◎	
14	中村留二	農業	農商務省技師 農学士	△ □	十七日来、二十三日帰 （石黒と交代）
15	田村鎮	建築	陸軍省経理局技師 工学士	×	白茅会
16	大熊喜邦	建築	大蔵省臨時建築課技師 工学士	×	白茅会
17	佐藤功一	建築	早稲田大学工科教授 工学士	◎	白茅会
18	今和次郎	建築	早稲田大学工科講師	◎	白茅会

◎：全日程参加　×：不参加　△：遅参　□：早退

（相模原市立博物館所蔵の鈴木重光「郷土会共同調査参加者名簿」を基に、小田内通敏「内郷村踏査記」と長谷川一郎「内郷村の農村調査」を参照して作成）

村した人という意識があったと理解すべきであろう。⑩の鈴木重光の回顧文も参加者は一二名であり、小野を含めている。長谷川と同じ意識があったのであろう。

ただし、鈴木は調査時には、②鈴木重光「郷土会共同調査参加者名簿」を記録して残している。これが現時点では最も信憑性が高い資料である。しかし、次節で触れるようにこの資料も完璧ではない。石黒忠篤「内郷村の二日」の記事によって若干の修正が必要である。以上のような事情が複雑に絡み合い、先行研究では調査参加者が曖昧であった。しかも、中村留二と石黒忠篤が中途参加であり、中村は石黒と入れ替わりに早退している。さらに牧口常三郎は最終日早朝の早退である。

本章で明らかにした現地調査の参加者は、柳田國男・草野俊助・正木助次郎・石黒忠篤・小田内通敏・牧口常三郎・中桐確太郎・田中信良・中村留二・佐藤功一・今和次郎の一一名である。佐藤と今は、白茅会のメンバーで民家を担当した。郷土会としては九名の参加と言える。「担当」に関しては、小田内通敏の「内郷村踏査記」（『都市及農村』四巻一一号）を用いた［8］。参加者一覧を示しておく（表③）。

五　石黒忠篤の「内郷村の二日」

石黒忠篤の調査参加について、鈴木重光メモには「二十三日夜来」とある。石黒忠篤の「内郷村の二日」の記事をその記述のままに理解すると、「八月十七日」の夜に与瀬駅到着、その夜は駅前の旅館に宿泊し、翌朝に荷物運び人を雇って徒歩で正覚寺まで行っている。しかし、石黒の記述の「八月十七日」は後述するように、誤植であった。

読み進めると、内容は二十三日の朝八時に正覚寺で食事中の参加者と出会い、石黒は一緒に朝食を食べている。中村留二は石黒が連れて来た荷担ぎに頼み、折り返して与瀬駅に向かった。当初参加予定の小平権一は、富山県で米騒動が勃発したために参加できなくなり、同じ農商務省勤務の石黒も参加しづらかったので、中村留二に都合を付けて参加してもらったらしい。中村はそのまま荷担ぎを頼んで、与瀬駅に向かった。鈴木のメモに、中村留二は「十七日来、二十三日帰」とある。二十三日の朝に石黒と入れ替わりに帰ったとみて良いだろう。そのために石黒は何も引き継ぎができなかった〔石黒 一九一八 二九〕。『都会及農村』五巻一号に「内郷村の二日（二）」が掲載される。書き出しは次のようである。

八月二十四日。昨夜寝に就いたのといふは十二時であつたが、又もや碌々眠らずに夜を明した。朝飯を済して長谷川薫一君の案内で鼠坂から横川の橋迄戻り、川に沿うて急峻な林中の道を奥畑へとは入《ママ》つた、昨朝此界隈での山林だと思ふたのであつたが、それが鈴木氏の有であつた。胡桃等も多い様である。〔石黒 一九一九 二四〕

そして、文末には「附言　十一月号本文冒頭に『八月十七日』と記したるは八月二十三日の誤に付訂正す」とある〔石黒 一九一九 二六〕。これによって、石黒が与瀬駅に到着したのは二十二日夜であったことが判明する。その夜は駅前の旅館に泊まり、二十三日朝に正覚寺に到着したことが確認できる。正覚寺に二十三日と二十四日の二泊したことが明らかになった。つまり鈴木重光のメモが間違いであった。また、牧口常三郎の欄に「二十五日帰」とあるが、この二十五日は調査の最終日であり、わざわざ記しているのは、早朝に帰ったので注記したと考えたい。現在、これを裏付ける資料は確認できていない。

石黒忠篤「内郷村の二日」によると、遅れて参加した石黒は柳田に同行して村を歩いた。見事な桑畑が広がっているのを見て、石黒は群馬県下仁田町の谷に似ていると言ったが、柳田はそれに同調しなかった。石黒は途中で原始的稗の一種「蝦夷つぴえ」と呼ぶ鴨足稗（ごぜん稗）を見つける。そして、「宇宙の記憶から脱し去つて永久の闇に葬られて了はうとした内郷史の一疑点も、柳田さんの巧みな聞き方で、此老人の口から僅に光明を認むるに至つた、柳田さんの着眼と根気とには敬服と感謝を禁じ得なかった」という〔石黒 一九一八 三二〕。高齢者からの聞き取りの重要性を感じ、石黒は「老人は経験を蔵し、事実を記して居る碑である」と賛美した。民俗学における伝承者の意義を述べている箇所である。

六　内郷村調査の実際

1　宿舎の正覚寺と調査の日々

調査内容に関しては、柳田の論考、小田内の「内郷村踏査記」、今和次郎の調査報告などから全体像を推測する以外に方法はない。山下論文を参照しながら、内郷村調査の概要を記してみたい。大正七年（一九一八）八月十五日、新宿駅で参加者のうち九名が揃って現地へ赴いた。一行が与瀬駅（現、相模湖駅）に着くと、押田村長、長谷川一郎校長、鈴木重光青年会長など、村の名士たちが迎えに出ていた。途中、相模川に架かる吊り橋では、佐藤功一が柳田のものまねをして騒いだという。

宿舎は、阿津の正覚寺（臨済宗建長寺派、山号は大智山）である（図⑧）。現在の正覚寺は、屋根が葺替えられたりはしているが、内部は当時のままである。宿泊を引き受けたときの住職は山田玄猷《げんゆう》である。玄猷は軍人で、日露戦争で馬から落ちて打撲性リューマチを患っていた。長谷川一郎らと在郷軍人会などを通して交流があったので宿泊を依頼されたと推測する。山田亮因は、次のように思い出を記している。

私の寺へ、こうした偉い人が泊ることとは、私の母などはあまり気が進まなかったそうだが、長谷川先生のいうのに「なアに、東京でショッチュウうまいものを食べている人達だ。飯と汁と漬物だけで、あとは向うで、どんなうまいものでも用意して来るから……」というような簡単なことで、寺へ泊ることを承知したのだという。その時、長谷川先生は「料理人」に増原の長谷川久さんを、給仕には鼠坂の水瀬常助さんの娘、リンちゃんとかいう人を頼んでこられたという。文字通りの「飯と汁と漬物」の十日間だとあって、寺を引揚げ後の新聞に発表された、柳田国男先生の記事に「山寺や葱と南瓜の十日間」の句が載っていた。いつもこれで大笑いの長谷川先生であった。

（山田 一九六五 二〜三）

地元で賄い人の男性と給仕の女性を雇ったことがわかる。もちろん正覚寺の女性も手伝ったに違いない。この時代、結婚式の祝い事などでは料理人は男性が多かったのである。本堂の「西の間」（図⑨）二室を研究室、談話室、応接室とし、「東の間」（図⑩）二室を食堂兼寝室とした。住職が午前四時半から読経するので、最初のうちは物珍しさもあ

図⑧ 正覚寺本堂の外観
図⑨ 西の間（手前は12畳、奥は8畳、床の間あり）
図⑩ 東の間（手前は18畳、奥は16畳）
（2022年9月16日、筆者撮影）

り一緒に読経をした。毎朝四時半からの読経で目を覚まされ、しかも夜の十二時近くまでミーティングを行うのは体力的に大変である。参加者の年齢は、今和次郎の三十歳から牧口常三郎の四十七歳まで幅はあるが、ほとんどが四十代前半であるから頑張れたのであろう。

当初はアルコール抜きの合宿を目指したらしいが、実際にはビールを傾けながら夜遅くまで成果を議論し合った。寝具の取り片付けや部屋の掃除などを自分たちでやったので、家に帰ってこれをやったら細君が喜ぶだろうなどと冗談を言い合っていたという。調査は、現代風にいえば合宿調査である。大勢が宿泊する場合には、たいていは寺院が選ばれたものである。寝具類は村には余分に所有する家はほとんどないので、どこからか借りてきたらしいが、詳細は不明である。風呂に関しては、屋外に風呂桶を設置したが、これは夏場だからできたことである。設置場所については伝わっていない。

食事は、朝から晩まで麩と南瓜の料理が主であったと伝える。参加者は田舎の質素な食事を楽しんだが、「麩と南瓜の十日間」という新聞記事が出てしまい、村人から顰蹙《ひんしゅく》を買ったらしい。実際には、手打ち蕎麦、鮎、小麦饅頭が出された。当時における村人の精一杯のもてなしであった。逆境に育った牧口常三郎だけは、食事に関していっさい気に掛けず、参加者一同を感心させたという。牧口は後に、創価学会の創始者となる教育者である。

調査期間中、長谷川一郎と弟の薫一、そして鈴木重光の三名がほとんど毎日、柳田たちの調査に随行している。調査は一人または二人で組んで出かけた。弁当は作らず正覚寺へ戻って昼食をとった。夕食後、調査に出る人もいたが、たいていは調査談に花を咲かせた。増原集落中央を流れる川が人工か自然か、というテーマを話し合ったときは、牧口が火付け役で、二日間に及ぶ議論になった。内郷村は耕地の関係などから古くは稗が常食であったこと、養蚕が盛んであること、気候と植生の問題など、それぞれ専門の立場から問題を提示している。

2　今和次郎の「相模国津久井郡内郷村」

『日本の民家』の初版の序は大正十一年（一九二二）四月に書かれたものであるが、その中で、今和次郎は以下のように記している。

わたくしは旅行をはじめてからまる五年になる。その間しょっちゅう可愛がって手びきをして下さったのは柳田国男先生である。なお、民家の調査についての消息をここに記して諸先輩へのお礼をして置きたいと思う。大正六年に柳田先生と佐藤功一博士とが発起されて、わが国の各地の古い民家を保存する主旨で「白茅会《はくぼうかい》」をつくられた。その会員は石黒忠篤《ただあつ》さん、細川護立《もりたつ》侯、大熊喜邦《よしくに》博士、田村鎮《やすし》さん、内田魯庵《ろあん》先生、木子《きご》幸三郎さんであって、わたくしもその末座に加えてもらって、大正七年まで引き続き各地を旅行したが、『民家図集』埼玉県の部はその仕事の記念として残された。白茅会は大正七年の夏「郷土会」と合同して、神奈川県津久井郡内郷村に旅行したが、そのときのわたくしとしての記録は、巻末に収めたものである。〔今　一九八九　一九〜二〇〕

今和次郎の『日本の民家』は、内郷村調査の一面を明らかにしてくれている。この調査期間中、白茅会の佐藤功一と今和次郎はいつも日記をつけていたという。その結果とも言えるが、きちんと成果を報告したのである。それは『日本の民家』の巻末に載った「相模国津久井郡内郷村」と題する調査報告である。これは『日本の民家』に「大正七年の夏『郷土会』にて研究旅行せる際の住居に関する報告である。地形図（五万分の一）『上野原』を合わせて見ていただきたい」と載った〔今　一九八九　二七二〕。

この調査報告は、「一　部落の様式」「二　屋敷および家屋」「三　実例」「四　用水、水車およびその他の共有物」「五　墓地」の五項目から成る。文庫本では、一七頁程度の小論であるが、村の成立を地理的に捉え、家の配置図と屋敷配置図を解説する。実例として、一軒の農家の周辺景観、屋敷取り、間取り、そして付属建物まで詳しく紹介し、飲み水の問題として飲料水と水田の用水について考察する。共有建物の膳小屋の記述があるが、膳小屋は調査当時に設けたと記し、さらに墓地にも言及する。簡易な図版であるが、必要最小限の内容はわかる。地図の利用に関しては、地理学の小田内通敏からの影響があったと推測される。飲料水については、内郷村で沢水を利用するのは全戸の半数であった。今和次郎はそれに関して、「それらの家々は全戸数の約半分だと地図によって同行の誰かが調べていた」と記している〔今 一九八九 二八四〕。「同行の誰か」とは小田内であると推察される。今の記述は詳細であり、内郷村調査の中で唯一活字化された報告であった〔9〕。

七 柳田の反省と課題

柳田は、内郷村調査の三日目に「津久井の山村より」（『土俗と伝説』一巻二号）を投稿している〔柳田 二〇〇〇a 三一七～三一八〕。これは短いエッセイで、内郷村調査の第一報であった。柳田は、オソウデンサマを調べていること、共同墓地と個人墓地の関係などについて聞き書きができたことを速報している。

柳田が語った「相州内郷村の話」がある。柳田の発言に耳を傾けよう。「相州内郷村の話―某会の席上にて―」によると、以下のように語られる〔10〕。

同行の諸君の意見は未だちつとも承はつて居りませぬが、私だけの実験は、一言を以て申せば村落調査と云ふものは、非常に面白いと同時に、非常に六つかしい仕事だと云ふ、是だけであります。私は偶然此村の沿革と云ふ方面を分担しましたが、是は村に入れば何人も先づ注意する趣味ある題目でございます。〔柳田 一九九七b 一四二〕

この論文が掲載されたのは『三越』八巻一〇号付録である。『定本柳田國男集』二五巻の「郷土誌論」に収められているが、新しく刊行されている『柳田國男全集』では第三巻の「郷土誌論」に収録される。佐藤健二は、「解説」で

『三越』の雑誌は「現物未見」という〔佐藤 一九九七 八〇七〕。サブタイトルに「某会の席上にて」とあり、この席は三越の会場であったことをうかがわせる。それは「名付けて三越趣味とでも申すべき外部からの浸潤」云々と語る部分があることからも推測できる。

そして、柳田は「村を観んとする人の為に」の中で、似たようなことから語り始める。この「村を観んとする人の為に」は『都市及農村』四巻一一号〜五巻二号に連載され、後に『郷土誌論』に収録された。

非常に面白かつたけれども、我々の内郷村行きは学問上先づ失敗でありました。面白かつたとは言ひ得ますが、有益であつたとは申しにくい。其失敗の原因は至つて単純で、勿論我々の怠惰不熱心の為ではない。一言を以て言へば、問題が多岐に失して順序と統一のなかつたこと、学び得る事は何でも学ぼうとした其態度が悪かつたのです。〔柳田 一九九七c 一五〇〕

柳田は、その失敗の経験から村落調査のあり方と地図、郷土誌、文書資料、地名などを取り上げて、研究のあり方を解説していく。内郷村の失敗というのは、これから展開する話題のリード文という位置づけである。柳田が残した文章からは、調査をするきっかけは明らかになるが、実際に内郷村でどのような調査が行われていたのかは明らかにできない。柳田が調査は面白かったが失敗であったと述べたことに対し、小野は調査項目が原因なのかと心配する〔小野 一九二五 二六〜二七〕。

柳田は、『雪国の春』で、東北の記事中に突然、内郷村のことを話題にする。以下のように記される。

但し相州津久井の内郷村などでは、又別様の話がある。村で生れた校長の長谷川氏は、十二三歳の頃まで家にヒデ鉢と称して、松を焚いて灯火とする為の石の平鼎を用ゐて居たのが、其からの廿四五年間に行灯からカンテラ、三分心五分心丸心のランプを経て、今はもう電気を引いて昔の侭の勝手を照して居ると話された。而も其最近の古物のヒデ鉢が、どう成つて了つたものか、村内に幾つも遺つては居なかつた。〔柳田 一九九七f 六九三〕

柳田に灯火の変遷を語った長谷川は、明治十三年（一八八〇）二月に内郷村増原で生まれ、師範学校を出て小学校で教鞭を執り、二十二歳で内郷村小学校校長として赴任する。大正七年（一九一八）のときは三十七歳である。郷土会メンバーは長谷川家にも立ち寄っている。柳田たちが内郷村を訪問したときは、電灯が点いて間もない時期であった。

柳田は調査から戻ってから、九月二十一日に郷土会で内郷村調査の報告会を開いていた。柳田の『大正七年日記』を見ていくと、地元の長谷川一郎が饅頭を持参して郷土会の報告会に参加している。当日は午後五時に家を出て、新渡戸家で開催の郷土会に出席した。会合が終わったのは午後十一時と遅い。来会者は、内郷村の長谷川兄弟をゲストに、会員の草野・石黒・中村・小田内・正木・牧口・今・中桐が参加し、このほかに今井登志喜・瀬沼寛二・高橋勇の三名が傍聴、『都市及農村』の山中省二が参加している。柳田の『大正七年日記』には「△報告は依然として雑話なり　少しも学問的に非ざりし、これをまとめて置かうとの説が出た、誰がよむのか、△夜十一時過まで」と記録される〔柳田 二〇一四b 一七一〕。柳田としては、この報告会が期待はずれの内容であり、がっかりした可能性もある。

まとめ

本章の目的の第一点は、新渡戸稲造を中心とした郷土会が内郷村調査に出かけるまでの活動の実態を確認することであった。柳田編『郷土会記録』によって、新渡戸邸における報告と討論は楽しいものであり、話だけでなく、皆で現地へ出かける希望が出て、日帰りまたは一泊の研究旅行が実施されていった。そして本格的な調査の実施の気運が出てきたのであった。

第二点は、先行研究の批評を通して、内郷村調査における調査地選定、調査日程と参加者と調査分担などの基礎的事項を明らかにすることであった。郷土会の内郷村調査に関する文献を参照してみると、山下紘一郎の論文以来、調査参加者が不確定であり調査内容も茫漠としていた。本研究では、調査は、大正七年（一九一八）八月十五日から二十五日までの一〇泊一一日の期間であり、参加者は合計一一名であることを確定できた。さらに鈴木重光資料の発見によって、途中参加や早退などの詳細も明らかにできた。

第三点は、内郷村調査の実態とその成果や課題を明らかにすることであったが、調査は正覚寺を宿舎として、毎日現地を歩いて聞き取りや観察を行う様子が判明した。特に今和次郎の記録から調査の実態の概要を把握することができた。柳田は「相州内郷村の話」で、その経験を語りながら村落調査の方法、地図、郷土誌、文書資料、地名などを取り上げて研究のあり方を解説した。小田内は積極的に調査報告書を出すべきと主張したが、柳田が反対したこともあり、全員の調査成果は未完となった。新渡戸稲造が大正八年（一九一九）三月に渡欧し、後を託された柳田が徐々に郷土会の活動から手を引いてしまい、郷土会の内郷村調査の報告書は未完となった。

村落様式調査の項目を見ると、柳田たちは農業に高い関心をもっていたことがうかがえる。小野武夫が参加していれば、村落調査様式に基づいた資料がまとまった可能性もある。文献主義者と評された中山太郎の現地調査の活躍も見たかった。昭和九年（一九三四）から始まる山村調査において、柳田は集団体制のもとに効率的な調査を実践して生産性を高める手法を採用したが、この内郷村調査はその視点と方法を鍛える現場であったと考えれば、決して失敗とは言えないであろう。

図⑪　正覚寺境内の柳田國男の句碑（2022年9月16日、筆者撮影）

柳田は「山寺や葱と南瓜の十日間」の句を詠み、その句碑が正覚寺境内に残る（図⑪）。細長い自然石は高さ九二センチ、幅五五センチである。正覚寺では所狭しと百数十基もの句碑が建てられている。同寺は俳句寺として知られるが、俳句寺となる契機になったのは柳田の句碑であったという。大正七年（一九一八）九月五日付の『東京朝日新聞』の記事は「麩と南瓜の十日間」を見出しにしている。葱ではなく、麩である。

［1］郷土会創立の年月日に関しては、『定本柳田國男集』別巻五を基礎資料とした。小田富英編『柳田國男全集』別巻一（年譜）は、『定本柳田國男集』別巻五を底本にしていると思われるが、創立時の参加者の氏名が詳しく記される（小田編 二〇一九 七六）。新渡戸稲造の地方学と郷土会については拙著『日本民俗学の萌芽と生成』で概観している（板橋 二〇二三 一三〇～一三四）。

［2］山下紘一郎「郷土会とその人びと」によると、野火止の旅行は大正二年（一九一三）であり、『郷土会記録』に「一月二十九日（大正元年）」とあるのは、大正二年の誤記であるという（山下 一九八八 四八三～四八四）。

［3］本章は、一〇名の論文を対象とする。戸塚ひろみ「相州内郷村調査その前夜―柳田國男の書簡から―」は、内郷村調査の内容を論じた論文ではないので取り上げていない。戸塚が紹介した柳田の書簡からは、柳田の内郷村調査への高揚感が伝わってくる（戸塚 二〇〇五）。

［4］現住職の山田正法氏（昭和二十四年生まれ）は、松本三喜夫が聞き取り調査を行った際に立ち会っている。その折、柳田國男が来たときの様子について父玄猷から初めて詳しい話を聞いたという（二〇二三年九月十六日調査）。

［5］謄写印刷は村役場が作成したもので、押田未知太郎村長と長谷川一郎の連名による鈴木重光宛依頼状も含まれる。当時、謄写印刷機を所有するのは限られた職場である。名簿は、長谷川一郎、長谷川董一、鈴木重光、住職ら関係者がそれぞれ所持していたと思われる。鶴見太郎は『ある邂逅―柳田國男と牧口常三郎―』の中で、津久井郡郷土資料館に当時内郷村役場側が記録した簿冊が残り、鈴木重光簿冊資料を披見したことを記している（鶴見 二〇〇一 一二一）。

［6］柳田は、大正七年（一九一八）十月に「幽霊思想の変遷」を発表し、その中で「内郷村に我々が滞在して居た十日の間に、軍艦河内の殉難者の空葬《からそう》があつた」と記した。喪家の門の外に芝土が盛られ、一本の柱と竹串に白紙を挟んだものが挿されたのを見ている（柳田 二〇〇〇c 三二五～三二六）。前月、戦艦河内の爆発事故で六〇〇名を超える殉職者が出たが、内郷村にも関係者がいたようである。

［7］小野武夫の『農村研究講話』は、国立国会図書館のデジタルアーカイブで閲覧できる。「或年のこと、此会の事業として一つの

村落の調査を実施して見ようではないかと話が持ち上り、其の準備として村落の調査項目を作成することになりました」と、調査の経緯が書かれる〔小野 一九二五 二五～二六〕。

〔8〕調査の「担当」については、小田内通敏の「内郷村踏査記」に依拠するのが最適である。ただし、小田内は『都市及農村』四巻一一号の論文を、『聚落と地理』に収録する際、田中信良の担当を「交通」から「蚕室」に誤記してしまった。内郷村調査研究の先駆けの山下紘一郎が『聚落と地理』から引用したために、以後田中は蚕室を担当したとされた。田中が当時鉄道院に勤務していたことを考えれば交通の担当が適任であると知れるのだが、そこまでの照合はしていなかった。なお先行研究では、塩原将行が初出にあたって、この間違いを指摘していた〔塩原 二〇〇五 二二四〕。

〔9〕今和次郎の弟子の竹内芳太郎は『今和次郎・民家見聞野帖』を整理している。その中に内郷村のスケッチが載っている。『日本の民家』にも載っていない、貴重なデータである。達原地区の集落配置図と民家のメモはかなり詳しいものである〔今 一九八六 一一六～一二〇〕。

〔10〕この談話の期日であるが、『大正七年日記』によると、「去八日の夕流行会で話した内郷村談の速記の訂正黒田朋信君より督促があつた。書改める方が早いと考へて自分の原稿紙へかく　斟酌があり又短くする為に色々話したことを省いた、誰も気をつけて見る人はあるまいと思ふが、それでも一晩中かゝつた」とあり、九月八日夕方の講話であったことがわかる〔柳田 二〇一四b 一六八〕。

〔付記〕正覚寺本堂の写真撮影と聞き書きでは山田正法住職にお世話になった。鈴木重光謄写印刷資料は相模原市立博物館所蔵で、加藤隆志学芸員と山本菜摘学芸員の協力を得た。鈴木通大氏からは長谷川一郎資料の提供を受けた。以上、記してお礼申し上げる。

第五章　「諸国叢書」と柳田國男の旅

はじめに

柳田國男が明治四十年（一九〇七）以降に筆写を開始した「諸国叢書」について調べていくと、柳田は内閣文庫で見つけた菅江真澄の遊覧記に着目して真澄研究を進めていたのであった。柳田は真澄の旅に惹かれて関心を持ったと推測される。この時期に民俗学的関心の輪郭ができてくる。それは日本民俗学形成の長い助走の始まりであった。

米山俊直・神島二郎・伊藤幹治の三人による鼎談「旅と柳田民俗学」は、柳田の旅を考える上で重要な視点を提示している。その対談で伊藤は「柳田の旅は、柳田民俗学の形成と深い関係をもっているんですね。柳田民俗学は旅を土台に構築されている。そしてその旅は柳田が転換期を迎えるたびに行なわれていたといってもよいでしょうね」と発言した（神島・伊藤編　一九七三　八三）。この発言は、柳田の旅と民俗学の生成過程が深く関わることを示唆していた。

本章では、内閣文庫で見出した菅江真澄の紀行文などを筆写して「諸国叢書」として記録化する柳田の活動を概観したのちに、伊藤幹治の指摘を受けて、柳田の民俗学形成が旅とどのように関わってきたかという視点から考察を進めてみたい。長年旅に明け暮れた柳田であるが、エポックとなる旅がいくつか挙げられる。民俗学を構想する契機となる九州宮崎県椎葉村の旅（『後狩詞記』）、佐渡の一人旅（「佐渡一巡記」）、東北地方の旅（『雪国の春』）、九州・沖縄地方の旅（『海南小記』）、そして、ヨーロッパの旅の五つである。柳田の紀行文三部作として、『雪国の春』『秋風帖』『海南小記』がある。ヨーロッパの旅を除けばいずれも大正九年（一九二〇）における旅の記録である。これらの旅は、民俗学の形成にどのような影響を与えたのか、柳田は旅で何をどう見ていたのか、という点を明らかにすることが重要であろう。紀行文三部作の中で、柳田が聞き書きをしていると思われる箇所を取り上げ、柳田の民俗調査法なども検討してみたいと思う。

一　内閣文庫の閲覧・筆写作業と「諸国叢書」

柳田は、明治三十三年（一九〇〇）に東京帝国大学を卒業し、農商務省に入省した。一年半後の明治三十五年（一九〇二）二月には恩師の引きもあって、内閣総理大臣直轄の法制局参事官に転進した。そして、明治四十三年（一九一〇）には、法制局参事官のまま内閣書記官となって内閣記録課長に就任した。柳田が本好きであることを知っていた前任の江木翼《えぎたすく》の推薦があったと思われる。江木は、大学はもちろん、法制局参事官の先輩でもあった（飯沢 一九九八 一八一〜一八二）。

柳田は、明治三十五年（一九〇二）頃から折に触れて内閣文庫へ出入りしていた。内閣文庫へ自由に出入りできたことは、柳田にとって近世生活史料を閲覧する貴重な体験となった。そして、柳田は内閣記録課長に就任すると、課長自ら図書カードを整理しながら、一点しか存在しないような貴重な未刊史料を筆写していった（飯沢 二〇〇〇 一九〇〜一九二）。もちろん独力ではなく、内閣文庫の所員や特別に依頼した人物に筆写を行わせていた。そうして出来上がった筆写資料は、内閣文庫所蔵本が圧倒的に多い。

柳田は、和装の写本一一三冊を個人的に作成した。一冊に一点収録というわけではないので、収められた筆写資料の点数はさらに多い。それら筆写資料は、研究に役立てる計画があったと推測される。その一群の筆写資料は、柳田によって「諸国叢書」と名付けられた。この作業そのものは、日本民俗学を構想する前史にあたるであろう。「諸国叢書」には、菅江真澄の史料や「風俗問状答」なども含まれ、全国各地の生活諸相に関する記録など未刊のものが筆写された。「諸国叢書」は、成城大学へ寄贈されたので、成城大学民俗学研究所が、昭和五十九年（一九八四）から複製あるいは翻刻し、解題を付けて刊行している。現在までに刊行したのは二五冊を数える。第一巻は山中共古の「吉据雑話」と「仙梅日記」である。筆写した人物で判明しているのは羽柴雄輔、永井僚太郎、常盤雄五郎、井上瀬一郎、森本彦八、高嶋正である。筆写点数が特に多いのは、尾道出身の内閣文庫記録員永井僚太郎と山形県出身の羽柴雄輔である〔田中 一九九三 一一九〕。羽柴は、山中共古と交流があり、柳田は山中から紹介されたようである。そして柳田は、羽柴を介して菅江真澄研究者の真崎勇助を知る。文献資料の収集と保存に専念した時期は、明治三十年代後半から大正初期であった。柳田は、この時期に屋代弘賢の「風俗問状答」を読み、菅江真澄の紀行文に着目していく。土佐の「寺川郷談」も筆写しており、その後も注意していることがわかる〔田中ほか編 一九九三 八八〜八九〕。

以上のことから、少なくとも柳田は近世生活史料の中から庶民生活に関わる記述を丹念に探していた事実が確認できる。柳田は、文献の渉猟を継続しつつ、一方では山中共古を中心とする人たちと往復書簡によって『石神問答』を作成した。また、宮崎県椎葉村の旅から『後狩詞記』を完成させていった。さらに、佐々木喜善からの聞き書きをもとに『遠野物語』を刊行した。柳田は、文献調査と保存活動という文庫作業、そして旅に出て観察調査と聞き書きというフィールドワークの歯車を同時に大回転で回し続けたのであった。柳田はある時は文庫の人であり、ある時は旅の人でもあった。そのバイタリティはどこから出てくるのであろうか。

大正期に入ると、郷土会のメンバーと各地へ巡見に出かけている。現地調査の体験を繰り返していた。そして、大正七年（一九一八）に神奈川県津久井郡内郷村で共同調査を実施した。これが日本ではじめての共同調査とされる「内郷村調査」であった。ここに至って、ようやく近世生活史料からの知識と現地調査の体験の、融合・触発が始まったと言える。さらに昭和に入ると、日本民俗学の理論化が行われるようになり、まもなく山村調査が始まっていく。

二　柳田國男の菅江真澄評価の問題

「地方文人」という言葉は、昔からあるように思いがちであるが、塚本学が『地方文人』で、初めて用いた学術用語である。それは昭和五十二年（一九七七）のことであった。塚本は、佐渡宿根木の漁村でイカとりに従事しながら地球図を写す作業をした柴田収蔵を取り上げている〔塚本　一九七七　一八四〜一八五〕。塚本は、菅江真澄にも注目しているが、その真澄を見出したのは、柳田であった。柳田は、大正九年（一九二〇）に「還らざりし人」を『秋風帖』に載せている。『雪国の春』では「真澄遊覧記を読む」なども書いている。そして、昭和十七年（一九四二）には、創元社から『菅江真澄』を刊行した。

ある時期は熱心に菅江真澄研究に没頭した柳田であったが、民俗学理論書『民間伝承論』には、真澄の残した民謡集「鄙の一曲」が紹介されているだけである〔柳田　一九九八　九〇〕。『郷土生活の研究法』には真澄が取り上げられていない。この事実は、本当に驚きであった。先行研究では、その点に関する疑問を呈した研究者はほとんどいなかったのである。柳田の民俗学概説書の二冊には、菅江真澄の事績がほとんど言及されていない。これは少しおかしいのではないかと思った。柳田が意識的に真澄を取り上げなかったに違いない。これについては、石井正己が既に以下のような興味深い指摘をしていた。

柳田が日本民俗学の理論を構築しようとしたとき、菅江真澄はもはや民俗学者のモデルにならなかったにちがいありません。そうした一人の数奇な人生に学問を委ねてしまうことは、近代社会では想像することができません。むしろ、日本全国から同志を集めて、組織的に学問を進めていくことを考えたのです。昭和一〇年七月、日本青年館で開催された日本民俗学講習会は最初の機会になりました。（中略）菅江真澄を讃えながらも離れていくこと

によって、日本民俗学は確立していったはずです。〔石井　二〇一〇a　五〕

石井は、上記のような結論を出している。石井の主張は、普通の人にとっては真澄のような旅をすることはできず、民俗研究を開かれたものにしようと考えていた柳田にとって、菅江真澄のいる場所はなかったというものである。これは『郷土生活の研究法』の中に真澄関連の記述がないという事実からの推論であるが、言い得て妙である。石井は、真澄を前面に出すと誰でもできる民俗調査ではなくなってしまう可能性があると指摘した。柳田は民俗学入門書である『郷土生活の研究法』の中で、特殊な才能を強調することは入門書にふさわしくないと考えたのであろう。真澄を取り上げない理由は、それ以外には思いつかないのである。

柳田が『民間伝承論』や『郷土生活の研究法』で提示した三部分類は、第一部が目にうったえるもの（有形文化）、第二部が耳を通して得られるもの（言語芸術）、第三部が感覚にうったえるもの（心意現象）となっている。第一部は旅人の学（体碑）、第二部は寄寓者の学（口碑）、第三部は同郷人の学（心碑）に分けられる。『郷土生活の研究法』には真澄はもちろん、紀行文に関する記述そのものが見られない。第一部は旅人の学と銘打っているのであるから、真澄や古川古松軒らの紀行文の紹介と解説があっても良さそうである。しかし、ここにも一切記事は見られない。実は、近世紀行文には民俗研究にとっての重要な情報が詰まっているのである。それは拙著『日本民俗学の萌芽と生成』第二章「近世紀行文にみる民俗事象の発見」で詳述した。紀行文は単独であると興味深い記述で終わるが、いくつかの事象や記録類を重ね合わせると、思いがけない立体的な習俗が浮き彫りになる、まさに研究材料の宝庫である〔板橋　二〇一三　九〇〕。

三　柳田國男の旅の特徴

柳田は少年時代から旅をしてきた。少年期に兵庫県神東《じんとう》郡田原《たわら》村辻川（現、神崎郡福崎町辻川）から茨城県北相馬郡布川町（現、利根町布川）に住む長兄の鼎《かなえ》の元に預けられた。兵庫から茨城への転居は、少年にとっては大きな旅であったと思う。西日本の暮らしと東日本のそれを比較する契機となった。数年後には、三兄の井上通泰を頼って東京に出ていく。そして、学生時代には文学青年たちと各地へ旅に出ていたのである。農商務省の官僚になると、講演旅行や視察で全国各地を訪れている。

柳田は『青年と学問』の中で、旅は本を読むことに似ているとし、旅と読書を比較しながら解説する。いくら本を読んでも志が高くなかったり、選択が悪かったりすると、ただ疲れる読書になってしまう。旅も同じで、せっかく出かけるのにつまらない旅もあれば、非常に貴重な体験をする旅もある。我々が良書を求めるように、いつもよい旅を心掛けることが肝要だと述べる〔柳田 一九九八a 三八〕。

米山俊直は、上述の鼎談「旅と柳田民俗学」の中で、柳田にとって旅と読書は車の両輪のようであったと論じた〔米山 一九七三 六五〜六六〕。柳田は、農商務省や内閣法制局などの高級官僚として地方へ出かけていた。柳田を迎える地方の人たちは、それ相応の接待をするようになっていた。そのことから、柳田はどこへ調査に出かけるときでも白足袋であったという話が生まれたのではないだろうか〔船木 一九九一 二〇〇〕。

柳田の旅における特徴の第一点は、どこか貴公子然としたところがあったことである。官僚時代の旅には、その白足袋の旅のような部分もあったが、もちろんそれがすべてではない。後述するが、官界を退職してまもなくの佐渡の一人旅などは、たまたま船で一緒であった旅人たちと親しくなる。また、柳田が旅から帰ってくると、洗濯物が汚れていたり、蚤が付いていていたりしたという点からは、いつも白足袋の旅と言えない。

旅の特徴の第二点として、菅江真澄の旅に憧れていた節がある。葛西ゆかは、柳田の真澄に対する心情を単なる学問的傾倒だけではなかったのではないかと問うている〔葛西 一九八二 三四〕。柳田は生涯に師というべき人を持たず、柳田の友人にも柳田の孤独を感じとってやれた人は少なかったという。その意味では、真澄は柳田の先人であり、柳田には、いつも旅に明け暮れた「孤独の旅人真澄」が同行していた〔葛西 一九八二 四〇〕。

柳田が真澄について論じるのは、雑誌『郷土研究』創刊号であり、このときは山人の史料提供者として登場する。そして、大正九年（一九二〇）の「還らざりし人」（『秋風帖』）で柳田の真澄認識が大きく変わる。「寂しい旅人」「親切な観察者」という真澄像が出てくる。柳田はしばらく真澄に傾倒するが、昭和十七年（一九四二）の「菅江真澄のこと」を最後に取り上げなくなる。柳田が真澄に傾注した時期は、まさに民俗学の創成期にあたっている。

柳田の旅で特徴的な点がもう一つある。それは旅をするときに常に洋書を携えていたことである。その習慣は晩年まで続く。そして読むのが速かったらしい〔牧田 一九七二 四〇〜四三〕。

四　旅先で地元住民と交流

旅をすれば当然地元の人との出会いがある。柳田は記憶力もよいので、それを記憶して文字に記録する。民俗調査を無意識のうちに実施し、いわゆる調査者としての聞き取りが始まるのである。どのようなインタビューの方法が採用されたのだろうか。相手に共感しながら、その場にあった反応をしたことであろう。柳田は的確な質問をしたと推測される。ここで、柳田の作品の中で、聞き書きの様子がわかる箇所を取り上げてみる。

『雪国の春』の「足袋と菓子」は、東日本大震災で壊滅的な被害を受けた田老の北にある小本集落での話である。近頃の話として、次のような足袋にまつわる話が語られる。村で大変ひょうきんで知られる老人が真顔で、ある奥さんの所を訪ねた。折り入って頼みがあるという。老人が子どもの頃、おばあさんに足袋を拵えてもらってうれしかった。そのおばあさんが瀕死の状態でいるので、この菓子袋を届けて欲しいという依頼である。親戚でもないし恥ずかしいので、その奥さんに依頼したのである。老人は酒の力を借りてわざわざ頼みに来た。菓子をもらったおばあさんは喜んで大きな涙をこぼしたという。わずかこれだけの話である。柳田が、草鞋足袋を購入するために店へ入った。そこで店の主人から聞いた話なのである。草鞋や足袋を単に購入したのではない。そこに客と店の主人との絶妙な会話があったことを推測させるのである〔柳田　一九九七f　七〇八〜七〇九〕。

「狐のわな」は、すべて会話調である。「なアに、あの木は皆胡桃ではがアせん。此辺でカツの木と謂ふ木でがす」といい、「獣かね。当節はもう不足でがんす」と続くのである。柳田の質問は一つも記されず、ひたすら地元の老人の語りが記されていく。しかし、それを読んでいくと、明らかに質問者の柳田の存在がわかる。向こうの人が話したとおりの記述になっており、回答だけが記述される方式である。柳田がどのような相づちをしたかは不明であるが、回答を見ると、恐らくこういうことを聞いたのだろうと想像がつくのである。これはある意味では、的確な質問をしたので、相手も気持ちよく返答しているのである。そのやりとりがわかりやすく口語体で進む。コミュニケーションの取り方の見本のようである〔柳田　一九九七f　六八四〜六八六〕。

柳田がどのようにして地元の人に接していくのかについて、松本信広が『柳田國男回想』で述べている。松本は、大正九年（一九二〇）の夏に柳田と遠野で待ち合わせて、東北地方の旅に同行している。松本が慶應義塾大学を卒業して慶應義塾普通部で教鞭を執っていた時代である。

> も一つ先生にまことに感服したのは、どんな階級の人々とめぐりあわれても、巧みに彼等の側に立ち、その境遇に理解を持って話を切りだされ、彼等の意見を聞きだされる手際のよさであった。平素、民俗学は人間に対する同情に立脚しておる学問であると言われていたが、これをまざまざと体験させていただいた此旅行の教訓は、其後の自分の一生に大変大切な指針となったのである。〔松本　一九七一　四二〕

松本は、柳田は地元の人から話を聞き出すのが実にうまいと感嘆している。柳田は権威的な一面を持って旅をした官僚時代もあるが、実際には気さくな面をたくさん持っていたということであろうか。

五　佐渡の一人旅「佐渡一巡記」

柳田は、大正八年（一九一九）十二月に貴族院書記官長を辞職した。当時の貴族院議長は第一六代徳川宗家の徳川家達であったが、柳田との不和はさまざまな場面で取り沙汰されていた。柳田は役人を続ける一方で、雑誌『郷土研究』を単独で編集し続けていたのである。次第に民俗学方面に力点が移っていた時期でもあった（牧田 一九七二 八九〜九四）。

柳田は、大正九年（一九二〇）六月に佐渡の旅に出た。「佐渡一巡記」によると、六月十六日に夷港へ着くが、この日はちょうど祭礼日で、柳田は宿屋に荷物を預けるとすぐに山車や鬼太鼓を見学している（柳田 一九九八 五八〜五九）。夷の住宅を観察しているが、舟倉に着目しているのはさすがである。この佐渡の旅については、池田哲夫『佐渡島の民俗』が詳しい。同書を参照しながら記述を進めてみよう。

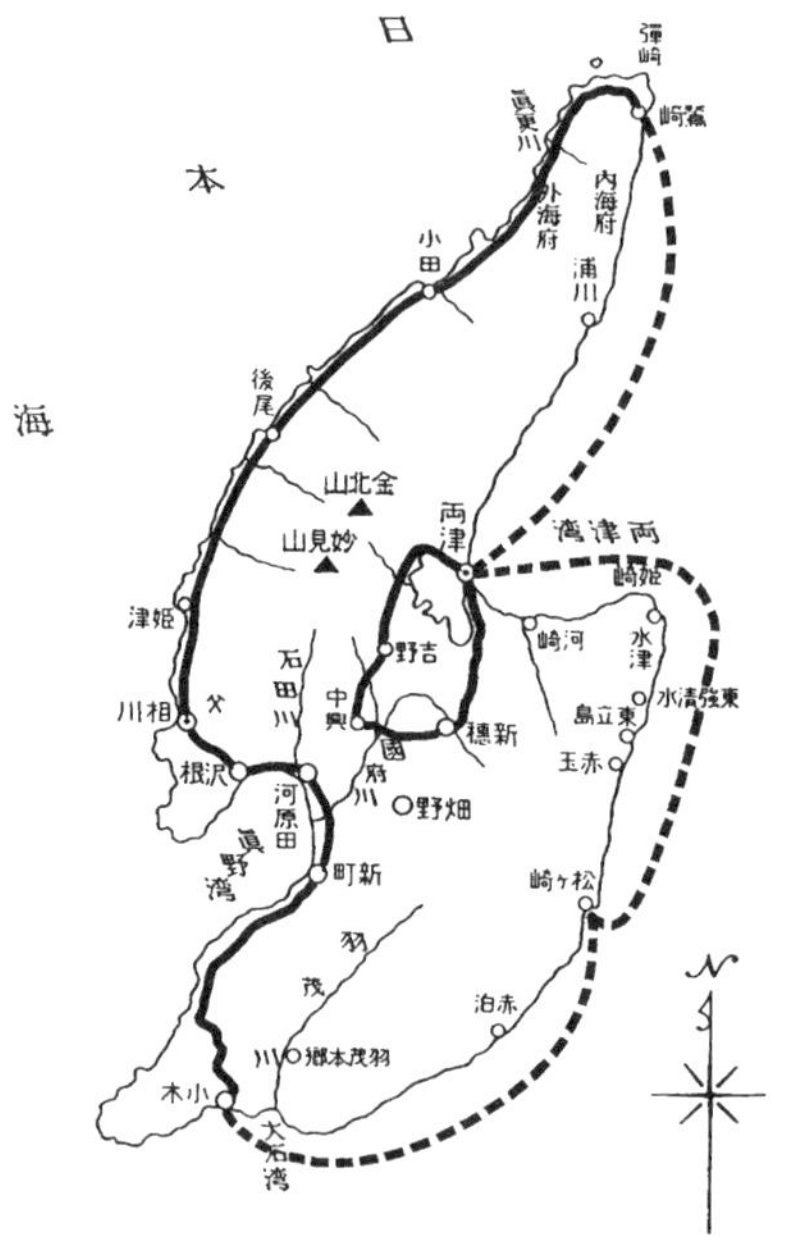

図⑫　「佐渡一巡記」の図（『柳田國男全集』6巻より）

新潟から佐渡に入った柳田は、観光名所になっているところを避けて、夷港（旧、両津市夷）から北端に近い内海府の鷲崎へ向かう船に乗り、船上から地形を眺める。船中で知り合った赤玉村の島道者（海府の霊場を回る遍路をいう）五人（柳田はていねいに五人の名前を記している）と同行してさまざまな話を聞いた。「願《ねげ》の賽の河原」は、島巡礼の人たちの重要な拝み場所である。島道者五人は、柳田の重い荷物を持ちながら終始面白い話ばかりしていた。

ちょうど旧暦五月の節供であり、餅を搗く音が聞こえた。相川まで島道者と一緒の旅であった。相川からは一人旅になるが、自動車を雇っている。重い荷物の心配はなかった。小木港では喜八屋という新築したばかりの宿屋に泊まったとある。調べてみると、この建物は現在国登録有形文化財になっている。古くは「和泉屋」といい、創業者は小木港開港時の問屋五人衆の一人で江戸時代は廻船問屋を営んでいた。明治三十七年（一九〇四）における小木の大火後、建物を再建し同三十九年（一九〇六）から旅館を営む。柳田が宿泊したときは二階建であった。昭和三年（一九二八）に二階屋根上を増築して五階建てとした。

佐渡を一巡すると、中興《なかおく》に住む、柳田の三兄井上通泰の知人で眼科医の川辺時三を訪ねている。そこで茅原《ちはら》鉄蔵と面会している。この茅原は雑誌『郷土研究』への投稿者であった。柳田は茅原に会ったときの印象を次のように記す。

むつかしい原稿を書く人で、いつも編輯者を難渋させ、それを意を揣んで書き直すと、折々違つて居たといふ小言がある。よつぽどわからぬ人だらうと思つて居ると、逢つて見れば大ちがひで、七十幾つだといふのに壮年の如く、はき〳〵と物を言ふ人であつた。相手の抱いて居る随分込入つた不審を、簡単な問ひの言葉の裏に覚つて、そつの無い返答をするだけの明敏さを持つて居る。斯ういふ前世紀教育の完成した人から、文書の採集ばかりを続けて居たのは損失であつた。もう少し此方から出て行つて、口で教へて貰はねばならなかつたのである。

〔柳田 一九九八e 六九〕

柳田は明敏な返答に驚いたと書いている。池田哲夫は、茅原鉄蔵との面談と佐渡を一巡した記録である「佐渡一巡記」の読み解きから、柳田が文献以上に聞き書きの必要性を痛感した点を重視している〔池田 二〇〇六 一八〕。特に、島道者五人との楽しい交流だけでなく、島で出会った人たちとの会話が印象に残ったと推測される。「佐渡一巡記」は、旅から帰ってすぐに書いたものではなく、一二年後の回想的な内容となって、昭和七年（一九三二）の『旅と伝説』第五年一〇号に掲載され、後に『秋風帖』に収載された。

柳田は、昭和十一年（一九三六）、二度目の佐渡の旅に出る。そのときは妻の孝を伴っている。大正九年（一九二〇）の第一回の一人旅に比べると積極的に佐渡の郷土史研究家と交流している。特に、中山徳太郎（一八七五〜一九五一）と青木重孝（一九〇三〜一九九四）との出会いによって、佐渡は民俗研究の拠点の一つになっていく。倉田一郎が海村調査で北小浦へ調査に入るのはこの交流が基になっている。ここで注意しておきたいのは、柳田は佐渡には一人旅をした後に家族で訪れたが、北小浦へはきちんと訪れていない。船の中から見ただけであった。その柳田が倉田一郎の調査ノートを基にして『北小浦民俗誌』を執筆する。佐渡の一人旅の記憶が生かされていることは言うまでもない。

中山徳太郎は、柳田と同じ明治八年（一八七五）生まれで、河原田町で産婦人科医院を開業していた。中山は、新潟の小林存《ながろう》（一八七七〜一九六一）との交流から民俗学に関心を持つようになった（池田 二〇〇六 二〇〜二四）。柳田を迎えて講演会を開催するなど、佐渡における文化人が大勢集まって交流を深めていった。そして、鈴木棠三が昔話調査に訪れたり、倉田一郎が海村調査に出かけたりして、島に住む青柳秀雄（住職）や稲場美作久（農業）といった佐渡の民俗研究者と交流が深まり、雑誌『民間伝承』への投稿を通して佐渡の名が高まっていく。佐渡郡教育会と郷土史研究家が活発に活動を展開させ、戦後の日本民俗学会佐渡支部の結成へと連なっていく。これらのことが、柳田の佐渡一人旅から始まったことを知ると、柳田の旅は、息の長い地域民俗学との伴走であったことを実感させられる。

六　『雪国の春』の旅（東北地方）

大正九年（一九二〇）七月、柳田は朝日新聞社から入社の勧誘を受ける。柳田は三年間は国の内外を旅行させて欲しいという条件を持ち出したという。村山龍平社長はその希望を受け入れたので、八月四日に朝日新聞社客員となった。月手当は三百円、旅費は別途支給であった。入社は八月四日付であるが、同月二日には東北地方の旅に出ている。

慶應義塾大学を卒業し、普通部の歴史教師をしていた松本信広が岩手県遠野の土淵村山口の佐々木喜善の家へ先行して待っているという具合であった。佐々木喜善も一緒に旅に参加している。『雪国の春』はそのときの産物である。「豆手帖から」という記事が『東京朝日新聞』に連載された。柳田が多くの人に会って話を聴いた成果である。帰ってからも休む間もなく、紀州方面に旅をしている。

岡茂雄に「よくぞ生まれた『雪国の春』」というエッセイがある。『雪国の春』誕生秘話を綴っている。昭和二年（一九二七）十一月のある日、柳田から電話ですぐに来てくれと言うので、岡は車を呼んで朝日新聞社へ出かけて行った。すると柳田は、岩波書店から『雪国の春』を出すので、口添えをして欲しいと頼む。それは無理であると説明すると、今度は岡が経営する郷土研究社から出すと言い出す。岡は受諾していないのに話を進めるが、原稿は未完成であることもわかる。表紙の絵は早川孝太郎に依頼してあったが、柳田は出来上がった早川の絵が気に入らないといって、橋浦泰雄に描き直してもらう急展開での制作であったことが記される。『雪国の春』は、雪国の春らしい表紙であり、評判も良く増刷された。他にも、一月中旬に最終原稿を渡されて一月中の刊行を厳命する柳田の無理難題などのエピソードが随所に描かれる（岡 一九七四 八八〜九三）。

図⑬　『雪国の春』の表紙・背・裏表紙（橋浦泰雄画）

『雪国の春』は、なんとか昭和三年（一八二八）二月十日に発行された。出版社としては難産であった。同書の発刊意図は、雪の降らない地方の人たちに読んでもらいたいというものであり、そのために雪深い一月の刊行を目指したのである。柳田は序文の日付を「昭和三年一月」と記した。冒頭に「雪国の春」と題するエッセイを置く。次は「真澄遊覧記を読む」が続く。真澄の紀行文の中に、出羽付近における節分の唱え言「天に花さけ地にみのれ、福は内へ鬼は外へ」が記される。いかにも雪国らしい唱え言葉だと思う。『雪国の春』の中心をなすのは、『東京朝日新聞』に連載した「豆手帖から」である。大正九年（一九二〇）に東北地方をめぐった旅の記録である。

平成二十三年（二〇一一）の東日本大震災を経験したために、「豆手帖」の「二十五箇年後」は印象に残る話である。教科書などに載った「清光館哀史」は有名である。千葉徳爾は『柳田國男を読む』でこの「清光館哀史」を取り上げる（千葉　一九九一　四七〜六六）。大正十五年（一九二六）九月の『文藝春秋』に掲載されたエッセイで、六年前に柳田が佐々木喜善と松本信広の二人を伴って旅をした際、「浜の月夜」と題して『東京朝日新聞』に寄稿したものであった。

七　『秋風帖』の旅（東海・近畿地方・瀬戸内海地域）

大正九年（一九二〇）八月二日から九月十二日までの四二日間に及ぶ東北の旅から帰ると、次女千枝の病気が長引いていたので、しばらく自宅にいることになる。その間に、慶應義塾大学で三回連続の公開講義をしたり、國學院大学郷土研究会の例会で話をしている。そして、ようやく十月中旬に旅に出て、『東京朝日新聞』に連載する表題を「秋風帖」とした。旅は中部地方から紀伊半島、瀬戸内海地域である。大正九年（一九二〇）十月中旬から十一月二十一日にかけての旅で、ほかの旅に比べると比較的短い。島田、掛川、三ヶ日、豊橋、名古屋、岐阜、京都、加太浦、大阪、岡山、広島、生口島、岩城島、因島となっている（野村ほか編　一九九八　七一九〜七二〇）。

柳田は菅江真澄のふるさとを訪ねたが、そのタイトルは「還らざりし人」である。旅する文人であった真澄の業績を思いながら柳田自身が旅人になって地域を歩く。木曽川を渡って太田の町に行き、『郷土研究』の投稿者である林魁一を訪ねた。たくさんの柿を土産に持って旅館に来てくれた。和歌山の粉河寺に立ち寄り、逸木盛照住職を訪ねた。この人物は『郷土研究』の古くからの寄稿者である。たまたま留守であったが、境内を散策して絵馬堂に掲げられた奉納額を見ながら、海神小童の信仰に想いをめぐらす機会を得ている。このように柳田は、旅先で『郷土研究』の投稿者を訪ねている。役人時代と異なり、民俗研究のつてを頼った訪問である。旅の帰途には京都に立ち寄り、新村出を訪ねている。京都大学の図書館で次の旅先である沖縄の書を読みまくったという〔山内 一九八八 五四九〜五五三〕。
『秋風帖』は、『東京朝日新聞』に大正九年（一九二〇）十月二十六日から十一月十七日まで、一九回にわたって連載された「秋風帖」をもとにしている。連載した分量では一冊の本にならなかったために、七本ほどのエッセイを収録して一冊の本としている。その七本のうちの一つが「佐渡一巡記」である。

八 『海南小記』の旅（九州・沖縄地方）

柳田の沖縄への関心は二人の人物とその書物の影響が大きい。一人目は、笹森《ささもり》儀助《ぎすけ》（一八四五〜一九一五）が明治二十七年（一八九四）に刊行した『南島探験』である。刊行後まもなく読んだのではなく、刊行されてから十数年後に古書店で大量に出たのを買い求めたという。そのことは『海上の道』の「根の国の話」に記されている〔柳田 一九六一b 一四八〜一四九〕。大変感銘を受けた一冊であるという。柳田はこの頃から少しずつ沖縄に関心を抱いていく。もう一人は伊波普猷《いはふゆう》（一八七六〜一九四七）である。明治四十四年（一九一一）刊行の『古琉球』を伊波から贈呈されて読んでいた。同書は日琉同祖論の先駆けとなる書であるが、柳田は「おもろさうし」に興味を抱いたようである。『古琉球』の贈呈を契機に、伊波と柳田は手紙での交流が始まる。「沖縄の神道」の、本土との比較を通して、日本の固有信仰を考えるようになっていく。特に本土ではもう見ることができないものが沖縄には残っていることに驚き、関心を深めていくのであった。後年、「沖縄の発見」という言葉に集約されるのは柳田の沖縄旅行を経てからではあるが、その準備段階は明治末年から始まっていると言えよう。

さて、その沖縄旅行であるが、柳田は、大正九年（一九二〇）十二月から翌年の二月にかけて九州・沖縄の旅に出た。那覇に着いたのは大正十年一月五日早朝である。『海南小記』の付記に出てくる、多くの研究者との出会いがあった。伊波普猷・島袋源一郎《しまぶくろげんいちろう》（一八八五〜一九四二）、佐喜真興英《さきまこうえい》（一八九三〜一九二五）、比嘉春潮《ひがしゅんちょう》（一八八三〜一九七七）、喜《き》舎場永珣《しゃばえいじゅん》（一八八五〜一九七二）である。彼らは後に、柳田の南西諸島の研究にとって欠かせない人物群になっていく。特に伊波普猷は「沖縄学の父」と呼ばれる。

　沖縄の旅は、柳田自身が抱えていた南島研究に関する足場作りをするとともに、人的ネットワークの構築を目指していた。そして、伊波は柳田の導きもあって東京に出てくるのである。柳田の『郷土生活の研究法』には「遠方の一致」の節に「沖縄の発見」の見出しがあり、沖縄の発見は、画期的な大事件であると言っている。内地では使用を廃していた単語や語法が現在も生き生きと使われていたという。沖縄の民俗が古い日本の姿を心づかせてくれると述べる。さらに「古風保存の場所」の見出し部分では、それぞれの島で郷土研究を行っているのは貴重であり、その沖縄研究の恩恵の意義を説いている。そして「文化変遷の遅速」の見出しでは、山奥や岬の外や離れ島には古い残留が見出されると指摘している。これらは「近頃の沖縄研究の一つの賜であつたのである」と言い切っている（柳田 一九九八h 二五三）。

　大正十年（一九二一）三月、二か月に及ぶ沖縄の旅から帰った。折口宅で開催の会合で沖縄のことを語った。その話が折口の心に響き、これをきっかけとして折口はその年の夏に沖縄へ出かけている。二年後の大正十二年（一九二三）の夏には二回目の沖縄旅行である。それがやがて昭和四年（一九二九）の『古代研究』となっていく。柳田の沖縄の旅は、『東京朝日新聞』に「海南小記」として連載された後、大正十四年（一九二五）四月に『海南小記』が刊行された。『海南小記』は、手帳「南島旅行見聞記」をもとに書き上げられたという。柳田の手帳の存在は、鎌田久子によって発表された。酒井卯作は、この手帳の本文に注釈を入れて、平成二十一年（二〇〇九）に『南島旅行見聞記』を刊行した。編者の酒井が解説「旅する貴族」を執筆している。この解説は柳田の旅を知る上でも興味深い論考である。

まとめ

柳田國男は、明治三十五年（一九〇二）頃から内閣文庫に入り浸り、菅江真澄の紀行文や屋代弘賢の「諸国風俗問状答」などを渉猟した。その資料価値を認識して筆写資料「諸国叢書」を自力で作成していった。真澄に関しては、山中共古と羽柴雄輔を介して真崎勇助を知り、多くの知見を得ている。柳田は日本民俗学を構想する過程で、真澄を意識的に脱落させることになった。その理由は疑問として残るが、地方文人の紀行文の多くは地域文化の発見でもあった。それは国学者の田舎への関心とも関わっている。

柳田の民俗学らしい旅というのは、大正八年（一九一九）十二月に貴族院書記官長を辞任し、翌年に朝日新聞社に入ってからと言える。具体的には、佐渡の一人旅（「佐渡一巡記」）、東北地方の旅（『雪国の春』）、東海・近畿地方の旅（『秋風帖』）、沖縄地方の旅（『海南小記』）である。頻繁に全国を旅した時期は、柳田の民俗学構築の準備期間と考えることができる。旅先でフィールドワークを行い、緻密な観察を試みている。その意味でも、旅が民俗学の形成に大きな影響を与えたことが十分に推測できる。田舎の暮らしを見る一方、宿では洋書を読むという旅をしたが、まさに和洋折衷の学問形成の印象がある。

本章では、最新の研究によって通説の再検討の必要性を指摘した。たとえば、柳田の旅に関して、いつも「白足袋」の旅と言われてきたが、それに終始したわけではない。酒井卯作が「旅する貴族」というタイトルで解説を書いている〔酒井 二〇〇九 二二五〕。「白足袋の思想」や「旅する貴族」という括り方には、どこか先入観があるように思われる。すべて徒歩であった菅江真澄の時代と異なり、汽車や自動車を使っているし、旅の先々で荷物を運ぶ荷物担ぎを雇っている。宿泊も多くは旅館であり、決して貧しい旅ではない。行く先々で、雑誌『郷土研究』時代に誌面上で知り合った人を訪問したりしている。柳田は、一生を旅に暮らした菅江真澄が庶民目線で物事を見たり書いたりする姿に憧れたのではないか。そして、松本信広のエッセイにあるように、本来は気さくに村人に語りかけたのである。柳田は、貧しい人に対する思いやりを込めた質問ができた人であり、聞き取りも非常に上手であったらしい。

第六章　柳田國男のヨーロッパ体験と洋書の受容

はじめに

大正八年（一九一九）十二月、貴族院書記官長を辞した柳田國男は、翌大正九年（一九二〇）八月には朝日新聞社の客員として入社した。そして国内旅行をして旅行記を新聞連載した。沖縄旅行記『海南小記』は「ジュネブの冬は寂しかつた」で始まる。沖縄研究をしたチェンバレンに捧げた書であった（柳田 一九九七e 二三九）。柳田は沖縄旅行の帰途、国際連盟委任統治委員就任の打診を受けた。国際連盟事務局次長の新渡戸稲造の推挙によって委任統治委員会の日本代表の委員として、大正十年（一九二一）から十二年（一九二三）まで足かけ三年間スイスに滞在することになった。国家官僚を辞任してまもない四十五歳の柳田は、再び国家的役割を担って渡欧した。当時、スイスには日本学者チェンバレンが滞在していたが、病気を患っていたこともあり柳田は面会していない。

平成二十二年（二〇一〇）、『季刊東北学』二三号（特集「遠野物語百年」）に、フランス文学者岡村民夫の「柳田国男のスイス―山、川、そして郊外―」が発表された。柳田研究における空白期間を埋める貴重な仕事であった。岡村は「スイスは、官僚のかたわらディレッタントとして民俗学的論考を書いていた時代と、日本民俗学の確立に専念した時代を分かつ思想的分水嶺をなす。こうした明白な重要性にもかかわらず、いまだに〈柳田国男のスイス〉に関する研究は非常に遅れているといわざるをえない」と重大な見解を示した（岡村 二〇一〇 二二八）。足かけ三年の滞欧期間は、柳田研究の未開拓領域である。それが明らかになれば大正後期における柳田の学問理解が一層深まるはずである。ここで言う大正後期とは、大正七年（一九一八）八月に実施された郷土会の内郷村調査から昭和二年（一九二七）の「蝸牛考」連載開始に至る約九年間である。

これを受けて本章で明らかにすべき問題はこうである。第一に、国際連盟委任統治委員に選任された柳田の活動を概観してみることである。第二に、岡村の研究に依拠して柳田がスイス滞在期にどのような体験をしたのか、つまり柳田のヨーロッパ体験の意義を検討する。そして第三に、渡欧体験に関連して柳田の洋書購読を検討しておくことである。それはヨーロッパ民俗学の受容をめぐる柳田の大正後期における民俗研究の確認でもある。

一　先行研究の批評

1　岩本由輝『続柳田國男―民俗学の周縁―』

柳田の『故郷七十年』には、沖縄旅行の帰途に国際連盟委任統治委員の候補に挙がっているという連絡を受け、旅先で柳田が熊本県知事や長崎県知事に説得される様子が記される（柳田 一九九七g 一九七）。柳田はこの少し前、海軍を退官した弟松岡静雄と蘭印（現、インドネシア）のことを調べたり、旧ドイツ領南洋群島に関心を持ってオランダ語を学んだりしていた。岩本由輝は、柳田が国際連盟に提出した報告書を丹念に検討し、柳田の常民概念は国際連盟の統治委員のときに調べた common people や common body が意識にあったと述べる（岩本 一九八三a 七八）。岩本論文は、柳田の国際連盟委任統治委員の資料を紹介したこと、柳田の頭の中に常民概念が芽生えた可能性の指摘など画期的なものであった［1］。

2　長谷川邦男「国際連盟時代」

『柳田国男伝』の第八章は「国際連盟時代」と題する、長谷川邦男の論文である。第一節は国際連盟委任統治委員就任に至る経過、第二節で委任統治委員会に関する内容、第三節は外務省との齟齬について論じた。第二節が論述の中心である。長谷川は、佐々木喜善宛書簡、柳田三千宛絵はがき、委員会議事録などを活用し、ジュネーブ時代を素描した。長谷川は、委任統治委員会報告の中に常民概念に通じるものがある点を指摘したが、この見解は岩本由輝の研究成果を受け継いだものである。長谷川は、柳田が委任統治研究から多くのことを学んだが、特に諸民族を比較研究したので民族学（Ethnology）への関心の糸口となった可能性を指摘した。長谷川によると、委任統治委員会の体験を経た後の柳田の学問には内容にある深さと広がりがもたらされ、その視点は帰国後に創刊した雑誌『民族』に引き継がれたという〔長谷川　一九八八　六一八〕。

3　後藤総一郎「柳田国男のジュネーブ体験」

後藤総一郎は『柳田国男伝』の監修者である。後藤は、同書の「まえがき」で完成の喜びに浸りつつも「橋川文三も気にしていた、大正十年から十二年にかけての、二度にわたるジュネーブ滞在中に学んだ、ヨーロッパ民俗学の現地検証の調査研究は、残されたままとなってしまった。それは二年後の昭和六十五年に予定されている、わたしの在外研究のテーマとして抱えていくことを記して、お許しを願うほかない」と課題を書き残した〔後藤　一九八八　一八〕。それは上述の長谷川の研究が、限定的資料による論述に終始したことを意識した発言であろう〔2〕。後藤はその後、念願のジュネーブを訪ねて「柳田国男のジュネーブ体験」を執筆した。内容は柳田が滞在したホテルやレストランの確認と「瑞西日記」の紹介を中心とした旅行記の体裁となっている〔後藤　一九九六　八〜一二〇〕。

「瑞西日記」に「九月二十四日　日よう　ピッタール教授に面会、話をする」とあるが、言語地理学を学んでいる可能性がある〔後藤 一九九六 一六〕。これに関し、グロータースは柳田に直接会い、柳田から国際連盟委任統治委員会の仕事でジュネーブにいたときにジュネーブ大学でピタル教授の人類学の講義を受けたことを聞き取っている。グロータースは、それを確認するため現地へ問い合わせた。柳田の痕跡は明確にできなかったが、当時外国人が多く聴講に来ていたこと、教授はジリエロンの地図やドーザの『言語地理学』を使用していたことが確認できたという〔グロータース 一九七六 二三五～二三六〕。

4 岩本通弥「国際連盟委任統治委員としての柳田國男――一九二〇年代の民族問題と世界秩序――」、田中藤司「孤島苦の政治経済学」

岩本通弥は、「国際連盟委任統治委員としての柳田國男――一九二〇年代の民族問題と世界秩序――」の中で、柳田の国際連盟委任統治委員について論じた。柳田が沖縄で「孤島苦」を知り、それが島国日本の縮図であると認識したこと、欧米列国との協議の中における柳田の思索と議論は、後の日本民俗学の誕生に大きな意味を持ったことを指摘した。この点に関しては、残念ながら具体的な論述がみられない〔岩本 一九九五 二四〕。岩本によると、柳田は南島の孤島苦が日本そのものの雛型である点に気付いていたという。その点は沖縄に古代を見ようとする視点とは異なっている〔岩本 一九九五 三〇〕。

田中藤司は、論文「孤島苦の政治経済学」において、文学研究や『遠野物語』が並行した明治末年から大正期への展開について、一貫性を見る立場と断絶を見る立場の二極に分かれるという。前者は農政学の視角の持続とみる立場、後者は山民・被差別民へのまなざしの変化があったとする立場である。いずれも大正後期における柳田が、確実に世界を見る視点を獲得していった過程であると捉えた。それは公務を離れて日本各地の旅行をした時期と国際連盟委任統治委員としてヨーロッパ体験をした時期にあたる。田中の言葉を借りると、「柳田の学問における大正後期は、前後を分かつというより、いくつもの要因が重なって大きな発展が胎動した、初期と後期をつなぐ時期」であったという

（田中 二〇〇〇 一七五）。田中は、柳田がヨーロッパ人の日本人への無関心に直面してはじめて、弱者に対する強者の無関心という抑圧のスタイルが、かつて柳田自身が山人や沖縄の住民をマイノリティとして憐れむべき存在と認識した点と共通していることに気づいたという（田中 二〇〇〇 一八一）。

二　先行研究にみる課題と問題点

柳田が沖縄旅行で得た重要なキーワードは「孤島苦」であろう。柳田が沖縄を訪れた時期は、沖縄経済の厳しい不況の最中であった。これは、第一次世界大戦後の戦後不況であった。砂糖生産に依存していた沖縄では、主食の確保もできずにソテツを食べることが行われた。有害なソテツを食べる状況は「ソテツ地獄」と呼ばれたが、この時期に柳田は旅を続けたのであった。柳田は、沖縄の経済的困窮の原因は大小様々に点在する孤島の生活にあると考えた。離島に暮らすことの不利益であり、そこから生活苦が発生するという孤島苦の経済実態であった。このような経済的貧困に関しては、柳田は沖縄だけの問題に限定されたものではなく、日本の各地の僻陬の農村が抱える貧困問題でもあることを認識していた。

その柳田が、急遽ヨーロッパへ出かけることになった。南島旅行で孤島苦を実感し、ジュネーブの会議では太平洋諸島の島々の住民の福祉を考えた。これは偶然のように見えるが、沖縄に住む住民のことを真剣に考える契機となったことは間違いないであろう。柳田は、日本では沖縄を憐れむべき孤島苦と認識していたが、ヨーロッパに行ってみると、柳田自身がその憐れむべき孤島苦の日本人というマイノリティーの立場であることに気づいたのであった。すなわち、日本における柳田（＝文化的優越者）の立場と沖縄（＝現地の貧しい人たち）との関係性は、ヨーロッパ（＝文化的優越国）の立場と日本（＝遠い島国）との関係性に、形こそ違うが置き換えられるものであった。

柳田の委任統治委員会報告には、常民概念が芽生えた可能性も指摘されている。具体的にどのような見解であった思考形態の検討が必要になるように思う。

経験とジュネーブ滞在の経験が織りなすものは、どのように結実していくのだろうか。いわゆる孤島苦に象徴される

のか。そして、それは柳田が常民概念を完成させるときにどのように取り込まれていったのであろうか。南島旅行の

三　委任統治委員会の開催と柳田の出席

トーマス・W・バークマンは、論文「ヨーロッパへの回廊―柳田国男と国際連盟―」で、柳田の長期海外体験に触れる。新渡戸との深い関連を述べた後、柳田は委任統治における教育は、必ずしもキリスト教宣教師によって行われるべきではないと主張したり、同化についても受任国の正当な目標とすべきではないと明確な見解を主張したりしているという。委員会の合間、柳田は旧知のJ・W・ロバートソン・スコットをロンドンに訪ねたり、各地を訪問したりと大変活動的であった。多くの研究者から学問上のヒントをもらった。バークマンによると、ヨーロッパでの経験に触発されて、柳田は自身の研究に比較の手法を取り込むようになったという〔バークマン 二〇一二 四一〕。

国際連盟の委任統治制度は、第一次世界大戦の戦争終結後における植民地をどう扱うかを議論するために設けられたものであった。帝国時代に行われていた戦後の領土処理は、現実的なものではなかった。南アフリカの指導者ヤン・スマッツの提案によって行政権をいったん国際連盟へ移譲し、連盟に指名された受任国が連盟の権限下で当該地域の行政権を執行する方式が検討されたのである。その結果、委任統治制度は住民の政治的経済的発展の度合いを考慮し、A式、B式、C式の三種類の統治方式に分けられた。日本が関係する南太平洋のドイツ領島嶼はC式地域であり、日本、オーストラリア、ニュージーランドの三国に割り当てられた。委任統治委員会は当初九名の委員で構成され、そのうち委任統治地域受任国からの委員は四名に限定されていた。柳田はそのうちの一名ということになる〔木畑 二〇一二 一一一～一一二〕。

柳田が委任統治委員になる経緯は、佐谷眞木人が『民俗学・台湾・国際連盟―柳田國男と新渡戸稲造―』でわかりやすく解説している。新渡戸稲造が国際連盟事務局次長に就任した。その新渡戸は、国際連盟の提唱者であるアメリカのウィルソン大統領と旧知の間柄であった。色々な縁によって柳田が選ばれたのであった。洋行経験がない柳田にとっては、失われた青春を取り戻し、洋行経験がなかったコンプレックスを解消する絶好の機会でもあった。後の研究を支えたヨーロッパの民族学や人類学に関する文献は、このヨーロッパ体験の際に収集したものが多い（佐谷 二〇一五 九四～一〇〇）。

柳田は、国際連盟委任統治委員会の会議に第一回から第三回まで参加した。第一回会議は、大正十年（一九二一）十月四日～十月八日の期間で、会議は九回開催され、柳田は全部出席した（佐藤 二〇〇〇a 五八九～五九〇）。第二回会議は、大正十一年（一九二二）八月一日～一一日の期間で、会議は一七回開催され、柳田は全部出席した。第三回会議は、大正十二年（一九二三）七月二〇日～八月一〇日の期間で、会議は全三三回開催され、柳田は全部出席した（佐藤 二〇〇〇b 五五九～五六六）。出席率は優良である。第一回会議と第二回会議ではほとんど発言をしていなかったが、第三回には積極的な発言をしているのが特徴であろう。

柳田が帰国後に大臣官邸で行った報告の談話筆記「柳田委任統治委員ヨリ山川部長宛」によると、委任統治委員会はアフリカに関する議論に終始していたので、柳田は自分の出る幕は少ないと判断し、外務省の山川端夫にアフリカに関心のある外交官が適任であろうと報告した（柳田 二〇〇〇b 五〇三）。

四　ヨーロッパ体験の影響

岡村民夫によると、大正十二年（一九二三）の関東大震災を契機に帰国して以降、ヨーロッパ体験の影響は柳田に二つの波となって顕在化したという。第一波は、朝日新聞時代と重なる。柳田が国際協調主義、普通選挙、エスペラント語などを日本に根付かせようとした活動である。ここには関東大震災後の都市批評も含まれている。第二波は、『人類学雑誌』に「蝸牛考」を連載する昭和二年(一九二七)から日本民俗学の体系化をしていく昭和十年代までの方言研究、口承文芸研究、民俗学概論などの仕事が含まれる。成城への移住はその過渡期の出来事であったという〔岡村 二〇一三 三五六~三五七〕。この指摘は大変興味深いものであり、その見解に寄り添う意義はあると考える〔3〕。

朝日新聞時代にはたくさんの社説を執筆した。この社説に関しては『定本柳田國男集』の別巻一と別巻二に論説集が収められる。柳田の論説に関する研究としては、黒羽清隆の「朝日新聞論説委員としての柳田国男」がある〔黒羽 一九七五〕。柳田には植民地問題を含めた国際政治や国内政治への論説が多数あり、文化芸術関係よりも政治関係の論説が多い点に留意する必要があるとされる。しかし、ユニークな文化論も少なからずあるので、いずれ研究対象になっていくであろう。

本章では、方言研究や口承文芸研究、そして民俗学理論に関わる仕事に関心を焦点化していきたい。ヨーロッパ体験後の生活変化として、まず第一には、ライフスタイルに洋風生活の影響が出てきたことが挙げられる。成城への移住と洋館書斎の建築は視覚的にも納得できるものである。もう一点は海外の民俗学と文化人類学に関する知識が一気に増大したことである。その行き着くところとして、雑誌『民族』の創刊が挙げられる。

1 ジュネーブにおけるライフスタイルと成城移住

成城への移住に関しては岡村民夫の興味深い見解がある。岡村によると、スイス・ジュネーブのシャンペルと呼ばれる地区に柳田は住み、そこが成城の地形などと類似しているという。岡村は、成城移住にはジュネーブでの郊外型住宅を踏まえたライフスタイルの創造という能動的動機があったのではないかと推測した〔岡村 二〇一三 二六二〕。岡村は、成城の地形や景観について、以下のように論じる。

成城はシャンペルよりもずっと新しい町で、都市中心部から隔たってもいる。しかし、シャンペルと同じく〈郊外〉の段丘上の高燥の地に広がる高級住宅地である。碁盤目状の区画、並木・生け垣・庭園・自生の松や落葉樹の古木・周辺の麦畑や雑木林が織りなす豊かな緑、台地のへりを流れる清流（仙川、野川、多摩川）、連山の眺望（富士山、丹沢山地、秩父山地、多摩丘陵）もシャンペルの景観と類似する。郊外電車の宅地開発との相関も類似点である。一九二七年四月、成城学園の南側をよぎって小田急線が開通した。学園側はいちはやく鉄道施設計画を察知し、小田急電鉄に対し急行停車駅「成城学園前」の設置を陳情していた。学園の周囲に知識人・著名人が多く住み、文化的雰囲気をかもしていた点もシャンペルと共通する。未開発地に都市設計をしたのは、成城小学校主事・小原国芳をリーダーとする喜多見区画整理組合である。このような計画性を持った成城は、文字通りの学園都市であり、またシャンペル以上に田園都市性が強かったといえる。（岡村 二〇一三 二六〇～二六一）

柳田の成城移住には、成城学園に通う長男の通学の便宜だけでなく、書庫の確保や郊外生活の実践という多様な要素があった。この書斎は、昭和七年（一九三二）の『住宅』一七巻一二月号の書斎特集で紹介されている（柳田 二〇〇一b 五五二～五五四）。成城に移ってからの柳田は、梅や杏を積極的に植えている。信州から小柿の苗を取り寄せて自分の家だけでなく周囲の家や小学校にも苗木を配った。信州の柿を成城の名物にできなかった柳田は、次は杏に挑戦している。このように柳田は自分の住む町のまちづくりを積極的に行っていく。

2　洋館風の書斎「喜談書屋」

柳田の書斎に関しては、福田アジオの「柳田国男の研究構想と書斎」が参考になる（福田 二〇一八）。同論文は図版を増加させるなど修正を加え、『種明かししない柳田国男―日本民俗学のために―』の「三　書斎にこめた夢」に収録された。本書での引用は同書からとする。柳田が建てた書斎は、現在は飯田市美術博物館の敷地に移築されて「柳田国男館」として公開される。切妻二階建のハーフティンバー様式と呼ばれる洋館である。大広間は四〇畳相当あり、蔵書を壁面に収めている。柳田は、この書斎を「喜談書屋《きたんしょおく》」と呼んでいた［4］。この書斎は、所在地の「喜多見」と「喜び談ずる」を掛けて命名されたものである〔岡村 二〇一三 二六〇〕。

柳田は一時帰国していた大正十一年（一九二二）四月十九日、妻孝と一緒に東京府主催の平和記念東京博覧会に出かけている。上野に十数棟のモデルハウスが建てられていた。柳田の「大正十一年日記」には、以下のように記される。

四月十九日（水）
孝同行　博覧会を見にゆく、一日がゝりなり　矢田部姉上、外山君あふ　文化村の家を見る〔柳田 二〇一四 二一三〕

岡村は、この「大正十一年日記」を紹介しながら、当時柳田がモダンな郊外住宅に関心を寄せていた証拠であると述べた〔岡村 二〇一三 九六〕。柳田は書斎の準備を始めていたようである。建築史研究者の内田青蔵によると、柳田夫妻が出かけた博覧会は、大正十一年（一九二二）三月十日から七月三十一日の会期で開催された。会場は上野動物園の手前広場であった。第一次世界大戦後の世界平和と戦後不況による産業界の活性化の目的があったという。東京府は、企業や学会に賛助依頼をし、その結果、一四棟の独立住宅が出品されることになった。外観をみると、柳田邸の書斎に比較的類似した建物として銭高組の銭高作太郎の出品住宅が認められる〔内田 一九九二 一一〇～一一七〕。

当時、柳田は朝日新聞社に勤務していたこともあって、柳田の書斎は朝日新聞社屋の建築設計に関わった大沢三之助が設計したという説、竹中工務店の大沢某が設計したとする説があるが、設計者は不明である。書斎は昭和二年（一九二七）九月に完成した。飯田市への移築に当たって棟札は発見されなかったのであろうか。

書斎は、フレーザーとの出会いが関係していると伝えられる［5］。福田アジオによると、そもそも柳田がフレーザーに会ったのはフレーザーの自宅ではなかった可能性が高く、モデルはフレーザー邸ではないと推測した。そして、坪井正五郎があげたフレーザーの四つの研究条件は、①完全なる文庫、②優秀なる助手、③良き妻、④潤沢な資金、であるという。柳田は岡正雄と長野県から呼んだ野沢虎雄の二人を書生として住ませ、息子の為正と四人の男所帯で住むことになった。フレーザーが示した①と②を揃えてスタートさせた。実際には一年余で岡と野沢が出て行ってしまい、結果として完全なる書斎だけが残った〔福田 二〇一三 八六〜八七〕。この書斎は、後に日本民俗学を創始させるサロンになっていく重要な建物である。

3 散歩の習慣と山野草鳥

柳田は、昭和十六年（一九四一）一月に『野鳥雑記』『野草雑記』を甲鳥書林から発行した。文庫版二冊セットの箱入り本であった。『野草雑記』の「記念の言葉」は序の代わりをしているが、その書き出しは以下のようである。

> この二冊の小さな本のやうに、最初思つた通りに出来あがらなかつた書物も少ない。私は昭和二年の秋、この喜多見の山野のくぬぎ原に、僅かな庭をもつ書斎を建てゝ、こゝを一茶の謂ふつひの住みかにしようといふ気になつた。あたりはまだ一面の芒尾花で、東西南北には各々二三本の大きな松が見え、風の無い日には小鳥の声が有る。身の老い心の鎮まつて行くとともに、久しく憶ひ出さなかつた少年の日が蘇つて来る。〔柳田 一九四一a 二〕

図⑭　柳田国男館（2017年4月15日、筆者撮影）

『野鳥雑記』の口絵には柳田の書斎と樹木が描かれ、「雀の故郷」のキャプションが付けられた。絵は橋浦泰雄が担当した。本文は「暫らく少年と共に郊外の家に住むこ

図⑮　『野鳥雑記』口絵に描かれた柳田の書斎

とになつて、改めて天然を見なほす様な心持が出て来た」で始まる〔柳田 一九四b一 三〕。成城に移ってからとりわけ自然に親しむようになっていった。当時、成城の地には山野のクヌギ林が残っていたのである。この頃の様子を柳田は述懐しているが、ほとんどがクヌギ林であり薪や炭を出荷していたという。狐が出たという話もあるほど自然豊かな土地であった。柳田は、この地を終の棲家にしようとしていたこともわかる。

自然環境の中で散歩の習慣もでき、野草と野鳥への関心が高まっていった。その成果が上述の二冊である。問題は、柳田がなぜ喜多見（＝成城）を選択したかということである。もちろん自然環境が良かっただけではない。関東大震災を経験して、学校などの施設が郊外に移る傾向もあり、タイミング良く小田急線が開通した。成城の地がスイスに類似しており、子どもの教育のためにも好都合と考えたのである。幾重にも条件が錯綜して成城移住が決まったと推測される。

五　明治末年の洋書体験

『遠野物語』刊行に三か月先立つ明治四十三年（一九一〇）三月十二日付の佐々木喜善宛書簡に、以下の文章がある。

久し振の御書面なつかしく拝見殊ニ数〻の御話につけて更ニ又六角牛早地峯の山の姿を想ひ浮へ候　ザシキワラシに似たる欧羅巴の神々調へ候はゞ限なき興味ニ可有之候へとも小生ハ今以て其余暇無之候　先年 Yeats の

Celtic Twilightを一読せしこと有之愛蘭のフェアリーズにはザシキワラシに似たるものもありしかと存居候　遠野物語は早く清書して此夏迄には公にし度願に候へ共何分目下は石神のこと中途にて打棄てがたく夜分一二時間の暇は専ら此為に費しをり候次第に候

〔柳田　一九七一a　四三二〕

この書簡では、『遠野物語』の刊行がやや遅れていること、『石神問答』に集中していることなどを報告している。佐々木喜善への報告で大事なのは、ウィリアム・バトラー・イェーツの『ケルトの薄明』の中にザシキワラシと良く似た妖精が出ていると知らせていることであろう。『ケルトの薄明』は、柳田の蔵書目録には記されていない本である。柳田は読後の感想としてわざわざ佐々木喜善へ報告したのである。この書簡を見て、佐々木喜善はどう思ったであろうか。この引用に関して、岡村は以下のように記している。

そもそも「此書を外国に在る人に《ママ》呈す」という特異な献辞を冠した『遠野物語』が、ウィリアム・バトラー・イェーツの『ケルトの薄明』（一八九三）に触発され、西洋を強く意識して書かれた書物であり、彼の「山人」が、ハインリヒ・ハイネの『諸神流竄記』（一八五三）に触発され形成され《ママ》概念だったことを想起すべきである。はたしてアルプスに遠野を重ねたのが先か、遠野にアルプスを重ねたのが先か……。

〔岡村　二〇一〇　一四二〕

イェーツの『ケルトの薄明』に、ザシキワラシの類例があるという指摘である。柳田が『遠野物語』を上梓する以前に海外の文献をていねいに読んでいたことは明らかである。そして従来から「此書を外国に在る人々に呈す」という献辞に関してさまざまな見解があったが、今回、また一つの仮説が加わることになった。柳田の洋書体験に関しては、高木昌史の以下の興味深いコメントがある。

柳田の洋書との付き合いは渡欧以前からすでに始まってはいた。しかし、ジュネーヴ滞在を転機に、実際的な見聞はもちろんのこと、洋書を媒介にした彼の西欧文化の吸収は急速に進展する。（中略）帰国後、約十年間、外国書の研究を継続した彼は、還暦を迎える頃から、その成果を続々と発表する。『民間伝承論』（昭和九年）、『郷土生活の研究法』（同十年）、『昔話と文学』（同十三年）、『昔話覚書』（同十八年）、『口承文芸史考』（同二二年）、等である。これらの著作の随所には、洋書文献の研究から彼が学び取った西欧の口承文芸学に関する学識が鏤められているが、そこに記された彼のコメントは、実際に読破した膨大な分量に比べて不思議なほど言葉数が少ない。仕事場をめったに覗かせない彼の戦略なのだろうか。ともあれ、柳田の洋書購読は、間違いなく、彼の学問の「隠し味」（桑原武夫）になっている。

〔高木編 二〇〇六 四〕

出典を明記する学術論文の作法からすると、柳田の著作のほとんどは大きく逸脱していた。文章作法の可否についてはここでは問題にしないが、外国文献をたくさん読み込んで、応用したことは間違いない事実である。福田が「種明かししない柳田国男」と評するゆえんである。フランス文学者の桑原武夫は「隠し味」と評した。柳田は、一九一〇年頃からのジュネーブ滞在からヨーロッパ体験後までの約二〇年間、洋書を熱心に読んだ。特にジュネーブから帰国後一〇年は、買い求めた文献を精力的に研究した。柳田が熱心に洋書を読んだ時期は、西洋でFolkloreとEthnologyが学問として確立して隆盛を迎えていた時期に当たっていた。ヨーロッパで刊行された重要文献が柳田文庫に多数収蔵されているのは決して偶然ではない〔高木 二〇一八 二〕。

六　洋書文献の収集

長谷川邦男は、「柳田国男とイギリス民俗学の系譜Ⅰ―柳田国男の読書と蔵書・予備調査―」で柳田の国際連盟委任統治委員時代の洋書購入に着目した〔長谷川 一九九六 五一〜六二〕。長谷川論文は、『柳田国男伝』で「国際連盟時代」を執筆した延長であった。フランスのアナール学派における読書行為の歴史研究を援用し、蔵書の定量分析だけでなく、柳田の蔵書がどのように読まれたかを明らかにする作業を通して購入時の動機や読書の傾向を探ろうと試みた。柳田の蔵書はいくつかの寄贈先が判明しており、長谷川は予備研究として最もまとまっている成城大学への寄贈書の定量分析を試みた。

この蔵書研究は、高橋治によってさらに深められる。高橋論文「柳田国男の洋書体験一九〇〇〜一九三〇—柳田国男所蔵洋書調査報告—」は、柳田が所蔵していた一四〇〇冊余に及ぶ洋書の購読過程を中心に論じる。柳田は蔵書印を用いず、読了日などのメモを残しており、それをもとに作成した高橋の「購入・読書過程一覧」は労作である。高橋によると、成城大学民俗学研究所の蔵書には書き入れ、不審紙、書店票、納品伝票などが挟まれており、柳田の読書のありようが追認でき、ある程度の洋書体験がたどれるという〔高橋 二〇〇〇 二〇五〜二〇六〕。一九〇〇年から一九二一年までに入手された洋書の多くは、丸善から購入されたものであること、柳田には、『困蟻功程』などの断片的な読書日記もあるが、柳田の洋書購読の全体的な考察は行われておらず、読書によって得た影響などの実証的考察はほとんど見られない状況であるという〔高橋 二〇〇〇 二〇九〕。

柳田は、明治三十三年（一九〇〇）七月に東京帝国大学を卒業し、農商務省に入省する。その一方で、東京専門学校において農政学を教えることになった。この時期から日露戦争開戦時の明治三十八年（一九〇五）までの約六年間に約一五〇冊の洋書を購入し、計画的な読書を課していたのである。初期のころは農政学に関する洋書が多かった。大正三年（一九一四）に南方熊楠と雑誌『郷土研究』の編集方針で論争したが、この頃にはルーラル・ライフ、ルーラル・プロブレムの考究が目立ち、明らかに農政学から逸脱する傾向にあることがわかる。この傾向に関して高橋は以下のように記している。

一九〇〇年代の前半に入手された書籍類は、そのほとんどが農政経済書の範疇に属するもので占められている。ところが、日露戦後の一九〇〇年代後半には、サムナー、ベアリング・グールド、アンダーウッドなど、異なる分野の集書が始められており、なかでも「地理書」の取得が際立っている。書末の読了年によれば、一九〇九（明治四二）年にその購読が集中しており、既述の農政経済書の読書過程（一九〇一年から一九〇八年）に連接するものの、内容的な不連続面を露呈したものとなっている。明治四〇年代に入ると、柳田の専門洋書の読書範囲は、まず集書面での微妙な変化を内包しつつ、農政経済書以外の領野に緩やかに推移あるいは拡大していった、と言うことができよう。〔高橋 二〇〇〇 二二七〕

高橋は、日本民俗学の創成期の『後狩詞記』『石神問答』『遠野物語』の刊行と並行して、洋書の集書があったと指摘する。さらに郷土会に参集する人物との交流も見逃せないと論じる。地理書に関しては、新渡戸稲造と柳田の蔵書はほぼ同じ原書が残存しており、アナトール・フランスの購読を始め、それはフレーザーに次ぐ冊数となっている。注意したいのは、この間に購入された洋書の中に人類学関連の文献は一冊も見受けられないということである〔高橋 二〇〇〇 二二七～二三二〕。

とは言いながら、上述したように明治四十三年（一九一〇）三月に佐々木喜善へアイルランドの詩人・思想家であるウィリアム・バトラー・イェーツの『ケルトの薄明』を紹介しているのである。イェーツは、Folklore の方面でも多くの業績を残している〔井村 一九九三 二四二〕。つまり、人類学を前面に出した専門書の入手は南方熊楠との往復書簡で知ったという、フレーザーの『金枝篇』の入手を待たねばならないかもしれないが、柳田は既に Folklore の世界を覗くことができる多くの書を読み始めている点は指摘できるであろう。

七　帰国後の学問の展開

1　雑誌『民族』の発刊

ジュネーブから帰国するとまもなく、柳田は雑誌『民族』を発刊する。大正十四年（一九二五）十一月一日の創刊である。この雑誌は有賀喜左衛門・石田幹之助・岡正雄・奥平武彦・田辺寿利らの若い研究者の協力によって編集されていく。民俗学だけでなく、人類学、考古学、言語学、物質文化など広範囲な分野を取り込んだ雑誌であった。海外の人類学関係学界の動向にも注意が払われていた。しかし、この雑誌は昭和四年（一九二九）四月二十日発行の第四巻三号をもって廃刊となる。わずか三年半の短命に終わった。関敬吾は「この充実した雑誌が現在までつづいていたとしたら、わたしのこの『日本民俗学の歴史』の体裁も大きく変わったであろう」と意味深い記述をしている〔関　一九五八　一〇三〕。柳田が人類学との交渉をもった画期的な雑誌であった。この当時、柳田は方言周圏論と呼ばれる言語理論を提唱した。これは国際連盟委任統治委員時代の知識の応用であった。

2　フランス言語地理学の受容

柳田は言語地理学に出合うことによって、経験的な地域差を時間軸にしたがって体系づける方法を獲得したと言える。近世の国学者たちが地方に古風が残るとか、古い言葉が周縁に残っているなどと言っていた経験知は、多くの人が持っていた知識の一つであった。その経験知に甘んじていたものが、柳田によって学問的な地位にまで引き上げられたのである。この出来事は、柳田のヨーロッパ体験が大きく影響しており、それを象徴するのが『蝸牛考』であった。フランス言語地理学の知識を日本の方言で実験的に試行したものであった。柳田が獲得したまなざしの変化について、岡村は以下のように指摘した。

柳田がなしたのは、まなざしの質的な飛躍でもある。以前の柳田の観察は、道を這うようなまなざしと、里に面した峠や山の上から俯瞰するまなざしによるものであった。新たに、遥か上空から日本列島を俯瞰するまなざしが追加されたのである。柳田がちょうど『蝸牛考』の頃、まだ珍しかった飛行機からのまなざしを肯定的に語ったのは偶然ではあるまい。一九二九年、飛行機をチャーターし、東北・北陸の大地を二日間にわたって眺め、様々な北方開拓史の痕跡を確認したことを「空から見た東北」(『定本』第二巻)に書いている。〔岡村 二〇一三 三一九〕

まなざしの質的変化の本質は、俯瞰力を得たということに尽きるだろう。柳田は、ドーザの『言語地理学』の影響を受けながらも、独自の方法論を構築していくのである。柳田は、方言周圏論の提示によって一国民俗学への志向を強く持つようになっていった。

柳田は、方言学に限らず口承文芸学も新たに樹立していく。その準備段階で膨大な量の西欧文献を収集していたのである。この点に関する研究は、柳田の蔵書が成城大学へ寄贈されて整理が完了して以降のことである。蔵書の多くは、ジュネーブにおける滞欧生活のときに購入したものであった。帰国後、柳田はそれらの文献の読破を試みていた。その成果として、『民間伝承論』(一九三四年)、『郷土生活の研究法』(一九三五年)、『昔話と文学』(一九三八年)、『昔話覚書』(一九四三年)などがある。柳田の洋書購読は、表には出ないことが多く、隠し味になっていたと言われる〔高木 二〇〇六 四〕。

まとめ

本章では、先行研究の批評を通して、国際連盟委任統治委員に選任された柳田の活動を概観した。貴族院書記官長を辞した柳田國男は、朝日新聞社に勤めながら国内旅行をして旅行記を新聞に連載していた。柳田は、大正九年（一九二〇）沖縄旅行の帰途、国際連盟委任統治委員就任の打診を受けた。国際連盟事務局次長の新渡戸稲造の推挙によって国際連盟委任統治委員会の日本代表の委員として、大正十年（一九二一）から十二年（一九二三）まで足かけ三年間スイスに滞在することになった。当時、晩年の日本学者チェンバレンがジュネーブにいたが会うことはなかった。『海南小記』にジュネーブとチェンバレンが登場するのは、そのような状況による。

国家官僚を辞任した四十五歳の柳田は、再び国家的役割を担って渡欧した。柳田にとって初めての渡欧であり、英語やフランス語を読む能力はかなり高かったものの、会話力の自信はなかったようである。それでもかなりの努力を行った様子がうかがえる。この足かけ三年間の滞欧期間は、柳田研究の未開拓領域とされてきた。それが明らかになれば、大正後期における柳田の学問理解が一層深まるはずである。

たくさんの洋書を収集して帰国後に読み込んでいく。その洋書体験に関しては、先行研究に依拠して検討を加えた。柳田の国際連盟委任統治委員時代の洋書購入の成果として、ドーザの『言語地理学』をはじめとするフランス言語地理学の影響を受けた『蝸牛考』が書かれる。近世の国学者たちが地方に古風が残るとか、古い言葉が周縁に残っているなどと言った経験知は、柳田によって学問的な地位まで引き上げられた。柳田は帰国後まもなく、雑誌『民族』を発刊した。大正十四年（一九二五）創刊の雑誌は、若い研究者の協力を得て編集されたが、民俗学だけでなく人類学、考古学、言語学、物質文化など広範囲な分野を取り込み、海外の人類学関係学界の動向にも注意が払われていた。

また、柳田の生活環境として特筆されるのは、昭和二年（一九四七）、郊外の成城へ移住したことである。そこにヨーロッパ風の書斎を建て研究体制を整えていく。ジュネーブのシャンペルと呼ばれる地区に柳田は住んだが、そこが成城の地形などと類似しており、ジュネーブの郊外型住宅を踏まえたライフスタイルの実践でもあったと言える。自然環境豊かな成城の地での暮らしで、野鳥や野草への関心も深まっていく。この建物が、後の日本民俗学のサロンになっていくのも興味深い。

〔1〕加藤典洋は『日本人の自画像』の「柳田国男の民俗学」で、岩本由輝の指摘を踏まえながらも、柳田がヨーロッパ体験で日本国内で見てきた立場を、世界の中に置き換えることによって自己反省をしながら概念化していったのではないかと推測している〔加藤 二〇〇〇 二二〇〜二二二〕。

〔2〕橋川文三は「近代日本政治思想の諸相」の中で「官をやめた柳田は、翌九年七月、朝日新聞客員となり、気ままな旅をたのしんでいたが、大正十年、国際連盟委任統治委員会委員に指命され、十一年、十二年の間はジュネーヴに滞在、ヨーロッパ各地を回っている。このヨーロッパ滞在が彼の学問・思想にどのような影響を与えたかも、その自伝にはほとんど語られていない」と記している〔橋川 一九六八 一四三〕。

〔3〕小熊英二は、ジュネーブ体験が柳田の南島論にある種の方向性を与えたと論じている〔小熊 一九九五 二一七〕。鶴見太郎は柳田の南島研究はヨーロッパから帰ると積極的に展開するが、それは渡欧前からのネットワークを強固にした側面があるという〔鶴見 二〇一九 一七九〜一八〇〕。これらの研究はほとんどが先行研究に依拠したものである。

〔4〕高見寛孝は、柳田が「熙譚（喜談）」と名付けたのは、代田や喜多見という世田谷の地名に興味を持っていたことも影響していると述べる〔高見 二〇一〇 二〇〜二一〕。

〔5〕阿久津昌三は、論文「柳田国男の書斎に集まった人びと―柳田国男と『金枝篇』（2）―」の中で、柳田邸の書斎と蔵書について、福田アジオ「柳田国男の研究構想と書斎」を紹介し、書斎に出入りしていた岡正雄や有賀喜左衛門に言及しており、柳田の書斎をめぐる研究に益するであろう〔阿久津 二〇二四 七九〜九六〕。

Ⅱ　日本民俗学の確立期——民俗学理論と実践　一九二七〜一九三五年

第七章　『蝸牛考』と方言周圏論

はじめに

日本の言語地理学では、柳田國男『蝸牛考』を出発点にするという考え方が一般的である。『蝸牛考』は、方言周圏論の基本原理を提唱した書と評価されている。一方、蝸牛以外の方言ではそれが当てはまらないなど、方言周圏論の限界も叫ばれてきた。何よりも柳田自身が方言周圏論の限界を感じていた。柳田が著した『郷土生活の研究法』には、「遠方の一致」の節があり、その中に「沖縄の発見」「古風保存の場所」「文化変遷の遅速」の見出しが付けられている。「本土では既に使用していない単語や語法が沖縄では生き生きと使われており、山奥や離島だけでなく、平野部でも中央の影響の久しく行き届かなかった方面には残留が見出され、「南北双方の遠心的事情に、著しい一致のあることが心付かれ始めた」と述べた（柳田　一九九八h　二五三）。

柳田は、大正九年（一九二〇）十二月から翌年二月にかけて九州・沖縄の旅に出た。その旅行記『海南小記』に登場する、伊波普猷・島袋源一郎・佐喜真興英・比嘉春潮・喜舎場永珣たちは、柳田の南島研究にとって欠かせない人物群である。特に伊波普猷は「沖縄学の父」と呼ばれ、明治四十四年（一九一一）刊行の『古琉球』を柳田に贈呈した縁で、柳田と交流を続けていた。この沖縄の旅における体験の延長上に『蝸牛考』があることは意外と知られていない。言語地理学の分野では、方言周圏論は高い評価を得ているが、日本民俗学における評価は真逆の位置付けである。松本修がテレビ番組で「アホ」と「バカ」の分布を調べる中で方言周圏論の有用性を改めて実証するなど、近年はその意義が見直され始めている［1］。

『蝸牛考』は、当初『人類学雑誌』に「蝸牛考」として四回にわたって連載された。その内容を大幅に増補改訂して初版の『蝸牛考』（刀江書院）が出版された。そして初版の刊行から一三年後に、『蝸牛考』（創元社）を出版した。本章では、『蝸牛考』が三回にわたって改変されていく経緯に着目し、方言地理学の研究動向を視野に入れながら、民俗学における方言周圏論の位置づけを改めて考えてみたい。

一　デンデンムシの記憶と『でえろん息子』

筆者はカタツムリのことを、子どもの頃は「デンデンムシ」と呼んでいた。青年期以降は他人と話をするときは「カタツムリ」がほとんどである。「マイマイ」は、東京にマイマイ井戸があり、ぐるぐると回りながら水源に降りていくのでその名が付いたことを知ったが、それは大学時代に得た知識である。大学卒業後まもなく、上毛民俗学会の上野勇会長と知り合い、『でえろん息子―利根の昔話―』を頂戴した。この書名の「デエロン」もカタツムリのことである。群馬県利根郡に伝わる昔話で、おおむね次のような話である。

図⑯　上野勇『でえろん息子』表紙

　昔あるところにおじいさんとおばあさんが住んでいた。二人には子どもがなかった。ある日、おじいさんが山へ薪を拾いに行くと、どこからか「おじいさん、おじいさん」と呼ぶ声があった。見るとデエロンであった。「私を呼んだのはお前かい」と言ったところ、「そうです、私をおじいさんの息子にしてください」とお願いした。おじいさんは承知して一緒に家へ帰ってきた。

何年か経って、デエロンは「おばあさん、旅をするので香煎を持たせてください。お嫁さんを探してきます」と出かけた。そして旅の途中で、大きな屋敷に着いた。そこにはきれいな娘がいて、デエロンは気に入ってしまう。そしてある日、こっそり、娘の部屋に香煎を撒いておいた。朝になってデエロンは「私の香煎がない」と騒いだ。すると、香煎が娘の部屋にあったので、主人は人の物を盗むような娘をカンカンに怒り、娘を追い出そうとする。デエロンは「それなら私にください」と言って貰い受けた。娘はこのデエロンが嫌で嫌でたまらなかったので、デエロンの家に着いたとき、牛にデエロンを踏み潰させようとした。するとその瞬間、デエロンは立派な若者になったのである。そして二人は仲良く暮らしたという〔上野 一九五一 一～八〕。不思議な話であるが、昔話の小さ子譚の一種である〔桜井 一九七二 一九二～一九四〕。デエロンは、子どもたちが囃す「出ろ出ろ」が訛った形であろう。類例は群馬県以外には、福島県と長野県に伝承されていた。

二 「蝸牛角上の争闘」の常套句からの脱出

本章で取り上げる『蝸牛考』は、蝸牛すなわちカタツムリに関する論文及び著書である。筆者の子ども時代、梅雨のある日にカタツムリを見かけると、捕ってきて這わせて遊んだ。そのときに「デンデンムシムシ、カタツムリ、お前の目玉はどこにある、角出せ、槍出せ、目玉出せ」と囃したものであった。触角が角であるのか、目玉であるのかはわからずに遊んでいた。

さてカタツムリの用語であるが、本章では共通語としてはカタツムリに統一して記述を進める。カタツムリが通った跡は銀色に光っているのが印象的であった。柳田はそれを「進歩の痕の幽かなる銀色」と表現した。柳田は、忙しい生活をしていると、カタツムリを見る機会がなくなってしまう、それは多くの過ぎゆくものと同じで、知らぬ間になくても良いものになってしまったという。そして、柳田は次のように記している。

我々はこの小さな自然の存在の為、もう一度以前の注意と愛情とを蘇らせ、之に由つて新たなる繁栄を現実にして見たいと思ふ。所謂蝸牛角上の争闘は、物知らぬ人たちの外部の空想であつた。彼等の角の先にあるものは眼であつた。角を出さなければ前途を見ることも出来ず、従つて亦進み栄えることが出来なかつたのである。昔我々が角出よ出よと囃して居たのは、即ちその祈念であり又待望でもあつた。角は出すべきものである。さうして学問が又是とよく似て居る。

かたつむりやゝ其殻を立ち出でよあたらつの〳〵めづる子のため

〔柳田 一九九八b 一九四〜一九五〕

『蝸牛考』初版の「小序」に記された「蝸牛角上の争闘」であるが、これは『荘子』即陽篇にある寓話である。その意味は、とるに足らぬ狭いところでつまらぬことのために争い合うことをいう。カタツムリの右の角《つの》の上にある蛮《ばん》氏の国と、左の角の上の触《しょく》氏の国が、互いに相手の地を求めて争って戦い、数万の死者を出したという。これは無駄な争いを意味している。『蝸牛考』の読者の多くは、この荘子の寓話を知っていたと思われるが、現代人の多くはこの寓話を知らないであろう。筆者は、大室幹雄『ふくろうと蝸牛—柳田国男の響きあう風景—』の書名に惹かれ、『蝸牛考』がどう取り扱われているかを確認していく中で、以上の知見を得た〔大室 二〇〇四 四八二〕。

大室は、柳田が『遠野物語』をはじめとする初期作品の中で短歌を詠っていることに興味を持って考察を深めている。誰もが知る幼き日の友であったカタツムリのことを執筆するのは、柳田にとって人生の楽しみであり、幸福なことであったと解説した。そして、都市化の中でカタツムリが減っていくという生活変化を嗅ぎ取っている。柳田の「小序」は、読み方によっては意味の深い文章であった。まず角を出して前方を見て進んで行きなさいという意味である。

学問もそれに良く似ている。学問をするというのは、知ることによって新鮮な驚き、わくわくする喜び、うきうきする楽しさがあるという〔大室 二〇〇四 四八三〕。

柳田が「角は出すべきものである。さうして学問が又是とよく似て居る」と述べたのは、カタツムリに向かう子どもたちのわくわくする興奮が、学問特有のわくわく感に通じると考えたからであろう。「蝸牛角上の争闘」は、とるに足らない狭い世界のことであり、無駄なことであるという寓話になっているが、カタツムリの角は眼であるから違った見方ができる。それを教えてくれるのは純真無垢な子どもたちであると言いたかったのであろうか。『蝸牛考』には、柳田の学問論が埋め込まれていたと考えられる。

三　柳田の方言調査法

柳田は方言調査をどのように行っていたのであろうか。それを示す文章が『西は何方』の「自序」にある。該当部分は、以下のように記されている。

昭和の初年、私が東京朝日新聞に働いて居た頃に、社内の多くの人の助力を受けて、十五六項の質問書を印刷して、全国の最も知られない山村と離島の小学校へ送り、回答を求めて見ました。たしか千通余りの照会のうちで、六百と少しの返信がありました。〔柳田 一九九九c 二一二〕

「昭和の初年」とだけ記されているが、恐らく質問紙調査表のことであろう。これに関して、安室知は「一九二七年六月」と時期を特定している〔安室 二〇一二 九五〕。しかし、安室が根拠に提示する、柳田の『西は何方』では、収集資料は倉田一郎に預けていたが、空襲で焼失してしまったとあり、蛹・蛾・蝶・桑の実・蟷螂・蟻・蜘蛛がその質問項目の一つであったということしかわからない〔柳田 一九九九c 二二二〕。安室は柴田武が取り上げた質問紙調査表に記された年月を採用したのであろう。調査表を確認すると、蟻と蜘蛛が調査表に見当たらない。おそらく柳田の記憶違いであろう。

さて、方言調査表であるが、これは柴田武の「方言周圏論」にその表が出てくる〔柴田 一九七八 五二〕。柳田が送った方言調査表は、図⑰のようである。「蝸牛」「マイマイツブロ／カタツムリ」とあり、その下の空欄が回答部分である。漢字が標準語で、カタカナが方言の用例のように見える。筆者の母はカマキリのことをオガミムシと呼んでいた。もしも母が回答者であったとしたら、カマキリの質問項目にどう回答したであろうか。標準語のカマキリを知らなければ回答はできないだろう。この質問紙はそこで破綻する。せめて図があると回答しやすい。小学校に送ったとあるが、対象者は子どもであったのだろうか。子どもは難しい漢字が読めない。小学校の誰に向けた調査であったのか。これは改めて問題にするほどのことではないかもしれないが、実物つまり実体との乖離がありすぎる〔2〕。

質問用紙を見ておきたい。蝸牛（マイマイツブロ／カタツムリ）、蛞蝓（ナメクジ）、蟷螂（カマキリ）、雀（スヾメ）、鶺鴒（セキレイ／ニハタ、キ）、時鳥（ホト、ギス）、梟（フクロウ）、丁斑魚（メダカ）、虎杖（イタドリ）、蓬（ヨモギ）、紫雲英（レンゲサウ）、菫（スミレ）、蒲公英（タンポポ）、土筆（ツクシ）、桑ノ実（クハノミ）、零余子（ムカゴ）、玉蜀黍（トウモロコシ）、蕃椒（トウガラシ）、松球（マツカサ）、松ノ落葉（マツバ）の二〇項目、そして挨拶語として、早

拝啓　さし當つて私の調べてをります問題に、大へん有益な參考になりますから、一つ御助けを願ひます。あなたの御土地の言葉で、次に列擧した動植物の名を何と言つて居りますか。御手數ですが片假名で下に御書込み下さい。尚その御序に二つ三つ、土地の人のあいさつの形なども伺つて置きたいと思ひます。もちろん全部がそろはなくとも結構であります。どうか何分御願み申します。

昭和[illegible]年六月

東京朝日新聞社　柳田國男

蝸牛	マイマイツブロ カタツムリ	
蛞蝓	ナメクジ	
蟷螂	カマキリ	
雀	スヾメ	
鶺鴒	セキレイ ニハタ、キ	
時鳥	ホト、ギス	
梟	フクロウ	
丁斑魚	メダカ	
虎杖	イタドリ	
蓬	ヨモギ	
紫雲英	レンゲサウ	
菫	スミレ	
蒲公英	タンポポ	
土筆	ツクシ	
桑ノ實	クハノミ	
零餘子	ムカゴ	
玉蜀黍	トウモロコシ	
蕃椒	トウガラシ	

松球	マツカサ	
松ノ落葉	マツバ	

早朝ノあいさつ	
日中ノあいさつ	
夕方ノあいさつ	
夜分ノあいさつ	
訪問ノことば	
歸る時のことば	
これを送る人のあいさつ	
謝禮のことば、物を贈られた時	
その他の「有難う」	
物を買ひに來た人のことば	
物を賣りに來た人のことば	
神を拜む時のことば	
以上の言葉の行はれて居る場所	縣　郡　町村大字　字

昭和　年　月　（御氏名）

図⑰　柳田の方言調査表（柴田武「方言周圏論」より）

朝ノあいさつ、日中ノあいさつ、夕方ノあいさつ、夜分ノあいさつ、訪問ノことば、帰る時のことば、これを送る人のあいさつ、謝礼のことば・物を贈られた時、その他の「有難う」、物を買ひに来た人のことば、物を売りに来た人のことば、神を拝む時のことば、という一二項目の質問が掲げられた。

安室知は「民俗学における周圏論の成立過程―言語地図から民俗地図へ―」で、柳田の方言周圏論の発想の原点に、ヨハネス・シュミットの言語学理論であるWave Theoryが存在し、沖縄体験とヨーロッパ体験がそれを補完していることを明らかにした〔安室 二〇二〇 九八～一〇五〕。柳田は、伊波普猷や上田万年の研究成果を吸収し、ヨーロッパ、特にフランスの言語地理学の最新の成果を持ち帰ったのである。本章で問題にするカタツムリは、どのような経緯で調査項目に入ったのだろうか。それは明らかにされていない。

四 「蝸牛考」の連載

本章では、『蝸牛考』が三段階にわたる修正・改訂が行われた経緯に着目し、論文と著書〔初版と改訂版〕との間にみられる修正や、改訂によって変更された目次の比較検討を通して、柳田の方言周圏論がどのような変化を遂げてきたのかを確認する。

柳田は、昭和二年〔一九二七〕に「蝸牛考」〔『人類学雑誌』四二巻四号、一九二七年四月〕を発表した。続けて「蝸牛考〔二〕」〔『人類学雑誌』四二巻五号、同年五月〕、「蝸牛考〔三〕」〔『人類学雑誌』四二巻六号、同年六月〕、「蝸牛考〔完〕」〔『人類学雑誌』四二巻七号、同年七月〕と計四回の連載をした。

「蝸牛考」は、誰でも知っているカタツムリの方言を全国規模で蒐集し、分布を示しながら変遷過程を明らかにしたもので、その特色ある分布傾向を示唆していた。方言は子どもの貢献が大きいことを強調した論文である。「私がマイマイツブロを今一つ兄であらうと想像する理由は、少なくとも三点ある。一は此語の支配する領分が、著しく分散し

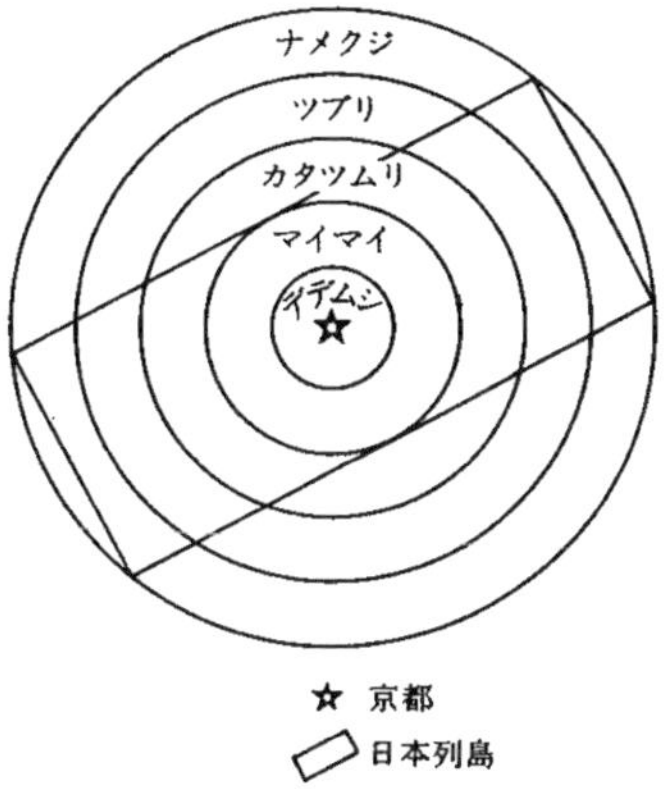

図⑱　カタツムリ方言の周圏分布図（柴田武「解説」『蝸牛考』岩波文庫より。この図は柴田が描いたもの）

て、且つ概してデデムシ領の外側を囲繞《いにょう》して居ること」と記している〔柳田 一九二七b 一六二〕。このようにカタツムリという言葉に関して、兄弟を例に出しながら、その構成には長幼の順があることを指摘した。それを時間軸に置き換えるとすれば、新旧の差にあたるであろう。柳田は、「蝸牛考（二）」の中で、次のような核心に迫る発言をしている。

> そこで私の考へるには、若し日本が此様な細長い島で無かつたら、方言は大凡近畿をぶんまはしの中心として、段々に幾つかの圏を描いたことであらう。〔傍点原文〕〔柳田 一九二七b 一六八〕

カタツムリの方言は、京都を中心とした近畿地方を核にして、同心円状に分布していた。歴史的に同心円の内側から外側に向けて順次変化したと推定したのである。「ぶんまはし」とは、コンパスのことである。コンパスを使った同心円構造こそ「方言周圏論」への道筋である。この時点では、柳田は「方言周圏論」という言葉を使っていない。

五　『蝸牛考』（初版・改訂版）にみる方言周圏論

1　方言周圏論の初出

柳田は、『人類学雑誌』への執筆から三年を経過した昭和五年（一九三〇）に単行本として刊行する際に「蝸牛考」を大幅に書き改めた。このときに初めて「方言周圏論」の用語を使用したのである。論文から著書への格上げに際し、大幅に分量を増加させている。「方言周圏論」は柳田の造語であるが、その考え方は、ヨハネス・シュミットの Wellen theorie（波状伝播説、一八七二年）に見えるという（柴田　一九八〇　二二五）。このドイツ語は、英語では Wave Theory となる。方言周圏論は、後に国立国語研究所の『日本言語地図』第五集（一九七二年）で実証され、『蝸牛考』は日本で最初の方言周圏論としての価値を確実なものにした。馬瀬良雄は『言語地理学研究』の「方言周圏論再考」の中で、柳田の方言周圏論について詳しく論じた。馬瀬は、方言周圏論は必ずしも柳田の独創ではなく、チューネン（一七八三～一八五〇）の『孤立国』（一八二六年）の影響をはじめ、フランスの言語地理学の影響を指摘した。その上で、「『蝸牛考』が日本人によって書かれた最初の本格的な言語地理学の研究書であり、方言研究の歴史的な名著であることに変わりはない」と高評価を与えた（馬瀬　一九九二　四一六）。

『蝸牛考』は、昭和五年（一九三〇）に刀江書院から刊行された。菊判の厚表紙で箱入り本である。分布図は五色刷である。そして、一三年後に改訂版が創元社から刊行された。このときはアジア太平洋戦争が始まっており、紙質は悪くカラー印刷ができなかったために、あえて図版を付けなかった可能性もある。初版と改訂版の書誌に関し、石井正己は『柳田國男全集』五巻の「解題」で、柴田武「方言周圏論」（『講座日本の民俗1　総論』）と隈元明子の論文「『蝸牛考』の増補改訂をめぐって」（『東横国文学』一九号）を参照して論じた。原著論文「蝸牛考」（『人類学会雑誌』掲載）に関しては、柴田論文を参照しているが具体的な比較は行っていない。石井の「解題」には、柳田が作成した方言調査表（新字体に改変）が掲載される（石井　一九九八a　六四二～六四九）。

2　初版と改訂版の書誌データの差異

『蝸牛考』の初版と改訂版に関する書誌データは以下のとおりである。

①初版『蝸牛考』（刀江書院、一九三〇年七月十日発行）

菊判、本文一四九頁、全国的なカタツムリに関する方言が表と図で示された「蝸牛異名索引」（二四頁）、「蝸牛異称分布図索引」（五頁）、「蝸牛異称分布図」が付く。柳田はこの初版の中で、下記のような興味深い指摘をした。

私たち民間伝承の採集者は、実は殆ど皆言語学の素人ばかりであつた。単に文籍以外の史料から、過去の同胞民族の生活痕跡を見出さうとするに当つて、あらゆる残留の社会諸事相の中でも、特に言語の現象が豊富又確実なることを感じて、予め之を分類整頓して、後々の利用に便ならしめんとして居たのである。（柳田 一九三〇 二）

柳田は、民俗学を「民間伝承」といい、調査者を「採集者」とし、調査対象に対して「残留」、つまりsurvivalを用いており、いかにも民俗学の立場からの書籍という感じがある。

②改訂版『蝸牛考』（創元社、一九四三年二月二十五日発行）

創元社選書、Ｂ６判、二二九頁、「蝸牛異称分布図」が削除され、「蝸牛異名分布表」（四五頁）が付く。改訂版は、初版が絶版になっていたことと、『方言覚書』が、同じ創元社のシリーズとして刊行されたので、もう一度世に出してみようという気になったと述べている。説明が拙かった箇所を修正し、付表の地図をやめたとある。

六 論文と書籍（初版・改訂版）の異同

1 論文と書籍（初版・改訂版）の比較

ここで、「蝸牛考」が論文と書籍（初版・改訂版）で実際にはどのくらい異なっているのかについて、見出しと内容

表④　「蝸牛考」の論文と書籍（初版・改訂版）の見出し比較

論文掲載巻号	論　文	書籍（初版・改訂版）
		小序／言語の時代差と地方差
四巻四号	平凡なる不思議	四つの事実
	本名と異名	方言出現の遅速
	語音単独の興味	デンデンムシの領域
	童謡変遷の跡	童詞と新語発生／二種の蝸牛の唄
	新しい言葉の誘惑	方言転訛の誘因
四巻五号	方言領域の移動／連絡無き一致	マイマイ領域
	一種の緩衝地帯	
	意外なる地方的変化	
	方言の分化と綜合	その種々なる複合形／蛞蝓と蝸牛
四巻六号	最初の意味と後の解釈	語感の推移
	命名は興味から	命名は興味から
	上代の誤謬	上代人の誤謬
	単純から複雑へ	単純から複雑へ／語音分化
四巻七号	訛語と方言と	訛語と方言と
		東北と西南と
	京都の力	都府生活と言語
	物の名と智識	物の名と智識
	結論	**方言周圏論**

※**太字**は新稿

表⑤　『蝸牛考』初版と改訂版のカタツムリ分類の比較

初版（刀江書院）	改訂版（創元社）
①デデムシ系	①デデムシ・デンデンムシ系
②マイマイ系	②マイマイツブロ系
③カタツムリ系	③カタツムリ系
④ツブリ系	④ツブラ・ツグラメ系
⑤ナメクジ系	⑤蛞蝓（ナメクジ）同名系
	⑥蜷（ニナ）同名系
	⑦新命名かと思はるるもの
	⑧系統明かならぬもの

を比較する（表④）。論文・初版・改訂版における変化と差異に着目すると、以下の四点の特徴が見られる。第一点は、理論化の進展である。論文と書籍（初版・改訂版）とを比べると、書き出しの前半部分の理論化が進んでいる。実際には、表④にあるように論文では、やや一般向けの見出しであったが、書籍では、「言語の時代差と地方差」「四つの事実」「方言出現の遅速」「新しい言葉の誘惑」「デンデンムシの領域」と学術的になり、分量も増加させている。

第二点は、「方言周圏論」の用語の使用である。論文では最後の見出しが「結論」となっていた。それが、書籍では

「方言周圏論」の見出しに変わった。書籍化に当たって「方言周圏論」の用語が使われたことがわかる。

第三点は内容の具体性の問題である。論文では「方言の分化と綜合」であった見出しが、書籍では「蛞蝓と蝸牛」となっており、内容が具体的になっている。論文の「京都の力」が、書籍では「訛語と方言と」「東北と西南と」「都府生活と言語」と詳しく表記され、内容がわかりやすくなっている。そして、「京都の力」では「京都」の用語がなくなり、代わりに「都府生活と言語」となる。この部分も分量が増加している。論文では「新しい言葉の誘惑」「方言領域の移動／連絡無き一致」「一種の緩衝地帯」「意外なる地方的変化」とあったのが、書籍では「方言転訛の誘因」「マイマイ領域」「その種々なる複合形」とすっきりさせている。内容もやや具体的で理解しやすい。

第四点は、分類の変化である。すなわち、初版から改訂版にするにあたり、カタツムリを表⑤のように五分類から八分類に詳しく分類し直している。

2　隈元明子論文の検討

筆者の比較表（表④）は見出しによる比較が中心である。隈元明子は、論文「『蝸牛考』の増補改訂をめぐって」で、初版（刀江書院版）と改訂版（創元社版）を詳しく比較した「附録　刀江書院版、創元社版異同表」を作成した（隈元　一九八七　一六四〜一七四）。その表によると、表現もかなり変更していることがわかる。柳田は、論文の書籍化に際しては論文にかなり手を入れたのである。刀江書院版から創元社版への増補改訂は、隈元の研究が詳しい。改めて検討してみると、以下の四点を指摘することができる。

第一点は、分量の問題である。『人類学雑誌』の分量は、初版・改訂版の約三分の一である。これは柴田武も指摘しているように、論文と書籍は別物と考えたほうが良いかもしれない。単なる書き改めではなく、新たに書き起こしたといえる。

第二点は、「方言周圏論」の用語の使用である。この用語は、初版で初めて使われた。柳田が昭和十八年（一九四三）の改訂版に書いた「改訂版の序」で方言周圏説について述べた部分を以下に引用してみる。

児童と民間文芸と、この二つのものに対する概念が、我邦ではどうやら少しばかりまちがつて居た。それを考へ直してもらひたいといふ気持もあつて、ちやうど斯ういふ頃合ひの話題が見つかつたのを幸ひに、私は力を入れてこの蝸牛の方言を説いて見ようとしただけである。いはゆる方言周圏説の為に此書を出したもの丶如く謂つた人の有ることは聴いてゐるが、それは身を入れて蝸牛考を読んでくれなかつた連中の早合点である。成るほど本文の中には周圏説といふものを引合ひに出しては居るが、今頃あの様な有りふれた法則をわざ〳〵証明しなければならぬ必要などがどこに有らうか。（柳田 一九四二 四～五）

柳田は、周圏説と方言区域説が対立していると理解し、方言区域説批判をしているようにも思える。隈元は、柳田が刀江書院の初版では、本文で新しく「方言周圏論」という用語を用いたのに対し、創元社の改訂版では地図を省略し、さらに「改訂版の序」では、上記の引用文のように、方言周圏論に関して冷淡な書き方であると指摘した（隈元 一九八七 一五二～一五三）。

第三点は、版を重ねる中で、柳田が方言周圏論に自信をなくしていったことである。それは「改訂版の序」を検討すると明らかである。方言周圏論に関しては消極的というよりも、どこか否定的な論調に読み取れる。これほど自著に対する評価に消極的なのはなぜであろうか。これについて隈元は、「改訂版の序」には、当時の社会風潮、特に国語教育、標準語政策への苛立ちが込められていると推測した（隈元 一九八七 一五八）。柳田は、当時の方言匡正運動を快く思っていなかった。

第四点は、言語学からの批判である。言語学の世界から『蝸牛考』の調査方法の評価に問題があるという指摘があった。カタカナ表記のため、音韻調査ができていない。調査表による通信調査のために、きちんと耳からの確認ができない。そもそも調査表には図版も写真もないので、質問は先入観で捉えてしまう場合が少なくない。方言の呼称の出典が明記されていないといった問題もある。以上のように基本的事項を検討した結果、学術的な手順を踏んでおらず厳密性に欠けるという厳しい指摘を受けたのである。渋沢敬三の魚名研究が必ず実物を見て、絵を描いた姿勢と大きく異なる。

東条操監修『方言学講座』一巻に、柳田の「わたしの方言研究」が載る。柳田は方言周圏論を思い出して以下のように語った。

いろいろ調べましたが、どうも九州のはしと東北のはしが似ているようなんです。宮良君（宮良当壮）が調べて来たことなんかも参考になりました。単語で見ていれば確かなんです。例を挙げたこともありましたが、それ以外にも発想の仕方とか応対の態度とかにもいろいろ似ているものがある。そんなことから方言周圏論ってものを書いたんです。だいぶ反対が多くてね。テューネン（Johann Heinrich von Thünen 1783–1850 農業経済学者）のことを引いたもんだから、「《ママ》そんなものを引くやつがあるもんかなんて、だいぶ反対を喰ったですよ。方言周圏論というのも、何かもっともらしいことばを使わないと世間からばかにされるから言ったようなもんで、あれはどうも成り立つかどうかわかりません。いまは決してあれをそのまま守ってはいません。（柳田 一九六一a 三一一～三一二）

柳田は、最晩年に当たる昭和三十六年（一九六一）、かなり控えめな発言をした。これは一体どういうことであろうか。ちなみに、チューネンは農業経済学者で、『孤立国』の中で農業経済学的領域図を提示した。柳田は方言学者とは異なり、農民生活に応用しようとする姿勢があった。単純に言葉だけに限定して考えるのではなく、生活変遷に応用しようとしたのである。弟子たちが使い始めた「文化周圏説」に近い考えを柳田自身が持ち続けていたと推測される。

七　『全国アホ・バカ分布考』の衝撃

大阪・朝日放送の「探偵！ナイトスクープ」という番組が、平成二年（一九九〇）一月にアホとバカという言葉の分布を取り上げた。放映されると多くの視聴者から反応があり、番組は全国の分布図を作成するまでにエスカレートしていった。番組は、東のバカと西のアホという方言に注目し、その境界を明らかにしようと進めていった。当初は東西対抗を前提に調べていったという。途中からそれほど単純な分布ではなく、この方言が同心円構造を持っていることに気づいたのである。番組ディレクターの松本修は、スタッフを動員して徹底的に調べ尽くし、その過程で言語学の専門家に教えを乞うたり、方言学会で研究報告をしたり、万全を期して考察を進めた。その成果が松本修『全国アホ・バカ分布考』である。

方言研究の中枢である国立国語研究所でも、アホとバカに関する方言調査は実施していなかった。放送局が行った調査とはいえ、詳細を極めた内容になっている。追究の結果、アホとバカを中心とした方言群は、鮮やかな同心円的分布であることが判明した。それは松本が気づいたように柳田の方言周圏論そのものであった。むしろ、柳田のカタツムリの方言で実証した方言周圏論をさらに精緻でわかりやすい図に示すことに成功したと言える。

民俗学の分野では、管見では『全国アホ・バカ分布考』を正面から取り上げた論考はない。強いて言えば、福田アジオが『民俗学入門』の中で「五　東のバカ、西のアホ」と一章を設けて方言周圏論を解説している。その中で『全国アホ・バカ分布考』の成立事情を紹介しながら方言周圏論を解説してみせるが、アホ・バカの見事な方言周圏論に関しての的確な評価を与えないうちに、途中から東西文化論を展開してしまった〔福田 二〇一六b 六七～八六〕。松崎かおりは『民俗学講義―生活文化へのアプローチ―』の第一章「民俗の多様性―均一化の中にあらわれる独自性―」で、『蝸牛考』について、「同じ言葉を使用している地域はバームクーヘンの層のようにそれぞれの〝圏〟をかたちづくる」

とわかりやすい例を持ち出し、日本は長く京都に都があったので文化の中心地と仮定すると、京都から遠い土地では古い時代の古語が残るとした。「遠くの一致、近くの不一致」ということである。地域間に見られる言葉の違いは、伝播した時代の遅速を示し、「空間差＝時間差」という図式を描いたものと解説した（松崎 二〇〇六 六）。そして松崎は『全国アホ・バカ分布考』に関して「分析の結果についてはいささかこじつけを感じることも否めないが、テレビ局の情報収集量に圧倒されるとともに読み物としてはたいへん面白いので、一読を薦めたい」と一定の評価を与えた（松崎 二〇〇六 八）。

八 『言葉の周圏分布考』の新見解

松本修は『言葉の周圏分布考』の中で、柳田國男の『後狩詞記』を引用しているのでその箇所を確認してみたい。

> 之（筆者注――猪の侵入）を防ぐ為には髪の毛を焦して串に結付け畑のめぐりに挿すのである。之をヤエジメと言つて居る。即ち焼占であつて。昔の標野《シメノ》、中世荘園の榜示と其起原を同じくするものであらう。焼畑の土地は今も凡て共有である。又茅を折り重ねて垣のやうに畑の周囲に立てること。之をシヲリと言つて居る。栞も古語である。山に居れば斯くまでも今に遠いものであらうか。思ふに古今は直立する一の棒では無くて。山地に向けて之を横に寝かしたやうなのが我国のさまである。（傍線原文）（柳田 一九九九a 四三五）

歴史を一本の棒にたとえれば、時間軸は上下方向に直立したものではなく、平地から山地へ横に寝かしたもののように存在しているという発想である。これは山間部に古いものが残るという考え方の前提であり、古風が田舎に残るという本居宣長以来の思考でもある。方言周圏論の大前提になる考え方である。

松本修は『言葉の周圏分布考』の中で、大西拓一郎の研究成果を紹介して『蝸牛考』の見直しについて以下のように記した。

> 近年、国立国語研究所教授で方言学者の大西拓一郎氏（一九六二〜）が、五語の最古層は『ナメクジ』ではなく、『ツブリ』だったと読み取れる分析データを『ことばの地理学』（二〇一六）で提出されました。これは方言周圏論・言語地理学についての既成の考えを一から捉え直すべきだとする、氏の主張の中で明示されたものです。九〇年間も支持されてきた柳田國男の直観を、根底から覆す分析データの提示でした。
> 〔松本 二〇二二 二五〇〕

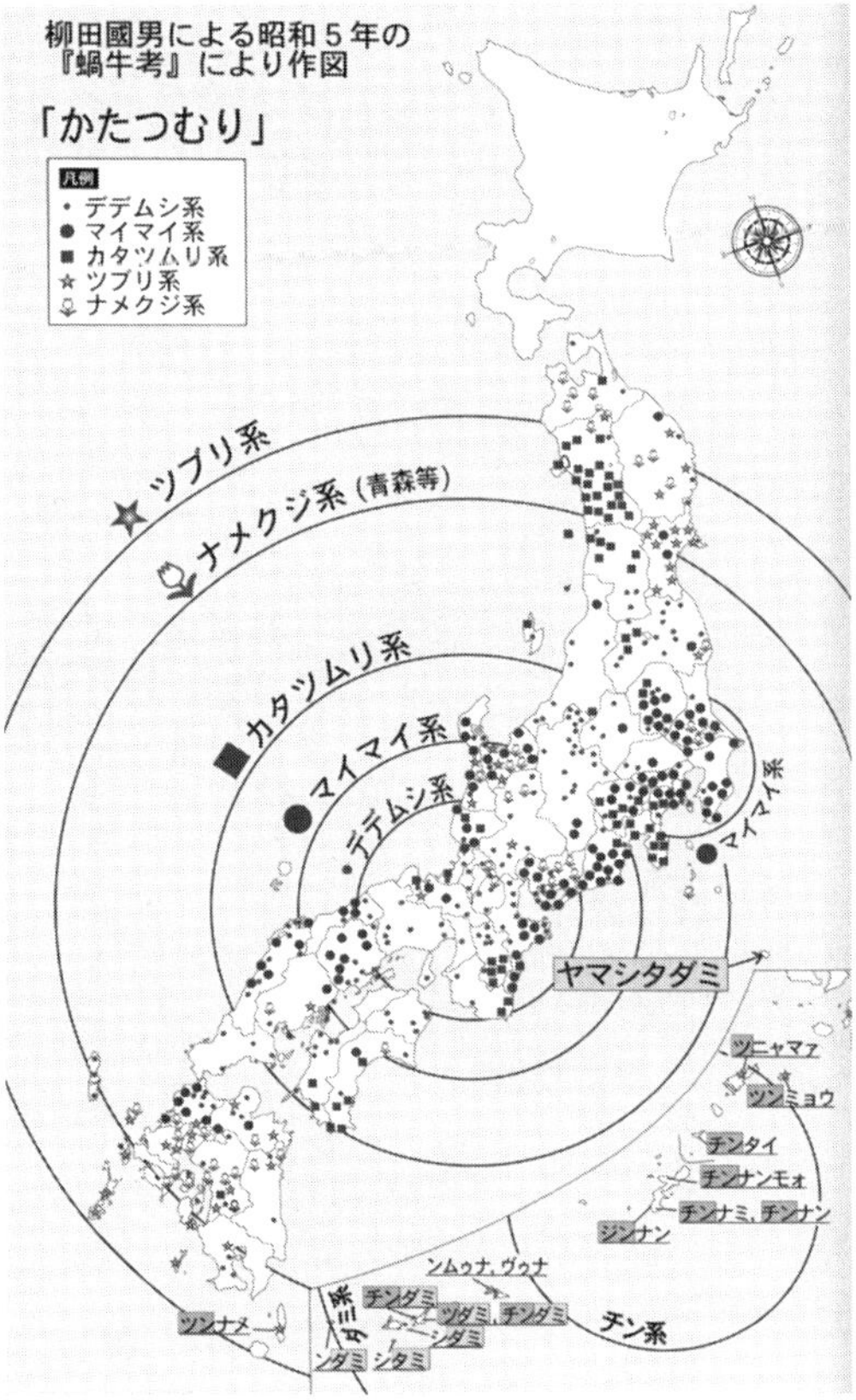

図⑲　蝸牛の周圏図（松本修『言葉の周圏分布考』より）

大西の説に基づいて松本が作図したのが図⑲「蝸牛の周圏図」である。松本は、さらにその五語の奥、つまりツブリ系のさらに奥にもう一つの重要な言葉があったのではないかと推論した。その言葉は恐らく「シタダミ」であり、沖縄地方と東京都八丈島に存在していた方言である。八丈島では「ヤマシタダミ」と「山」が付くが、原理は同じであるという。シタダミは、現在では海の巻き貝の名称となっている。巻き貝全般がシタダミであったというのである〔松本 二〇二二 二五〇〜二五三〕。『蝸牛考』は新たな段階に到達した感がある。

九　方言周圏論の再検証の必要性

小林隆編『柳田方言学の現代的意義—あいさつ表現と方言形成論—』によると、柳田の『毎日の言葉』や『蝸牛考』などの著作は創見に満ち、新たな方言研究の素材として取り上げられる意義があると高い評価を与えられる〔小林 二〇一四 vii〕。同論集の執筆者の一人である大西拓一郎は「言語地理学と方言周圏論、方言区画論」を執筆している。同論文は、「蝸牛考」を方言学の中に正当に位置づけ、柳田が批判した方言区画論の提唱者東条操による柳田の方言周圏論の要約を高く評価した。それは次のような指摘であった。

第一ステップは、中央で言語変化が生じる。第二ステップは徐々に外側に伝わる。内側が新しく外側が古い分布となる。そして第三ステップは、言語変化の回数に対応して分布は層をなすというものである。大西はさらに論を進め、民俗学分野では福田アジオの批判もあり、周圏論は展開を停止したという。一方、方言学では周圏論を受け入れて展開した。どちらも功罪はあるが、健全な学問の発展が阻害された可能性があると重要な指摘をしている〔大西 二〇一四 一五〇〜一五二〕。

これらの研究成果を瞥見すると、方言周圏論を再度検証する価値があることを知る。そして、一番古いカタツムリの言葉がシタダミかどうかを検証するのは、方言学者の仕事かもしれないが、柳田が考えた方言周圏論がどのような経緯で着想されたのか、改めて検討する意義がある。特に、福田アジオの「方言周圏論と民俗学」の再読が必要になるだろう。福田は先行研究の分析から、柳田は周圏論を方言に限定して用いるべきであるとした。倉田一郎・牧田茂・和歌森太郎らが文化周圏論あるいは民俗周圏論として拡張解釈して流布させたという。もちろん民俗周圏論や文化周圏論で説明できない事例がたくさんあり、次第にこの考えは低調となった。『民俗学辞典』にも解説されたように、方言周圏論が民俗の研究にも示唆するところ大であるという指摘を見ると、当時の民俗学界全体の潮流であった可能性が高い〔福田 一九八四b 一八八〕。福田の指摘は、以下のように記される。

方言周圏論がいかに言語地理学上の古典的理論として有効性を持とうが、それ自体は民俗学には直接関係のないことである。民俗学にとっては方言周圏論あるいは民俗周圏論・文化周圏論は破棄されねばならない。もちろん民俗事象の分布として周圏的分布がみられることを否定するものではない。それを中央からの伝播による変遷過程を示すとする仮説を破棄しようと主張するにすぎない。〔福田 一九八四b 一九八〕

福田の意見は、方言周圏論から文化や民俗の周圏が理解できるという見解は排除しなくてはいけないという主張であった。民俗学が中央の都市で起こっていることに注目することになってしまうという矛盾が露呈したと論じた。民俗が中央からのものを受け止めて伝播させるという考え方に疑問符を付けたのであった。この問題は、さらに理論的に深めていく必要があるように思われる。

まとめ

本章は、柳田が『人類学雑誌』に四回連載した「蝸牛考」の論文と、それを大幅に増補し書き改めた初版『蝸牛考』（刀江書院）、そして一三年後に刊行した改訂版『蝸牛考』〔創元社〕の三者の異同に着目した。初版と改訂版を検討した隈元明子の研究を参照しながら、それぞれの比較を通して柳田の方言周圏論にどのような認識の変化があったのかを検討した。その結果、論文の段階では原理の発見を記録しているが、それについての命名はなかった。昭和五年（一九三〇）刊行の初版で初めて「方言周圏論」という学術用語が使用された。カタツムリの方言は周圏的構造を持つことはわかったが、それ以外の言葉は必ずしも周圏的ではなかったことから、方言周圏論の限界が叫ばれ、学史上の用語として知られる程度に留まっていた。そこには方言学者との対立もあった。

方言周圏論は、フランス言語地理学のヨハネス・シュミットが提唱したWave Theoryや農業経済学者チューネン『孤立国』の影響を受けているとされる。当初、方言学者に評判が良くなかったことは柳田の談話からもうかがえる。そして、創元社版の「改訂の序」ではかなり後退し、方言周圏論に関しては自著に対する評価を消極的かつ冷淡に扱っている。それは隈元が指摘するように、当時の社会風潮、特に国語教育、標準語政策への苛立ちが込められているのかもしれない。

松本修は、テレビ番組でアホとバカの分布を調べる中で、方言周圏論の有用性を改めて実証した。二〇〇〇年代に入ると、方言学分野から方言周圏論の見直しと再考を促す論考が相次いで発表された。民俗学分野では、福田アジオが厳しく方言周圏論・文化周圏論を批判して以降、日本民俗学分野における研究は封印されてしまった感がある。松本の活躍は、それとは対照的な研究動向と言える。民俗地図に関連して、安室知らの研究が活発化しており注目していきたい。『蝸牛考』の再評価の時期が来たと言えよう。

[1] 安室知は、『日本民俗分布論―民俗地図のリテラシー―』の中で、民俗地図を活用した民俗分布論の構築のための前提として、方言周圏論の成立過程について論じている〔安室 二〇二二 九一～一二二〕。

[2] 渋沢敬三は「アチックの成長」で、「素人であるからよくは解らないが、自分等が特殊の敬愛と同情とを持つ民俗学に、今まで生物学的とでも云いたいような実証的研究法があまり用いられておらぬことをいささか不満に思っていたので、ミューゼアムの本来の性質に鑑み、このアチックで民俗品を採集することの意義を自ら悟ったのであった。一例を云えば、方言の研究にしても、仮名だけで集めた時の危険は想像以上で、ビクといい、カゴといい、フゴといい、モッコといい、その何れにしても実物なしでは本体の解らぬものが多い」と述べている〔渋沢 一九九二 一四～一六〕。安室も、質問紙調査の問題点として同様の見解を示している〔安室 二〇二二 一九～二二〕。

第八章

『明治大正史世相篇』の執筆経緯と社会変動論

はじめに

柳田國男の『明治大正史世相篇』は、朝日新聞社の明治大正史シリーズ全六巻の一冊として、昭和六年（一九三一）に刊行された。柳田は執筆にあたって、新聞収集を桜田勝徳〔1〕、下書きを中道等〔2〕にそれぞれ依頼した。柳田は、中道の原稿が自分の意に沿っていないことに気づき、執筆方法を急遽変更することになった。桜田と橋浦泰雄に執筆協力を依頼し、昭和五年（一九三〇）の年末に完了させた。社会学者の鶴見和子は、『漂泊と定住と―柳田国男の社会変動論―』の中で、『明治大正史世相篇』は日本における土着の社会変動論であると論じた〔鶴見 一九七七〕。鶴見は、その骨格になる報告を『シンポジウム柳田國男』に載せている。柳田の仕事の多くが比較による変化に関心が置かれていると指摘した。たとえば生死観の変遷、婚姻制度の変化、日本語表現の推移、昔話の変化、農村生活の移り変わりなど、その多くは「変わり目」に着目していると論じた。従来の社会変動論は価値観やイデオロギーの変化を重視したが、柳田の社会変動論の特色は、色・音・香り・味といった感覚、表情、しぐさの観察による情動変化を重視し、特にハレとケの感覚がその範疇にあると論じた〔鶴見 一九七三 一二三～一三九〕。

柳田は、同書の「自序」で「実は自分は現代生活の横断面、即ち毎日我々の眼前に出ては消える事実のみに拠つて、立派に歴史は書けるものだと思つて居るのである」と記したが、現実を直視した世相史を目指したことがわかる〔柳

田　一九九八c　三三七〕。これは文字通りに解釈すれば、現代生活史に当たるであろう。本章の目的は、柳田が民俗学の方法によって新しい歴史を書く意気込みをみせた『明治大正史世相篇』が、どのような執筆経緯で出来上がったのかを明らかにすることである。また、鶴見をはじめとする先行研究に依拠しながら、柳田が社会の変わり目をどのようにとらえたかを考えてみたい。

一　『明治大正史世相篇』の執筆・刊行の経緯

柳田は、大正十三年（一九二四）から朝日新聞論説委員を務めていたが、昭和五年（一九三〇）十一月二十日に辞任した。前年から『明治大正史世相篇』の執筆準備に取りかかっており、同書は辞任に際しての置き土産となる。柳田は、同書の「自序」で「此書の編纂に就ては中道等、桜田勝徳の二君が大いなる援助を与へられた。それが十分なる成績を以て、二君折角の好意に答へ得なかつたのは、殊に自分の遺憾に思ふ所である」と記した〔柳田　一九九八c　三四〇〕。柳田は執筆にあたり、新聞資料の収集を桜田勝徳に、下書きを中道等に依頼した。しかし、中道の原稿は柳田の意に沿わなかったようで、途中から柳田自ら執筆することになる。柳田が中道に下書きを依頼した詳細は不明であるが、柳田は一五章に及ぶ項目を作成し、各章の内容に関するメモと資料を中道に渡して依頼したことは間違いない。桜田は、柳田が最初から一人で執筆する気持ちがなかったのではないかと推測している〔桜田　一九九三　四三七〕。そして、桜田は知り得たこととして文庫の「解説」に以下のように記している。

その執筆のための資料が当時中野に住んでいた中道等に渡された。中道はそれにより所定の原稿用紙に一行おきに書き、それを柳田の手元に戻すという手続きをふんだ執筆が開始されたからである。そして中道の作業は第十一章あたりまで続いたかと思う。つまり柳田とすると始めは中道の書いた原稿に、手を加えることにより責を果たそうというつもりであったにちがいない。けれども他人の書いた文章に手を加える意外な煩雑さを続けることは耐えがたくて、改めて始めから自ら書こうと決心するに至った。中道の文がどれだけ下地の役割をなしえたかはわからないが、それよりも目算はずれによる時期のおくれを、著者は強く感じたのではなかったかと思う。そしてこのつまずきが、十五章からなる本文の主として衣食住生活に焦点をあてた第一章から第三章までに、全体の約二十八パーセント余に及ぶ紙数を費し、格調高い非常に凝った内容に始まる本書を生み出すキッカケの一つになったのではあるまいかと思うことがある。〔桜田　一九九三　四三八〕

当初、柳田は中道に下書きをさせ、それをもとにして文章を作成する方法を採用したことがわかる。しかし、柳田はその煩雑さを反省し、一気に単独執筆に切り替えたのであった。桜田は新聞の切り抜きを担当しており、この作業に関してはかなり事情を承知していたと思われるが、桜田は「解説」では自分自身に関することに一切触れていない。佐藤健二は、『柳田國男全集』五巻に収載された『明治大正史世相篇』の解題を担当・執筆している。佐藤によると、中道と桜田の関与に関しては桜田の解説以外には資料が見当たらず、詳細は不明であるという〔佐藤　一九九八　六五三〕。

結局、柳田は締め切り直前になって全力で執筆することになる。胡桃沢勘内宛の昭和五年（一九三〇）十二月三十一日付絵はがきには、「十月の末頃から実にえらい目にあつてゐました本が、やつと此大晦日に片付きました　世相篇といふ題でちょうど彰風会の話を長くしたやうなものです、分冊の希望者があつたら社の方へ紹介します　貴兄には上げたいとおもつてゐます」と書いている〔柳田　一九七一b　五三七〕。橋浦と桜田に協力をしてもらい、執筆完了は大晦日であった。翌昭和六年（一九三一）一月刊行とあわただしく、柳田は執筆に精根を使い果たしたようである。

同書の構成は、前段部分に衣食住を配置する。第四章以下は一見無秩序のように見えるが、相互に関わりながら第十五章まで進んでいる。しかし第十五章は、まとめや結論にあたる体裁にはなっていない。同書には結論が書かれていないと言えよう。なお、柳田が現実の生活世界を描いたのは、この『明治大正史世相篇』だけである。

後年、柳田は「民俗学の過去と将来　座談会（上）」で『明治大正史世相篇』の執筆の裏事情を語っている。座談会は、昭和二十三年（一九四八）九月十二日に、民俗学研究所で開催された。参加者は柳田國男をはじめ、大藤時彦・直江広治・石田英一郎・大間知篤三・関敬吾・最上孝敬・和歌森太郎・橋浦泰雄・折口信夫・池田弘子・丸山久子・瀬川清子・桜田勝徳・今野圓助・堀一郎・牧田茂・萩原龍夫の計一八名である。座談の内容は『民間伝承』一三巻一号と二号の二回に分けて収載されている。その座談会は参加者が柳田へ質問して柳田が答える方式であり、ほとんどが柳田の発言である。『明治大正史世相篇』に関しては、以下のような柳田の興味深い発言がある。

> 「明治大正史」世相篇を書いた時は、ほんとにへこたれてしまつた。資料を集めるのには、桜田君にすつかり骨をおつてもらひ、それを中道等君に整理してもらつたのだが、たゞならべただけの目茶苦茶で、発行予定二ケ月前にせまつてしまつた。処が、その頃私はリウマチで、少なからず神経衰弱になつてゐたので、早速橋浦君に飛電を打つて来てもらひ、労働の章だけ書いて、助けてもらつた。その他は、いろいろ排《（配）》列に苦心したので、無理があり消化しきれない処があるけれども、とにかく自分でやつたんだよ。（柳田ほか　一九四九a　三四～三五）

この発言からは、最初から自分でやるのではなく、当初は下請けを依頼して楽な方法を考えていたようである。しかし、期待した中道の仕事は柳田の希望とかけ離れていたらしい。自分から中道に依頼しておいて「目茶苦茶」と語るのは厳しい。柳田は中道の文章が気に入らなかったようであるが、どの部分が気に入らなかったかは不明である。急遽橋浦泰雄に労働の章だけ助けてもらったと語る。柳田の述べた「労働の章」は、正しくは第十一章「労力の配賦」である。この件に関しては、桜田が武蔵大学のおける講義メモを残している。それは以下のような記述となっている。

柳田の「明治大正史世相篇」が刊行されるまで（昭和六年一月）柳田は、明治大正昭和の激流のような近代日本を、山の奥や岬の果まで、その眼で見、それを日本全体の将来と云った非常に広い視野で見、考えるにもっともふさわしい立場を毎日つみ重ねたことである。世相篇の刊行には私は随分お手伝いをしたから、その間に大きな病気をした。柳田先生も第一章、第二章、第三章と書き進める中で、あのおそろしい様な文章の組み立てに精根をつくしてしまった観があった。そんなために第十一章はボクが代りに書くという様な事も起ったが、それが先生の責任を少しでも軽くしたかどうかわからない。とに角先生は最後の根気をふりしぼって第十五章まで書きあげて、あとしばらくは虚脱状態、静養の期間に入ったと思うが、あの本ほど日本文化を包括的に、またコンクリートに物すごい洞察力をもって私どもを圧倒してくる文章はちょっとない様に思う（日本民俗史メモ44・10・29）

〔小川　一九八五　一一八〕

桜田は『明治大正史世相篇』執筆当時を回想して、「第十一章はボクが代りに書く」と明言している。さすがに文庫の解題の中で、この部分は自分が書いたものであるとは主張できなかったようである。橋浦に書いてもらったという柳田の回想と、自分が書いたという桜田の回想は、どちらが信憑性が高いだろうか。一般論で言えば、実際に書いた人が語ることが真実に近いのではないだろうか。しかし、仮に橋浦が執筆したとしても、柳田が執筆していないことは事実であろう。柳田と桜田の回想から判断すると、『明治大正史世相篇』は、現代であれば単独執筆と言い切るのは難しい。編著または共著の扱いが適切である。福田アジオは『日本の民俗学―「野」の学問の二〇〇年―』で、以下のように記している。

導入としての最初の一章から三、四章までにのみ意義を見いだすことは、柳田の意図を無視してしまうことになろう。世界恐慌がもろに影響しようとしていた時点における、明治大正史の記述である。導入としての衣食住の記述からしだいに現実の社会に入っていく。彼がこの書でいおうとしたことは、現実の社会の深刻な事態に対して、その問題の要因を明らかにして、解決策を考えようとした意欲的な書物として評価しなければならないであろう。最初の数章のみに価値を見いだすのではなく、むしろ後半の各章に注目する必要もある。

〔福田 二〇〇九 一一一～一一二〕

福田は、後半の各章にも注目すべきであると述べるが、柳田が集中的に執筆したのは、第一章から第三章までの可能性が高く、後半は橋浦と桜田の協力を得ながら執筆したと考えられる〔3〕。『明治大正史世相篇』は、新聞記事を収集して資料にしたというが、文章中に新聞記事に関する話題は一箇所だけである。それは第九章「家永続の願ひ」で、「珍らしい事実が新聞には時々伝へられる」という書き出しで、門司で師走半ばの寒い雨の日に九十五歳の高齢者が傘も持たずにとぼとぼと町中を歩いていたのを警察が保護したが、荷物は背中に背負った風呂敷包みだけであった。しかも、その包みの中味は四五枚の位牌が入っていたというものである。そして、「ちやうど一年前の朝日にも出て居る」と記される〔柳田 一九九八c 五〇七〕。ここが唯一の新聞記事の具体例の部分である。これは、背中には、どうしても祀らねばならない祖霊があったという話題の導入であり、「家の永続」を願う心の表れとされる。関東の田舎では、葬列に撒き銭をするために高齢者が撒くべき小銭を貯える習わしがあったことも記した〔柳田 一九九八c 五〇八〕。さらに共同墓地や墓制の問題も提起しており、死の儀礼をどう考えるかを問題とした箇所である。

二 『明治大正史世相篇』の構成と方法論

1 構成の特色

『明治大正史世相篇』の構成には特色がある。桜田が六〇年間の新聞記事を渉猟したというが、タイトルも新聞記事から採用した書きぶりの箇所が見受けられる。「幾分か論評式の筆を遣った」と記すように、ありふれた内容では読者の眼を引かないので工夫したのであろう〔柳田 一九九八c 三三九〕。目次（章と節）を以下に紹介する。

第一章　眼に映ずる世相　一　新色音論／二　染物師と禁色／三　まぼろしを現実に／四　朝顔の予言／五　木綿より人絹まで／六　流行に対する誤解／七　仕事着の捜索／八　足袋と下駄／九　時代の音

第二章　食物の個人自由　一　村の香　祭りの香／二　小鍋立と鍋料理／三　米大切／四　魚調理法の変遷／五　野菜と塩／六　菓子と砂糖／七　肉食の新日本式／八　外で飯食ふ事

第三章　家と住心地　一　弱々しい家屋／二　小屋と長屋の修練／三　障子紙から板硝子／四　寝間と木綿夜着／五　床と座敷／六　出居の衰微／七　木の浪費／八　庭園芸術の発生

第四章　風光推移　一　山水と人／二　都市と旧跡／三　海の眺め／四　田園の新色彩／五　峠から畷へ／六　武蔵野の鳥／七　家に属する動物／八　野獣交渉

第五章　故郷異郷　一　村の昂奮／二　街道の人気／三　異郷を知る／四　世間を見る眼／五　地方抗争／六　島と五箇山

第六章　新交通と文化輸送者　一　人力車の発明／二　自転車村に入る／三　汽車の巡礼本位／四　水路の変化／五　旅と商業／六　旅行道の衰頽

第七章　酒　一　酒を要する社交／二　酒屋の酒／三　濁密地獄／四　酒無し日／五　酒と女性

第八章　恋愛技術の消長　一　非小笠原流の婚姻／二　高砂業の沿革／三　恋愛教育の旧機関／四　仮の契り／五　心中文学の起り

第九章　家永続の願ひ　一　家長の拘束／二　霊魂と土／三　明治の神道／四　士族と家移動／五　職業の分解／六　家庭愛の成長

第十章　生産と商業　一　本職と内職／二　農業の一つの強味／三　漁民家業の不安／四　生産過剰／五　商業の興味及び弊害
第十一章　労力の配賦　一　出稼労力の統制／二　家の力と移住／三　女の労働／四　職業婦人の問題／五　親方制度の崩壊／六　海上出稼人の将来
第十二章　貧と病　一　零落と貧苦／二　災厄の新種類／三　多くの病を知る／四　医者の不自由／五　孤立貧と社会病
第十三章　伴を慕ふ心　一　組合の自治と連絡／二　講から無尽業へ／三　青年団と婦人会／四　流行の種々な経験／五　運動と頭数／六　弥次馬心理
第十四章　群を抜く力　一　英雄待望／二　選手の養成／三　親分割拠／四　落選者の行方／五　悪党の衰運
第十五章　生活改善の目標

以上のように一五章から構成される。現代では珍しい項目ではないが、当時とすれば斬新であったであろう。目次としてみていくと、第一章から第三章は、衣食住を扱っている。第四章と第五章は、景観と環境を扱う。第十三章と第十四章は組織論である。特に選挙などを取り上げるのは、政治の生々しさもあるが、現代習俗をみるには重要な視点である。柳田が将来に構想していく民俗学の守備範囲を模索していた章の構成と言えよう。

この章立てに関し、佐藤健二が各章の内容を主題化し、さらに章ごとのつながりの構造を取り出す試みをしている。佐藤によると、第一章から第三章は衣食住を分担しているが、そこには視聴覚・嗅覚・味覚・触覚といった感受性の歴史的汎用を映し出す素材がちりばめられた複合的な設定であると指摘した。具体的には、第一章～第三章＝日常生活と感覚、第四章～第六章＝社会の鳥瞰、第七章～第九章＝人間間の現象、第十章～第十二章＝産業化、第十三章～第十四章＝集団、第十五章＝学問と読書、と構造化した〔佐藤 二〇〇一 一一八～一一九〕。その構造化に続けて論を展開しており、貴重な試みである。

社会学の加藤秀俊は、中公クラシックス『明治大正史世相篇』で「同時代を読む」という解説文を執筆した。加藤によると、柳田の本は時間軸を超えて記載されており、順序正しく並べられているのではなく、いわばランダムに配置された章立てになっている。しかも、各章は相互に関わりながらも、それぞれ独立しているという。この書物には、現代社会学のすべての領域が完全に網羅されている。すなわち、第五章「故郷異郷」には農村社会学と都市社会学が、第八章「恋愛技術の消長」には家族社会学が、第十章「生産と商業」には産業社会学が、第七章「酒」、第十一章「労力の配賦」には女性社会学が、という具合に配置されるという〔加藤 二〇〇一 二四〜二五〕。加藤は、『明治大正史世相篇』の第二章「食物の個人自由」を下敷きに『明治・大正・昭和食生活世相史』を執筆している。『明治大正史世相篇』は、現代社会学入門の一冊と認められるようになり、「歴史社会学」という括りで再評価されている。

2　方法論の問題点

『明治大正史世相篇』に内在する方法論の問題を考えるヒントが含まれる、伊藤幹治・米山俊直編『柳田国男の世界』を紹介する。同書は昭和四十九年（一九七四）六月、NHKのテレビ番組の市民大学講座で「柳田国男の世界」と題して放映されたものを活字化したものである〔伊藤・米山編 一九七六〕。同書の「VI 科学としての柳田学」の中で、『明治大正史世相篇』についての討論が行われた。対談は、国立民族学博物館長の梅棹忠夫と伊藤幹治の二人が行い、司会を米山俊直が務めた。その対話の「『明治大正史世相篇』の方法論」という箇所を以下に紹介する。

伊藤…『明治大正史世相篇』などは一つの実験的な試みかもしれませんね。

梅棹…ただし、『明治大正史世相篇』については、私は少し評価が違う。あれは柳田民俗学のなかの一番のできそこないという見方なんです。

伊藤…それはおもしろいですね。私は高く評価しているんですが……。

梅棹…それは、ぼくも評価していますよ。ものすごくおもしろいし、ぼくはあれを読んで感動また感動、あれで日本の歴史を見る目が一変したんや。しかし、柳田さんの学問としては、これは最も非学問的であって、あかんものやと思うている。

伊藤…それはどういう根拠からですか。

梅棹…それはさっきの議論と関係があるわけですが、材料がいちばんたよりないわ。新聞記事やというけれども、だいたい新聞記事ということをいえば、ほかの本は、柳田さんの素材になっているカードがある。これははるかに正確にきちんと現象が押えられているわけです。新聞記事のほうは二次的資料で、それをまた自分で取捨選択していやはるのやから、現象全体が客観的に押えられているという保証はどこにもないわけや。それは自分でも書いていやはるわね。まあ言うたら、ひじょうに勝手気侭な方法論でおこなわれているということになる。『世相篇』そのものは、たいへんおもしろいが、これは柳田さんの天才のなせるわざであって、ふつうの意味の科学としては欠陥がある。

米山…さきの科学の三つの要素でいえば、発想のほうですね。

梅棹…発想です。

米山…『世相篇』は、仮説と発想、それで勝負したという、そのかぎりでは、いまでもたとえば匂いがどうとか、味がどうとか、それから壁がどうとかいう……。

梅棹…あの構図というものは、はじめから先生の頭のなかにあったんやわ。あとはそれこそ柳田先生の才気で押し通した本やと思う。

米山…その意味では、柳田先生のライフ・ヒストリーみたいなものと関係がある。

伊藤…それから、『世相篇』を読んで気がついたことなんですが、三年ほどあとに出た『民間伝承論』の構成とよく似ているのですね。『民間伝承論』のなかに例の三分類案があるでしょう。データを「目に映ずる資料」、「耳に聞える資料」、「最も微妙な心意感覚に訴えてはじめて理解できる資料」に分けているわけですが、この三分類案は、『世相篇』の執筆に取りかかるころでき上がっていたのではないかと思うんです。『世相篇』のはじめに「眼に映る世相」という章があるでしょう。最後のほうになると「伴を慕う心」とか「群を抜く力」という章が立てられていますね。この二つは社会組織論なのですが、厳密にいうと社会組織をとおして日本人の心の問題が論じられているんですね。

梅棹…その点では、柳田さんの著作のなかで、あの本がいちばん体系志向的なんや。『民間伝承論』もひじょうに体系的ですけれども、ここで体系化をはかったのやな。

伊藤…そうだと思いますね。一つの実験的な試みだったのでしょう。

梅棹…しかし、やはり科学としての柳田学の本領ではないという……。

伊藤…おもしろい評価ですね。

梅棹…本としては、おもしろい本ですよ。じつに。サジェスティヴで、人を興奮させる。

（伊藤・米山編 一九七六 三三九〜三四〇）

続く対談の中で、柳田が著書の中でデータを公表しない話が出てくる。引用が一つもない点が問題であるという。それに対し、同時代の中山太郎は出典を細かく明記しているという話が出て対照的であると語る。梅棹が主張したのは、出典の明記についてであり、材料即ちデータの問題である。つまり、梅棹はデータの典拠に関しては厳しいマイナス評価であるものの、民俗学の体系を志向している点を高く評価し、暗示に富む興味深い本であると述べた。

三　変わり目の感覚と「垂氷モデル」

1　変わり目の感覚

鶴見和子は、『明治大正史世相篇』が日本における土着の社会変動論の手本になるとして考察を進め、「変わり目の感覚」には三つの意味があるという。第一は、時代の変わり目である。『明治大正史世相篇』が刊行されたのは、昭和二年（一九二七）の金融恐慌、昭和五年（一九三〇）前後の世界恐慌、東北農村の飢饉、昭和六年（一九三一）の満州事変などを含めた時代の変わり目であった。第二は、柳田自身の生活と仕事の変わり目である。柳田は役人を辞めてから朝日新聞社に入社したが、この刊行時は退職したばかりであった。そして第三は、柳田自身が『故郷七十年』で語るように、常に変わり目を強く意識してきた。鶴見は、従来の歴史というのは、記録や文献によって、偉人や英雄や大事件を綴ったものであると論じる。柳田はその傾向に対し、無名人の歴史を書こうとしたと解説する。言わば、ハレの歴史に対するケの歴史であるという。文字によって記録された文献に頼るのではなく、見たり聞いたりして調べた第一次資料を頼りに執筆した書と論じた〔鶴見　一九七三　一二五〕。

『明治大正史世相篇』で示される具体的事例とその分析は、従来の近代化論の中では見落とされていたものである。まず「感覚」の変化を取り上げた。色・音・香り・味に対する感覚である。目つきをはじめとする表情やしぐさをとおして観察できる「情動」の変化を重視した。白い着物は、神祭りのときと葬式の喪服に着ていた。清らかな色であり忌々しい色とされた。それが外国の風習が入ってきて、問題がないとわかると積極的に着られるようになる。これを柳田は「褻と晴との混乱」と呼んだ〔柳田　一九九八c　三四七〕。昔は麻を着ていたので、その当時は男女とも荒っぽかった。木綿の着物が広まっていくと、木綿の肌着は柔らかいので人びとの感覚が鋭敏繊細になり、女性が木綿を着るようになると、しぐさもしおらしくなっていった。木綿はさまざまな色に染められるが、夏は多湿で肌にくっつきやすく、麻の涼しさにはかなわない。

世相史の担い手は、いわゆる常民である。柳田にとって常民は対置法の形で表れている。たとえば、識字階層に対し、話し言葉を持っている層、特権階級に対し、支配される人たち、マタギのように定着性のない人たちに対し、定住する村人、というふうに表現された。常民は、書き言葉よりも話し言葉を多用する階層とされる。また、一定の土地に土着し、古くからの伝統を継承している人たちということであり、国民の大多数の被治者を指している。柳田は、『明治大正史世相篇』で常民の生活を描こうとした。第二章「食物の個人自由」の「八　外で飯食ふ事」では、外食のことが話題になる。腰に付ける「腰弁」という言葉が流行った。弁当のことである。これは食べるときは冷たいので、温かいご飯を食べるために煮売り茶屋や料理茶屋ができてくる。さらに一膳飯屋ができてくる。この一膳飯屋は、御幣を担ぐ者には嫌がられていた。なぜならば葬式の一膳飯を連想するからである。街道の煮売り屋は一膳飯屋に変わっていき、色々な盛り切り飯が売られる。温かい麺類も売られる。どんぶりという名称の器が飯椀に代わって使われ、天丼、牛丼、親子丼など、奇抜な名前が全国的になる。明治大正時代における時代変化であり、「現在の事実」でもあった。現在のファーストフード店で提供される丼物の原型であり、それらが葬式の一膳飯をルーツとすることは意外と知られていない。

柳田自身は『明治大正史世相篇』の「自序」で、「実は自分は現代生活の横断面、即ち毎日我々の眼前に出ては消える事実のみに拠つて、立派に歴史は書けるものだと思つて居るのである」と主張し、この方法を英国風にFolkloreと呼んでいると記した〔柳田　一九九八c　三三七〕。同書は、柳田が同時代における「現在の事実」として記録したものである。この「現在の事実」という言葉は、明治四十二年（一九〇九）の『遠野物語』でも用いられている。しかし両書の間には時間差があり、その使い方は少し異なっている。その意味では問題もあるが、民俗学を現在学ととらえていた節が見られる。

2　内発的発展の「垂氷モデル」

鶴見和子は、断絶の契機を重く見る西洋の歴史観に対して、柳田が持続の契機を重くとらえていると指摘する。それは社会構造においても、また精神構造においてもみられるという。そして鶴見は以下のように記した。

原始、古代、中世、近代の人間関係や生活習慣や精神構造が、「だらだらじりじりと目だたずに移り動いて」きた結果、現代の中に、原始から近代にいたるさまざまの社会構造や精神構造が、入れこ細工のように併存しているのだと柳田は考えた。西洋理論の歴史時間のきり方を階段モデルとすれば、柳田の歴史時間は垂氷《つらら》モデルとよぶことができる。〔鶴見 一九七七 八五〜八六〕

「垂氷《つらら》モデル」は、柳田が、『民俗学について―第二柳田國男対談集―』の「民俗学から民族学へ」の中で、「前代というものは垂氷のように、ただところどころにぶら下ってきているのではないか。たとえば松の火を灯火にしている山村は、現に今度の戦争中まであった。松の火より以前は考えられないから、これは上代の生活形態だというと、それは足利時代をずっと通りこして、土地によっては昭和の世まできている」という箇所がある〔柳田 一九六五 六六〕。鶴見は、この垂氷をキーワードとして「垂氷モデル」を造語した。

柳田の社会変動論は、身近な生活の部分から論じられている。同じ火を用いて作ったものを客人も家の者も食べることで共同体の統合を強くするというのが日本古来の風習とされてきた。そのために、いつも冷たいものを客人も家人も食べさせられていた。それが温かいものを食べたいという要求から、小鍋やゆきひら〔雪平鍋〕が発明されたという。小鍋立ての文化は、明治初期に輸入された牛肉を食べる文化と結合し、すき焼きという独自の料理文化を創ったと説明した〔鶴見 一九七七 一二三〕。これなどはミクロな視点から徐々に変化していったものを取り上げて成功した例と言えよう。

四　色・音・香りの社会史

1　色・音・香りのとらえ方

福田アジオは『日本民俗学方法序説』で「社会史としての民俗学」を論じたが、その中で『明治大正史世相篇』に着目した。福田によると、生活と文化を取り上げる際に不可欠な構成要素として色・音・香りがあるという〔福田　一九八四b　一二三〕。

柳田は『明治大正史世相篇』の第一章「眼に映ずる世相」で、日本人の色彩感覚について論じる。鮮やかな色は日常では使用せず、特別なときに使用し、色による生活のリズムを形成していると指摘した。原色の鮮やかなものは、衣類や装身具には使わず、白は本来は清い色とされ、神祭りの衣と婚礼の白無垢、葬式の喪服に用いる程度であった。

音というものは、近年まで記録されることはなかった。人びとの最大のコミュニケーションは音声である。時を告げる鐘や太鼓、事件や非常時を知らせる早鐘、法螺貝、サイレンなどがある。夜に巡回する火の用心や錫杖の音がある。これらは皆、私たちがそれを聞くとその意味を了解できたという〔福田　一九八四b　一二三〕。笹本正治『歴史のなかの音―音がつなぐ日本人の感性―』は、日本史のなかに見える音の意味と目的を綴った歴史書である。音は日常生活に最も密接であり、かつ身近な情報の要素でありながら歴史学の研究対象にはされなかったという。音の研究と言えば、音楽が中心であった。しかし、人びとが誓いをする際に必ず鐘や鈴が鳴らされたのは、神仏の来臨に金属の音が求められたからであった。法螺貝やバンギなどは緊急事態を知らせる道具である。それが鳴ると、一斉に集合したり逃げたりする。これは情報を伝える音である。また、祭りの音として、ササラや笛、そして太鼓の音などがある。匂いや香りもある。民俗学ではこの分野はほとんど関心を持たれずにきた。第二章「食物の個人自由」では「村の香り、祭りの香り」を指摘する。盆・彼岸の線香の煙と独特の匂いがある。その線香の煙は「幼い者にまで眼に見えぬあの世を感じさせた」という〔柳田 一九九八c 三六八〕。休みや人寄せの日の朝に、掃き清めたりするが、そのときに土の香りがするという。厩の朝草の匂いなども紹介しているが、現在では嗅ぐことのできない匂いであろう。漬物のことをコウコ、タクワンというが、コウコは「香々」である。

2　感覚の記憶

色・音・香りはどうやって把握できるのか。色は眼で見て確認できる。音は耳で聞いて確認できる。そして、香りは鼻で嗅いで確認できる。眼・耳・鼻を用いた体感による把握である。木綿の着物の着心地は身体の皮膚感覚である。裸足や下駄、草履を履いての歩行は身体全体の動きである。足裏の感覚も身体的な皮膚感覚であろう。柳田は、それら身体感覚をとおして歴史や生活の変化を知ろうとしたのではなかっただろうか。これであれば、どの時代にも応用が可能になる予感がある。

『明治大正史世相篇』の第二章「食物の個人自由」に「六　菓子と砂糖」がある。柳田は栃木県に出かけた折に高齢女性の話を聞いた。生まれてずっと同じ所に住む九十歳の女性が好物は「バナナと魚」だと答えたのでびっくりしたという。海なし県の栃木であるから、魚と言っても恐らく塩気の多い塩引き鮭や身欠き鰊などであろう。あるいは川魚の鮒や鯉かもしれない。内陸の人びとが食べていた魚と言えば、流通革命以前には想像がついたものである。しかし、バナナというのは不思議だと柳田は言っている。柳田は「私は又一つの世相の変に驚いたのである。バナナは日本人が其実物を見始めてから、まだ漸く三十年にしかならない」と述べる〔柳田 一九九八c 三八三〕。確かにバナナは高級品であったと思う。

もう一つのテーマである砂糖にも興味深い記述がある。砂糖が生薬屋で売られており、霊薬の如く扱われていた時代があったという。その影響があるのかどうかわからないが、柳田は以下のような記述を残している。

本土の中にも是を一等の茶受けとして、掌《てのひら》に載せて嘗《な》める者が多かった。白人が異種の国々と通商を開く際に、能く酒精を利用したことは人の屢々説く所であるが、砂糖も亦同工異曲であった。〔柳田 一九九八c 三八四〕

筆者は、この傍線部分からオテノコの文化が思い出された。それは手のひらに食べ物を盛ってくれる習わしである。お祭りでは赤飯を配り合うが赤飯をオテノコで食べる。漬物なども手のひらに載せて食べる習慣は近年まであった。「どうぞオテノコで」などと言ったものである。これは昭和三十年代後半の記憶であるが、昭和五十年（一九七五）前後の民俗調査でもオテノコの文化は確認できた。このように『明治大正史世相篇』は、人びとの過去の記憶や行為を思い出させる契機を作ってくれる。

第一章「眼に映ずる世相」の「八 足袋と下駄」の節では、明治三十四年（一九〇一）六月に東京で裸足禁止令が出たことが記される。非衛生的という理由であるが見た目の問題もあったらしい。裸体と肌脱ぎの取り締まりも厳しくなった。足と地面との間に何か一重の障壁を設ければ良かったので、結果として草鞋が奨励された。大正末期にゴム長靴が普及するとようやく雨の日に裸足で歩く不便から解放された。それまでは雨に濡れたときはタライで足を洗い拭いていた。そのため手拭いが活躍するが、元は足を拭くためのものであった。素足は元は礼装の一部であったが、寒さ対策として足袋が普及し併せて下駄が普及する。下駄はケにもハレにも公認されたことがない履き物であったが、明治になって国内需要が急速に拡大したという〔柳田 一九九八c 三六二〕。盆行事でお盆様のために縁側に小桶を置く習俗があるが、草鞋で歩いていた時代、家に入るときの足を洗う習慣を知っていれば、習俗の時代把握も可能である。

五 『明治大正史世相篇』と歴史社会学

『明治大正史世相篇』は、現代人にとっては読むのが難しい箇所がたくさんある。事例そのものが古いし、時間の経過とともに読解の苦労は増していくであろう。それは同書が古典の領域に入ってきたことを意味する。人びとの生活が大きく変貌していることの証左でもある。同書を活用して新しい方法論や視点を獲得する試みがいくつもなされてきた。ここでは、そのいくつかを紹介してみる。

色川大吉『昭和史世相篇』は、『明治大正史世相篇』がその名の通り明治大正期までを対象としていたので、その続編という意味のネーミングである。色川は歴史学者であるが、民俗学にも親近感を持っていた研究者であった。『日本人の再発見―民衆史と民俗学の接点から―』のような著作もあり、昭和六十年（一九八五）の日本民俗学会年会で記念講演「民衆史と民俗学の接点―変革主体の形成とフォークロア―」をしている（色川 一九八六 一～一七）。色川は『昭和史世相篇』を編むにあたって、最初に『明治大正史世相篇』を分析している。

色川によると、戦後の生活変化はめまぐるしく、伝統的な民俗が急速に失われ変化しているという。その社会変動は大きく、柳田が『明治大正史世相篇』で指摘したことは遠い過去のことになり、新しい生活史・世相史が書かれなくてはならないと述べる（色川 一九九〇 一二）。色川は『明治大正史世相篇』で成功しているのは、第一章「眼に映ずる世相」、第二章「食物の個人自由」、第三章「家と住心地」、第四章「風光推移」、第九章「家永続の願い」の五つの章だけであるという。これらの章は、現在も応用可能であり、すぐれて内在的な方法が認められるという。それは衣食住の分類や変化を平板に追うのではなく、衣食住に対する民衆の感覚の変化（＝情動）を重視し、それを内側からとらえることで、「民衆的近代」に向かう時代相を浮き上がらせる。

具体的な例を挙げると、柳田は住居を「板戸から紙窓へ」、さらに「ガラス窓へ」の発展でとらえ、それが家の内部を細かく仕切ることを可能にさせ、結果として家長権の支配からこの空間を分離独立させていったという。内側からの近代化過程を情動の視点から描いて見せたのである。色川は、無文字文化や感性などに注目した新しい社会史研究をリードしたフランスの雑誌『アナール』創刊が一九二五年であり、柳田の著書はそれよりも先に刊行されている点から柳田の先駆性を高く評価する〔色川　一九九〇　一二～一三〕。火の分裂は小鍋立てと鍋料理を普及させた。これは、個人の自由や民衆文化が食物を通じてどう変化したのかを研究するときの参考になるという。色川は（一九九〇年の執筆時における）現代のファミレスやインスタント食品の出現の要因を理解するのに役立つであろうと論じた。梅棹忠夫は『日本人の人生設計』の「まえがき」で、以下のように興味深い指摘をした。

この著作がかかれたのは、一九三〇年代後半、昭和五年のことであった。したがって、柳田さんは明治・大正期の日本にもとづいてものをかんがえられた方で、いわゆる戦後の大変革というのは、柳田さんの視野には入っていない。これを視野にいれて、柳田国男を全面的にかきかえようというのが、じつはこの特別研究のもうひとつのねらいということになる。柳田さんの『明治大正史世相篇』の続編をかこうというふうにかんがえてもよいし、また戦後の大変革を視野にいれた全面的かきなおしになってもいいとおもう。〔梅棹　一九八六　二〕

国立民族学博物館の共同研究「現代日本文化における伝統と変容」の成果論集の「まえがき」で、柳田の『明治大正史世相篇』をかなり意識したコメントを出している。同書では、結婚、親子、学校、仕事、転機、財産、老後をテーマに一五本の論文が掲載される。民俗学からは福田アジオが「民俗としての親子」を報告・執筆している。この構想は、色川が実践した『昭和史世相篇』をさらに大きくしたプロジェクトと言うことができるかもしれない〔4〕。

まとめ

柳田の『明治大正史世相篇』は、新聞資料を渉猟して世相を描き出す構想であった。柳田はその執筆準備にあたり、資料収集と原稿下書きのためアシスタント（桜田勝徳・中道等）を依頼した。柳田の指示のもとに作業は続いたが、途中で執筆方法を急遽変更した。橋浦泰雄と桜田の協力を得てようやく完成した。これらを見ると、同書は果たして柳田の単独執筆書と認めてよいものだろうか。第一章から第三章までは、分量も多く構成もしっかりしているが、第四章以降は分量も少なく、全体のバランスもよいとは言えない。

柳田は「自序」で「実は自分は現代生活の横断面、即ち毎日我々の眼前に出ては消える事実のみに拠つて、立派に歴史は書けるものだと思つて居るのである」と記した〔柳田 一九九八c 三三七〕。現実を直視した世相史を描き出すことを試みた。これは文字通り解釈すれば、現代生活史という分野であろう。執筆の目標は理解できるが、成果品に対しては問題も残った。たとえば、梅棹忠夫と伊藤幹治の対談では、材料の公表は重要であり、必ず検証ができるようにすべきという指摘がなされる。この見解は、学問研究の基本的事項である。再検証ができるデータを示すことが研究では重要視されるが、柳田にはそれが欠如していたと言える。

本章は、『明治大正史世相篇』の成立経過に関して追究を試みた。執筆にあたって、柳田は新聞を渉猟して世相を明らかにして現代史に挑戦する意気込みを見せた。目次案の作成後は、資料収集、下書きなどを、下請けというか分業化で進める予定であったことも明らかになった。その意味では、当初から単独執筆を目指していたものではなかったのかもしれない。執筆途中で橋浦泰雄と桜田勝徳の全面的協力があったことも判明した。章によって記述分量のアンバランスが見られるのはそのためであろう。記載内容も文体などが、やや異なるように思われる。それら詳細の検討は今後の課題であろう。

社会学者の鶴見和子が『明治大正史世相篇』を日本における土着の社会変動論と見立てた視点に学びながら、柳田が指摘する「変わり目」に着目する意義は大きいと言えよう。特に、色・音・香り・味といった感覚、表情やしぐさの観察による情動の変化を追体験することは重要な視点である。柳田は晴と褻の感覚にも目を向けていたので、さらなる深掘りの必要性を感じる。

［1］桜田勝徳《さくらだかつのり》（一九〇三～一九七七）は、慶應義塾大学で柳田の民間伝承論を受講した。その縁で『明治大正史世相篇』の手伝いをする。終わったときに、柳田から三〇〇円を貰い、そのお金で四国へ調査に出かけている〔小川 一九九四 一七二〕。漁村研究を積極的に進め、『桜田勝徳著作集』全七巻がある。ちなみに『日本民俗大辞典』上の「桜田勝徳」の没年は「一九七九」となっているが、間違いである。

［2］中道等《なかみちひとし》（一八九二～一九六八）は、青森県出身で、菅江真澄の研究家であった。『津軽旧事談』などの著作がある。松本三喜夫の『柳田「民俗学」への底流』の「第四章 菅江真澄との対話―中道等と『津軽旧事談』―」で津軽における菅江真澄の研究が記されている。柳田と中道は大正十三年（一九二四）六月に出会っている。中道は横浜市市民博物館長を務め、川崎市史編纂にも従事した。戦後は青森に戻り、三沢市の古牧温泉渋沢公園内にある小川原湖民俗博物館長を務めた。

［3］鶴見太郎の論文「『明治大正史世相篇』『労力の配賦』について」は、橋浦泰雄が執筆したという前提で論を進めている。第一一章「労力の配賦」の特異な成立背景や叙述が他章とは異質であるという〔鶴見 二〇二三 四五〕。鶴見は、小川博編「桜田勝徳民俗学年譜」も参照し桜田の関与も把握している〔鶴見 二〇二三 五七〕。橋浦の社会主義者的立場からの類推ではなく、文体や文章構成から橋浦の執筆と判断しているが、その根拠は明確に示されていない。なお、鶴見論文が収載される、大塚英志編『接続する柳田國男』には、室井康成「『孤立苦』をどうするか―柳田國男が解きたかった世相史的課題―」、宮崎靖士「構成論の観点から検討した『明治大正史世相篇』」の論文が収載され、両論文とも「世相」という用語に言及した。

［4］本章の主題は、『明治大正史世相篇』の制作過程であるため、内容に深入りしていない。近年の研究動向を取り上げて今後の課題にしておきたい。重信幸彦「民俗学のなかの「世間／話」―『明治大正史世相篇』（一九三一）から―」では、『明治大正史世相篇』は同時代の社会問題を日常生活の中から明らかにして農村疲弊に対応する道筋を見出す書であると指摘した。特に柳田の研究に一貫する言語に関する関心とその省察の意義に着目した〔重信 二〇一五 六四～六五〕。これは民俗学の再認識に関わる見解であり、その延長上に岩本通弥を中心とする日常と文化研究会の研究活動がある。『日常と文化』一一号は、「『明治大正史世相篇』注釈と論説」の特集を組み、岩本通弥、及川祥平、山口輝臣が関連する論文を寄稿している〔岩本 二〇二四a・b、及川 二〇二四、山口 二〇二四〕。

第九章　『民間伝承論』制作実態と民俗学理論

はじめに

『民間伝承論』は、昭和九年（一九三四）八月に日本最初の民俗学理論書として出版された。同書は「現代史学大系」の第七巻である。『定本柳田國男集』二五巻には、『民間伝承論』の「序」と「第一章　一国民俗学」だけが収録された。『民間伝承論』が全部収録されない理由は、「あとがき」で「第二章以下は自筆にあらざる故省略した」と説明される（柳田　一九七〇　五六二）。柳田ブームが起きた一九七〇年代、『民間伝承論』は身近な存在ではなかったのである［1］。ちくま文庫版の『柳田國男全集』二八巻（一九九〇年）に「郷土生活の研究法」と「民間伝承論」が収められ、さらに新版『柳田國男全集』八巻（一九九八年）に「民間伝承論」が収録されて、ようやく手軽に読めるようになったのである。柳田は、『民間伝承論』の制作に際しては、途中で口述筆記の方法に変更し、「民間伝承論の会」を設け、そこでの話を原稿化した。筆記は後藤興善が担当した。

本章では、三つの疑問を明らかにしてみたい。第一点は、柳田がなぜ『民間伝承論』を自分の著作と認めたがらなかったのかということである。この点に着目し、日本最初の民俗学理論書の制作背景を考えてみたい。第二点は、「民間伝承論の会」ではどのような講義が行われたのかということである。単なる柳田の講義であったのか。第三点は、『民間伝承論』で提示された民俗学理論のうち、民俗資料における三部分類と、同書で初めて提出された「重出立証法」及び「伝承」はどのようなものなのか。これらの概念について検証してみたい。

一　先行研究の批評

『民間伝承論』の制作背景と理論内容に関する検討に先立って、『民間伝承論』の書誌的情報を確認しておきたい。『柳田國男事典』の『民間伝承論』の項目を担当した石井正己の解題が簡潔でわかりやすい。問題になる部分を以下に紹介しておく。

柳田の「著」とはあるが、「巻末小記」にあるように、後藤が「先生の御講義を聴き、それを筆録したものを土台として、出来るだけ先生の御著述を渉猟してまとめ上げたもの」であった。この講義は、昭和八年（一九三三）九月から一二月まで一二回にわたって、木曜会で行われた。この本の場合、その当時、山村調査を進めつつあった若い研究者たちに向けられた講義であった、という規制が色濃く残る。（石井　一九九八b　一二五）

石井は、この講義を「木曜会」としているが、それは後に続く集まりの名称である。『民間伝承論』を作成するための会は「民間伝承論の会」と称していた。山村調査との関わりに言及しているが、果たしてその見解は正しいのであろうか。石井の指摘で興味深いのは、以下の部分である。

この本の成立に関わって、共立社の宮坂恭次郎は「駿台短信」で、後藤は真っ黒になるまで原稿を推敲、さらに六校まで行ったという。後藤の叙述に、最後まで揺れがあったことを知る。しかし、入念な配慮にもかかわらず、この本には多くの誤りが残った。そのため、柳田はこの本を嫌ったとも伝えられる。だが、既に見てきたように、口述筆記でなければ「概論書」を残せなかったこともまた事実であった。第九回配本から約一年が経過していることを考えれば、この本がいかに難産だったかを想像することができる。〔石井　一九九八b　一二六〕

柳田が『民間伝承論』を嫌ったとあるが、それはどこで語られたのだろうか。第九回配本から約一年経過したという事実はどこでわかるのであろうか。石井の文章によると、刊行が予定より遅れたので口述筆記にしたと理解できる。果たしてそうだったのか。

1　荒井庸一の論文「木曜会」

荒井庸一の論文が基本論文と思われるので、最初に荒井の論考を検討する。後藤総一郎監修『柳田国男伝』は「第十章　日本民俗学の確立」で「第四節　木曜会」の項目を立てた。執筆は荒井庸一が担当した。荒井は『柳田國男事典』で「木曜会」の解説を担当しており、設立の発端について以下のように記した。

一三年間にも及ぶ会活動のなかで、三百回余の研究例会を重ね、日本民俗学の中核的なサロンとして存在した木曜会は、昭和八年（一九三三）の暮れに設立されている。木曜会設立の発端は、この年の九月より一二月までの間に連続して一二回行なわれた民間伝承論の会にあった。民間伝承論の会は、共立社の依頼により『現代史学大系』全一五巻のなかの一冊として、柳田が『民間伝承論』を編むために発足させたものである。重立った出席者は、後藤興善、比嘉春潮、大藤時彦、杉浦健一、大間知篤三、橋浦泰雄、山口貞夫、坂口一雄であった。会は、柳田が出席者に講義をするといった形で進められ、それを後藤興善が筆録していった。〔荒井　一九九八　四五七〕

荒井は、「木曜会は、昭和八年（一九三三）の暮れに設立されている」と記している。荒井によると『民間伝承論』

の執筆のために設定された「民間伝承論の会」は、昭和八年九月から十二月までに一二回開催された。「民間伝承論の会」は発展的に「木曜会」となり、昭和九年（一九三四）一月十一日に第一回例会が開催された（荒井 一九九八 四五七～四五八）。民間伝承論の会は、『民間伝承論』の完結に伴い解散するが、その後も続けたいと話し合われ、柳田の了解を得た上で、年末に「木曜会」と命名したのかもしれない。一般には会合が始まる昭和九年（一九三四）一月を開始時期とすべきであろう。

2 牧田茂「木曜会時代」

牧田茂は『評伝柳田國男』で「木曜会時代」を執筆した。ちなみに、牧田は「民間伝承論の会」には参加していない。以下に引用する箇所は、木曜会について要点を記していると思われる。

> 松井等、大類仲《（伸）》編集『現代史学大系』の一冊として、民俗学の概論の書『民間伝承論』を出すため、世田谷区成城町、当時の砧村の書斎で講義を始めたのが、ちょうどその昭和八年九月十四日の木曜日であった。『定本』の年譜によると、後藤興善、比嘉春潮、大藤時彦、杉浦健一、大間知篤三の名が挙げられている。翌月から橋浦泰雄、山口貞夫が加わり、十二月十四日まで十二回続いている。午前九時から正午ごろまで、約三時間にわたって、柳田が「民間伝承論」を講じた。
>
> 翌九年一月十一日の木曜日には、この「民間伝承論の会」の顔ぶれに倉田一郎、守随一、山口貞夫、萩原正徳、島袋源七、金城朝永らが加わって、第一回の「木曜会」が、やはり柳田の書斎で開かれた。これ以後、顔ぶれに異同はあったが、戦後の昭和二十二年三月十三日民俗学研究所の研究会、談話会にひきつがれるまで、三百回にちかい回数をかさねて、日本の民俗学の中核をなすサロンとして存在した。（牧田 一九七九 一九一～一九二）

牧田の典拠は『定本柳田國男集』の年譜である。牧田は、二回目から橋浦泰雄・山口貞夫の二名が加わったと言うが、『定本柳田國男集』別巻五の「年譜」を見ると、九月二十一日に「前掲五人の他に橋浦泰雄、山口貞夫、坂口一雄加わる」とある。牧田は、坂口一雄を書き漏らしたようである〔定本柳田國男集編纂委員会編 一九七一 六四二〕。

3 福田アジオ『日本の民俗学――「野」の学問の二〇〇年――』にみる木曜会の位置

福田アジオ『日本の民俗学――「野」の学問の二〇〇年――』には、「事項索引」「人名索引」「書名・論文名索引」と三種の索引が付く。「木曜会」の語は見当たらない。しかし、以下のような記述がある。

『民間伝承論』の講義は一九三三年の九月から十二月の毎週木曜日に行われたが、講義終了後にも研究会としてつづいた。これを木曜会といい、その第一回は一九三四年一月十一日であった。その後毎月一回柳田國男の家を会場にして開催された。〔福田 二〇〇九 一一二〕

上記の記述では、木曜会が昭和八年（一九三三）から続いていたと誤解される可能性がある。福田は、「木曜会」を目次や項目に立項しておらず、索引にも採っていない。昭和八年（一九三三）の「民間伝承論の会」と昭和九年（一九三四）から始まる「木曜会」を厳密に区別していないようである。同様に、鶴見和子は木曜会が昭和八年（一九三三）から始まったと認識しており、木曜会は『民間伝承論』の講義が行われた昭和八年（一九三三）から始まったと誤認している研究者が多いようである〔2〕。

二　民間伝承論の会への参加者

1　「民間伝承論の会」へ参加の八名

「民間伝承論の会」に参加した八名（後藤興善・比嘉春潮・大藤時彦・杉浦健一・大間知篤三・橋浦泰雄・山口貞夫・坂口一雄）が、柳田の講義に関する記録を残していないかを探索した。後藤は「巻末小記」に経過を記しているので、別に取り上げる。橋浦は、自伝『五塵録』を残しているが、これは大正期までの内容である（橋浦　一九八二）。また、『季刊柳田國男研究』二号の連載インタビューで「柳田国男との出会い」を語っているが、講義のことは話題になっていない（橋浦　一九七三　九八〜一二六）。鶴見太郎は『橋浦泰雄伝―柳田学の大いなる伴走者―』の中で、「民間伝承論」の講義を橋浦が受けていたことは記しているが、その内容に言及していない（鶴見　二〇〇〇　一三八）。

山口貞夫（一九一八〜一九四二）は、東大理学部地理学科を昭和七年（一九三二）に卒業し、大学院へ進んでいる。佐々木彦一郎の紹介で柳田のもとを訪れ、昭和八年（一九三三）から「民間伝承論の会」に参加したが、病気によって三十五歳の若さで逝去した（大間知　一九五八　三九一〜三九二）。このほか、比嘉春潮・杉浦健一・坂口一雄の三名が「民間伝承論の会」に出席したときの記録を何か残しているかどうかを知りたいが、現時点では未確認である。大藤と大間知については、それぞれの記録を以下に紹介していく。

2　大藤時彦「第五章『民間伝承論』の出現」

大藤時彦は、『日本民俗学史話』の「第五章『民間伝承論』の出現―昭和九〜十年（一九三四〜三五）―」の中で『民間伝承論』に言及している。『民間伝承論』は、共立社の「現代史学大系」という歴史講座の一冊であり、その七巻が柳田の書であるとし、すべてを柳田が執筆したのではなく、後藤興善が筆記してまとめ上げたという。その講義の実際を以下のように記している。少し長いが該当部分を以下に引用する。

この試みは昭和八年九月十四日の木曜日から始まった。以後毎週木曜日の午前中に先生の口述が続けられることになったのである。これが「木曜会」の発端である。大体『民間伝承論』の各一章にあたる内容が各木曜日毎に口述された。筆録を担当した後藤君は先生と同じ播州の出身で、早大卒、専攻は国文学であった。卒業後早稲田で教えて居たが、同郷の誼みもあって先生のところへ出入りするようになったのである。例の書斎で先生が講義されるのを、すぐ脇のテーブルで毎回後藤君が筆記したのである。私などその講義を実際に拝聴した者から言うと、後藤君は実によくやったと思う。柳田先生の講義を精確に筆記するということは非常にむつかしいことで、私などにはとても出来ない相談であった。うっかりしたことを書いて間違ったら大変だからである。第二章には先生のメモ程度のものがあったが、それ以後は全くの口述であったから大変であった。従って、後藤君の努力を以てしても、出来上った『民間伝承論』には幾つかの欠点が出てしまった。その最大のものが、先に一言した固有名詞の間違いである。引用文献の書名や古典の名前、人名など十数箇所の誤りがあった。この本が出た時、新村出先生が後藤君のところへ手紙をよこされて、固有名詞の間違いが多いから、もっとよく注意するようにとの忠告をされた。「こういうことをするから、民俗学の研究者は文献学者から批判されるのだ。民俗学をやる人はよく文献上の間違いをやるが、もっと気をつけなくてはいけない。文献学者は文献を採用する時に厳密に批判をした上で採用して居るのであるから、固有名詞や書名が間違って居るということは、その理論全体が信用されないということになる」という趣旨の御批判であった。〔大藤　一九九〇　五六～五七〕

新村出の批判は、親身ではあるが厳しいものがある。固有名詞の間違いは学問の世界では避けなければならない事柄である。たとえば、統計一覧を論文の中で提示し、それに基づいて論を展開した論文があったとする。そこに記された数字に間違いがあれば、計算が合わないことになるから、その論文の価値は著しく減少することになる。後藤は、校正ゲラが真っ黒になるまで原稿を推敲し、校正を六校まで行ったというが、いくつもの間違いを生じてしまったのである〔石井 一九九八b 一二六〕。

その校正作業は、後藤一人だけで実施したのであろうか。これに関しては、後藤の「巻末小記」に「本書の刊行に至るまでの長い間、ひたすら自分を励まし、且つ校正などの面倒を最後まで見て下さつた、木曜会の比嘉春潮氏及び共立社編輯部の宮坂恭次郎氏に感謝の意を表する」とある〔後藤 一九三四 二九三〕。これによって、沖縄出身の比嘉春潮が校正の協力をしていることが判明する。比嘉春潮は民間伝承論の会に参加した人物であった。また、出版社の編集者も当然協力したのであった。しかし、柳田が校正をした様子は見られない。

3 大間知篤三「『民間伝承論』から『民間伝承』まで」

大間知篤三は、「『民間伝承論』から『民間伝承』まで」を『民間伝承』一巻二号に記している。講義に関する記事はわずかであるが、関係者の文章であるので以下に引用しておく。

> 『民間伝承論』の講義は、一昨年〔昭和八年〕九月から年末に及んだ。この書が日本民俗学の最初の概説書として持つ重要性は別として、昨年五月から柳田先生の下に、日本学術振興会の補助を得て着手された山村調査のメンバーの大部分が、その講義を毎木曜に聴講し以後木曜会を組織した者だったのである。すなわち期せずして、講義は調査員養成の準備作業となり、またわれわれとしては、耳から学んだ民俗学の方法を実地踏査によって吟味体得するという結果になった。〔大間知 一九七六 二一一〕

これを見ると、「民間伝承論の会」は、木曜会への準備段階であったことが明らかである。大間知は、この講義が「調査員養成の準備作業」の性格があったと理解している。「耳から学んだ民俗学の方法を実地踏査によって吟味体得する」機会であったというのは興味深い指摘である。なお、講義に関するエピソードは記されていない。

4　『民間伝承論』の制作実態

『民間伝承論』は、『郷土生活の研究法』よりも一年早い出版である。序、第一章、そして第二章の前半だけが柳田の自筆原稿とされている。それ以外は、後藤興善が執筆編集したものとされる。そのために『定本柳田國男集』二五巻には、柳田が執筆した一部（「序」と「第一章　一国民俗学」）だけが収録されている。これに関しては、同巻の「あとがき」に以下のような記載がある。

「民間伝承論」は、昭和九年八月、現代史学大系第七巻として共立社書店より出版。第二章以下は自筆にあらざる故省略した。〔柳田　一九七〇　五六二〕

同巻の旧版刊行時（一九六四年）には、柳田はすでに亡くなっており、編集者の執筆であることは間違いない。『民間伝承論』の成立の過程をみていく。執筆を担当した後藤興善は、執筆時の肩書きが不明であるが、昭和七年（一九三二）にはフランスの民俗学者ヴァン・ジェネップの『民俗学入門』を翻訳している。戦後、昭和二十三年（一九四八）には、文部省が進める新しい社会科の教科書に向けた参考書『社会科のための民俗学』（火星社）を出版しており、同書刊行時は早稲田大学教授である。

どのような経緯のもとに柳田の講義は始まったのだろうか。『現代史学大系』全一五巻の一冊として刊行されることになり、柳田は「民間伝承論の会」を始めた。参加者は当初、後藤興善・比嘉春潮・大藤時彦・杉浦健一・大間知篤三の五名であったが、二回目から橋浦泰雄・山口貞夫・坂口一雄の三名が加わり、計八名が連続して受講している。柳田が講義して、筆記を後藤興善が担当した。後藤興善の「巻末小記」が唯一の記録である。そこには興味深い記述が見える。

本書は柳田先生の著書ではあるが、先生が親ら筆を執つてお書きになつたものではなく、愚生が記述の嘱を受けて、先生の御講義を聴き、それを筆録したものを土台として、出来るだけ先生の御著述を渉猟してまとめ上げたものである。従つて厳密な意味の先生の御著述とは言へないものである。

〔後藤 一九三四 二九二〕

「巻末小記」によると、『民間伝承論』はすべて自筆原稿というわけではない。後藤は柳田の著作から補足したという、厳密には柳田の著作と断言するのは難しいという。後藤は、推敲に推敲を重ね、何度も徹夜をしたという。全体の構造がしっかりしている割に、各章の記述の拙劣さが気になると謙遜するが、初めての日本民俗学理論書が完成したことを素直に喜ぶ様子は、彼の文章からうかがえる〔後藤 一九三四 二九一～二九三〕。

そして戦後まもなく、柳田は「現代科学といふこと」と題した講演の中で、以下のように述べた。

自分も十何年か前に一度、民間伝承論といふのを書いて見たのだが、是は失敗であつた。筆記のさせ方が悪かつたので誤りが多い。その上に是非言ふべくして言ってないことが幾つか有る。その一つは日本の民俗学が、他の国々の真似をしてはならぬ理由、全体にどこの国にも国としての特徴は有るのだが、日本は殊にそれが多い。たとへば英国では頻りに残留Survivalsといふことを言ひ、是を残留の科学と呼んでもよいなどと言つた人もあつたが、こちらでは古い生活ぶりが、もつと正々堂々と継続して居る。

〔柳田 二〇〇四 三八五〕

この『民間伝承論』は失敗であったというのが、『定本柳田國男集』に入れなかった要因であろう。「筆記のさせ方が悪かった」というが、ほとんど後藤に任せてしまった結果ではないだろうか。後藤の「巻末小記」によると、第四章と第七章は標題と各節の見出しは柳田が示したものと言うが、それ以外は後藤が案出したという。つまり、序、第一章に関しては柳田の筆であるが、それ以外は後藤が講義を聴いて著書、雑誌論文を渉猟して書いたものであった。誤りが多かったという指摘もあるが、これは柳田自身が後藤の原稿の確認を怠ったことも原因の一つである。校正作業を行ったのは後藤であった。ちなみに、共立社版『民間伝承論』は二九二頁である。目次構成を以下に示しておく。

『民間伝承論』目次（※太字は、柳田が示したもの）

序

第一章　一国民俗学　①凡俗知識の研究／②新しい学問の成長／③人類学の発展／④今日の史学／⑤フォクロアの内容

第二章　殊俗誌学の新使命　①既往土俗誌の価値／②エスノグラフィーとフォクロア／③習俗進化の跡／④日本の土俗調査／⑤世界民俗学の実現へ

第三章　書契以前　①史学の有限性／②考古学の再吟味／③文明国探検／④起源論検討／⑤我々の方法

第四章　郷土研究の意義　①採集技術の問題／②所謂劃地主義／③雅俗都鄙／④日本郷土の特色／⑤学問孤立の危険

第五章　文庫作業の用意　①文庫の迷宮化／②記録整理の声／③計画記録／④偶然記録／⑤採集記録

第六章　採集と分類　①採集の方途／②三部分類／③分類の標準／④索引と用語／⑤仮定の練習

第七章　生活諸相　①概説／②二通りの生活／③新たなる交通／④暦と経験／⑤芸術の根源／⑥遊戯と玩具

第八章　言語芸術　①新語作製／②諺と譬へ／③唱へごと・謎・童言葉／④民謡／⑤語りもの／⑥昔話

第九章　伝説と説話　①伝説概説／②伝説の合理化／③伝説の型の問題／④神話のもとの形／⑤伝説・説話の運搬者／⑥世間話
第十章　心意諸現象　①概説／②知識と技術／③趣味愛憎と死後の問題／④前代知識の観測／⑤呪術・禁忌／⑥心意研究の重要性
巻末小記（後藤興善）

以上、一〇章から成っている。構成としては、第一章から第六章までが総論にあたる。第七章から第十章までが各論にあたる。「第六章　採集と分類」で、三部分類を紹介している。現地調査に入る際のように、まずは目に映ずる資料を第一部、次に耳に聞こえる言語資料を第二部に置いている。そして、最も微妙な心意感覚を第三部に入れた。柳田は、第一部を旅人の学、第二部を寄寓者の学、第三部を同郷人の学とした。また、それぞれ体碑、口碑、心碑と呼ぶことができると述べている[3]。『郷土生活の研究法』では、第一部を有形文化、第二部を言語芸術、第三部を心意現象、と命名している。

三　三部分類の提示

上述したように、「第六章　採集と分類」の中で、初めて三部分類が提示された。民俗の採集調査者の立場から示した分類である。生活文化全般にわたった分類であり、柳田が民俗をどう捉えていたかを示したものと言える。この分類について、新谷尚紀は、民俗学の教科書『民俗学とは何か―柳田・折口・渋沢に学び直す―』の中で、以下のように述べている。

とくに注意したい点は、その三部分類は、たとえば有形文化が民具、言語芸術が伝説、心意現象が俗信などという単純化した皮相的な理解はまちがいだということです。後藤興善や小林正熊の筆録した時の柳田の講義では便宜的にそのような説明がなされていたようですが、柳田の民俗資料への言及全体から判断されるのは、三部分類というよりも三層分類と呼ぶべきものです。

〔新谷 二〇一一 九〇〕

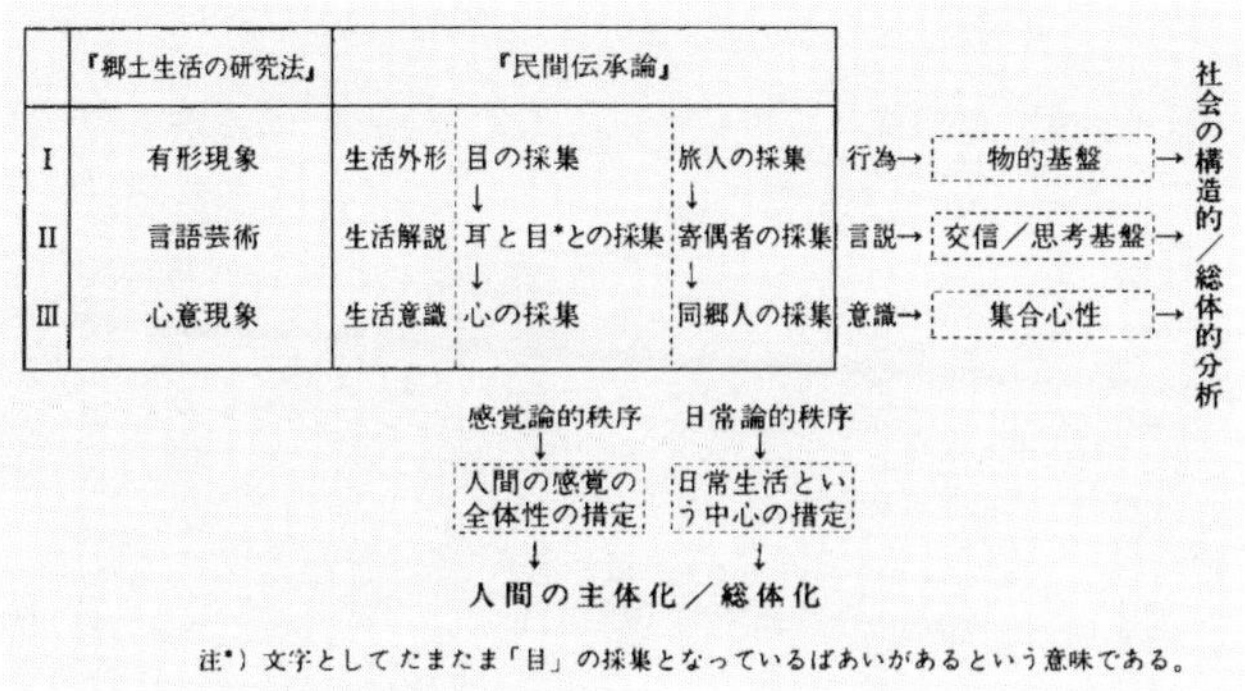

図⑳　分類の構想（佐藤健二『読書空間の近代』より）

柳田の学説は、単なる生活変遷や世相変遷の解説史学ではなく、哲学的な変遷論であると述べる。そして三部分類は単純な分類ではなく、三層分類というべきであると自説を展開した。一見、新鮮味のある理論のように思えるが、新谷は拡大解釈している。分類の構想という点から言えば、佐藤健二が示した「分類の構想」のほうが理解を深めるものになっている〔図⑳〕。佐藤は、二つの論理軸からパラフレーズされていることを指摘する。すなわち、一つは目・耳・心という感覚論的秩序である。もう一つは旅人・寄寓者・同郷人という日常論的秩序である。この二つの軸は採集者の身体を前提に考案されたものであるという〔佐藤 一九八七 二六一〜二六二〕。

柳田の三部分類は、『民間伝承論』によると、「三年ほど前に一応それを公表した」とある〔柳田 一九九八g 九八〕。その三年ほど前の発表とは、「社会人類学の方法及び分類」のことであろう。この論考は、昭和五年（一九三〇）五月一五日の東京人類学会発行の雑誌『人類学雑誌』四五巻五号に掲載された。その部分は以下のように記される。

社会人類学の分類の一私案として次の如く考へて見た。先づ研究対象により有形のものを取扱ふ学問と、無形のものを取扱ふ学問として区分して見る。考古学はその前者である。無形の部分を取扱ふ場合には研究者が研究対象に対つて行く態度により、凡そ三つの種類がある。1は眼で見られるものであつて之は生活様式を研究するものである。之は旅行者でもよくなし得るから旅人の民族学とでも呼び得るであらう。2は耳で聞くべきものであつて、之は生活解説を試みるものである。耳で聞くためには相当期間一処に在る必要があるので滞在者の民族学とでも呼び得られよう。最後の3は感覚に訴へるものであつて生活観念に突入するものである。之は其地の自然人事と絶間なき接触統合を必要とし、全く其地に同化しなければ感得できぬから、これを郷人の民族学と名づけられるであらう。之と略々同様な見方をセビオやバーンがしてゐる。従つてナショナルな社会人類学はこの最後のものによるべきであり、殊に日本はその点で恵まれてゐる。
〔柳田 二〇〇一a 二七五〕

この記述を見る限りでは、柳田はセビオやバーンなどの外国の文化人類学者の著書を応用しているようである。三部分類の基本として、「眼で見る＝生活様式」「耳で聞く＝生活解説」「感覚で知る＝生活観念」と分類している。柳田は『民間伝承論』の中で、三部分類をする目的は、誰でも簡単に必要な採集ができるようにするためであったと論じる。そのために分類はごく自然な形で順序立てたものであった。身体感覚を重視した分類と言えるだろう。

第一部は、まず目に映ずる資料を対象とする旅人の学、第二部は、耳に聞こえる言語資料を対象とする寄寓者の学、そして第三部は、微妙な心意感覚を対象とする同郷人の学である。第七章から第十章はその具体例を解説したものとなっている。「第九章　伝説と説話」は、他に収まりきれないものを詰めている感がある。

目は採訪の最初から働き、遠くからも活動できる。村落・住居・衣服などは目によって採集されるのである。次は耳である。耳はこれを働かせるには近寄っていかねばならない。柳田は、第一部を旅人の学といい、「体碑」と呼ぶ。第二部は寄寓者の学で、「口碑」と呼ぶ。そして、第三部は同郷人の学で、「心碑」と呼ぶ。

第一部は有形文化、第二部は言語芸術即ち口承文芸のすべてを含むという。さらに第三部はいわゆる俗信などを含み、郷土研究の意義の根本はこの部分にあると述べている。つまり本質にあたるのが第三部の心碑である。そして、第一部を生活諸様式、第二部を生活解説、そして第三部を生活観念と考えてもよいと述べている。柳田は、この分類が決して思いつきではないとして、以下のように述べる。

英国のバーン女史Miss. C. Burneの「フォクロア提要」第二版の分類を見ると、第一部が信仰と行事Belief and Practice、第二部が慣習Customs、第三部が説話民謡等Stories; Songs, and Sayingsとなつて居る。即ち自分の案とは順序が変つて居り境目に喰ひ違ひはあるが、三部分類の根底は同じだといふことが証明せられる。〔柳田　一九九八g　九九〕

目・耳・心の三部に分ける分類方式は、「もとより耳・目・心の三部に分けることは自分独自の意見ではある」と柳田オリジナルであると主張している〔4〕。そして、柳田としては珍しくそれに関する図を示した（図㉑）〔柳田　一九九八g　九九〕。岡正雄の翻訳したバーン『民俗学概論』によると、「第一部　信仰と行為と」「第二部　慣習」「第三部　説話歌謡及び言習し」の三部構成になっている〔バーン　一九二七　七〜九〕。

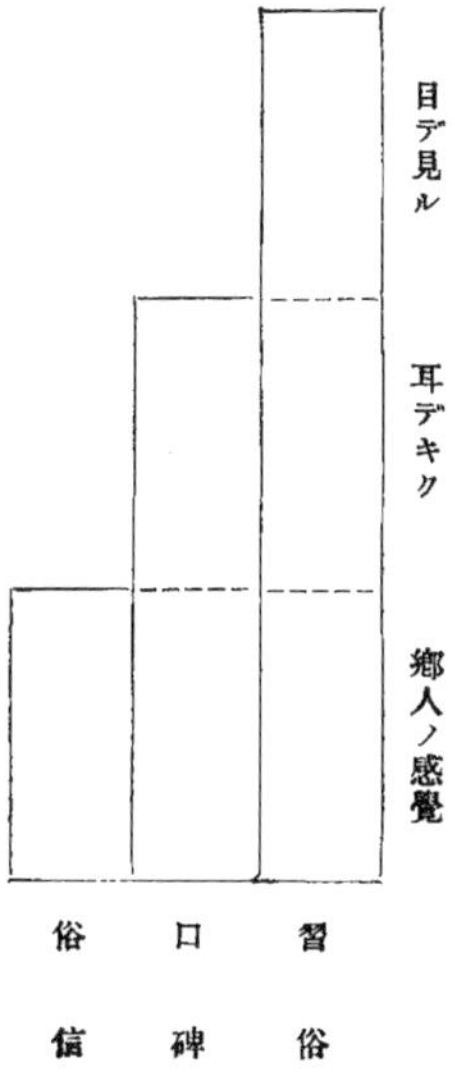

図㉑　三部分類（『柳田國男全集』8巻より）

四　「遠方の一致」現象と重出立証法

1　「遠方の一致」という考え方

柳田が『民間伝承論』で、「遠方の一致」について論じた部分を紹介すると、以下のようになる。

①「後狩詞記」で指摘

今から二十五年も前に「後狩詞記」と題して、自分が日向の猪狩の用語を採録した中の山の植物で、樺太にもあるものがある。是は山の或高さの地点と或高さの緯度の地とが、同じ植物の生活に適して居ることを示して居るのである。異つた土地に同種の植物が成長するのを斯う解することが出来ると思ふ。社会事象・文化現象にしても、又方言現象や年中行事にしても、遠隔の地に却つて一致があり、類を同じくするものが存するのは皆同じ理由によるのである。

〔柳田　一九九八g　五九〕

②「蝸牛考」で指摘

村の歴史なども、その古さ年齢を考へると、隣村近村よりも却つて遠い距つた土地にある村同志が却つて似て居る場合が多い。即ち隣同志の間に相違があつて遠方に一致があるのだ。是はあらゆる方面に著しく眼につくところで、自分が「蝸牛考」を書いた時から云つて居ることであるが、言葉にしても遠隔の土地同志の一致の例は余りにも多い。

〔柳田　一九九八g　七二〕

③僻陬の地に古いものが残留

斯く遠隔の地同志で不思議なほどよく一致して居る。地面の土のことを諸地方ではヂベタといふが、是を沖縄ではンチャ或はミザといひ、佐渡、八丈島でもミザといふ。遠くて関係もありさうに思へぬ島々で此の一致があるのである。斯かる残留は偶然の結果のもので、僻陬の地に古いものが長く残るといふことが考へられるのである。〔柳田　一九九八g　七三〕

柳田が『蝸牛考』で実証したカタツムリ方言の周圏的理解は、方言に限定した周圏論であったはずである。上記に見るように、いつのまにか文化論にすり替わっており、その点に大きな問題が潜んでいる。これは柳田が本居宣長『玉勝間』で見出した「田舎に古風が残る」という考えを拡大解釈しているのではないだろうか。『郷土生活の研究法』の中で、柳田は、「遠方の一致」という節を設けて論じる〔柳田　一九九八h　二五一〜二五三〕。この項目は、「沖縄の発見」が大きく作用している。柳田自身が述べるように、日本の古代に使われていた言葉は現在すっかり忘れ去られたが、沖縄では生き生きと使われていたという。この感動が古風が遠く離れた土地に残るという理論に連なっていく。そこでは距離が遠くなるに従って、少しずつ古い姿の消え方が遅くなっているというものである。

「古風保存の場所」は遠方であること、「文化変遷の遅速」は中央の影響の久しく届かなかった僻遠の地に古風が残る、という考えである。変遷の遅速は、ある意味では時間差である。この場合は、遠近は距離を示して、時間差は地域差という理論へと進んでいった〔柳田　一九九八h　二五二〕。それが『郷土生活の研究法』では、「南北双方の遠心的事情に、著しい一致のあることが心付かれ始めた」という表現になっていく〔柳田　一九九八h　二五三〕。柳田が「遠方の一致」現象から、お互いに遠く隔たった地域に古風が維持されていることに気づき、遠隔地ほど古風が残るという「文化残存説」に傾いていくのは必然であった。このような見方で『民間伝承論』を改めて読み直すと、文化周圏説を念頭に民俗学方法論を展開していると考えられる。

2　重出立証法の使用例

『民間伝承論』で、初めて「重出立証法」という学術用語が使われた。重出立証法には、「地域差は時代差」を示すという認識が前提としてあったようである。『民間伝承論』の中では、五箇所で用いられている。どのような文脈で使用されていたのかを示すと、以下のようになる。

①私たちの謂ふ重出立証法は、至つて安全に今までの厳正主義に代ることが出来るのである。〔柳田　一九九八g　六一〕

②我々の重出立証法は即ち重ね撮り写真の方法にも等しいものである。〔柳田　一九九八g　六二〕

③同じやうな型が何千何万と出現し、其変化の順序を復元することの出来る場合は、即ち前述した重出立証法による場合は、比較によつて順序を立てるのであるから危険不安はないわけである。〔柳田　一九九八g　一一三〕

④一部分づゝダータ《（ママ）》を元にもどして、再び帰納法或は自分のいふ重出立証法に拠つて結論に到達したいと思ふ。〔柳田　一九九八g　一八二〕

⑤多くを集めて重ね撮り写真を拵へるやうに、自分のいふ重出立証法によるならば、馬鹿にすることの出来ぬ結果が得られるだらうと思ふ。〔柳田　一九九八g　一九〇〕

以上の五箇所で、「重出立証法」の用語が用いられた。この用語の説明に際して、柳田は「重ね撮り写真」という比喩を使っている。重出立証法は、比較研究法の一種である。用語だけを抜き出してしまうと以上のようになってしまうが、この用語が用いられる前提に着目する必要がある。重出立証法の用語は、「第三章　書契以前」の「五　我々の方法」に出てくるが、以下のような書き出しで始まる。

我々の眼前に毎日現はれては消え、消えては現はれる事実、即ち自分の謂ふ現在生活の横断面の事象は、各其起原を異にして居る。此点より考へて、全事象はそのまゝ縦の歴史の資料を横に並べたのと同じに見ることが出来る。自分はこの横断面の資料によつても立派に歴史は書けるものだと信じて居る。〔柳田 一九九八g 六〇〕

この「横断面の事象」と「横断面の資料」が重要なキーワードになっている。そして、柳田は「同一のことがらにしても、現在の生活面を横に切断して見ると、地方々々で事情は千差万別である。其事象を集めて並べて見ると、起原或は原始の態様はわからぬとしても、其変化過程だけは推理することは容易である」と指摘した〔柳田 一九九八g 六二〕。これも重出立証法の考え方である。説明のために、事例として紹介したのが灯火の変遷であり、運動会の綱引きの民俗であった。

3 重出立証法の評価

福田アジオは、ちくま文庫版『柳田國男全集』二八巻の「解説」で「民俗学の資料操作法は重出立証法の名称で知られるが、この言葉が登場したのも『民間伝承論』が最初で最後であると言ってよい」と記している〔福田 一九九〇 六四二〕。また、福田は『日本民俗学概論』の「民俗学研究法」で、既に以下のように述べている。

柳田国男の比較研究法あるいは重出立証法は、全国的規模での資料の集積とその類型化と比較によって、解答として必ず変遷の諸段階を出すものであった。しかし、現代の民俗学の比較研究法はそのような限定的なものでない。さまざまな比較の方法が採用され、そこから出される解答も変遷ではないというものが多くなってきているのである。〔福田 一九八三 二六五〕

福田は、論文「重出立証法と民俗学」の中で、重出立証法は、『民間伝承論』の中で初めて用いられた用語であることと、その後の著作には出てこない特異な用語であると論じた〔福田 一九八四b 一六六〕。しかし柳田は、『民間伝承論』以外にも、口頭ではこの「重出立証法」という言葉を使っていたのである。福田は、この重出立証法を詳細に分析した結果、諸民俗事象の変遷を歴史的に明らかにすることはできず、重出立証法の結果が示しているものは、民俗の各類型間における型の新旧や単純・複雑といった序列にすぎないと論じた〔福田 一九八四b 一七五〕。

民俗事象における型の新旧や高低などの序列が可能であれば、ある程度の時間的序列を検討できないものだろうか、という疑問が湧いてくる。このように疑問点や問題点はいくつかある。まとめてみると、①類型間はどのように序列を付けるのか、②類型間の序列はどうして変遷を表すのか、③類型間の変遷の要因を明らかにするためにはほかに何があればよいか。今後は、福田の指摘及び課題を含めた民俗学理論の再検討が必要になるであろう〔5〕。

五 『民間伝承論』の伝承概念

柳田は『民間伝承論』の中で「民俗学」という用語の使用は、時期尚早と述べながらも民俗学について論じ、「伝承」について解説している。同書「第一章 一国民俗学」の中で、伝承の用語について、以下のように解説している。

①トラヂシオンといふ語は、其本国に於ても色々政治上の連想があつて困ることは、日本今日の「伝統」といふ訳語が之を推測させる。それでポピュレールといふ形容詞に、非常に重きを置いてもらふことになつて居るのだが、我々はそれを「民間」としか表現し得なかつた。其の代りに新たな感じのある伝承といふ語を以て情実纏綿する伝統にさし替へることが出来たのである。〔柳田 一九九八g 一七〕

②斯様な用語の末ばかりに、今更少しの遠慮をして見ても始まらぬ話だが、兎角どこの国でも明瞭にこの「民間」の範囲を指示し得なかつた。殊に面と向つて諸君等凡庸の徒の、伝承を知りたいと言ふことを憚つた。その為によほど反省の機会を失ひ、損をして居る人が有るやうである。

〔柳田　一九九八g　一七～一八〕

③人間に古風な慣行や考へ方を持つ者と、全然持たない者との二種類が有らうとは思はれぬ故に、此の伝承は遍ねく官吏なども引きくるめた民間に、求めることが不可能では無いからである。

〔柳田　一九九八g　一九〕

①では、伝承は「伝統」という訳語に置き換えができたとし、②では、民間人の伝承を知りたいというのは憚るものであるという。それは伝承には上層や下層の格差と言うものがないことを示しているからである。そして、「第七章　生活諸相」に「伝承」が以下のように出てくる。

④物の外形にしても、その背後にあるものの伝承に注意するやうにしなければならぬ。画家写真師と我々との相違は、外形や色彩を直ちに採集することなく、その奥に潜むもの、社会的動因ともいふべきものに対して注意するか否かの点にある。

〔柳田　一九九八g　一一一～一一二〕

⑤我々の求めるものは伝承であつて、型の性質を明らかにし、シンボルを知り、物の背後にあるものを知ることが出来れば、それで目的は達したといふべきである。

〔柳田　一九九八g　一一二〕

④は、物の外形であっても社会的動因が重要であることを論じている。奥に潜む社会的動因に注意すべきであると主張した。⑤では、伝承の型（タイプ）について論じている。ものの背後にあるものを知るという考えを強調してい

る。以上、柳田が『民間伝承論』の中で、「伝承」について正面から論じた部分をみてきた。「伝承」について論じたのはわずか五箇所であった。「伝統」の用語は使い古され、政治性も含まれてしまうので、新たに「伝承」の用語を使用しようという提案であった。その意味では、「伝承」の用語は当時としては新鮮な用語と受け入れられた。「伝承」は、形の背後にあるものであり、形の性質を明らかにしたりするものである、と柳田は解説したが、背後に存在するのは人びとの心意である。

六　伝承概念の諸相

1　『日本民俗大辞典』の伝承の定義

学術用語の定義の検討であるから、現在最も正確な記述を維持しているとされる『日本民俗大辞典』の検討から始めてみたい。同書の下巻に「伝承」の中項目が立項されている。平山和彦が執筆を担当し、「伝承」を以下のように定義した。

文化の時間的な移動を意味する概念。文化の空間的な移動を意味する伝播に対する語。すなわち広義には、上位の世代が語る言葉、または上位の世代が示す動作・所作を、下位の世代が聴くか見ることで受け継いでいく行為のこと。前者が口頭伝承であり、それに対し後者は動作・所作伝承である。口頭伝承では、語り継ぐ行為とともに、語られる神話・昔話・伝説・諺・民謡などもまた伝承と称されるが、伝達手段としての言語、たとえば日本語そのものも基本的には伝承されてきたものである。一方、狭義の伝承は型を伴う。すなわち何らかの事柄が世代を越えて繰り返されていくことによって型が形成され、その型が伝承されていくこととなる。伝承は文化のうちでも基層文化とか伝承文化の形成要素であるが、上層文化のうちでも伝統的な演劇・武術・工芸といった分野にも伝承は存在する。つまりこれらのいわゆる伝統文化もまた伝承によって成立しているのである。口頭伝承と動作・所作伝承は盆踊りと盆唄が示すように複合的に表出されることが多いとともに、価値観を随伴することも少なくない。つまり伝承は伝達する側も、継承する側も、意識的に行うばあいと無意識になされるばあいとあるが、いずれにしてもそこには軌範や禁忌がしばしば付随し、それらも伝承されていく。（平山 二〇〇〇 一六四）

平山は、筑波大学教授として日本民俗学の教育を担っていた。『伝承と慣習の論理』という理論書を出版し、伝承概念に正面から向き合った研究者でもある。平山は、伝承を時間的移動として捉え、空間的移動の伝播に対応させる。基層文化の形成要素として存在し、上層文化にも存在するという。伝承のタイプを口頭伝承と動作・所作伝承の二つに分けて解説した。

同辞典には、「伝承」に続いて、「伝承者」（古家信平執筆）、「伝承文化」（平山和彦執筆）、「伝承母体」（山本質素執筆）の三つの用語が取り上げられ、中項目程度の解説が記されている。それぞれの項目は、執筆者によって伝承の理解や捉え方が微妙に異なっている。「伝承母体」は、民俗を保持・伝承する単位と説明されるが、「民俗を伝承する」と記される点に筆者は違和感を覚える。「伝承者」は、民俗調査で聞き書きの対象となる適切な人を指し、いわゆる伝承の担い手である。何の伝承かというと伝統的な生活事象の知識を実践し体験してきた人であるというが、これも筆者には違和感がある。

この大辞典の縮刷版と言える『精選日本民俗辞典』が平成十八年（二〇〇六）に刊行された。一冊にまとまったコンパクトな辞典である。筆者は、大辞典で取り上げられている伝承者・伝承文化・伝承母体の三つの用語について、どのように修正されているかを確認しようとした。すると、検索対象の用語が見当たらないのである。三つの用語はすべて立項されていなかった。これは驚きの事実であった。『精選日本民俗辞典』の凡例に「本辞典は、『日本民俗大辞典』より、民俗学の概説書や入門書あるいは大学の講義などに頻出する重要用語、七〇〇項目強を精選した」と記される〔福田ほか編 二〇〇六 四〕。これは一体どういうことであろうか。伝承は民俗学における重要な学術用語であったはずである。伝承という用語は、もはや解説が不要になったということであろうか。この驚きの事実を念頭に、伝承概念に関する歴史を紐解いていくことにしたい。

2 平山敏治郎の伝承論

平山敏治郎は、昭和二十六年（一九五一）三月発行の『民間伝承』一五巻三号に「史料としての伝承」を掲載した。この論文が契機となって、牧田茂、堀一郎、和歌森太郎、関敬吾、山口麻太郎らによる民俗学性格論争が始まった〔6〕。平山は、後に『日本民俗学大系』二巻（日本民俗学の歴史と課題）に「『伝承』について」を執筆している。「史料としての伝承」とおおむね同じ内容であるが、「大系」に載った論文は完成度が高い。そこで「『伝承』について」を考察の対象にする。平山は、民俗学というのは歴史科学の一分野であるという見解の持ち主である。もちろん文献至上主義の歴史学者ではなく、民俗学に造詣の深い研究者である。そのこともあって、平山の語る伝承論には傾聴すべき点がいくつもある。以下に紹介してみる。

①生きているものは常に変化する。ましてこ古風の廃絶忘却の徴のいちじるしいこんにち、村落調査の必要は迫っているから、われわれが調査旅行をおこなうのは当然である。その結果、伝承文化は民間伝承の形をもって、研究の素材として多く蓄積されることになった。〔平山 一九五八 二〇七〕

②伝承文化は伝承されているだけでは、たとえそれが生きている現実の姿であろうとも、また事実として何ぴとにも認められていても、そのままでは学問研究の素材とはなりえない。史料とはただありのままの生態というもの

ではなかった。何らかの技術的操作を加えて、見たまま、聞いたまま、もしくは感じたままを客観的な状態に固定しなければならない。生きた事実も一定の形態に表現されなければならなかった。〔平山 一九五八 二〇七～二〇八〕

③民俗学についていえば、史料となるべき文化はその素材の形態によって、何らの制約をも受けぬことが承認されなければならない。過去の文献のうちにも、かつての貴族社会の生活からも、そこに存した伝承文化は捨てて顧みぬということなく、ひとしなみにとりあげなければならぬことになる。かくして民俗学の対象は、伝承文化の解釈を通じて、現在の村落において見出される民間伝承としての民俗にかぎらず、それとともに、なおいっぽうには他の社会集団、いまは解体消滅した過去の特権階級のあいだにも求められ、他方には時間的に過去と現在とを問わぬまでに拡大されなければならなくなった。〔平山 一九五八 二〇九〕

平山敏治郎によれば、文献も聞き書き資料も客観的な状態に固定し、研究者の視角による価値付けを経て文章化されていくべきであるという。生のままではなく、一定の資料化をしておかないと活用できない。研究者がそれぞれの立場から文献や伝承を活用して考察していく。そのように研究されてはじめて資料としての価値が出てくる。平山敏治郎にとっての伝承概念は、このように資料として使える形態を意味していると思われ、伝承は常に変化するという認識も確認できる。

3 平山和彦の伝承論

『日本民俗大辞典』下巻で、伝承の用語解説を担当した平山和彦は、『伝承と慣習の論理』で、伝承と民間伝承はともに柳田の造語であると推定した。『定本柳田國男集』の索引検索をもとに、伝承の初出は大正三年（一九一四）の論文「木思石語（一）」（『旅と伝説』第一年八号）であることを突き止めた。文章中に「伝承と訳して居るトラヂシオン」

と書かれるが、トラヂシオンは tradition である。平山は、伝承を以下のように定義した。

> 伝承は、伝承の当事者にもとづいて分類した場合、口頭伝承および動作もしくは所作伝承の二つに分けられる。そして双方とも基本的には行為なのである。前者の口頭伝承は、語る・聴く、後者の動作・所作伝承は、動作・所作あるいは行動を見る、という方式でそれぞれ伝達継承されるからである。しかし、空間的な伝達継承は伝播の範疇に属することであって、伝承は世代間における伝達継承である。したがって、伝承を大まかに規定するなら、上位の世代から下位の世代に対して何らかの事柄を口頭または動作（所作）によって伝達し下位の世代がそれを継承する行為だと考えられるのである。（傍点原文）〔平山 一九九二 一三二〕

平山和彦は、伝承を「伝達継承」の短縮語で、柳田の造語であるとした〔平山 一九九二 一三三〕。伝承は、時間軸の中において継承されていくものであり、空間移動に伴う行為である伝播は含んでいないという。平山の伝承概念には、時間軸が埋め込まれている。上位と下位という階層性も存在しており過去と現在がつながっていく。当然そこには時代の新旧も存在する。実は、その新旧に関して上位と下位と考えること自体が問題なのである。このように平山の伝承概念は明確であるが問題も内包していた。

生活事象の中に歴史的な過去が残留するのは当然であり、それは時代変化の中で変わっていくものである。場合によっては消滅する。あるいは発展的に拡大していくかもしれない。いずれの場合も、過去は何らかの形で現在の中に残ると思う。それは記録であり記憶であったりする。この点に関し新谷尚紀が明瞭な説明をしているので、以下に紹介してみる。

> 日本民俗学がその対象とする、伝承とは tradition であり過去から現在への運動 movement である。だから、伝承

の研究は過去を対象としつつも現在をも対象とする。そして、その中間の長い歴史の過程をももちろんその対象とする。〔新谷 二〇二〇 五五〕

新谷が指摘するように「伝承の研究は過去を対象としつつも現在をも対象とする」のである。この指摘どおりに考えれば、伝承概念の明瞭な理解にたどり着くであろう。しかし、問題はそれほど単純ではない。これまでの研究者たちが、伝承の捉え方をどこかで誤った可能性がある。

4 高桑守史の伝承論

高桑守史は、論文「民俗調査と体碑―伝承の一側面―」で、体碑の意義を深めた〔高桑 一九九八〕。平山和彦の伝承論に依拠しながら、高桑は民俗学の新たな視点を確立するために、「伝承」や「伝承主体」のあり方について考察した。特に身振りやしぐさに注目した。高桑によると、「場に立ってものを考える」思考を喪失した民俗学は、伝承や伝承主体への観察がおろそかになり、結果としての民俗だけを考察してきたという。閉塞状況の民俗学に新たな息吹を与えるために、伝承、伝承主体に目を向ける必要があると主張した。伝承は、手段はどのようなものであっても上位世代から下位世代の者へ伝え継ぐ行為であり、伝承主体はその伝承を担う、あるいは行う者を意味するという〔高桑 一九九八 二一九〕。この見解は、平山の見解を踏襲したものであろう。

高桑が述べるように、一定の身振りやしぐさには、無意識のうちに身体に染みついた文化が表出している。その意味からも伝承のあり方を研究する意義は大きいという。高桑の分類は、柳田の『木思石語』からヒントを得ている。聞き書き調査は、伝承主体の語りを重視した調査法であり、そこからは、しぐさや身振りをはじめ、眼の動きや身体を通しての表現は捉えにくい。それらは、口碑や心碑に対し、体碑と呼ばれるものであるが、高桑は体碑への眼差しの必要性を訴えたのである。高桑は、現地調査の中で伝承を考えようとしてきた。一般に、聞き書きは観察を前提としていない。そのために生活する人びとの身振りやしぐさにまで、その観察の眼は及ぶことがない。もちろん観察すると言っても、調査地の概観把握に終始しており、必ずしも場に立っての調査とは言えないという。高桑が着目した体碑は、民俗学がその展開の中で置き忘れてきたものであり、伝承の過程で体碑がどのような役割を果たしていたかを検討した。高桑の用いる伝承概念は、平山和彦の定義に依拠しているが、時間軸は含んでいないようである。

5　田中宣一の伝承論

田中宣一の『柳田国男・伝承の「発見」』は、伝承概念を本格的に論じた書である。同書に先立って、田中は『日本常民文化紀要』二七輯に、論文「『伝承』の全体像理解にむけて」を執筆している〔7〕。その中で、民俗学は日常・非日常の場を問わず、超世代的に伝えられていく事柄及び伝える営為を「伝承」という言葉によって掬い上げてきたと論じた〔田中 二〇〇九 九七〕。田中は、民俗学者の中で伝承概念に本格的に取り組んだ数少ない研究者の一人である。田中によると、柳田國男は、明治四十一年（一九〇八）の椎葉村の旅で伝承の意義を感じ取り、それ以降二〇年にわたって伝承概念を磨いてきたという〔田中 二〇一七 二〕。それに関して、田中は以下のような見解を示した。

わが国の文化研究において伝承というものを積極的に掬いとり、それらに対峙するようになったのは、明治時代後期だとみてよいのではないであろうか。そして、伝承の包蔵する文化的豊穣さを充分に認識し、自他の別なく地域の諸伝承を自らの営みとして多くの人が意識的積極的に文字に定着させ、研究の対象とも資料ともしはじめたのは、大正時代の中後期である。著者はこの段階においてようやく伝承は、名実共に「発見」されたのだと考えている。さらにそれの体系的把握が試みられるようになるのは、大正時代後期から昭和に入ってからであるが、この過程において伝承概念の確立と体系的把握を牽引したのが、柳田国男であった。〔田中 二〇一七 一二〕

田中によれば、柳田の明治四十一年（一九〇八）の九州旅行はほとんどが旅館を利用していたという。それに対し、椎葉村ではすべて民家に泊めてもらった点を重視した。これは田中自身の民俗学者としての感覚による推測が含まれているが、現地で見聞・体験した生活事実こそ、柳田に大きな影響を与えたと論じた。しかし、田中も述べるが、その後の柳田の著作において、椎葉村の生活体験はまとまった形で記述されなかった。柳田の頭の中では、書物に記されない地域の伝承が研究対象になることを確信していた可能性がある。そして、潜在し続けた伝承への関心が覚醒し蠢動し始めたという〔田中 二〇一七 三四〕。

田中は、大正二年（一九一三）三月の『郷土研究』創刊号の高木敏雄「郷土研究の本領」に「伝承」の語が用いられ、同年五月発刊の石橋臥波編集の雑誌『民俗』の設立趣旨にも「伝承」の語が用いられていることを指摘した〔田中 二〇一七 四二〕。『郷土研究』創刊号の「郷土研究の本領」には、以下のように「伝承」の用語が使われる。

徳川三百年間の太平は、国民的文化の研究を勃興せしめ、明治の新時代は新思想を以て、更に此研究を進めた。併しながら若干の伝承と旧習とは、今尚軽蔑し難い勢力を維持して、現代の文献科学界に跳梁跋扈して、動もすれば新しい研究の普及を妨害せんとしてゐる。〔高木 一九一三 二〕

これを見ると、伝承と旧習は比較的近い存在であり、どちらかと言えば、面と向かって批判すべきものであったようである。雑誌『民俗』の「日本民俗学会設立趣旨」では、以下のように「伝承」の用語が使われている。

我が民族は単一なるものに非ざるが如く、従つて民俗文化の基く所甚だ複雑なるものあり、加之、古来の習俗、伝承等年に湮滅し月に変化しつゝあり、今の時に於て之を蒐集し攻究せずんば、将にその旧態を止めざるに至らんとす。〔日本民俗学会編 一九一三 二〕

設立趣旨で用いられる伝承は、習俗の語と併記される。そこで田中は、習俗が所作によって継承される事柄であるとするならば、伝承は口頭で伝えられていくものであると理解した。雑誌『民俗』と雑誌『郷土研究』においては、いずれも学術用語として伝承が使われたわけではない。田中によると、大正初期には昔話や伝説が口伝えに継承されるという意味で伝承を用い、大正中期には、所作・技術として伝えられており、さらに祭りや信仰のように、多分に心意に属する事柄が伝えられる点に拡大して使用されていったという〔田中 二〇一七 四五〕。伝承が本格的に学術用語として使われたのは『民間伝承論』からであった。

6　加藤秀雄の伝承論

加藤秀雄の『伝承と現代—民俗学の視点と可能性—』は、伝承概念を正面から取り扱った著書である。批評対象は、同書「第一部　伝承概念再考」の「第一章　伝承の研究史」である。加藤は、『日本民俗大辞典』下巻の「伝承」と「民間伝承」の二項目〔平山和彦執筆〕を確認している。平山和彦の定義は、伝承がどの文化層に存在するかに言及し、日常生活の中に存在し、ハイカルチャーに対置して位置付けられるとした。伝承はハイカルチャーにも存在するので、平山はあえて民間を付したのだろうと考えた。「有識ぶらざる境涯」を「日常」や「生活世界」と同義語と理解して論を進める〔加藤 二〇二三 三四〜三五〕。

加藤は、伝承が登場するのは、『郷土研究』創刊号の高木敏雄「郷土研究の本領」が初出であるとした。これは田中宣一の見解と同じである。柳田の『民間伝承論』に見られる伝承の分類案の検討を通して、柳田が目指したのは当時の歴史学者が顧みなかった人びとの生活変遷を理解することにあった点を見出した。その根幹にあるのは、過去と現在、あるいは地域間の比較であったという〔加藤 二〇二三 四四〕。加藤は、伝承を変わりにくいものとして静態的に把握する視点は、もともとこの概念には存在しなかったという見解を示した〔加藤 二〇二三 五四〕。そのように伝承の理解が変わるのは戦後であると指摘したものの、肝心な昭和二十年代に行われた「民俗学性格論争」に言及していない。

加藤によると、柳田は伝承を固定したものとしては捉えておらず、むしろ民族性や国民性を論じる態度を避けていた。柳田にとって重要だったのは、伝承からどのようにして「書かれなかった歴史」を描き出すかという問題であったという〔加藤 二〇二三 七七〕。柳田が、当時の文献史学に対して行った批判の中で、伝承が変化するということは、方法論的にも重要な要件であった。事物が変化し、そこに過去との差異が生じるからこそ歴史叙述は可能になるという見解であった。伝承概念には、もともと「通時的同一性の規定」など含まれてはいなかった〔加藤 二〇二三 八三〕。

七　伝承概念の再検証

ここでは加藤秀雄の見解を受けて、伝承について再確認をしてみたい。伝承を変わりにくいものと定義したのは誰なのか。少なくとも、近年の民俗学の辞事典では「伝承」の項目が見当たらない。「伝承記録」という項目が『日本民俗事典』にある。執筆は和歌森太郎で、「民俗学では、常民生活の体験を通じて、文字によって記録されたものではない、伝承的知識をもつ伝承者を見出して、その語るところを、資料として活用するが、これを記録したものをいう」と解説している〔和歌森 一九七二a 四七八〕。また、同書で同じく和歌森が「伝承文化」の項目を担当している。伝承文化は基層文化のことであり、いずれもが伝承性を持っているとして、和歌森は以下のように解説した。

民俗学は、このような伝承文化が、なぜ生れ、どうして伝承力をもって継受されてきたのか、伝承を支えた歴史的・地域的諸条件にかんがみて考究する学問なのである。〔和歌森 一九七二a 四七九〕

ここでは、「伝承力」という用語が使われている。伝承を支えた云々をみると、和歌森の言う伝承は、民俗へと置き換えられるであろう。

歴史学者の笹本正治は、論文「民俗と文字─伝承と書承─」の中で、伝承には口承と書承があるという。民俗学が人間の営みや文化を全体として掌握するためには、伝える手段すべてを研究対象にすべきであると主張した。笹本の考える伝承は伝える手段である。消えていった民俗、変化する民俗に目を向ける必要があるとし、そのためには書承を主として研究する歴史学や大地の中から掘り出された遺物を主たる対象とする考古学などの諸学問と連携の必要があると主張した〔笹本 一九九八 八二〕。

湯川洋司は、論文「民俗の生成・変容・消滅」で、民俗の伝承について興味深いことを指摘している。論文は以下のような文章で始まる。

> 民俗が新たに生まれたり、変容したり、あるいは消え去るという現象は、生活の推移のなかで当然起りうることである。それぞれの現象は意味が異なるとはいえ民俗が「動く」ことにほかならず、それらは「変化する」という言葉の範囲内で捕捉されうる。そもそも民俗が伝承されるという事態のなかに、すでに変化の兆しは見えている。〔湯川 一九九八 八四〕

民俗が伝承されるというのは、いつも変化する視点が存在しているということである。湯川論文の詳細は省略するが、湯川は冒頭の問いに対応して、以下のように結論づけている。

> 潜在化していた民俗は、社会の深いところで動く人びとの情動そのものを端的に物語る場合もある。民俗の「動く」意味を追求するならば、そこに目を凝らすのはきわめて大切なことがらになろう。従来のいわば祖型追求型の民俗調査や民俗研究においては、眼前に展開する民俗を捉えることよりも人びとに記憶された民俗、あるいは

この潜在民俗を掘り起こすことに精力が費されてきたと言ってよい。しかしその姿勢が保持される限り、民俗が動いていく姿やその意味を捉えることはできない。これは民俗学の目的や民俗の概念規定とも大きくかかわる重要な問題であり、さらに検討されるべきである。〔湯川 一九九八 九四〕

潜在民俗の探求は、古い型を求めているのである。湯川の言葉を借りれば、民俗は動いているのであり、眼前に展開している民俗を捉える姿勢が大事である。それは祖型追求でもなく、潜在民俗の掘り起こしでもない。眼前に展開する民俗を見ていくには、大前提として民俗は変化するものという認識が必要であると主張した。

小池淳一は、「伝承」について重要な意見を展開している。民俗芸能や口承文芸の分野において、伝承に新たな意義を見出そうとする考えが提出されているという。民俗芸能であれば、演じ手や語り手、あるいは聞き手、観客といった個人に着目したりする傾向が見られる。そこから伝承概念が研ぎ澄まされる可能性が出てきたという。これについて小池は、以下のようにまとめる。

こうした個人への注目や場の意義の発見は民俗学全体に通底する問題を提起しているのであり、ここを通過しないで今後の民俗学的認識を定立させようとするのは不可能になっていくだろう。〔小池 二〇〇二 五六〕

個人への着目という点は、近年の民俗学研究に即している。小池は、伝承の担い手である個人の存在が重要になると考察する。前論理的な個人意識、共同体を構成する個々人のエゴ、所属する共同体における随順と対立などの視点が重要になるという。小池は、伝承の記述の問題、伝承その物がどのように形成され、どのように変転していくかという視座の獲得なども課題とし、生きられた、生きた場を重視したアプローチは、歴史学にはない重要な視点の獲得に結びつく可能性を指摘した〔小池 二〇〇二 六〇〕。

柳田國男は、『民間伝承論』の中で「伝承」の概念提示を行った。柳田によれば、伝承というものは型の性質を明らかにしてシンボルを知り、型の背後に存在する心意を知ることが目標であるという。この伝承に関して、篠原徹が『民俗学断章』の中で、以下のような興味深い指摘をしている。

通常、民俗学というと身辺卑近の古くから続いてきたと思われることを、それも古ければ古いほど価値あるように賛嘆し採集する奇妙な一群の人びとのやっている学問らしきものというのが一般の認識であろう。そしてそれがせいぜい歴史学の補助学ぐらいにしか思われていないのは、こうしたことに携わる人びとがアカデミズムのディシプリンを受けていないアマチュアが多いことと、文字が席巻したように見える近代以降の世界にあっても、伝承という奇妙で厄介なものをあつかっているからである。（傍点原文）〔篠原 二〇一八 一五〕

文字が席巻した近代社会にあっても「伝承という奇妙で厄介なもの」を扱っている民俗学という指摘は言い得て妙である。篠原は、外国理論に振り回される日本民俗学界の現状を憂いながら、外国理論を自家薬籠中のものにして独自思想を打ち立てた柳田國男の学問を語り、民俗学の面白さは融通無碍で自由自在なところであると論じた〔篠原 二〇一八 一六〕。民俗学は、近代の学問分類に入りきらない「雑」を扱うことが多いが、篠原によれば、「雑」の引き出しの中に、伝承という衣装をまとった厄介なものがあるが、それは無意識に行うしぐさ、行動、考え方が含まれる魅力あふれるものであるという。

篠原は、民俗学は「雑」の引き出しに入っているものを扱う学問であっても一向に構わないという。伝承を近代教育の知識と感性以外のすべての非文字的な文化一般と捉えれば、伝承とは膨大な世界を持つことになる。そして、伝承のもつ文化の多様性に着目すべきで、かろうじて伝承される断片にこだわる必要はないという。篠原の立場は、伝承する生きた人間を資料と見なすという壮大な構想でもあった。伝承を大胆に理解する姿勢に筆者は共感を覚える。

まとめ

『民間伝承論』は、昭和九年（一九三四）八月に刊行された日本最初の民俗学理論書である。同書作成にあたって、柳田が講義をする「民間伝承論の会」が、昭和八年（一九三三）九月から十二月まで一二回開催された。この会は発展的に「木曜会」となり、昭和九年（一九三四）一月十一日に第一回例会が開催された。「民間伝承論の会」に参加した後藤興善が、口述筆記としてまとめ上げたのが『民間伝承論』であった。

本章の目的は、『民間伝承論』に関する三つの疑問の解決にあった。第一は、柳田はなぜ『民間伝承論』を自分の著作と認めたがらなかったのかという疑問である。『定本柳田國男集』二五巻の『民間伝承論』は「序」と「第一章　一国民俗学」だけが収録されている。その経緯は、柳田本人が『民間伝承論』を自分の著作ではないと意思表示したためであった。本章では、日本最初の民俗学理論書は口述筆記の方法で準備され、その多くが後藤興善に任されていたことを明らかにした。柳田が「民間伝承論の会」で試行した口述方式による講義は必ずしも成功していない。結果として『定本柳田國男集』に収録されないなど、民俗学に関心を持つ読者が読むことを困難にした。同時期の民俗学概説書『郷土生活の研究法』に比べると、『民間伝承論』は多くの読者にとって遠い存在であり、忘れ去られた学術書であった。

第二は、「民間伝承論の会」でどのような講義が行われたかという疑問である。これは意外と難しい。なぜならば、柳田が語ったとおりに活字化された本ではないことが判明したからである。後藤は、柳田の講義に大きく肉付けして『民間伝承論』を完成させた。今後、講義ノートに関わるメモなどが発見されれば、さらに研究が深まると思う。『民間伝承論』制作のために立ち上げた「民間伝承論の会」は、翌年には木曜会へと継続されていく。柳田の講義を聞く学習会には若い研究者が集まった。山村調査の大事業が実施されるようになると、柳田の考えを実践に移す段階がやってくる。中心になって活躍したのは、柳田の講義を受講した若い研究者で、日本民俗学の確立期に活躍する人びとであった。「民間伝承論の会」は、若い研究者を育成する揺り籠としての存在意義があったと言えよう。

第三は、『民間伝承論』で提示された民俗学理論のうち、民俗資料における三部分類と、同書で初めて提出された「重出立証法」、そして「伝承」という学術用語に関する検討である。民俗資料における三部分類は、英国のFolkloreからの影響が濃厚に入っていることを確認した。また、重出立証法については、民俗事象の歴史的変遷がわかるといい、その前提は「遠くの一致」という現象への理解から始まっている。福田アジオによると、重出立証法とは民俗の各類型間における型の新旧や単純・複雑といった序列にすぎないという。しかし、筆者は重出立証法の前提「遠くの一致」の民俗現象に関しては研究の余地があると考える。

日常語として、当たり前に使用している「伝承」という言葉は、日本民俗学が創り出した学術用語であった。現代では当たり前の用語になっていることもあり、かつて重要な概念であったことはすっかり忘れられ、陳腐というレッテルを貼られる言葉になり下がっている。これは最新の学術用語が、一般に通用する言葉に変わると生じる現象でもあった。主要な伝承論の検討を通して、「伝承」の持つ意義を検討した結果、「伝承」に歴史性や上位下位という階層性が付与されたのは戦後であることを明らかにした。日本民俗学の概念は、当然設定された時代の制約を受ける。今回の検証は、加藤秀雄の研究に依拠しているが、柳田は伝承が常に変化するという認識を持っていたことを改めて確認した。

［1］『柳田國男事典』では『民間伝承論』は「口承文芸研究」枠の中で紹介されている。同事典には「民俗学」という項目があり、そこでは『郷土生活の研究法』が解説対象となっている。本来であれば『民間伝承論』は、「民俗学」枠で紹介されるべきであろう。筆者は学生時代、『民間伝承論』について、①口述記録なので柳田本人は著作と考えていない、②民俗学理論は『郷土生活の研究法』があるから十分である、という先輩たちの評価を耳にした記憶がある。昭和五十五年（一九八〇）に、伝統と現

代社から改装版『民間伝承論』が刊行された。平成二年（一九九〇）に、ちくま文庫版『柳田國男全集』二八巻に全文が収録され、伊藤幹治が解題を書いている〔伊藤 一九九八 六五六〕。この時点で初めて、『民間伝承論』が気軽に読めるようになった。

〔2〕木曜会が昭和八年（一九三三）からとする例を挙げておく。たとえば鶴見太郎の『柳田国男とその弟子たち―民俗学を学ぶマルクス主義者―』には、「木曜会主要メンバー」の一覧表が載る〔鶴見 一九九八 三四～三五〕。その一覧表に「柳田との関連」という項目があり、「昭和八年木曜会参加」と「昭和八年講義『民間伝承論』に参加」といった二種類の記述が見られる。鶴見の一覧表では、昭和八年（一九三三）に「木曜会」と「民間伝承論の会」の二つが並行して開催されたことになってしまい、誤解を招く記述になっている。

また、岩田重則は「日本民俗学の歴史と展開」の中で、「柳田の『民間伝承論』の講義を契機として、三三年（昭和八）から木曜会（→民俗学研究所談話会→日本民俗学会談話会）」と記しているが〔岩田 一九九八 二五七〕、「三四年（昭和九）」とすべきであった。ここで改めて、木曜会の開始は、昭和九年（一九三四）一月からであることを再確認しておきたい。

〔3〕高桑守史は、「民俗調査と体碑―伝承の一側面―」の中で、柳田が三部分類の説明で用いた「体碑」の用語を用いて民俗調査について論じている〔高桑 一九九八 二一六～二二六〕。高桑が使用する「体碑」は、しぐさ・身振りに関する観察の意味であり、柳田の解説する体碑とは異なる理解のようである。

〔4〕民間伝承の三部分類に関して、村井紀は「宣長・篤胤と柳田国男―国学と新国学の思想―」の中で、柳田の対象認識は本居宣長が「意（ココロ）・事（コト）・言（コトバ）」と分けた認識と同一線上にあると指摘した〔村井 一九七五 一六〕。「事（コト）」は「事（ワザ）」の間違いであり、『うひ山ふみ』では、宣長は「言（コトバ）と事（ワザ）と心（ココロ）」を使って論じている〔本居 一九三四 四三〕。この村井の指摘は、当時の読者には印象に残ったようで、植松明石は「明治以前の民俗研究」で紹介している〔植松 一九九四 一七〕。佐藤健二も『読書空間の近代―方法としての柳田国男―』で取り上げた〔佐藤 一九八七 一七七〕。佐藤の注記を見ると村井論文に詳しいとあるが、村井は思いつきを数行書いたに過ぎない。

〔5〕重出立証法の意義については、昭和四十四年（一九六九）に『日本民俗学会会報』六〇号で「民俗学の方法論」が特集された。田中宣一・野口武徳・牛島巌・土井卓治・河上一雄・井之口章次が論文を寄せている。

〔6〕平山敏治郎は、昭和二十六年（一九五一）に「史料としての伝承」を発表した。これが民俗学性格論争の発火点となった。平

山敏治郎は昭和三十三年（一九五八）に続編というべき『『伝承』について』を『日本民俗学大系』二巻に執筆している。その後、平成二十一年（二〇〇九）に田中宣一が「伝承の全体像理解に向けて」を『日本常民文化研究紀要』二七輯に執筆した。そして、加藤秀雄が令和五年（二〇二三）に『伝承と現代』を上梓した。実は、三人とも成城大学に縁の深い研究者であった。七〇年以上にわたって伝承について研究を継続させている情熱が成城大学の伝統を支えているように思われる。

[7] 田中は、同論文の中で伝承の意義をていねいに論じた。しかし、途中から「伝承内容総体の把握」という章を設けて民俗分類に話題を変えている。この部分自体は興味深い論であるが、伝承の論文としては二本立ての印象がある。『柳田国男・伝承の「発見」』では、その民俗分類が省略されているので論展開がすっきりした。

付論　「伝承」をめぐる福田アジオ氏との往復メール

「伝承」という言葉は、誰もがわかっているようであるが、民俗学的な見地から説明しようとすると意外に難しいことに気づく。『日本民俗大辞典』の中心的な編者である福田アジオ氏に、「伝承」の用語が『精選日本民俗辞典』（二〇〇六年）に採用されていない理由を問い合わせたところ、以下のような往復書簡となった次第である。福田アジオ氏に公表の許可を得たので、ここに発表しておきたい。算用数字は、読みやすさを考えて漢数字に直した。

①二〇二四年二月十日十時五分　福田アジオ氏宛メール

さて、質問です。「伝承」の用語について学んでいますが、『精選日本民俗辞典』に「伝承」の項目がありません。その理由は何かあるのでしょうか。想定としては、①必要がなくなった、②大辞典の執筆者（平山和彦氏）が掲載を断った、などが考えられます。何か事情があったのでしょうか。この点を先日お会いしたときにお聞きするつもりでしたが、失念しました。ついでの時で結構ですが、ご教示いただけると幸いです。（板橋春夫）

②二〇二四年二月十一日十四時三十一分　板橋宛メール

お問い合わせの件ですが、二〇年近く前のことで、個別項目の採否についての記憶はほぼ忘却の彼方ですが、現時点でかすかに思い出すことや、改めて考えたことでお答えします。大辞典は六〇〇〇項目で、精選はその一割を選択して作ることを目指しました。実際には一割強になってしまいましたが、とにかく思い切って絞り込む必要がありました。それで、伝承は、大辞典での説明が初学者には却って分かりにくく、むしろ同じ平山さんが執筆した民間伝承の説明のほうが分かりやすく、役に立つのではないかと判断して、民間伝承を再録し、伝承は再録しなかったように思います。したがって、掲載依頼を受けた平山さんが転載を拒否したということではありません。以上のような回答でよろしいでしょうか。（福田アジオ）

③二〇二四年二月十一日十五時二十三分　福田アジオ氏宛メール

さっそくのご返信に感謝いたします。確かに「民間伝承」の項目があれば、ある程度は済むことかもしれません。しかし伝承の学問なので、無いことにかなり驚いた記憶があります。成城の授業で「伝承」について解説したときに、それを話しました。院生たちは院試（大学院入学試験）の際に、くだんの精選辞典を購入した人が多いようです。一人の女子学生が、私の話に対して、「そうなんですよ、調べたらないので焦りました」と語っていました。どうして大事な用語がないのですかと、逆に質問されてしまいました。いつか漏れた理由を知りたいと思っていたので、助かります。ありがとうございました。（板橋春夫）

④二〇二四年二月十一日二十一時十三分　板橋宛メール

精選辞典に伝承が立項されていないことについてご指摘くださり有難うございました。民俗学が伝承の学問であり、伝承は重要な語句とのご指摘を頂戴し、反省をし、今まで伝承という語がどう扱われてきたか気になり、既刊の民俗学事典を取りだして調べてみました。すると、驚いたことに、伝承が立項されているのはわずかに『日本民俗大辞典』のみでした。民俗学研究所の『民俗学辞典』はもちろんのこと、大塚民俗学会の『日本民俗事典』や大間知篤三他編の『民俗の事典』にも伝承の項目はありません。そういう点では、不十分な記述であっても『日本民俗大辞典』が立項したことは威張って良いような気がすると共に、それを『精選日本民俗辞典』が再録しなかったのも当時としては不思議ではなかったというようにも覚えました。

なお、その後に刊行された、板橋さんも編集に関係された『民俗学事典』にも伝承の項目はありませんでした。総じて、民俗学の辞典は用語や概念を項目として設定して解説することは余りしてこなかったように思われます。次に編さんされる辞典では、概念や用語を積極的に取り上げ、体系的に解説することになるのではないでしょうか。なお、余計なことですが、私は伝承を『日本歴史大事典』（小学館、カシオの電子辞書に収載）で簡単に解説しています。改めて辞典類を調べるという良い機会を与えてくださり感謝申し上げます。（福田アジオ）

⑤『日本歴史大事典』の「伝承」の解説（福田アジオ）

福田アジオ氏からの指摘があったので、早速、電子手帳に収録された『日本歴史大事典』（二〇〇〇年）を検索・確認した。「伝承」について、以下の解説が載っていた。

世代を超えて伝えること、あるいは伝えられている事象。主として文字以外の方法によって伝えられることをさす。古くからの用語ではなく、近代に日本で作り出された新しい言葉であり、柳田国男が民間伝承と表現したのが早い例である。上の世代の行為、知識、感覚などを下の世代が学習して身につけ、同じような行動様式、思考様式を採用するようになることであり、世代間の接触によって行われる。親子の間で個人的に伝えられることも伝承であるが、一般に伝承といえば一定の社会において受け継がれて広範に存在するものを意味しており、その単位を伝承母体（伝承母胎）などと表現することもある。またとくに支配者のものでないことを強調して民間伝承と言い、これは民俗と同義語として用いられる。（福田アジオ）

福田アジオ氏の解説は、かなりスマートになっている。しかし、「世代を超える」というくだりがあったので、筆者はそれに対応した以下のメールを送信した。

⑥二〇二四年二月十二日九時三十七分　福田アジオ氏宛メール

ごていねいなメールをありがとうございました。詳しくわかります。感謝申し上げますと共に、大いに勉強させていただきました。さて、『日本歴史大事典』の伝承項目を拝見しました。先生の定義ですが、最初に「世代を超えて伝えること、あるいは伝えられている事象」という定義があります。「世代を超えて」を入れてしまうと、どうも時代的な連続性を強調することになります。私としては、ここが少し納得いかない部分でもあります。近代に創られた術語というのはまさにその通りです。伝承の単位を伝承母体としていますが、これですと、近年の研究動向である「個人」を含みづらいように思いました。最後の部分の「とくに支配者のものでないことを強調して民間伝承といい、これは民俗と同義語として用いられる」というくだりは、「伝承」を民間に限定してしまう結果をもたらす可能性はないでしょうか。（板橋春夫）

［付記］福田アジオ先生にはメールのやりとりで大変お世話になり、その経過のメール全文の掲載を快諾されたことに深く感謝申し上げる次第である。

第十章　『郷土生活の研究法』の三部分類と常民概念

はじめに

柳田國男の民俗学理論書は、『民間伝承論』と『郷土生活の研究法』の二冊である。前者は『定本柳田國男集』に「序」と「第一章　一国民俗学」だけが収録された〔1〕。そのために研究者以外は『民間伝承論』の全貌を知る機会を持ちにくかった。それに対し、後者の『郷土生活の研究法』は、昭和四十二年（一九六七）に『郷土生活の研究』と改題の上、筑摩叢書の一冊として刊行されたこともあり長く読み継がれてきた。一九七〇年代には同書を民俗学のテキストに用いていた大学もあった。

本章で取り上げる『郷土生活の研究法』は、昭和十年（一九三五）の刊行である。同書については、昭和五年（一九三〇）から準備が始まっていたので、本来であれば、『民間伝承論』よりも先に刊行されていたはずであるが、ねじれ現象が起きてしまった。本章の目的は、柳田が民俗学の入門書を目指した『郷土生活の研究法』の成立経過を確認した上で、同書で展開される民俗資料分類の特色と常民概念について検討することである。柳田は『民間伝承論』の中で「民間伝承学」の用語を使い、『郷土生活の研究法』では「郷土研究」を使った。どちらも「民俗学」に置き換え可能な用語である。福田アジオによれば、『民間伝承論』は民俗学を担う「内」なる研究者に対して理論を論じたもので、『郷土生活の研究法』は民俗学の意義を「外」の人たちに説いたものであったという〔福田　一九九〇　六四〇〜六四一〕。この二冊の関係は、専門書と一般書ということであろうか。『郷土生活の研究法』は、それだけにわかりやすい記述に努めたのである。

一　『郷土生活の研究法』の成立過程

柳田は、『民間伝承』一号の書誌紹介欄で『郷土生活の研究法』の紹介記事を執筆している。書誌紹介を執筆者本人がするのは例が少ない。柳田自身が執筆した理由は、かつて「民俗学」と「民族学」の用語統一に関する提案をしたが、現時点では考えが変わったことを明言するためとして、以下のように記している。

> 昭和六年春の全国社会事業指導者大会での講演を序文とし、同年八月の神宮皇学館講演を前編とし、是を敷衍した各論の叙述を、農学士小林正熊君が筆記したものを後編とした、大体に素人向きの入門書で、主として此方法を補助としなければ、郷土の前代生活の人の必ず知りたいと思ふものがわからぬといふ理由が説いてある。論旨は一巻としては統一して居るが、何分四年以前の公表のまゝである為に、材料がまだ具備せず、用語にも今と異なるものがある。民族学を「民俗学」と改め、フォクロア即ち今いふ民俗学を特に「日本民俗学」と呼ばうといふ当時の提案は、著者自身も今日は採用して居ない。さうするには時期が早いやうである。此点を一応明かにして置く為に、著者が自ら紹介するが、完全なる参考書だと言つて推薦するわけではない。〔柳田　一九三五　四〕

出版の意義を柳田自らが説くが、その中で後編は小林正熊が筆記したことを明らかにしている。それに関しては、大藤時彦の「『民間伝承論』のころ」という論考が参考になる。大藤は、論文の中で、「郷土生活の研究法の会」について紹介している。この会は、昭和七年（一九三二）に柳田邸で行われた集まりで、伊勢で使われた（後述）講義パンフレットを検討した。出席者は、松本信広・有賀喜左衛門・池上隆祐・熊谷辰次郎・小林正熊・野口孝徳・後藤興善・大藤時彦の八名であった。参加者は柳田作成の講義パンフレットを読み、各自が所感を述べあった。多くの者が興味を持ったのは、諸外国におけるフォクロアの研究とわが国の郷土研究の沿革についての叙述部分であった。さらに詳しく知りたいという要望が多くあったという〔大藤　一九七九　一八五〕。大藤たちが参加した「郷土生活の研究法の会」は、柳田が自身の理論的見解をまとめるだけでなく、若い研究者から感想意見を求めるための会でもあった。昭和七年（一九三二）の検討会の期日を見ても、『郷土生活の研究法』が『民間伝承論』に先行していたことがわかる。柳田は受講者の読後の所感を聞きながら、さらに構想を深めたのである。

柳田は、昭和五年（一九三〇）四月二十五日から二十七日にかけて、長野県で「民間伝承論大意」の講演を計一〇時間も行っている。そして、翌六年（一九三一）八月四日から七日にかけて、三重県伊勢市の神宮皇学館〔現、皇学館大学〕で民俗学に関する講義〔「欧州諸国における民俗学の歴史」「郷土史の研究法」〕をしたのである。「民間伝承論大意」は、『民間伝承論』の冒頭に掲げられた箇条書きの原稿であるが、柳田は、昭和五年（一九三〇）から昭和九年（一九三四）にかけての五年間は、民俗学理論の総まとめに集中していた。そして、昭和七年（一九三二）四月に民俗学の話を集中的に行う機会を得た。日本青年館に本部を置く村落社会学会から民俗学研究に関する講述の依頼があったのである。この際の小林正熊〔東京帝国大学農学部出身〕の筆記録をベースに、神宮皇学館での講義録、全国社会事業指導者大会の講演を序文として、昭和十年（一九三五）に『郷土生活の研究法』は刀江書院から出版された。

『郷土生活の研究法』の成立過程については、後藤総一郎の解題が詳しい。後藤によると初版には「序」が付いているという〔後藤　一九九八　六五七～六六九〕。筆者の手元にある『郷土生活の研究法』は、「昭和十五年八月二十五日　三版発行」である。同書は「序」が削除され、「編者のあとがき」も削除され、代わりに「後記」が付いている。この「後記」によると、同書は村落社会学会の事業として出版されたとある〔柳田　一九四〇　三二七〕。村落社会学会は、村落研究を進める上で民俗研究の必要を認め、柳田に指導を受ける企画を立てた。「第一章　郷土研究とは何か」は、柳田の執筆である。第二章から第六章までは伊勢皇学館の講義の速記録に若干の補訂を加えている。続く「民俗資料の分類」以下は、村落社会学会の小林正熊が学会の委嘱によって、昭和七年（一九三二）十一月二十六日から翌八年（一九三三）三月一日まで、合計六回、毎回午前に二時間ほどの講義を受講した内容である。小林と野口孝徳の二人が、柳田の口述する内容を記録整理したのである。小林は原稿を作ってみると不明な点があり、それを確認するために昭和八年（一九三三）四月六日から十二日まで六回ほど柳田邸を訪れ、質問して確認した〔柳田 一九九八h 六五九～六六〇〕。

当初は柳田に語ってもらうことで、日本民俗学の概論を作成しようとした。聞き手の小林が、内容を十分に理解できない部分が出てきたり、小林の個人的な事情で遅れたりして、『民間伝承論』に先行していた事業であったが、結果として刊行は一年遅れた。『郷土生活の研究法』には、柳田の口述であることを示す興味深い箇所がある。この部分は校正の際に削除されずに活字化されてしまったようである。

同じく炉といつても、それに二種類あることが最近になつて判つた（これは昭和七年の十一月下旬に口述された）。それは炉の周囲の座の配置には、家の構造が左勝手か右勝手かによつて異なつてゐることで、これには相応の理由があつたのである。〔柳田 一九九八h 二六七〕

下線を引いた部分は小林のメモであったと推測される。それがそのまま印刷されたのである。索引は、小林と野口が作成した。口述から出版までに二年以上の期間が空いてしまったのは、ひとえに小林の事情によるという。同書は昭和十年（一九三五）の柳田還暦記念と時を同じくして出版されることになった。その後、柳田の好意で版権が民間伝承の会に移ったことが記されている〔柳田 一九四〇 三一七～三一八〕。

二　『郷土生活の研究法』の構成と特徴

1　『郷土生活の研究法』の構成

『郷土生活の研究法』は、初版本が昭和十年（一九三五）八月十八日、刀江書院から発行された。ハードカバーの装丁で、縦一九五ミリ、横一三五ミリの菊判、定価一円五十銭、発行部数は不明である。発行日が日本民俗学講習会（七月三十一日〜八月六日）の時期にあたり、参加者の多くが購入したことであろう。二か月後の十月二十日には再版されている。初版本の目次は、下記の通りである。

序（日本村落社会学会）
郷土研究とは何か
郷土研究と文書史料　文書史料／史料の拡張／新たなる資料／フォクロアの宝島
資料の採集　世の常の推移／文書史料の限界／従来の採集記録／今後の採集
諸外国の民俗研究　英国と独逸と仏蘭西／自他内外二支れの学問／学問の相互映発
我国郷土研究の沿革　この学風の芽生へ／計画的採集の試み／弱点の模倣／新気運の黎明／新たなる活動への準備
新たなる国学　相互連絡と比較調査／遠方の一致／利他平等／目標は現実疑問の解答に／構へざる態度／自ら知らんとする願望

民俗資料の分類
民俗資料分類の方針
第一部　有形文化　一　住居／二　衣服／三　食物／四　資料取得方法／五　交通／六　労働／七　村／八　連合／九　家・家族／一〇　婚姻／一一　誕生／一二　厄／一三　葬式／一四　年中行事／一五　神祭／一六　占法・呪法／一七　舞踏／一八　競技／一九　童戯と玩具
第二部　言語芸術　一　新語作成／二　新文句／三　諺／四　謎／五　唱へごと／六　童言葉／七　歌謡／八　語り物と昔話と伝説
第三部　心意現象　一　知識／二　生活技術／三　生活目的／結び
編者のあとがき（小林正熊）
索引
著作目録

同書は、前編と後編の二部に分かれている。『郷土生活の研究』（筑摩叢書）では、二部構成の目次に改変されている。すなわち、「Ⅰ　郷土生活の研究法」と「Ⅱ　民俗資料の分類」になっている。このように『郷土生活の研究法』は、内容も二部構成であることが明らかである。前編は概論部分であり、郷土研究（＝民俗学）の研究史と研究方法が主に論じられる。後編は民俗資料論として、各項目の詳細な解説となっており各論にあたる。

2　概論部分の内容

最初に置かれる「郷土研究とは何か」は講演記録である。聴衆は教育者や地域の指導階層の人たちであったという。柳田は、この論考をもって序文に代えると「付記」に書いている。論の中心は「郷土研究の第一義は、手短かに言ふならば平民の過去を知ることである」という言葉に尽きるであろう〔柳田 一九九八h 二〇二〕。ここで言う「平民」は、すなわち「常民」であり、民俗学の対象となる階層と言える。

「郷土研究と文書史料」は、民俗学が対象とする資料についての解説である。文字記録はあくまでも偶然資料であり、新たなる採集記録として伝承資料の意義を問う部分となっている。日本はフォークロアの宝庫であると述べる。「資料の採集」では、フォークロアの代わりに民間伝承を使うと言い、民間について論じている。「都鄙雅俗」の用語を用いて解説してみせる。葬儀と婚姻の事例を紹介し、これらの習俗の中に驚くほど珍しい古風がある。自分の土地だけだと思っていたら、隣村にもあったり、あるいは遠方にも似た習俗が残っていたりという分布現象を語る。「諸外国の民俗研究」では、イギリス・ドイツ・フランスの事例を紹介する。具体的にはグリム兄弟の研究やファン・ジェネップの研究も紹介しているが、特にグリムの研究には注目している。

「我国郷土研究の沿革」では、この学風の芽生えを本居宣長の『玉勝間』に求めて解説する。さらに屋代弘賢の「風俗問状」の計画的調査を紹介し、随筆類にも言及する。そして喜多村信節『嬉遊笑覧』を絶賛する。明治以降の郡県誌の編纂事業を紹介し、雑誌『郷土研究』時代の採集記録について論じる〔2〕。「新たなる国学」では、相互連絡と比較調査を強調し、民俗の特色として「遠方の一致」ということを示した。その事例として沖縄の発見を強調している。柳田は学問の実用性にも着目しており、近世の社会改革、生活改善について批判的である。特に有名なフレーズは以下の箇所であろう。

それよりももつと痛切なる「何故に農民は貧なりや」の根本問題である。以前はどうであつたかを先づ明らかにしなければ、何れも勝手な断定ばかり、下されさうな疑問であるが、郷土誌の研究者たちは通例そんな厄介なものは自分たちの仕事の外だと思つて居るらしい。〔柳田 一九九八h 二六一〕

柳田は「人が自ら知らんとする願」には是非とも答える必要があるという〔柳田 一九九八h 二六二〕。以上が、前編のいわゆる理論編である。『柳田國男全集』八巻では六〇頁を占めるが、現在の書籍と比べると、やや少なめの理論編という印象がある。

三 三部分類の内容

第二部の「民俗資料の分類」に着目してみたい。『民間伝承論』では生活様式、生活解説、生活観念という三部に分けているが、『郷土生活の研究法』では、第一に目に訴えるもの、第二に耳を通して得られるもの、そして第三に感覚に訴えるものとしている。第一部を有形文化、第二部を言語芸術、第三部を心意現象に分けた。以後、下記の分類の名称が、日本民俗学の資料論の中で定着していく。

第一部　目に訴えるもの→有形文化
第二部　耳を通して得られるもの→言語芸術
第三部　感覚に訴えるもの→心意現象

この三部分類の内容に関して、「民俗資料の分類」を確認・検討していきたい。その際に、比較する必要があるのは『民間伝承論』における分類である。同書では、目に映ずる資料を第一部、耳に聞こえる資料を第二部、そして心や感覚に訴える資料を第三部とした。さらに第一部を旅人の学〔体碑〕、第二部を寄寓者の学〔口碑〕、そして第三部を同郷人の学〔心碑〕と名付けた。基本的には両書に大きな異同はないが、名称が少し異なっている。刊行が一年遅れているのであるから、『郷土生活の研究法』が、進化形と考えるのは当然のことである。次に、同書に見られる分類を検討していく。

1　第一部の有形文化

柳田は、採集者が目に映るものから注意してみるのが有形文化の分類の趣旨であるという。最初に物質的なものから入るのが良いと考え、衣食住を配置した。その中でも、住居は人が近づいていく場合に、まずは目に触れやすいというので最初に置いている。つまり住居、衣服、食物の順序である。第一部は「有形文化」という名称であるが、視覚から入る調査の場合には、モノへの着目があるので適切な名称であると言えよう。

「一　住居」では、囲炉裏と火の管理、建前の儀礼を論ずる。囲炉裏の座の問題は興味深いが、これについて、大藤時彦が『郷土生活の研究』の巻末に付けた「解説」の中で、囲炉裏の座に関する見解と、新築の家移りに関する見解は、いずれも柳田の想像説であり、妥当かどうかは別問題であると論じた〔大藤　一九六七　二五二〕。この大藤の指摘に関しては問題がある。柳田は囲炉裏の座に関する見解の中で、刀を置く場所と囲炉裏の客座の関係を論じている。確かに柳田の思いつきのように見えるが、家移りに関しては必ずしも思いつきではなさそうなのである。少し詳しく見ていくことにしたい。

柳田は新築の家移りに際して庭の見える柱や四隅の柱に粥を食べさせる習わしがあることを紹介している。二親揃った男女二人の子どもが、銘々一椀ずつ粥を注いでもらって大急ぎで庭の四隅に行って食べたり、糸枠を持っていったり、オモト〔万年青〕の鉢植えを持っていったりする習俗である。いずれも牛の頭を連想させるもので、この習俗は生類犠牲の遺習かもしれないと想像したのである〔柳田　一九九八h　二六九〕。これに対し、大藤時彦は、『郷土生活の研究』の「解説」の中で以下のように記した。

もちろんこの中には著者の想像説もあり、それが妥当かどうかはおのずから別問題である。たとえば居住習俗の個所で、新築屋移りに際し糸枠や万年青の鉢植えなど牛頭を連想させるものを持参するのは、牛を建築に際し犠牲にする風習があったのではないかと述べてあるなどその一例である。〔大藤 一九六七 二五二〕

師匠である柳田の論文に対し、大藤は「著者の想像説」と書いてしまった。これは明らかに大藤の知識不足であった。筆者は群馬県伊勢崎市に住んでいるが、家を新築した際に玄関先には万年青を植えるものであると教えてもらっている〔3〕。さらに柳田は戦後、倉田一郎の『採集手帖』を基に『北小浦民俗誌』を執筆したが、同書「一一 外部の労力」の中で、ゴチョウという特殊な共同飲食について詳細に紹介した。特に佐渡では舟作りの中にゴチョウが残っているという。職人を御馳走することであるが、新潟県一帯で大工振る舞いの中にゴチョウという用語が残っていることを報告した〔柳田 一九九九d 三三二〕。

津山正幹『民家と日本人』によると、新潟県では上棟祝や家移り祝の際に「牛腸《ごちょう》」と書いた贈答品が持ち込まれている〔津山 二〇〇八 一三～一五〕。また、岐阜県などでもその名は残っているといい、津山は柳田説も引用しながら新潟の伝承を詳細に紹介している〔津山 二〇一九 九二～九四〕。家移りに際して牛を犠牲にした時代の名残が習俗に残ったのかどうかの証明は難しいが、南西諸島では上棟式に牛や鶏、豚などを殺して祀る習俗がかつてあったことが報告され

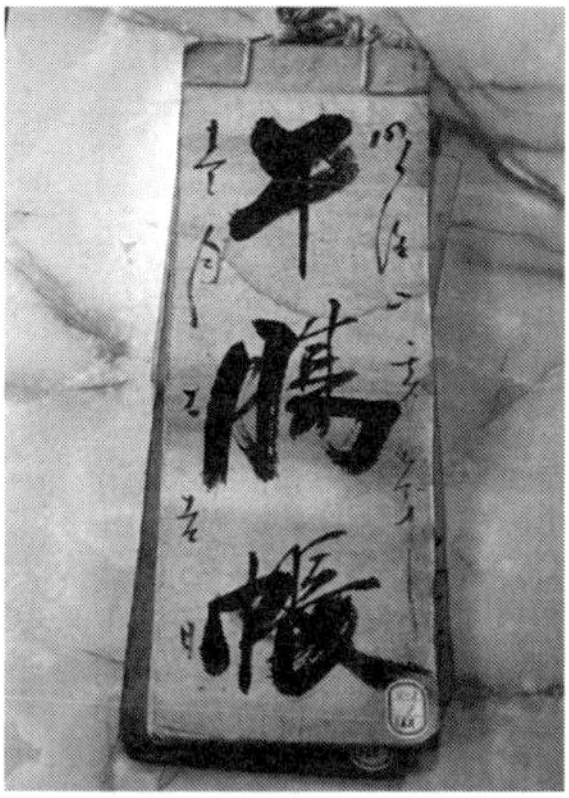

図㉑　牛腸帳（新潟県湯沢町、津山正幹氏提供）

図㉒　「牛腸」と墨書された贈答品（新潟県南魚沼市、津山正幹氏提供）

ている〔4〕。「著者の想像説」と退けるわけにはいかないと思う。

2　第二部の言語芸術

この分類は、どこの国でも同じ分類である。『民間伝承論』では耳から入る資料で、寄寓者の学とされた。新語作成は言葉の動的な変化に対応するための着目である。『蝸牛考』でみたように、同じ意味の言葉が新しくなっていく事例が改名の参考になるという。諺や謎、唱え言などの言語伝承が解説される。語り物や昔話は、この第二部に分類される。伝説は、第三部に入るかもしれないが、昔話との関わりで第二部に入れておくと述べる。

3　第三部の心意現象

第三部は、『民間伝承論』では、心や感覚に訴える資料であり、同郷人でなければ調査は難しいと論じた。『郷土生活の研究法』では、柳田は「心意現象」と命名して、下記のような三類に区分できると考えた〔柳田 一九九八h 三五〇〕。

①行動によって現れるもの〔働きかけるもの〕＝知識
②行動以前にあるもの〔働きかける前のもの＝観念・頭の中にあるもの〕＝生活技術
③目的即ち最終のもの＝生活目的

「知識」には批判的な部分と推理的な部分が混在するといい、批判的な部分というのは、良いか悪いかを判断する知識である。この部分はあやかり、推理、復讐、連座の観念が含まれるという。その文脈の中で、兆・験・応の概念を解説している〔柳田 一九九八h 二五五〜三六〇〕。「生活技術」では、教師などはなく、先輩である人が指導する郷党教育・先輩教育について論じている。集合倫理あるいは村の道徳をたたき込むことの重要性である。その一例として柳田は以下のような指摘をした。

この郷党教育と仮りに名付くるものは現在の教育とは異にした系統があつた。手短かにいへばそれには別に教師などはなくて、先輩である普通の村人が或意志と計画の下に、今よりもよい村人を造らうとする仕事であつて、家庭教育とはむしろ対立するものであつた。即ち集合倫理といふか村の道徳といふか、これをたゝき込まうとするもので、例へば村の仕事などに自分の家では働きにやらしたくなくても、それに出てよく働けば「褒められる」といふことなどは、その一つである。その他かういつた事例は長野県の『上伊那川島村郷土誌』（就中子供組の箇所）などにも幾つか出てゐる。なほこの前代教育方法は、従来は殆んど注意せられなかつたのを、実はこの頃になって初めて、私が喧しく言ひ出したばかりである。〔柳田 一九九八h 三六二〕

表⑥　三部分類の内容一覧

部門	名　称	採集手段	第一段階	第二段階	第三段階
第一部	有形文化	目	住居 衣服 食物	交通・労働・村・連合 家・親族 婚姻・誕生 厄・葬式・年中行事	神祭 占法・呪法 舞踏・競技 童戯・玩具
第二部	言語芸術	耳	新語作成 新文句	諺・謎・唱え言 童言葉 歌謡	語り物・昔話 伝説
第三部	心意現象	感覚	知識 （兆・験・応）	生活技術 （教育・郷党教育・呪・禁）	生活目的 （幸福・家の永続）

柳田が紹介した書は、竹内利美編著『小学生の調べたる上伊那川島村郷土誌』である。「アチックミューゼアム彙報第二」として昭和九年（一九三四）十一月に出版された。そこから判断すると、上述の傍線部分は、小林正熊の提出原稿に柳田が追記したものと考えられる。『小学生の調べたる上伊那川島村郷土誌』の該当部分「子供仲間の調べ」を見ると、確かに子ども組の年長者が年少者を教育している様子がよくわかる。柳田の言う「先輩教育」の重要性が描かれている〔竹内編著 一九三四 五〇～八二〕。「生活目的」では、如何にして現在のようになったのか、その時代の知識・社会観・道徳などを知り、何を目的に生きてきたかを明らかにするという。生

活目的にはその奥に何か大きなものがあったかもしれないが、大体には幸福や家の永続を目当てに生活したのではないか、と述べている〔柳田 一九九八h 三六七～三六八〕。

第三部は、以上述べてきたように、柳田が詳しく解説している。第一部と第二部は個別の解説に終始しており、それらがどの段階に位置付けられるかは明示していない。第三部における第一段階、第二段階、第三段階に倣って分類してみると、表⑥「三部分類の内容一覧」のようになる。仮説的に表示しておく意義はあると思う。いずれの分野においても核心は第三段階ということであろう。

四　晴と褻の民俗概念の発見

民俗学の重要な概念とされている晴（ハレ）と褻（ケ）の関係が、この『郷土生活の研究法』で詳しく論じられている。ハレとケという風にカタカナで表記されることが多いが、本章では漢字の晴と褻を用いることにしたい。晴と褻は、日常と非日常に比定される一対の民俗概念である。柳田の紹介する晴と褻は、生活秩序を支える民俗概念であった。

晴には衣食だけでなく、祭りや葬式も包含していたが、柳田の使用法はもともとは限定的なものであった。ところが、柳田学説の継承者たちは、フランスの社会学者E・デュルケームが提出した聖俗二元論〔聖なるものと俗なるものを対比させながら宗教の本質を捉えようとした見解〕の影響を受け、日本の民間伝承の中に認められる、聖＝晴、俗＝褻に比定するような解説を始めた。

たとえば和歌森太郎は『新版日本民俗学』の中で、衣食に限定することなく住居にまで拡大し、葬式を晴から除外した。晴の日を、神祭り・年中行事・出産・成人・結婚などの祝儀に限定し、晴に神聖観を付加させた〔和歌森 一九七〇 三三六～三四一〕。直江広治も、論文「日本人の生活の秩序」で、年中行事と衣食における晴と褻を論じつつ、和歌森の聖俗の理論を肯定していった〔直江 一九五四 一〇二～一一六〕。そして、牧田茂は『生活の古典』の中で、日本人の生活には晴と褻の二通りがあり、晴は祭りや盆・正月の特別な日、褻は日常の生活であると解説し、住居には晴と褻の二通りの使い方があると解説するようになる〔牧田 一九六九 一一一〜一一二〕。

柳田が限定的に使用した晴と褻の民俗概念は、継承者たちによって葬式が晴から排除され、住生活が加えられるなどの解釈変更が行われたのである。デュルケームは、俗から分離された畏敬としての聖には浄と不浄、吉と不吉という神秘的な力が混在していると論じたが、柳田民俗学の継承者たちは類似する概念と理解して置き換えていったと言えよう。

ここで、『郷土生活の研究法』の中で晴と褻がどのように扱われているかを少し見ておくことにする。柳田は、「第一部　有形文化」における、衣服と食物の項目の中で、「晴（ハレ）」と「褻（ケ）」の対比をしながら解説している。晴着は、葬式や婚礼など普段とは変わったときに着るものである。特別の日の特別の食物を食べる場合に着る着物である。普段と異なる着物を着ただけで身も心も改まったのだと論じる。晴着は新しい文化の影響を受けやすく、普段着は実用的着物であるから新文化の影響を受けることが少ないという。綿を入れた袖なしの羽織をチャンチャン、ソデナシ、サルコなどという例を紹介している〔柳田 一九九八h 二七〇〕。筆者の住む群馬県伊勢崎市周辺では、綿入れの袖なし羽織をチャンチャンコと呼び、現在でも愛用している。このチャンチャンコの分布範囲は関東圏だけのようである。関西では同じ物をデンチなどと呼んでいる。この分布に関しては、松本修の『言葉の周圏分布考』でも取り上げられている〔松本 二〇二二 六二〜六四〕。

食物を見ると、晴の日の食事をカワリモノまたはトキドキといい、晴の日には心持ちが改まり、衣服も食物も改まるという。そうするときに人びとは神に近づき、神と人が一つになると考えた。神と人が一緒に食べることによって、神と人が連結したと考えたのである。この晴の日の会食をアヒニヘ（相嘗）・セツ（節）・セチなどと言った。五月節供の粽や柏餅などの三角形からは心臓のシンボルの連想が浮かぶとも述べる〔柳田 一九九八h 二七四〕。そして、褻の食物として、ケシ・キシネ・ケシネツキなどの民俗語彙から、柳田は普段の食事が褻であると考えたのであった。

五　常民概念の検討

1　『郷土生活の研究法』における常民の用語

日本民俗学の重要な民俗概念である「常民」という用語は、『郷土生活の研究法』の「七　村」の中で、村の構成員を解説する際に使用された。具体的には、以下のような文脈の中で用いられている。

第一の構成分子といふのは、村を構成してゐる住民であるが、これを分けると大体次の二つになると思ふ。一つは常民即ち極く普通の百姓で、これは次に言はうとする二つの者の中間にあつて、住民の大部分を占めてゐた。次は上の者即ちいゝ階級に属する所謂名がある家で、その土地の草分けとか又は村のオモダチ（重立）と云はれる者、或はまたオホヤ（大家）・オヤカタ（親方）などゝ呼ばれてゐる階級で、これが江戸時代の半ばまでは村の中心勢力をなしてゐたのである。〔柳田　一九九八h　三〇二〕

柳田は、村の階層には上層・中層・下層の三段階があるという。すなわち上層農民はオオヤ・オヤカタの階級で、次の中間層が大多数を占める百姓である。柳田はこの中間層を常民と定義した。さらにその下に漂泊民や差別された下層の階層を設定した。柳田は具体的に百姓の階層が常民に当たると認識したのであった〔柳田　一九九八h　三〇一〜三〇二〕。

常民は農村の住民の大部分と言うが、漂泊者などはそれに含まれないというのである。同じ村に住んでいても常民と常民ではない人が存在することになる。気になるのは、村の上層の一部の階級の人も常民ではないというところである。ある意味では実態を伴った階層概念として常民を定義した可能性がある。百姓とか平民と言わずに、なぜ常民という言葉を使ったのだろうか。それに関しては神島二郎の説に耳を傾けたい。神島によると、『郷土生活の研究法』に収録された論文は、昭和六年（一九三一）から昭和八年（一九三三）までに書かれたものであり、早く書かれた論文では「平民」が使用されており、後から書かれたものには「常民」が使われるという。常民も平民も同義で、ファシズム時代への対応としてこのような置き換えをした可能性があると述べる〔神島　一九七三　一一五〕。柳田が、時世へ配慮したという見解である。もちろん、文字を持たない人びとの文化を扱うときに、実態としての平民と言わずに、概念として常民としたほうが良かった点もあったであろう。

2　福田アジオ「常民論ノート」の成果

福田アジオの「常民論ノート」は、常民に関する総覧的論文である。先行研究に関する的確な批評もあり、改めて個別論文の批評の必要性を感じさせないほどである。福田によると、日本民俗学の研究史年表と柳田の年譜は完全に重なり合い、柳田が設定した常民が日本民俗学の重要な基礎概念とされたにもかかわらず、内部からはほとんど検討されてこなかったという。思想史分野では、早くから常民の議論が盛んに行われていたので、思想史的な常民理解が、科学的方法としての日本民俗学の常民を規定する時代が続いていたと指摘した。福田はその状況を危惧し、日本民俗学にとって常民概念が不可欠かどうかの検討の必要性を感じ、柳田における常民概念の形成と展開を明らかにしようとしたという〔福田　一九七七　三八三〕。福田は、先行研究として神島二郎、後藤総一郎、竹田聴州、伊藤幹治、有賀喜左衛門、中井信彦、杉本仁を中心に批評した。各研究者に対する福田のコメントは、以下のように要約できる。

①神島二郎「民俗学の方法的基礎―認識対象の問題―」

神島は、常民概念を初めて問題にした。常民は『明治大正史世相篇』の常人をその前身に持ち、概念としては平民と同義あるいは平民からの展開とする見解を示した。それが政治思想史などの通説になっていく。

②**後藤総一郎「柳田国男論―柳田学の思想と学問―」**

後藤は、常民概念の形成に関しては、神島の見解をそのまま継承している。後藤によると、『郷土生活の研究法』の中で、平民から常民への変化過程を知ることができるという。

③**竹田聴州「常民という概念について―民俗学批判の批判によせて―」**

竹田は、『明治大正史世相篇』では常人であり、『民間伝承論』で常民が使用されるようになったが、これは日本民俗学の成長過程を示すと論じた。

④**有賀喜左衛門「総序―渋沢敬三と柳田国男・柳宗悦―」**

有賀は、渋沢敬三が最初に常民を使用したという通説に対し、柳田が明治四十四年（一九一一）に用いていた事実を明らかにした。常民は平民と併用され、その使用法も初期から次第に拡張していく点を明らかにした。つまり一定したものではなかった〔5〕。

⑤**伊藤幹治「柳田国男と文明批評の論理」**

伊藤は、柳田が初期に農民を使っていたので、農民から常民への展開を論じた。定着時期は、『民間伝承論』『郷土生活の研究法』を発表した一九三〇年代とした。

⑥**中井信彦『歴史学的方法の基準』**

中井は、柳田は常民を明治時代から用い、実態概念として使用しているとした。中井は抽象概念としての常民と、実態概念としての常民の両方が存在することを明らかにした。それは、思想史分野の研究が抽象概念に一本化されていたことへの反論になる。

⑦**杉本仁「柳田学における〈常民〉概念の位相」**

杉本は、有賀の見解を継承しそれを深めた。明治から大正期にかけては、常民は消極的な使用法が目立ち、『民間伝承論』前後から常民は階層区分としての性格が失われたという。

これらの先行研究の批評を行った上で、福田は有賀の分析を継承して、『定本柳田國男集』全巻と収録されなかった著書から「常民」「平民」「常人」の用語を抽出し、その使用回数などの数量的分析を試みた。その結果、三つの用語は使用頻度の時間的推移が五段階に把握できるという。福田論文で注目すべきは、一九二〇年代後半までは平民の語を使用する比重が高かったが、一九三〇年代に入って鈍化してくるという、以下の指摘であろう。

常民や常人の使用の比重はその後もそれほど増大せず、一九二〇年代後半に至るまで平民が中心である。むしろ平民が積極的に使用されている時期といってよい。その意味はすでに前節で述べた通りである。ところが、一九二九年以降になると、平民と常民の比重は逆転し、もっぱら常民が使用されるようになった。それまで平民を多く使用することにより、平民の歴史の究明を主張していたのが、一九三〇年代に入ってどうして常民に主役を譲ることになったのであろうか。そしてこの変化は常民の意味の変化でもあるのだろうか。〔福田 一九七七 四〇四〕

それは、柳田が常民と平民をイコールとは考えていなかったからであった。村の上層部は常民に入れず、村に定住しない諸職人も常民として扱わなかった。柳田は、実態概念と認識した人を常民としたのである。ところが、柳田は次第に常民を拡大解釈していく。福田は、それは日本民俗学の目的の変化と密接に関連していると指摘した。常民は日本人をすべて含む文化概念として主張されるようになっていったが、福田は、ここに問題の原因があると論じた〔福田 一九七七 四一二〕。

六　常民概念の学史的評価

1　神島二郎「民俗学の方法論的基礎―認識対象の問題―」

常民概念に関しては、神島二郎の研究を嚆矢とする。論文「民俗学の方法的基礎―認識対象の問題―」は当初、昭和二十四年（一九四九）に雑誌『民間伝承』へ投稿したが採択されなかった。それを岩波書店の雑誌『文学』からの求めで掲載することになったという〔神島　一九六一〕。なぜ『民間伝承』に掲載されなかったのだろうか。その理由は、神島が論文のまえがきで述べるように、当時の日本民俗学界が抽象的な議論を嫌うこと、そして柳田の批判をすることを極度に嫌ったことが原因であるという。いったんは却下された原稿であるが、縁あって十数年後に活字化された。

神島は日本民俗学には方法論が必要であると主張した。柳田が、日本民俗学を体系的に論じていないため、柳田論文から方法論を抽出する必要があるという。その際に留意すべき点として、①日本民俗学は何を問題にするか、②研究者はその問題とどのような関係に立つか、③対象をどのような方法で取り扱うか、の三点をあげた。日本民俗学の理論的側面の検討は、これまで等閑視されてきた部分である。民俗学者たちは、いままで民俗資料には資料批判が必要であるという点に関する認識はほとんどなかったし、目的と課題の全体的な構造が構想されるべきであるという。常民に関しては、民俗事象は、実証性・普遍性・伝承性などをもって断片的に現れる。分布性・大量性が、方法論上において重要な問題であるとし、神島は常民の重要性を指摘した〔神島　一九六一〕。

2　竹田聴州「常民という概念について―民俗学批判の批判によせて―」

竹田聴州の論文「常民という概念について―民俗学批判の批判によせて―」は、昭和四十二年（一九六七）三月の

『日本民俗学会報』四九号に掲載された。歴史学の家永三郎と古島敏雄、社会学の有賀喜左衛門らの民俗学批判を正面から真摯に対応せずに、あたかも耳を塞いだような形で、民俗学者の数が増えて厚みを加えているのは奇妙な現象であると内部的な批判から始める。そして日本民俗学の基礎概念である常民に明晰な原理規定を与えるべきだと主張する。神島二郎が必要だと主張する統一的な目安がないために、有賀批判が生じたと述べた。常民概念の原理的究明こそが重要なことであると主張した。

なぜ庶民や民衆ではなく、新しい術語の常民を用意したのかが考慮されていないという。その例として『民俗学辞典』の定義を持ち出して批判した。非常を扱う歴史学に対して、常を扱う日本民俗学を開拓してきた事実を思い出すべきだという。民俗学は国民生活文化を常の契機で捉えたものにほかならない。生活文化の中に常民的な面とそうでない面とが区分されるのは明らかであると論じた。竹田は常民を「常の民」よりむしろ「民の常」の意であると述べた。人間の種類ではなく文化の種類である。常民は文化概念であり、決して階級概念ではないという〔竹田　一九六七〕。

3　伊藤幹治「柳田国男と文明批評の論理」

『現代のエスプリ』五七号は「柳田国男」を特集した。昭和四十七年（一九七二）四月発行の同誌は、柳田に関する重要な関連論文を収録した論集であった。この特集号の編集担当は、当時國學院大学助教授の伊藤幹治であった。伊藤は、巻頭概説「柳田国男と文明批評の論理」を執筆した。伊藤は、國學院大学大学院で柳田から直接指導を受けた研究者である。伊藤によると、柳田は既成の歴史学に対して新しい方法論を提示したが、その主要な概念が常民であったという。新興科学としての民俗学は、常民の生活史を解明する学問にほかならなかった。その点では、常民概念の認識を欠いては柳田の視点や方法を十分に理解できないと論じた。この常民概念が柳田の中で定着してくるのは『民間伝承論』『郷土生活の研究法』を発表した一九三〇年代であるという。この時期に関しては多くの論者の見解と一致している。常民概念が成立する以前には、何が使われていたのか。それを明らかにするのは常民概念生成過程の研究の領域であろうが、伊藤は農民こそがその前身と考えた。農民はローカルレベルの実体的人間を意味しており、常民はナショナルレベルの抽象的な人間を意味していると伊藤は考えた。柳田が実態概念から抽象概念に移行するのは、柳田白身の研究生活の変化であったと推測した。伊藤論文は、柳田の文献からの細かな検証ではなく、あくまでも伊藤自身の大胆な論理的見解であった〔伊藤 一九七二〕。

4 中井信彦『歴史学的方法の基準』

歴史学者中井信彦の『歴史学的方法の基準』は、昭和四十八年（一九七三）に刊行された。同書は二部構成で、第一部は「柳田国男の歴史学―一回性のない歴史への挑戦―」、第二部は「歴史学的方法の基準―歴史学方法論試考―」となっている。第一部の終章「柳田史学の再構成」の第一節「常民の実体と概念」で、常民について論じている。『近代文学』が柳田を囲んで「日本文化の伝統について」という座談会を開催した。司会の荒正人が「先生は、常民という言葉をよくお使いになりますが、同時に庶民という言葉もありますね」という質問に対し、柳田は即座に以下のように答えた。

柳田　庶民をさけたのです。庶民には既定の内容がすでに定まり、それに理屈はいくらでもあるのですが、常民には畏れおおい話ですが、皇室の方々も入っておいでになる。普通としてやっておられたことなんです。維新前にごく普通としてやっておられたことで、そういうことが入っておりますから、ですから常民は庶民とおのずから分って、庶というときにはわれわれより低いもの、インテリより低いものという心持ちがありますし、常民というときには、英語でもコンモンという言葉を使う。コンモンスという言葉は卑しい意味はないのだということをイギリス人はなんぼ講釈したかわからない。フォークというのでもそれ自身が見さげたことではない。たとえば家の人によろしくというのを言ってくれというようなときにはフォークという言葉でそういう感じを与えた。

だからちっともフォークは悪い言葉ではない。これは実はわざといくらか熱心にそういって、イギリス人は決してクラスを国民の中においたのではないということを言うたが、ですから私は庶民という言葉を使いたくなかった。平民という言葉はつい士族という言葉と対立するので、それも使わないとすると、なにかイギリスのコンモンという言葉が使いたいというので、私よりおそらく渋沢君などのほうが早いかもしれませんけれども、それを是認したのはわれわれで、ことによったら古風な奥方などは、華族さん、お大名の奥方も結局ごく低いところの階級と同じですね。その意味で常という言葉を使ったのです。

荒　言葉の響きは、庶民よりも常民のほうが、生活の中に根をおろした感じのように受け取られますね。

柳田　婚姻資料をある雑誌に出すときに、はじめて常民という言葉を使いましたが、そのときは、イギリス人などからさんざん言われたあげくで、それとは関係なしに、昔風に古風とかいう感じがあってもよい。

〔柳田　一九六五　一七九〜一八〇〕

ここで注目したいのは、①柳田が八十二歳のときに座談会に参加して上記の意見を述べたのであるが、はっきりと「庶民をさけたのです」と、階層性の排除を強調したこと、②渋沢敬三の使用に関してコメントしたこと、③婚姻資料で常民を初めて使ったという自身の指摘、という三点である。中井論文に依拠して確認を進めると、①の階層性排除に関しては、中井は柳田が概念としての常民を意識していたことを論じたが、②の渋沢の常民使用に関しては、中井は何も論じていない。③の婚姻資料とは「常民婚姻史料」のことであり、昭和八年（一九三三）に『人情地理』に連載した。また、執筆年次不詳の「常民の生活知識」もあるという。

5　杉本仁「柳田学における『常民』概念の位相」

杉本仁「柳田学における『常民』概念の位相」は、昭和五十年（一九七五）発行の後藤総一郎編『共同研究柳田国男の学問形成』に収録された。福田論文が発表されるまでは、最も精度の高い論文の地位にあった。杉本は、『近代文学』誌上の座談会における発言を引用して論じたが、それは中井論文と同じである。あえて言えば、渋沢の常民の使用を、有賀喜左衛門の論文を用いて昭和十年（一九三五）以降としたのが追加事項である。杉本論文が他の論文と異なるのは、柳田の故郷体験、新体詩人時代、農政学の時代から論述を始めた点である。柳田の学的関心のあり方がどこから生じたのかを見ようと試みた。柳田は農政学を学び実際に農政官僚となって農民に接しながら救済をさぐった。その後、農民社会の実態を総合的に研究する方向へ向かったことを指摘した。具体的作業として、常民の使用例を紹介・分析している。

常民という用語の初出は、「『イタカ』及び『サンカ』」である。この論文は、明治四十四年（一九一一）から翌年にかけて執筆された。サンカは常民の範疇から除外されている。明治末年から大正期にかけての柳田は、村落共同体外で生活する人たちと区別して、定着農耕者を常民としていた。大正十四年（一九二五）の「南島研究の現状」の使用例を見ると、階級概念としての常民に変化している〔杉本 一九七五 一二五〕。昭和に入ると、おおむね基本概念の常民が認められる。『民間伝承論』によって、柳田民俗学の体系化が行われ、その礎石に常民が据えられた。杉本によると、柳田はこの段階から常民を措定したという〔杉本 一九七五 一四八〕。

6　色川大吉『常民文化論』

色川大吉は、日本民俗学の成果を活用して『昭和世相史』などを執筆した歴史学者である。「日本民俗文化大系」第一巻の『柳田國男―常民文化論―』（一九七八年）を執筆した。色川大吉著作集の第三巻は『常民文化論』である。常民に関わる記述は「柳田國男の常民文化論」（三一～九〇頁）である。一般書の形で書かれているので比較的読みやすい。色川は先行文献を参照しながら論じるが、本の性質上必ずしも典拠を明らかにしていない。たとえば、色川が解説に用いている「常」と「民」の関係性のアイデアなどは、明らかに竹田聴州論文からの借用であろう。

色川は、常民の概念形成に関して三段階説を提出した。第一段階で、山人の副次的概念として生まれた。山人・常人・庶民・平民などの諸要素から、混沌の中で次第に常民としての意味が形成される段階であるという。柳田が人類学的成果を取り入れたり模索を続けたりした時期にあたる。第一段階における常民は、その「常」性よりも「民」性のほうに重点が置かれていると指摘した。第二段階は、柳田民俗学の基礎として意識的に使用される時期である。それは一国民俗学の成立過程と照応している。常民の中の「常」性と「民」性のバランスが危うく保たれている段階である。「常」と「民」が補完と矛盾を含みながら、緊張関係をもって均衡を保っているときこそ、この概念が遠心力を持ってダイナミックな創造性を発揮するという。第三段階で、その「民」性が衰弱し、内的な緊張がほぐれて「常」性が主要なものになると、この概念は躍動感を失った静的なものに退行していくという〔色川 一九九六b 一四〜一七〕。

なお、柳田が常民を強く意識したのは、大正十年（一九二一）の沖縄旅行であったという。色川は、この考えは谷川健一説であることを明らかにしている。『常民文化論』は一般書であるが、随所に卓見が含まれている。常民の関連でいえば、「常」性と「民」性の相互バランスの関係を論じた点は考え方として参考になる。色川論文からは、第二段階の一九三〇年代に着目する意義を読み取れる。

七　常民概念に関する補完的視点

ここでは、上記の先行研究で取り上げた以外で、常民概念の理解を補完する論考を取り上げてその要点を紹介する。

1　岩本由輝『続柳田國男—民俗学の周縁—』

岩本由輝は、『続柳田國男—民俗学の周縁—』の中で、柳田の常民概念が変化していることを論じた。柳田は、明治四十三年（一九一〇）ごろには山人の対置概念として常民を用いていたが、南方熊楠との論争や国際連盟統治委員としてcommon peopleやcommon bodyについて理解する過程で常民を階層概念としてとらえるようになったという。従来の先行研究では指摘されていない新しい視点であった。新たな常民概念は、外国語を媒介にして練り上げられたものので、山人の対置概念から階層概念に変化したと指摘した〔岩本 一九八三a 七八〕。ところが、階層概念としての常民は、戦後の一九五〇年代には皇室も含めるという発言のように、次第に文化概念へと変質していった。これらについて、岩本は「柳田の常民概念には字面からはつかむことのできない変遷がある」と述べる〔岩本 一九八三a 八二〕。岩本の常民概念の解説は簡潔でわかりやすい。

2　大月隆寛「常民・民俗・伝承―開かれた民俗学へ向けての理論的考察②―」

大月隆寛は、「常民・民俗・伝承―開かれた民俗学へ向けての理論的考察②―」の中で常民概念について論じた〔6〕。大月は、福田アジオ「常民論ノート」について、常民に関する総括的論考であり、その後、福田の水準を超える論文は登場していないと高評価を与えた。しかし、福田は論文の課題設定として常民概念は日本民俗学にとって不可欠かどうかを検討する前提として柳田の常民概念を検討すると述べたが、結論部分でその議論を回避させたと批判した〔大月 一九八六 二九〜三〇〕。課題を置き去りにし、日本民俗学再生の道は一九三〇年代に一度立ち返ることであると述べて終えてしまったという。大月によると、戦後まもなくの一九四〇年代後半には民俗学理論の議論が高まったが、一九六〇年代に入ると、日本民俗学界から常民の議論が離れていった点を以下のようにまとめた。

> 日本民俗学における「ポスト柳田」世代が本格的な自己主張を開始し始めるよりも先に、予め「常民」は柳田国男と共に別の場所へとさらわれてしまっていたのであって、それはまさに柳田の逝去を機に「一九六〇年代に噴出した」「〝柳田再評〟の原初の渦」の彼方へと運び去られてしまったと言っていい。〔大月 一九八六 三二〕

これは一九七〇年代の柳田ブームが思想史分野で沸き起こったという指摘である。日本民俗学で議論する常民と、思想史的文脈の常民とは自ずから違いがあり、それらを無媒介に直結あるいは比較することは意味がないとも述べた〔大月 一九八六 六五〕。これは福田論文の見解と同じである。

3 佐藤健二「常民」

佐藤健二は、小松和彦・関一敏編『新しい民俗学へ』の「常民」の解題で、「『常民』は、ほんとうは民俗学そのものをささえるような大文字の概念ではなかった」と大胆な見解を提出した〔佐藤 二〇〇二 三〇〕。佐藤は、常民に関する論争の不毛性を論じ、「実体」探しから解放することが必要であると述べた〔佐藤 二〇〇二 三七〕。佐藤はその後の論文で、民俗学史の検討をとおして以下のような結論を提示した。

> 詳細な証明ははぶくが、私がたどって検討してみたかぎり、「常民」は民俗学の研究の歴史的実践を貫くような「基礎概念」ではなかった。「国民」や「階級」と同等の位置にならぶ特別な主体概念あるいは人間類型というより、「日常」や「常識」や「通常」「普通」と互換的に使いまわしてもかまわないような位相の形容句であり、専門用語としての役割を期待された造語ではなかった。〔佐藤 二〇〇九 二六八〕

佐藤によると、常民の用語は不幸なことに人文社会科学ではほとんど使われなかったので、日本民俗学固有の研究対象として一人立ちさせられたという。常民の概念については、多くの研究者の議論があるが、それは日本民俗学の独立運動の機運の中で盛り上がったという指摘である〔佐藤 二〇〇九 二六八〕。現象からみれば確かにそういう一面もあったかもしれない。佐藤は、『読書空間の近代』の中でも、常民について「実体概念」と抽象概念の用語の使い方の観点から論じている。福田論文は一九三〇年代の常民の位置付けに戻ることを提案したが、佐藤は福田論文を引き合いに出しながら「実体概念」の問題を論じた。そして、常民は日本民俗学再生の道をになう概念ではないという結論を導き出した〔佐藤 一九八七 二九四〜二九五〕。

八 常民概念の行方

福田アジオは、論文「常民論ノート」で常民概念を総覧的に論じたが、その後は福田論文を超える論文は出ていない。その福田が、近著『種明かししない柳田国男―日本民俗学のために―』の中で、常民について概説しながら「消える常民」として以下のように記した。

一九六〇年代から七〇年代に議論の素材として取り上げられた常民も八〇年代に入るとほとんど問題にされることはなくなった。民俗学の研究書や論文では常民が使用されなくなった。常民性という語も見かけなくなった。敢えて言えば、常民は民俗学上の用語ではなくなったのである。その点では、早くから常民を使用せず、民衆を用いていた宮本常一に先見の明があったとも言えよう。そして、その後、常民は使用されないが、赤松啓介の『非常民の民俗文化』（明石書店、一九八六年）、『非常民の民俗境界』（明石書店、一九八九年）という書名が示すように、非常民という表現が時々登場するようになった。〔福田 二〇二三 二六〕

論文「常民論ノート」で、熱心に常民の使用頻度の量的研究に専念した福田の約半世紀後の意味深長な結論である。福田によれば、常民が日本民俗学で使用されなくなったのは、常民の意味を無理に変化させた結果であるという〔福田 二〇二三 二六〕。佐藤健二は、論文「方法としての民俗学／運動としての民俗学／構想力としての民俗学」の中で、常民は日本民俗学再生の道をになう概念ではないと主張した。ここで常民概念に関する従来の議論・見解を時系列で示しながら、常民概念の行方について考えてみたい。

常民の用語の初出は、「『イタカ』及び『サンカ』」である。この論文は、明治四十四年（一九一一）から翌年にかけて発表された。この時期、柳田は山人の研究を深めようとしていた。サンカは、常民の範疇から除外されている。想定した山人が見当たらず、次第に対象を農民に変えていった。それは農民や平民といった実態概念である。柳田が農政学から出発しているので、当然の帰結と言える。この時期の常民理解に問題があった。村に住む人がすべて常民ではなかった。上層部の人や漂泊する諸職人は常民から外してしまった。

第一次産業を担う農民や漁民が減少すれば研究対象が狭まってしまう。徐々に対象を拡大する戦略が採られた。それが常民性という考え方につながる。戦後、柳田は座談会などで語るようになる。すると、柳田の概念変化に整合性を与えるかのように、竹田聴州のような論理を提示する研究者が出現した。

佐藤健二の見解のように、常民は当初から専門用語としての役割を期待された造語ではないとすれば、それに代わる新しい概念の構築が求められるように思う。常民概念にまつわる問題は、研究対象をどう認識するかということではないだろうか。日本民俗学は柳田が創始した学問である。その誕生と成長の過程は必ずしも順調ではなかった。柳田自身の高齢化、アジア太平洋戦争による学問停滞など、試行錯誤を余儀なくされる出来事が続いていた。日本民俗学の創成期にあたる明治四十年代には、柳田は山人の存在に興味を示しており、山人を浮き彫りにするために常民という用語を創り出したとも考えられる。その後、南方熊楠との論争などを経て、我が国には山人の痕跡が見られないことを確認すると、急速に柳田は山人への興味を失っていったのである。

柳田が日本民俗学へ転進を図る大正時代、西洋の学問も多数流入しており、柳田はそれらを受容しながら日本民俗学を構想した。当時の既成歴史学への批判を梃子にしながら学問を鍛えていった。戦後は批判した歴史学から逆襲を受けるような形で批判が出てきた。柳田の学問形成史における関心の変移によって研究対象が農民・平民へと限定されていった。あくまでも研究対象は農山漁村の世界であった。そのときに漂泊する諸職の人たちを排除してしまった。

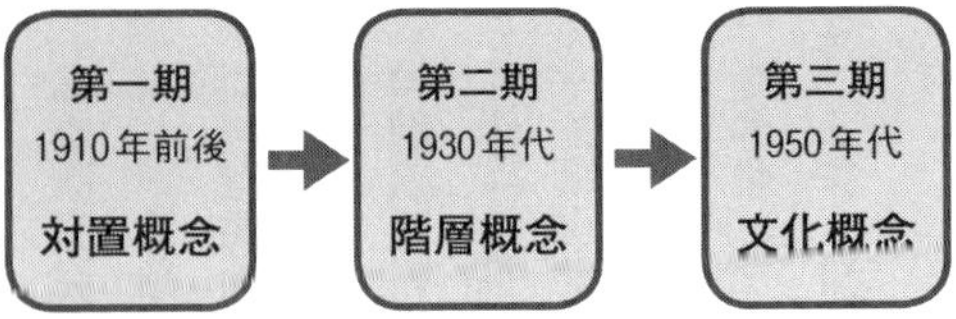

図㉓　常民概念の変遷

ところが、研究対象に対する階層性が不分明になっていくと、次第に文化概念としての常民という定義に変更の舵を取るのであった。柳田自身は、厳密な定義を放り出したままで論ずるようになっていく。そのために皇室もそれに加えられるという発言が出てくるのであった。これは明らかに常民に政治性が加わっていく過程でもあった。やはり対象が変われば方法論も変わっていく。次第に常民は使われなくなっていくのはやむを得ないのかもしれない。

常民概念の変遷について、岩本由輝論文に依拠しながら変遷区分を再考していきたい。第一期は『後狩詞記』『遠野物語』を刊行した明治四十三年（一九一〇）前後である。常民は山人の対置概念であった。重要なのは平地の人ではなく山人であった。それが南方との論争後に変化していく。第二期は一九三〇年代である。日本民俗学の理論形成期にあたる。柳田は、常民を近世社会の農民のイメージで捉える。つまり階層概念と言える。ただし、上層民と漂泊する職人を含まない。第三期は戦後の一九五〇年代である。皇室も含めるなどという発言をするようになり、その概念は抽象化された文化概念となった。これを図化すると図㉓「常民概念の変遷」のようになる。

佐藤の見解のように、常民概念はその意義を失ったということで、過去のものとして捨て去ってよいものだろうか。歴史遺産としての常民を保存するのではなく、その定義を再点検してみるべきであろう。たとえば室井康成は、常民の代わりに「集合主体」として理解するのが妥当であろうと論じた。柳田が、常民を他者化して実態と捉えているので、「常民＝自己と対置された集合主体」と定義しても差し支えないのではないかと興味深い提案をした〔室井 二〇〇九 二二〕。室井の見解は、神島論文の延長線上にあるが、現代に再生する意志を感じさせる。

また、加藤典洋が『日本人の自画像』で「柳田国男と民俗学」の節を設けて論じる中で、常民概念について興味深い指摘をしている。常民は、何よりも柳田の民俗学の考え方を核心で支える概念であり、集団の内側から捉えられたものである点に特徴があると論じた。そして常民概念の転機は、沖縄旅行とジュネーブ滞在の時期であり、この時期を境に柳田は民俗学の本質をつかむようになるという〔加藤 二〇〇〇 二一九〜二二二〕。それは柳田のヨーロッパ体験の重要性を指摘したとも言える。

加藤幸治は、「〝常民〟を発見した民俗学」の中で、常民概念は時代変化の中で振り幅が見られ、日常生活における幸福を追求する運動とアマチュアリズムが織り込まれていると指摘した。民俗学がアカデミック民俗学に回収しきれない、幅広い在野の実践性と結びついたのは、民俗学に特有な学会員の出自の多様性であり、昭和中期の民衆ブームと不可分であるという興味深い見解を提示した〔加藤 二〇二一 五六〕。

まとめ

『郷土生活の研究法』は、昭和十年（一九三五）に刊行された。その前年には、『民間伝承論』が刊行されている。『郷土生活の研究法』は、昭和五年（一九三〇）から準備が始まっていたが、諸般の事情で遅れてしまった。本章では、柳田が民俗学の入門書を目指した『郷土生活の研究法』の成立経過を明らかにしてきた。先行する『民間伝承論』は専門性が高いのに対し、『郷土生活の研究法』は、多くの読者を想定したわかりやすい内容を目指していた。柳田の言葉を借りれば「素人向きの入門書」であり、記述も一般書に近いものである。同書で紹介された事例の多くは、現在、変化消滅しており、若い読者にとっては難解な部分も多いので読み通すのは大変である。

『郷土生活の研究法』の三部分類は、民俗資料の分類の解説にあたって採用された理論である。三部分類の内容解説にしたがうと、第三部の生活目的は、人びとが幸福や家を絶やさないことを目当てに生活してきたことと理解できる。民俗学の学問目標は、何をもって幸福としていたのかを探究することにあった。山村調査の一〇〇番目の項目「幸せな家、幸せ良き人や家の話」と重ね合わせると、「幸せ」というキーワードが、関一敏の論文「しあわせの民俗誌・序説」と、どこかでオーバーラップしてくる〔関 一九九三 三四〇〕。民俗学の学問目標に関しても考えていく必要があることを改めて認識した。

晴と褻は、民俗学における重要な民俗概念である。『郷土生活の研究法』で比較的わかりやすく論じられているので検討してみた。研究史をたどると、柳田の意図とは別に、柳田学の後継者たちによってデュルケームの聖俗二元論に影響を受けた説明で理解されていることがわかった。葬式を晴から排除するなど、改めて検討すべき点が多いことも判明したが、これらは今後の課題であろう。

常民は、柳田が日本民俗学の研究対象として考案した造語である。柳田自身は、常民や常人・平民などを自在に用いて、常民概念を明確に定義しなかった。そのために思想史の研究者が提示した常民概念の理解が主流を占めるようになった。柳田の初期の研究対象が山人であったこともあり、常民はその対置的概念として用いられていた。柳田の研究が完成期を迎えると常民の見解が形を整えてくる。多くの研究者が指摘するように、昭和九年（一九三四）の『民間伝承論』と昭和十年（一九三五）の『郷土生活の研究法』によって一応の完成を見る。

柳田が雑誌『日本評論』の昭和十五年（一九四〇）七月号の「民俗座談」で、橋浦泰雄の質問に対し、「一番初め私どもがホークロアというものに気をつけたのは、やはり明治時代です」と回答していることや、国際連盟の統治委員として common people などに接したことも影響している。岩本由輝が指摘したように、常民が西洋の Folklore などを意識した翻訳語の可能性もあったことを視野に入れる必要があると考える。この時代に常民が階層性を伴う概念へと変質していったのである。

柳田が常民概念を明確に規定しなかったこともあり、後の民俗学者は、常民は実態概念なのか、あるいは文化概念なのかという議論を長年続けてきた。常民概念は一九一〇年前後の「対置概念」、一九三〇年代の「階層概念」、そして一九五〇年代の「文化概念」というふうに、およそ二〇年を一つのブロックとして概念の変容・改訂を繰り返してきた経緯がある。それは、その時代の現実を直視しながらの改変であった。佐藤健二は、常民の用語は日本民俗学の研究を貫く基礎概念ではなかったと論じた。しかし学史をていねいに読み解いていくと、常民概念は紆余曲折を経ながらも日本民俗学の核心を支えた概念の一つであったと考えられる。神奈川大学日本常民文化研究所、成城大学大学院の常民文化専攻など、「常民」を冠した組織名称や雑誌名称が存在するのはその反映であったと思う。それらを単なる時代のレガシー〔遺産〕として理解するのではなく、時代や環境に合わせた常民概念の再構築の試みが必要であると思う。

［1］新谷尚紀は『民俗学とは何か―柳田・折口・渋沢に学び直す―』の中で『郷土生活の研究法』の出版経過について紹介し、「大藤が『定本』への掲載から除外したものについては、それなりの理由があるものとして、民俗学の歴史をふまえるべき後に続く研究者は注意深く考慮を払っておく必要がある」と紹介した〔新谷 二〇一一 八九〕。

［2］『郷土生活の研究法』では菅江真澄が完全に欠落している。柳田は初期には菅江真澄を熱心に追究していたが、同書は一般向けの啓蒙書であることを考慮して特別な能力を持つ真澄を意識的に取り上げなかったのかもしれない。

［3］筆者は、新築した建物には万年青を植えるものだと言われ、昭和六十一年（一九八六）に、わが家を新築した際に茶道の師匠の家から万年青を一株いただいて植えた。その万年青は、しっかり根付き、現在も玄関先を飾る。そして、新しい尖った葉は必ず二葉が向き合って出てくるのである。それはあたかも牛の角のように見える。

［4］この「生類犠牲」は、いわゆる人身御供の伝承につながるものである。大正期の柳田は、新築儀礼に鶏の血を垂らす儀礼の話を好んで用いていた。ここでも同じようなフレーズとなっているようである。高橋治によると、人身御供に連なるものは、かつてはフレーザーの供犠論の影響とされてきたが、近年はゴンムの影響の可能性が指摘されている〔高橋 二〇一四 二七六〕。

［5］有賀喜左衛門が常民の使用例を分析できたのは、『定本柳田國男集』が完結し、別巻五の索引が完成したことによる。福田アジオもその恩恵を受けている。

［6］大月論文は、柳田の常民を批評・議論するのが主旨であるが、膨大な分量の注に目を奪われていると、いつの間にか主旨の把握を忘れてしまう不思議な文章である。同論文は、常民が主テーマであるが、論点は多岐にわたる。

図㉓　新築で植えた万年青
（1986年植栽、筆者撮影）

第十一章　山村調査の実施とその展開

はじめに

昭和九年（一九三四）から始まった、いわゆる「山村調査」は、正式には「日本僻陬《へきすう》諸村に於ける郷党生活の資料蒐集調査並に其の結果の出版」という名称である。一〇〇項目の調査項目が印刷された『郷土生活研究採集手帖』（以下、『採集手帖』と表記）を手に、若い研究者が全国の山村へ出向いて統一的な調査を実施した。調査員は、三年間で五二箇所の現地調査を実施した。その成果が『山村生活の研究』（一九三八年）として結実した〔1〕。

現地調査で得た民俗資料を基に研究する体制が整い始める一方、雑誌『民間伝承』誌上で民俗誌のあり方が議論された。山村調査以降、海村調査、離島調査が継続された。しかし、アジア太平洋戦争の勃発による影響で活動は休止した。戦後、研究環境が整い始めて『海村生活の研究』（一九四九年）が体裁を同じく刊行された。離島調査では、批判された課題を克服して『離島生活の研究』（一九六六年）を完成させている。

本章では三つの目的を設定した。第一点は、山村調査の計画と実施の経緯を明らかにすることである。第二点は、『採集手帖』で用いられた一〇〇項目の質問項目の意義と調査資料のまとめ方について批評することである。そして、第三点は日本民俗学史における山村調査の問題点と課題について検討することである。

一　先行研究の批評

1　福田アジオ「解説─『山村調査』と『海村調査』─」

　福田アジオが『山村海村民俗の研究』の復刻に付けた「解説─『山村調査』と『海村調査』─」が最も古い論文である〔福田　一九八四ａ〕。この論文は、『種明かししない柳田國男─日本民俗学のために─』に「『山村調査』にみる研究の深化」と改題して収録される〔2〕。見出しは、「1　民俗学の確立と『山村調査』」「2　新鮮な『山村調査』」「3　工夫された『採集手帖』」「4　問題の発見と調査」「5　問題発見と中間報告」となっている〔福田　二〇二三　八九〜一一二〕。福田は、『山村生活の研究』に至るまでの中間報告としての『山村生活調査第一回報告書』『山村生活調査第二回報告書』及び『採集手帖』に着目した。両書は、『山村生活の研究』よりも豊かな内容を含み、若い学問としての柔軟性が見られるという。

　『採集手帖』は三か年にわたって加除訂正と改訂が加えられた。『昭和九年度採集手帖』『昭和十年度採集手帖』『昭和十一年度採集手帖』の三冊は、一〇〇項目の質問内容が異なっている。福田はその点に着目し、質問文の異同変化を対照させて考察を加えた。第一年度は一〇〇に分類したものを項目毎にまとめる意図があったが、第二年度以降はその方法を採用しなかったことを突き止めた。第三年度の『採集手帖』は、一般の使用も考慮して注釈や留意点が付与された〔3〕。第一年度には「同族」に関する質問項目はなかった。しかし、最上孝敬が第一回報告書で「同族団体について」を執筆したのに伴い、第二年度『採集手帖』には「二三　同族を意味する特別の言葉がありますか」という質問項目が加わった。福田によると、これは同族研究の嚆矢であるという。農村社会学分野よりも早く取り上げたと評価した〔福田　一九八四ａ　二一〕。『山村海村民俗の研究』には、『山村生活調査第一回報告書』『山村生活調査第二回報告書』『海村調査報告（第一回）』のほか、三か年の『採集手帖』が収載される。

2　田中宣一「『山村調査』の意義」

田中宣一は、論文「『山村調査』の意義」で、山村調査は偶然の産物であったという見方をとる〔田中　一九八五　二八〕。『民間伝承論』の講義を通じて若い研究者が育成されていたので機は熟していた。田中によると、調査実施上の問題として、いくつかの曖昧さが見られるという。具体的には、①同一地の調査は原則一年以内に完了するとした点、②調査地は明治二十二年（一八八九）に発足した行政村を対象とした点、の二点を挙げた。そして、調査期間が窮屈であり、調査対象は大字や部落に絞るべきであったと評した。二年度以降の『採集手帖』には「同じ村でも字によってちがうことがありますから聞いた大字、小字を必ず書き入れてください」との一項が追加されたことを指摘した〔田中　一九八五　三一〜三二〕。『山村生活の研究』の刊行後まもなく、山口麻太郎から調査結果を項目ごとにまとめてしまうと村の具体相が明らかにならないという批判が出された。そして関敬吾と論争が行われた。これについて田中は、両者の見解は大きく隔たっておらず、経済的事情や調査が均一レベルに達していない点に言及した。戦後、刀江書院から刊行された全国民俗誌叢書に山村調査で調査された村が入っており、学史的な評価は、それらを含めた総合的評価の必要性を論じた。田中は、山村調査の一〇〇項目に着目し、年度による異同について分析した結果、以下のような知見を得たという。

九年度から十年度の調査に移る際に、質問内容は一つも削除されていないが、主要項目に整理統合がなされ、新たに九項目が追加増補された。十年度から十一年度に移る際にも、同様にしてさらに七項目が追加増補され、その上にサブ項目や調査上の留意事項が大幅に追加された。〔田中　一九八五　三七〕

これらの項目変化について、田中は調査メンバーが同族や家の問題、氏神以外の神々について関心を持ち始め、屋敷神、同族神、山の神の問題が追加されたという。山村の生活を歴史的にとらえる視点よりも、構造分析的に把握する意図が濃厚である点を指摘した〔田中 一九八五 三九〕。田中はこの山村調査が研究者養成に役立ったことを特記した。研究テーマでは、同族や家格の問題、相続や隠居制の問題、両墓制の問題などの発見と再認識があった。「付記」で、論文提出後に福田論文が出たが参照できなかったことを明記した。しかし、その後の論文でも福田論文への言及はない。『採集手帖』の三か年の変化に関する見解は、田中と福田とでは微妙に異なる。

田中は「山離れと山村民俗の現状—柳田国男指導『山村調査』の追跡を終えて—」を『思想』七九三号に載せている。同論文は、サブタイトルにあるように山村調査から五〇年後に成城大学民俗学研究所に保存される『採集手帖』を活用して追跡調査を実施した成果の報告が中心である。前提として山村調査がどのようなものであるかについて、先行した論文「『山村調査』の意義」を簡便にまとめたが、一点だけ違う点がある。それは、論文「山離れと山村民俗の現状」では、山村調査の終了以降、柳田の研究対象が山民ではなく平地農民の水田稲作文化を基軸とした民俗文化に絞られていったこと、そして日本民俗学界を担う人たちの関心もその流れに沿うものであったと指摘した〔田中 一九九〇 一四九〕。

3　矢野敬一「『山村調査』の学史的再検討」

矢野敬一「『山村調査』の学史的再検討」は、山村調査実施前後の柳田の著作を読み解き、その脈絡の中に位置付ける作業を行った論文である〔矢野 一九九二〕。柳田が用いた「農村衰微」という用語に着目し、農村が衰微していることの実証的研究にこそ目的があったと主張した。山村や農村の疲弊という現実と、都市生活の疲弊も含めその抜本的な解決のために過去を知り、自らを知る学問が必要であると説いた。都市の資本による山村や農村への圧迫の問題があり、その視線が柳田の農政学的な知見・関心に対応していると指摘した〔矢野 一九九二 一五九〜一六〇〕。

矢野は、山村調査の一〇〇項目の特色として、項目は、ばらばらに羅列されるのではなく、一定のゆるやかなまとまりのもとに全体で一つの流れをなすように選定されていると考えた〔矢野 一九九二 一六九〕。農村衰微の原因を探るための質問項目として「一 村の起り」と「四 暮らしよかった時」が入っていると指摘する。都市と農村の関わりを調べるために、「七 外から買う物」「八 買物に出る場所」「九 物売り」などの経済的側面の質問があり、都市の資本が及ぼす影響にも注意していることがうかがえると論じた。矢野は『民間伝承論』で示された心意現象に関連する項目が比較的多いことに気づき、その点に関して先祖祭祀もその部類に入るので、祖霊信仰を基軸にしたとらえ方が顕著に表れているという〔矢野 一九九二 一七〇〕。矢野は、柳田・関共著の『日本民俗学入門』（一九四二年）を取り上げ、『採集手帖』の項目との比較を行った〔4〕。

4　関戸明子「山村研究の成立過程における動向―山村生活調査（一九三四～三六）と地理学研究―」

地理学の関戸明子は「山村研究の成立過程における動向―山村生活調査（一九三四～三六）と地理学研究―」で山村調査に言及した〔関戸 一九九四〕。昭和七年（一九三二）に農林省経済厚生部が設置されて山村の実態調査が始まり、大正七年（一九一八）の内郷村調査の反省が底流にある点などを指摘しながら昭和十五年（一九四〇）頃までの山村研究の動向を概観した。関戸は、山村の特性を示す焼畑と狩猟を例に検討を加え、柳田の山村調査は僻地に古い民俗を求めたものであり、山村とは何かという問題に正面から取り組んでいないと厳しい評価をした〔関戸 一九九四 七九六～八〇〇〕。そして、山村調査に従事した地理学の佐々木彦一郎、山口貞夫の二人と、民俗学の倉田一郎の論文を紹介した。関戸は論文の中で、自覚的に「山村生活調査」の語を用いている。地理学の「山村調査」や「山村研究」との区別を意識したと推測する。確かに『山村生活調査報告書』のように「山村生活調査」が用いられており、それがより適切であったかもしれない。しかし日本民俗学界では、調査関係者が当初から略称として「山村調査」を用いていた事実がある。慣用的な使用例が長く蓄積しており、筆者は今更の変更は困難と判断した。そして本書ではその慣用に従うことにした。なお、関戸には当該論文を発展させた論文「近代日本における山村研究の視角と山村概念について」があることを付記しておく〔関戸 一九九七〕。

5 由谷裕哉「山村調査（1934―36年）をどのように位置づけるか―大間知篤三と杉浦健一の言説に注目して―」

由谷裕哉は、「山村調査を単に柳田の全体像を捉えることだけの為に参照する旧来研究は、全くの徒労を行ってきたのではないか」と意味深い指摘をした〔由谷 二〇一五 三〕。山村調査の分析に際しては柳田國男に焦点化するのではなく、調査メンバーが現地調査でどのようなデータ収集を行い、そして分析したかという視点が大切であると主張した。由谷はその上で、大間知篤三と杉浦健一の二人に着目し、二人がどのような調査を行い、どうまとめようとしたのかを考察した。由谷によると、大間知と杉浦の二人の作業は結局失敗であり、二人とも新たな研究成果は認められないという評価をした。そもそも山村調査は、比較研究のために作成された項目のもとで一斉調査を目指したものであった。このように、参加メンバーの成果を詳細に論じながら山村調査の内容に迫る試みは、由谷が初めてであった。

6 今野大輔「全国的民俗調査の実施Ⅰ・Ⅱ・Ⅲ」

今野大輔は、①「全国的民俗調査の実施Ⅰ―いわゆる『山村調査』―」、②「全国的民俗調査の実施Ⅱ―いわゆる『海村調査』―」、③「全国的民俗調査の実施Ⅲ―いわゆる『離島調査』―」の三つの論文を雑誌『昔風と当世風』に連載した。①は、木曜会の紹介と山村調査の計画を論じた。柳田の『学問の日記・木曜会日記』を活用したのは今野が初めてであり、調査地選定のエピソードは興味深い。民間伝承の会が地方の研究者と柳田を結びつけるハブの役目を果たしたように、山村調査は各地の研究者との協力関係が形成されつつあると指摘した〔今野 二〇二〇 一五二〕。②は、海村調査の正式名称と補助金について『日本学術振興会年報』に典拠を求めて解説した。海村調査の『採集手帖』は研究代表者の柳田に提出された。柳田はすべてを読んでコメントを書いた。現物を照合した今野の研究は重要である。③は、民俗学研究所を調査母体に科学研究費の取得で始まった離島調査を論じた。従前とは異なるタイプの『採集手帖』が用意され、提出された『採集手帖』を柳田が丹念にチェックしたことを跡づけた。離島調査の成果は、田中宣一　小島孝夫編『海と島のくらし—沿海諸地域の文化変化—』へ引き継がれたという〔今野　二〇二一　一〇一〕。

一　山村調査実施の経緯

1　山村調査の正式名称

『民間伝承論』が民俗学理論の構築にあったとすれば、山村調査は民俗学理論を現地で確認する実践であったと言える。理論と実践の関係である。柳田は「民間伝承論の会」の名のもとに、八名の受講生に講義をして『民間伝承論』を完成させた。受講したメンバーを中心に昭和九年（一九三四）一月から木曜会を発足させた。山村調査は、その若手メンバーを中核とした初めての全国的規模の調査であった。その経緯について、大間知篤三は、「『民間伝承論』から『民間伝承』まで」の中で、以下のように記した。

「民間伝承論」の講義は、一昨年九月から年末に及んだ。此の書が日本民俗学の最初の概説書として持つ重要性は別として、昨年五月から柳田先生の下に、日本学術振興会の補助を得て着手された山村調査のメンバーの大部分が其の講義を毎木曜に聴講し以後木曜会を組織した者だつたのである。即ち期せずして、講義は調査員養成の準備作業となり、また我々としては、耳から学んだ民俗学の方法を実地踏査によつて吟味体得するといふ結果になつた。此の事業を、我々も一口に山村調査と呼んで居るものゝ、正確には「日本僻陬諸村に於ける郷党生活の資料蒐集調査並に其の結果の出版」と言ふのである。〔大間知　一九三五　一〕

いわゆる山村調査の正式名称は「日本僻陬諸村に於ける郷党生活の資料蒐集調査並に其の結果の出版」という大変長いものであった[5]。メンバーは、それを省略して「山村調査」と呼んでいた。それが定着していったのである。大間知は、調査の意義を語りながら、調査終了地と今後の調査着手地の計三三箇所も紹介した。調査は二〇日から三〇日間であるが、多くの同志が必要であることを訴え、日本民俗学講習会が開催された意義を誉め称え、この山村調査の展開を期待した。

2　座談会記録から

成城大学民俗学研究所は、日本私学振興財団から学術研究振興資金の交付を受け、山村調査からちょうど五〇年後を記念して、昭和五十九年度から三か年計画の総合研究を実施した。研究テーマを「山村生活五〇年、その文化変化の研究」として、山村調査後の生活変化を追い求めることを目標にした。その成果は『山村生活五〇年、その文化変化の研究』として三冊の調査報告書にまとめられた[6]。さらに『昭和前期山村の民俗変化』が出版された。この研究の過程で、山村調査に関して多くの新事実が明らかになった。以下に紹介する山村調査に参加した人の証言も重要である。『山村生活五〇年その文化変化の研究（昭和五十九年度調査報告）』（『民俗学研究所紀要』第一〇集）に載る、関敬吾・大藤時彦・牧田茂の三人による座談会記録は、いままで不明であった山村調査に関わる事柄がわかりやすく語られている。この座談会記録から重要と思われる点を箇条書きで整理してみる。

①山村調査の契機は、慶應義塾大学の松本信広が、昭和九年（一九三四）一月に柳田邸を訪問し、正月の挨拶のついでに日本学術振興会で補助金が出ることを話したことによる[7]。柳田に何か申請してはどうかという助言をしたという。

②タイミングとしては、後藤興善が企画を持ってきた『民間伝承論』のための講義が一段落したところであった。
③柳田は山村調査を思いついたのである。では、なぜ山村を選んだのだろうか。これについて、大藤は柳田が元々農政官僚として全国各地の農村を歩いてきたことを指摘し、農村研究はやってきたが、山村はあまり知らなかったのではないかと推測している。
④参加メンバーについては、木曜会が中心になった。木曜会は、昭和八年（一九三三）から始めた「民間伝承論の会」を引き継いで、昭和九年（一九三四）一月十一日から始まった。「民間伝承論の会」のメンバー八名に加え、守随一・倉田一郎・萩原正徳・島袋源七・金城朝永ら若い人が加わった。
⑤柳田は、山村調査を進めていく上で、学者を数名入れて調査組織をしっかりしたものにしようと考えていた。申請にあたっては「郷土生活研究所」の名称を考えるなど補助金獲得に向けた準備が進められた。
⑥『採集手帖』の制作は、地理学の小寺融吉・佐々木彦一郎・山口貞夫たちが提案したという。『採集手帖』には「趣意書」と「採集上の注意」が掲載された。「趣意書」は杉浦健一、「採集上の注意」は佐々木彦一郎がそれぞれ執筆した。
⑦質問項目は、柳田が一〇〇項目を執筆した。興味深いのは、杉浦と佐々木は自分たちの原稿を柳田には見てもらっていないことである。後に物議を醸すことになったというが、その詳細は不明である。
〔関ほか　一九八六　二三五～二五八〕

⑥の「趣意書」には、「民俗」と「民間伝承」の用語は使われていない。「日本人の長所と思はれる美質」とか「日本人の精神生活の根源」という言葉が使われる。それは外部の人に向けたものであり、準戦時体制時代を反映した表現とみられる〔牧田　一九七二　二三九～一四〇〕。柳田の年譜を見ると、昭和九年（一九三四）一月には山村調査の準備が始まっていることがわかる。第一回の木曜会（一月十一日）が終わると、一月十五日に大間知篤三がやって来て、山村

調査案の大筋の計画を立てている。同月二十二日も山村調査のために大間知が同席している〔小田編 二〇一九 二三五〕。

調査地の選定は柳田が独断で行ったようである〔8〕。選定基準として名勝地や温泉がある観光地を避け、交通の要衝地も避けた。つまり行き止まりの山村を選んだ。調査地は五二箇所〔昭和九年度＝二二箇所、昭和十年度＝一五箇所、昭和十一年度＝一六箇所〕である。『山村生活の研究』の「調査地一覧」には、「其他」として一四箇所の地名と調査者が記されている。これはどう考えるべきであろうか。座談会では、五二箇所が正式メンバーの調査であり、その他一四箇所は郷土生活研究所の同人ではなく、外部から『採集手帖』を提出してくれた人であるという。このため氏名には「氏」が付いていると説明される〔関ほか 一九八六 二四四〜二四五〕。

三　一〇〇項目の質問項目と調査の実態

1　『採集手帖』の一〇〇項目

昭和九年度に作成された『採集手帖』〔以下『採集手帖』と表記〕は、昭和十年度と昭和十一年度に増補改訂を行っている。ここでは最終的な完成形を示す昭和十一年版の『採集手帖』の項目を紹介する。

一　村の起り／二　村の功労者／三　村の大事件／四　暮しよかつた時／五　家の盛衰／六　新しい職業／七　焼畑作り／八　山小屋の作法／九　外から買ふ物／一〇　買物に出る場所／一一　物売り／一二　物売以外の来り人／一三　明治以後の土着者／一四　出稼地／一五　外で成功した人／一六　永く外にゐて帰つた人／一七　村の自治組織の今と昔／一八　講、組合／一九　女の講／二〇　「ユヒ」「モヤヒ」／二一　「テツダヒ」「コーロク」／二二　大災難の時の援助／二三　共有の山河の利用法／二四　共有財産／二五　猟の獲物の分配／二六村のつきあひ／二七　村ハチブ／二八　村の公と私／二九　村の階級、家の格式／三〇　家じるし、山じるし／三一　財産の継承、分配法／三二　仮の親子関係／三三　同族結合の様式／三四　同族、親類の義理／三五　義理固い家／三六　変人、奇人／三七　笑ひ／三八　褒められる男女／三九　若者組／四〇　小供組／四一　産屋の行事／四二　氏子入り／四三　娘仲間／四四　夜なべ仕事／四五　女の仕事／四六　遠方結婚／四七　仲の良い村、悪い村／四八　他村からの手伝／四九　日雇、奉公人、名子／五〇　奉公人の居易い家／五一　食物の良し悪し／五二　特殊食物を造る日／五三　酒宴をする日／五四　村寄り合の席、費用／五五　分配する食物／五六　土産の贈答／五七　晴着を着る日／五八　仕事着の種類／五九　イロリの座席／六〇　デイを使ふ場合／六一　門松、年木／六二　花嫁の入口／六三　棺の出口／六四　忌中の行事／六五　仏を迎へる入口／六六　仏を迎へに行く処／六七　年回の終り／六八　先祖祭り／六九　同族神／七〇　屋敷神／七一　植物の忌み／七二　氏神のきらふもの／七三　人が忌み、慎むこと一般／七四　祭礼の全村の慎み／七五　頭屋、神役の慎み／七六　神田及びその世話をする家／七七　庄屋、旧家と神社／七八　宮座／七九　氏神参りに帰村／八〇　山の神／八一　神に祀られた人／八二　信心深い若い人／八三　土地で信心される神仏／八四　よくない場所／八五　不入山、クセ山／八六　神の祟り、不信心者の罰／八七　神仏の助け／八八　怖しい響／八九　狐狸の怪、変化物／九〇　変化を避ける手段／九一　シラセ、夢の告／九二　ウラナヒ／九三　治病の祈禱／九四　氏神に何と云つて拝むか／九五　雨乞、風祭／九六　張切り、道切り／九七　通り神／九八　疲労、衰弱／九九　長生の家筋／一〇〇　仕合せのよい家柄

〔比嘉ほか編　一九八四〕

一〇〇項目はあくまでも目安と理解すべきである。現在から見ると、調査が困難な項目もある。たとえば、「一一物売り」「一二　物売以外の来り人」「四一　産屋の行事」「五九　イロリの座席」などの習俗は、変化あるいは消滅している。物売りなどは移動販売車や通信販売という新しい方法があるので、それを調査することになるであろう。

矢野敬一は、山村調査の一〇〇項目は単なる羅列ではなく、一定のゆるやかなまとまりがあり、それが全体で一つの流れをつくっていると指摘した。村の起源・功労者について質問したあとに、村と外との関係を聞く（三〜一四）。次いで村の内部に目を向けて人々のつきあい交流を聞いていく（一五〜三三）。視点は外に戻って、近隣の村との関係を問う（三四〜三九）。そして通過儀礼や年中行事を尋ねる（四〇〜五五）。民間信仰も質問し、氏神信仰などにも触れる（五三〜八六）。最後のほうで山村独自の生業などを尋ねる（九四〜九七）。最後の項目には、長生の家筋と仕合せのよい家柄について質問するがここで締め括られる（九九〜一〇〇）。矢野は以上のような目には見えないが、ゆるやかなまとまりの流れがあると論じた（矢野 一九九二 一六八〜一六九）。

質問項目の一〇〇番目は「仕合せのよい家柄」である。刀根卓代は、「瀬川清子と柳田國男―こころ持ちの民俗―」の中で、成城大学に保管された『採集手帖』から一〇〇番の回答を一覧にしている。六五箇所中、三〇箇所の回答である。記述無しと、そのようなことは聞かれないと答えた事例は「無し」に分類した。九九番の「長生の家筋」と混同した回答も見受けられる。柳田はなぜ、仕合わせの家などを項目に入れたのだろうか。刀根は、瀬川が「こころ持ち」と表現した心意の問題に通底しているという。柳田が故郷の家について「日本一小さな家」と表現したこだわりに関わる可能性を示唆した（刀根 二〇一五 三〇〜三二）。

調査者に『採集手帖』が手渡され、聞き書きが書き込まれたものが、成城大学民俗学研究所に保存される。この調査は、調査地として一府県一箇所以上を選定し、原則として調査地へは一名が単独で派遣された。伝承者を選択して採集に従事するが、二〜三回の訪問で、計二〇日程度の調査日数であった。昭和十年（一九三五）三月に『山村生活調査第一回報告書』、昭和十一年（一九三六）三月に『山村生活調査第二回報告書』がそれぞれの調査年度の中間報告書として出版された。昭和十三年（一九三八）刊行の『山村生活の研究』は第三回目の報告書と言える。柳田は『山村生活調査第二回報告書』の「緒言」で、山村調査の実施は初めてのことであり、試行錯誤して失敗もあった。しかし今後の調査に当たっては、予備知識を持つことができるようになり、無用な重複する労を省略できるといい、これからは効率よい調査ができるだろうと明るい将来を語った。そして、柳田は「この新しい試みには意義がある」と言い、諸外国に例を見ない方法と自画自賛した〔柳田　一九三六　五〕。

2　スパイに間違われた調査員

山村調査は、話者たちに一箇所へ集まってもらい、集中的に聞き書きする集団調査の形態ではなく、個々の家へ出かけて聞き書きをする個別調査の形態を採用した。調査地は旅館のない村が多く、調査員は地元の民家へ泊めてもらった。「座談会　五〇年前の山村調査」の中で、関敬吾は『採集手帖』に直接書き留めるのではなく、清書して提出するためにわざわざ別にノートを用意して書き留めていたと語っている。

調査に出かけたメンバーが一番困ったのは、スパイに疑われてしまうことであった。警察への対処の仕方が難しかったらしい。当時の村では、外部から見知らぬ人が入ってくると何か怪しいと思う風潮があった。よそから行った人は警戒されるのである。調査に出かける前に、柳田から「村に入ったら駐在さんの所へ行って、丁寧に説明しなさい」と指導されていた。しかし、言われた通りに実行すると、駐在所の巡査が自転車に乗って、「変な男が来たからみんな警戒してあんまり話をするな」と触れ回ったりされたという。汽車の中ではたいてい警官に訊問された。一人旅の男性に向かって、憲兵が聞いたりすることも少なくなかったのである。佐々木彦一郎は、埼玉県浦山村で調査をしていたとき、ちょうど陸軍大演習があり、村人から怪しまれてしまった。結局、山の中から浦和の警察署まで連れて行かれたという。

海村調査でも同様の話が出てくる。軍艦が出入りするときの風向きが重要らしく、漁村では風のことを聞くことは大変怪しまれたのである。大藤時彦は、実体験として風のことを聞いたときの困難を詳細に語っている。また、瀬川清子は洋服で現地に行ったが、当時はほとんどの女性が着物であったので、洋服というだけでスパイと間違われて大変だったという〔関ほか　一九八六　二五一〜二五四〕。なお、調査には言葉の壁もあったようである。スパイに間違われることは戦後も続いた。とくに共産党の山村工作員と間違われたという経験が戦後まもなくの調査ではあった。現在はセールスマンに間違われ、最初から「結構です」と拒否される経験をした研究者も少なくない。聞き書きには、いつの時代にも苦労がつきまとうものである。

3 『採集手帖』の変化

山村・海村・離島と民俗調査を実施してきたが、その調査で使われたのが『採集手帖』であった。山村調査の『採集手帖』に関しては、田中宣一と福田アジオによる論文がある。二人は一〇〇の採集項目の異同を詳細に分析している。三か年を通じて質問項目は一〇〇で変更はないが、内容は年々詳細になっていく。特に三年目は質問すべき事項の解説がつけ加わった〔福田 二〇二三 九八〕。これに関して、福田は問題発見の項目であると評価した。海村調査の項目は桜田勝徳が原案を作成して同人が検討したものであるが、従来検討されたことはないと思う。山村調査の作成法に比べると合議制が採用されている。離島調査は一〇〇項目ではない。「離島村落調査項目表」には一四分類、一七六項目が示されている。一四分類は以下のようである。

第一　村落／第二　土地／第三　人口／第四　衣・食・住／第五　家族／第六　婚姻／第七　産育／第八　葬制／第九　生産・生業と労働慣行／第十　交通・交易／第十一　年中行事／第十二　信仰と俗信／第十三　社会倫理と個人道徳／第十四　社会施設

これを見ると、新しい項目になっただけではなく、「科学試験研究であることの必要性から世帯調査表を準備して記入した」と記されるように、科学的な調査を目指そうとしていることがうかがえる〔日本民俗学会編 一九六六 九五五〕。

四　山村調査の展開と問題点

1　各種雑誌への発表

荒井庸一によると、調査結果は木曜会で報告・検討されていたほか、『民間伝承』『山林』『現代農業』『地理学』『旅と伝説』『方言』『東京朝日新聞』など、かなり広範囲の雑誌や新聞に各人が発表したという〔荒井　一九八八　七九八〕。これらによって全国の研究者は調査活動の情報を得ることができた。

『旅と伝説』第七年十一月（八三号）には、「山村スナップ」と題して山村調査の同人一二人がエッセイを執筆している。巻頭の佐々木彦一郎の「村の新聞」は情報の問題を語っている。道路に面した家のおじいさんが囲炉裏にあたっていると、道を上り下りする人たちが立ち寄って会話をしていく。するとそこに新情報がたくさん集まる。村人は新情報を得るためにおじいさんを訪ねるのである〔佐々木　一九三四　二〕。橋浦泰雄は、静岡県気多郡の調査地で、製紙会社の進出によって一気に山村の生活が変わり、粟稗から米の飯となって都会と同じ贅沢な生活をするようになった事実を聞き取った。ところが、三〇年後にその会社が撤退することになって急に苦難の生活を余儀なくさせられた話を紹介した〔橋浦　一九三四　一七～一八〕。

2　雑誌『旅と伝説』に載った山村民俗調査

山村調査の概要に関しては、昭和九年（一九三四）六月一日発行の『旅と伝説』第七年六月（通巻七八号）に「柳田『郷土生活研究所』の山村民俗調査」のタイトルで、以下の記事が掲載された。

> 柳田先生を中心とする研究団体「郷土生活研究所」同人の最初の事業として着手される山村生活の調査は、これが又我国に於ける最初の組織的な民俗学的の採集事業である丈に諸方面の注意を惹いてゐる。この調査が三ヶ年の継続事業で、今回農林次官の石黒忠篤氏並に姉崎正治博士の推薦により柳田先生の申請で、日本学術振興会から補助金年三千円総計九千円を受けることに決定した事に就ては本誌前号の学界聞書に紹介されてゐた通りであるが、五月に入つて同研究所は愈々活躍を開始し、調査細目百項を印刷した『採集手帖』を発行すると共に、本年度に於て調査すべき二十箇村を左記の通り選定して、直に採集に取りかゝる事になつた。

山村調査の発足に関して、松本信広から情報があったことは上述したが、『旅と伝説』第七年六月（通巻七八号）によると、石黒忠篤と姉崎正治の推薦があったことがわかる。いずれも柳田と懇意な人物である〔9〕。木曜会のメンバーを中心として二〇名が現地調査を実施していった。その多くは日本民俗学界を牽引する民俗学者に成長していく。調査団の中に中山太郎・折口信夫・早川孝太郎の名は見えない。『山村生活の研究』には宮本常一・牧田茂・鈴木棠三など、数名の研究者の名が出てくるが、途中参加であろう。この総合調査の補助金額は「日本学術振興会から補助金年三千円総計九千円を受けることに決定」とある『旅と伝説』の記事を信用すれば、年度あたり三〇〇〇円で、計九〇〇〇円となる〔10〕。

3　山村調査からの発展的研究

佐々木彦一郎（一九〇一～一九三六）は、東京大学地理学科の出身である。埼玉県秩父郡浦山村を担当し、『山村生活の研究』の「一七　焼畑」を執筆した。焼畑について、名称・種類・場所・方法・作物・年限・跡地利用の項目を立て、調査員の『採集手帖』を利用して項目羅列的に執筆した。その佐々木は、『地理学評論』に「山村の経済地理」として焼畑を詳細に論じた（佐々木　一九三五）。佐々木の後輩にあたる山口貞夫（一九〇八～一九四二）は、山形県安楽城村を担当し、山村の定義をして土地所有、職業構成、土地利用などの分析を通して山村の特性を描いた〔山口 一九三六〕。杉浦健一（一九〇五〜一九五四）は、東京大学宗教学科の出身で、文化人類学への関心を持ちながら柳田に接近し、山村調査に参加した。戦前にミクロネシアの調査を実施し、戦後は東京外国語大学や東京大学の教授を務めた。鳥取県中川村を担当し、詳細な調査を経て河川流域の集落の特性について論じた。杉浦は項目羅列ではない研究を志向していた。倉田一郎（一九〇六〜一九四七）は、和歌山県日高郡上山路村を担当した。詳細な報告「南紀山村誌」を『地理学』に寄せ、集落人口や経済生活の把握を試みた〔倉田 一九三六〕。以上のように、『採集手帖』の形式にとらわれずに個別研究として発表する研究者は少なからず存在していた。佐々木と山口は地理学、杉浦は文化人類学、倉田は民俗学の人であった。山村調査は、調査項目に拘泥していた傾向が強かったし、まとめ方に関しても問題を抱えていたようである。

五　調査報告書に関する批評と問題点

「座談会　五〇年前の山村調査」は、「報告書のまとめ方」の見出しで、調査地ごとの『採集手帖』をどのようにしてまとめたのかが語られている。関敬吾は以下のように述べている。

> 『民間伝承』に載った山口氏に対する僕の反論はですね、先生の命令で書いた。僕は、それに反発したんですよ。（笑）先生はいつも、君はどう考えるか、という調子で聞かれるわけです。そして、結局、君やれ、と仰言る。
> 〔関ほか 一九八六 二五六〕

関は本音を語ったようである。関は柳田に指名されて仕方なく執筆したと述べる。執筆前にその指名を一度は拒否したらしいが、結局は引き受けて論陣を張った文章を書いている。その批判の応酬の経緯は次のようなものであった。まず、『山村生活の研究』のまとめ方について、山口麻太郎から『民間伝承』(四巻九号)誌上に公開質問が寄せられた。それが「民俗資料と村の性格」という論文である(山口 一九三九a)。関は柳田に指名されて「批判に答へて」を執筆した(関 一九三九a)。山口は、関の反論に納得がいかなかったので、さらに「再び民俗資料と村の性格に就いて」(『民間伝承』五巻二号)を執筆した(山口 一九三九b)。そして、恐らく行きがかり上であろうが、関の「再批判に答へる」が執筆されたと思われる(関 一九三九b)。村の性格や調査のあり方に関する議論の応酬があったのである。

では、一体どのような記述が残されているのだろうか。雑誌『民間伝承』を紐解くと、二人のやや短めの論文が掲載されている。山口「民俗資料と村の性格」では、まずは立派で遠大な画期的成果を期待したという山村調査の実施に最大限の賛辞を送る。続けて、山口は最も知りたいと思っていた「有機体としての村の基礎的なもの」がまったく記されていない点を率直に批判した。村における個々の生活事象は互いに有機的に結合しており、村人の生活は、村の形と質との中に生育しているものであると述べる。村の生活調査の記録は、これに応えるべきであり、個々の生活事象が村の生活から遊離して取り扱われていると批評し、各資料の個性的な活力を著しく欠いていると論じた(山口 一九三九a 八)。とにかく失望をもって執筆したのだろうと推測される。

山口の批判に対し、関は「批判に答へて」を執筆した。六項目にわたって理路整然と論じたのである。両者の主張がそれぞれ相手の納得をえられなかったのは、見解の相違に尽きる。山口は関の反論に対して、「再び民俗資料と村の性格に就いて」を執筆した。そこでの指摘は、大変重要なものであった。関は、村から始めて普遍的なものを見ようと論じたが、山口は、それならばまず村の性格を見るべきであると批判する。最初に村の性格を示して本論に入る方法が採れなかっただろうかと論じた(山口 一九三九b 二)。関の「再批判に答へる」では、日本の山村を民俗学的に総合的に観察するなどと書かれるが、どこか理論が空回りしている。

このことは、柳田の研究が日本全体を一つのまとまった比較的均質なフィールドと見ていたために、調査の目的・

方法もインテンシブ調査ではなく、いくつかの村の資料を集めて比較し、まとめ上げようとしたと推測される。個々の村の特徴を捨象して、日本全体の民俗の特徴を研究しようとした。しかし、山口は自分の村の研究であるという考え方を主張したのである。議論はこれで終了したが、大きな問題を内包していたと言えよう。後にこの議論は再燃することになる。山村調査に参加した大間知篤三は、『日本民俗学大系』一三巻の「民俗調査の回顧」の中で、自身が体験した山村調査の反省を、以下のように述べた。

私が民俗調査らしいものに足を踏み入れたのは昭和九年のことである。その一月初めには佐々木彦一郎君と二人で房州の白浜へ行き、また二月には神津島の花正月を見に行った。五月になると柳田国男氏のもとで「山村調査」が開始され、私は手はじめに茨城県多賀郡高岡村を調査した。この村へは三回行き、延日数で小一ヵ月を費した。「山村調査」の三年間に私は他に四つの村を調査したが、仲間の人たちと同様にそれぞれ二回ずつ行って、二十日間余りの日数を使って調査した。それ以来四半世紀にわたり、中間に満洲生活八年をはさんで、かなり多くの民俗調査をしてきているが、ここに思い出の一端を書いておきたいと思う。これらの調査を通じて、一つの調査地に対して一ヵ月以上、せめて三ヵ月なり、半年なりをかけて、ゆっくり腰をおちつけて調査をしたことが一度もないのが、なんとしても淋しいことだ。〔大間知 一九六〇 七〕

調査の方針に沿って、おおむね一箇所二〇日間の調査であったことがわかる。調査の反省の中で、大間知は調査項目の立て方で気づいた点として「数字に関する項目がまるでないということであろう。村の面積も、人口も、戸数も、部落数さえも問題になっていない」と指摘している〔大間知 一九六〇 九〕。数字への把握の努力が欠けており、それは山村調査に続く海村調査でもほとんど顧みられなかったと述べた。その欠如が日本の民俗調査における共通的性格であったと論じた。さらに数字によるデータ軽視だけでなく、古文書や古記録類への軽視も指摘した。山村調査はその方面への配慮がなかったが、それは故意に目を閉ざしていたと断言した。この指摘は、柳田が生存している時期であるから、かなり思い切った発言と言える。大間知は文書軽視はあったが、その代わりに古老たちの語りを重視していた点を指摘する。ただ単に聞いたことを記録するのではなく、多数派なのか、少数派なのか、どのように過去から現在へ伝承されたのかを考慮することが大事であるという。最後に「われわれは決して村を摑もうとしたのではなくて、村の個々の事象を捕えようとしてきたにすぎない」と回想した〔大間知 一九六〇 一一二〕。

文化人類学の機関誌『民族学研究』一七巻一号に、座談会特集「我が国における社会調査の沿革」が載る。山村調査に関係した研究者の発言もごくわずかであるが、見ることができる。杉浦健一は、大学を昭和六年（一九三一）に卒業するが、文化人類学の学びを続ける中で、柳田に接近して山村調査に参加した。杉浦は山村調査の内容には触れていないが、「特に山村調査の経験から私は機能主義に興味を持つようになったと思います」と述べている〔杉浦ほか 一九五二 二六〕。

反省点はもう一点ある。福田アジオは、日本の村落社会の内部秩序や人びとの価値観や行動規範に関する調査を評価しつつも、『山村生活の研究』の刊行自体を到達点と思ってしまったという反省点を指摘した〔福田 二〇〇九 一一九～一二〇〕。社会学の鈴木栄太郎は、山村調査の成果を活用して『日本農村社会学原理』（日本評論社、一九四〇年）を完成させている。同書の「第七章　自然村の統一性と其社会意識」における、共同祈願、村八分、村入りなどの民俗事例のほとんどは『山村生活の研究』を典拠としている〔鈴木 一九四〇 三九五～四四六〕。つまり成果品である『山村生活の研究』を基礎にして理論化を図ったのである。日本民俗学の研究者が自力でそこへ到達すべきであった。

六　柳田の見た幻影「山立と山臥」

柳田は『山村生活の研究』の巻末に「山立と山臥」を執筆した。書き出しは「この三箇年五十何処の山村調査を重ねて、まだ問題の間口だけも、明かにし得なかつた個条が一つある。多分は観測の角度又は用意を改むることによつて、将来今一段と是に近よつて行く希望は有ると思ふ故に、爰には参考の為に我々の失望の記録を留めて置かう」とある（柳田 一九二八 五三八）。大きな成果があったと書くのではなく、「失望の記録」と書くのは、三年間にわたった大規模調査の巻末に添える論考としては不釣り合いである。これはどういうことであろうか。

それは続けて書かれる文章中の「木曜会の同人が踏破した山村は四十何箇所まではたゞ奥まつた農村といふに過ぎなかつた」という箇所にヒントがある（柳田 一九二八 五三九）。畑作専門の在所は、山の中であっても意外なほど少なく、皆稲作を志向していた。山村に入り込んだ人たちは平地の農業を持って行った。熊野や日向の古い記録を見ると、山民は近世に入るに先立って、その平和を確保する手段として驚くべき大規模な殺戮を受けていたという。たとえ殺されなかったとしても散乱してしまった可能性が想像できると述べた（柳田 一九二八 五三九）。

柳田は「近頃まで異色のある山村生活は、この一種の廃墟の上に、再び築き上げられて居たものゝ様に、自分等には感じられる」という（柳田 一九二八 五四〇）。つまり、柳田はかつて明治末年から山民あるいは山人に関心を持ち続け、大正十四年（一九二五）に『山の人生』を執筆している。この山村調査において、その幻影を追い求めていた可能性がある。なぜならば、その末裔と関わる奥深い山村にあった「一つ家」の存在、各地に残る狩猟民マタギの存在などについて言及しているからである。

柳田が民俗学を志向して以来持ち続けた山人・山民の系譜が、全国的な山村調査で明らかになるだろうという希望を持っていた可能性がある。この考え方については、岩崎真幸が「柳田国男における〈山人〉をめぐる諸問題―〈山の神〉〈田の神〉〈山人〉の使用数の変化を通して―」の中で、柳田の初期の関心は『山の人生』の執筆で一段落したと考えられていたが、実際には昭和十年（一九三五）からの山村調査まで続いていたことを指摘した。しかし、山村調査では柳田がイメージした山民を見出せなかったのである（岩崎 一九八一 七〇）。湯川洋司は『変容する山村―民俗再考―』の中で、『山村生活の研究』に関するコメントをしている。山村は住民のパーソナリティにも固有のものが見られる社会であり、そのために政治的弾圧を経験した。焼畑、狩猟、木地師など、農業とは一致しない生活法則を持つ人びとであり、農民と対立してきた社会性を持つ。その気風は正直・潔癖・剛気・片意地・執着・負け嫌い・復讐心に富むという。先住民のことを証明できなくても、その生活ぶりや気性を見ていくと山民の個性がある程度見えてくるという〔湯川 一九九一 二〇〜二一〕。

七 海村調査と離島調査の特徴

1 海村調査

海村調査は、正式には「離島及び沿海諸村に於ける郷党生活の調査」である。三か年計画で、昭和十二年（一九三七）から開始した。戦争が勃発し拡大したために予算が打ち切りになり二か年で完了した。調査に際しては、『沿海地方用採集手帖』が作成されて携行することになった。これは山村調査の『郷土生活研究採集手帖』と同じ発想である。昭和二十四年（一九四九）四月、柳田國男編『海村生活の研究』として調査結果が日本民俗学会から発行された。戦後間もないこともあって、紙質は至って悪い。同書には語彙索引が巻末に付いている。伝承者談話者の氏名はすべて省略されている。三〇箇所の調査地の資料を項目ごとにまとめた記述方式を採った。これは山村調査に準拠しているが、海村らしい項目も多数入っている。「離島及び沿海諸村」であるから、離島も調査地に入る。離島調査はこの海村調査の延長というよりも、深化・継続的な調査ということになる。柳田は『海村生活の研究』の巻頭に載る「海村調査の前途」で以下のように述べた。

我々が今少し注意深かつたならば、知つて居たかもしれない様な「意外」である。島の事情といふものは一つ〳〵

が孤立であつて、前に山村の調査で経験したやうな、類推といふものが殆と望まれない。一目で見渡せるほどの内海の列島でも、甲には明かに備はつて乙には欠けて居る特徴が幾らもある。（柳田編 一九四九 二）

島の民俗は、山村の民俗とは異なるという認識であり、「類推」という比較法が役立たないと語っているのである。中野泰はこの認識の結果として、『海村調査報告（第一回）』にはすべて島の名が記されて特定の島に即して理解する傾向が見られるという（中野 二〇〇一 三二三）。海村調査は戦争で途絶えてしまうが、戦後になってようやく『海村生活の研究』が完成する。それを祝って、日本民俗学会主催で関係者が座談会を開いている。『民間伝承』一三巻七号を「海村生活特集号」とした。桜田勝徳・瀬川清子・竹内利美の三人が論文を寄稿し、その後に「海村生活の研究を語る」という座談会記録が掲載された。計画の箇所では、柳田は「海村は他の人の手帖で整理したといふ点もあり、調査した本人としては不満足なところも多からうが、私としてはこの次もう一度かういふ計画をしてみたいと思つて居ります」と述べている（日本民俗学会編 一九四九 二四）。

橋浦泰雄は、山村調査の際に山口麻太郎から批判があったことなどを語り、村ごとの概要を載せようとしたが、今回も果たせなかったと述べる。大藤時彦は準備していたが出版が遅れたり死亡した人もいたりしたのでできなかったと追加している。この座談会で、手帖の項目は桜田が原案を作って皆で検討したことが明らかになっている。大間知篤三が地方の島と孤島とでは民俗が違うと述べると、柳田はそれは沿海の内陸漁村には農村分子が入っているからだと語る。牧田茂も海村の場合は「近くの不一致」が山村よりも明白であったという。そして柳田は佐渡の姫津の石見姓のことを得意げに語るのであった。調査の苦心も語られた。戦時中であったので写真を撮るにも許可が必要であったし、沿岸調査は警察官にいつも監視されていたらしい。機密保持ということであろうか。この座談会は離島調査の計画を予測させて終わる（日本民俗学会編 一九四九 二四〜三二）。

福田アジオは、『海村生活の研究』に集約される前段階の『海村調査報告』の中には注目すべき報告があると述べる。

同書には九つの報告しか載っていないが、瀬川清子「安房及び伊豆に於ける若者の生活」、橋浦泰雄「紀伊雑賀崎の末子相続と串本地方の隠居分家制」、大間知篤三「八丈島の正月餅」、倉田一郎「佐渡に於ける占有の民俗資料」は、特筆に値する報告であると評価したが、『海村生活の研究』には採録されていない〔福田 一九八四a 二五〕。

2 離島調査

離島調査の成果は、昭和四十一年（一九六六）に『離島生活の研究』として刊行された。巻末の大藤時彦「調査経過報告」によると、この離島調査は文部省の科学試験研究費補助金を受けて、昭和二十五年（一九五〇）から三か年にわたって実施された。正式名称は「本邦離島村落の調査研究」である。戦後の混乱期のため、食糧を持参して出かけるという困難な調査であった。六〇箇所の島を計画したが、実際に調査ができたのは三〇余りであった。さらに報告書にはすべての調査地を載せられなかったことが記される。さらに、民俗学研究所が解散したために刊行が遅延した。同書の刊行は柳田家の寄付金に負うところが大きい〔大藤 一九六六 九五五〜九五九〕。そして、大藤は調査のまとめとして七項目を挙げるが、最後は以下のように記している。

生活の近代化に従って、民俗の多くは変貌せんとしているが、また容易に変化し難いものがある。この点について綿密な調査を実施しておくことは、近代以前の文化の残留法則を探究するためにも、また近代化の法則を知るためにも極めて必要であり、現在は逸することのできぬ重要な時期であることを痛感させられる。

〔大藤 一九六六 九五九〕

調査の遂行の困難と刊行に伴う苦労を味わいながら刊行させた努力を評価したいと思う。この指摘は近代化と文化残留すなわち survival について論じている。困難ではあったが、時期としては最適であったとした。「凡例」は以下のとおりである。

一、本報告の調査島嶼はおおむね北より南へと順に並べたので調査年月の先後とはかかわりない。
一、本書記載の地名は調査当時の行政区画名によったものが大部分で新地名との照合は省略した。
一、本文中「現在」とあるのは若干の離島をのぞき調査当時すなわち昭和二五―二七年を指している。
一、民俗語彙は片仮名で表記した。

「凡例」に「民俗語彙」の用語がいきなり出てくる。しかし、同書にはその説明はない。目次をみると、全部で一九の離島の報告が収録されている。大藤の言う「三十余島」であったとすれば、一〇以上の島が漏れた可能性がある。これ以上の詮索をするつもりはないが、調査に協力してくれた離島に対し、成果を示せなかったのは残念であった。東京都伊豆青ヶ島のタビ小屋、鹿児島県甑島のトシドンなど、興味深い民俗事例が報告される。平山敏治郎の「石川県鹿島郡能登島別所覚書」は、民俗語彙による調査報告の見本である。

調査地への滞在期間は、西垣晴次は伊豆利島で、昭和三十二年（一九五七）七月二十一日から二十六日の調査であり、一週間と短い。竹田旦は長崎県南松浦郡樺島で、昭和二十五年（一九五〇）八月十七日から二十六日である。漁業の記述も充実しておりまとまりも良い記述である。井之口章次は長崎県北松浦郡宇久島で、昭和二十六年（一九五一）二月十二日から三月一日、同県同郡の小値賀島で三月一日から十六日であった。井之口は一つの島におおむね一五日間程度の滞在である。坪井洋文は佐賀県鎮西町加唐島で、昭和二十七年（一九五二）三月二十四日から四月二十四日までの一か月間であった。調査の期日が記されているのは、以上の報告だけである。調査期間は調査者によってまちまちであるが、目安は二週間程度であったと推測される。

住宅配置図や世帯表を載せる調査者もいれば、写真をふんだんに用いる場合もある。記述は統一されていないが、

『採集手帖』が配られているので調査項目は一律である。桜田勝徳が担当した鹿児島県の十島村宝島の報告は、昭和十五年（一九四〇）に調査した際のノートによる。その理由は桜田が本文で記載しているが、宝島の大祭のレポートを依頼されたが、離島調査の趣旨にあわせるべく、アチックミューゼアムで調査した昭和十五年（一九四〇）の資料をもとに報告したという〔桜田　一九六六　九一二〕。そのために集落図と家々の履歴を詳細に報告して大祭を論ずる体裁になっており、他の離島とは異なる体裁になっている。

なお、離島に詳しい宮本常一は、この離島調査には参加していなかった。調査後の合同発表会などの機会があったのかどうかも不明である。離島であるからすべて漁業の記述が豊富であるかと言えば、必ずしもそうなってはいない。

まとめ

柳田國男が主導した山村調査は、昭和九年度から三か年に及ぶ全国的調査であった。柳田が指導する木曜会のメンバーが中核となり、調査員は『採集手帖』を片手に全国各地へ出向いて現地調査を実施した。第一年度の『採集手帖』は、一〇〇項目をばらして項目別にする意図が見えるものであったが、第二年度からその体裁が消えていく。第三年度は全国各地の民俗学徒が利用できる解説が加えられた。この質問項目は柳田國男・関敬吾共著『日本民俗学入門』へと進化していく。

山村調査の成果は『山村生活の研究』として出版されたが、同書では調査地がどのような山村であるかが不明であり、村ごとの生活諸相が明らかではないと山口麻太郎から批判された。『採集手帖』を用いて同時期に同じ質問項目で調査をする意図は、明らかに当該項目の比較にあったと言えよう。比較をしながら分析する方法が考案されたわけである。単なる比較ではなく、比較を通して民俗事象の変遷を問う方法である。その方法論がいわゆる重出立証法になっていくと考えた。丸ごと地域を理解する方法と、ある一つの民俗事象を比較することとは方法が異なる。また、調査資料の整理過程で、遠方の一致と近隣の不一致に気づいた柳田たちは、理論の見直しを迫られたのである。

山村調査の成果として、具体的な村の性格を明らかにできなかったという批判に真摯に取り組む必要があったように思う。それは調査に従事した大間知篤三の反省からも明らかであり、大間知が指摘したように数字に着目していない点も問題であった。聞き書きを重視しすぎ、文書資料、統計資料などを軽視した点は反省すべきであった。山村調査の流れを汲む海村調査と離島調査が継続されていくが、日本民俗学の確立期における大事業であった。海村調査は、アジア太平洋戦争が勃発し調査の中断を余儀なくされるなど困難を経験した。戦後、日本民俗学会が発足、民俗学研究所が開設され、『海村生活の研究』が刊行された。離島調査は、従前からの反省点を克服する方法が採られた。

〔1〕『山村生活の研究』は、昭和十二年（一九三七）に初版、翌年に再版が出た。再版の折、初版の誤植を訂正した上で、本文から二七〇〇語を選択した語彙索引が付けられた。昭和五十六年（一九八一）に国書刊行会が刊行したのは再版復刻本である。同書巻末の「経過報告」に「山村五十箇所の郷党生活の統一調査は、日本学術振興会の補助を受け、柳田国男指導の下に、昭和九年（一九三四）より昭和十二年（一九三七）四月に到る満三年にわたつて遂行された」とある。再版復刻本と『山村海村民俗の研究』には、山村調査の正式名称が見当たらない。大間知篤三が「『民間伝承論』から『民間伝承』まで」で、正式名称を紹介した〔大間知　一九三五　一〕。

〔2〕この論文は比嘉春潮ほか編『山村海村民俗の研究』の「解説」であるが、『種明かししない柳田国男―日本民俗学のために―』へ収録にあたっては海村調査に関する項目を削除し、田中宣一論文「『山村調査』の意義」に言及している。

〔3〕第三年度の『採集手帖』が精度を高めて、一般の利用を考慮した点は特筆すべきである。それは昭和十七年（一九四二）に刊行される柳田國男・関敬吾の共著『日本民俗学入門』を彷彿とさせる。

〔4〕矢野論文の参考文献を見ると、初版『日本民俗学入門』を引用したことになっている。出版社名が欠落しているだけでなく、実際は新版からの引用である。初版であれば、引用文は旧仮名遣いで、頁数の表記はローマ数字ではなく算用数字となるはずである〔矢野　一九九二　一七二〕。新版は純粋な復刻版ではない。『山村海村民俗研究』の「解説―『山村調査』と『海村調査』

―」へのコメントがあるとよかった。

〔5〕『日本学術振興会年報』二号によれば、正確には「日本僻陬諸村ニ於ケル郷党生活ノ資料蒐集調査並其ノ結果ノ出版」である〔日本学術振興会編 一九三五 一八〕。

〔6〕昭和五十九年度調査報告は『民俗学研究所紀要』第一〇集として刊行された。昭和六十年度、六十一年度の二冊は『山村生活五〇年、その文化変化の研究』として刊行された。「座談会五〇年前の山村調査」と題して、関敬吾・大藤時彦・牧田茂の三人を招待しての座談会が田中宣一の司会で行われ、その記録が収録されている。

〔7〕柳田の『学問の日記・木曜会日記』には、昭和九年(一九三四)一月四日の項に、「松本信広君来り、安南の話を色々聞く。(中略)山村生活調査の計画をたてたきことなどを話し合ふ、主として国境山村の」と記されている〔柳田 二〇〇〇e 九〜一一〕。『柳田國男全集』別巻一(年譜)にも、安南の話を聞いたり山村調査の計画について相談したとある〔小田編 二〇一九 一三〕。安南は現在のベトナムである。

〔8〕大藤時彦の『日本民俗学史話』には「選定はやはり柳田先生が自らなされた。陸地測量部から出て居る全国の二十万分の一の地図を集めて、各府県毎に先生が赤鉛筆で丸印をつけられた。そこへ我々が赴いたのである。この地図は現在成城大学の民俗学研究所に保存されて居る」と記される〔大藤 一九九〇 六五〕。また、『季刊柳田國男研究』六号の連載インタビュー「柳田国男との出会い」の中で、松本信広は『民俗学』の編集に関係していた若い研究者が金田一京助を担いで、文部省の学術振興の団体からアイヌ研究の名目で総合研究費を取ったことが山村調査の計画に影響していると語った〔松本 一九七四 一五三〕。

〔9〕會澤健裕は、関敬吾が柳田から頼まれ、東京帝国大学の姉崎正治(一八七三〜一九四七)のもとへ補助金申請書に認め印をもらいに行ったエピソードを紹介している。姉崎は東京大学の宗教学の初代教授で、民間信仰という学術語を創出し、オシラサマ研究の実地調査をした研究者であった。柳田の木曜会や山村調査に参加した杉浦健一の師である〔會澤 二〇二〇 九〇〜九二〕。

〔10〕田中宣一は「この金額が九年度だけだったのかどうかは不明であるが、事業報告書によると調査予定地が五十ヶ所となっていることからみて、向こう三ヶ年間のものだったと思われる」と推測した〔田中 一九八五 四二〕。これは『旅と伝説』の記事の計九〇〇〇円が正しいであろう。

第十二章　日本民俗学講習会の企画とその意義

はじめに

昭和八年（一九三三）九月から柳田國男の書斎で民間伝承論の講義が始まった。翌九年（一九三四）には『民間伝承論』が刊行され、一国民俗学としての理論形成が確実に進んだと言われている。同書の出版に呼応した形で、日本民俗学講習会（以下、民俗学講習会と表記）が、昭和十年（一九三五）七月三十一日から八月六日までの七日間にわたって開催された。

民俗学講習会は、明治神宮外苑の日本青年館講堂で開催された。全国各地から約一五〇名が参加した。木曜会で学んだ若手研究者が講師を務め、講義後に座談会が開かれた。講義と座談会の記録は『日本民俗学研究』としてまとめられた。五八七頁の同書で、注目すべきは「日本民俗学講習会座談会速記録」である。同書の約三分の一（三九七～五八五頁）を占める。速記者による本格的な速記録であり、参加者が出身地の民俗事例を語りあう座談会であった。時折、柳田國男や折口信夫が解説してみせるなど、参加者にとっては充実した一週間であったと推測される。

民俗学講習会の期間中、連絡組織の設立を希望する声が多くなり、この講習会を契機に「民間伝承の会」が設立されることになった。これは、柳田が構想していた民俗学理論を実践に移すための組織化が具体化したのである。本章は、民俗学講習会に着目する。どのような経緯で開催されたのか。全国各地の人たちにどのような影響を与えたのか。

参加者は民俗学にどのような期待を抱いていたのだろうか。『日本民俗学研究』を読み解きながら、以上の疑問と課題を明らかにしてみたい。

一　先行研究の批評

柳田國男は、昭和十年（一九三五）七月三十一日に、還暦（数え年で六十一歳）を迎えた。民俗学講習会は、柳田が還暦を迎えた日を初日としてスタートした。民俗学講習会には全国各地から参加があり、参加者ゼロの県はわずか数県という大規模なイベントであった。日本民俗学史にとって重要な出来事であるにもかかわらず、この民俗学講習会に関する研究はきわめて少なかった。まとまったものは、戸塚ひろみの研究が唯一のものであった。戸塚は、『柳田国男伝』（一九八八年）で「第十章　日本民俗学の確立」の「第五節　民間伝承の会」を執筆した。第五節は「1　日本民俗学講習会」「2　雑誌『民間伝承』」「3　地方会員の啓蒙と組織」から成るが、本章で検討するのは、「1　日本民俗学講習会」である（戸塚　一九八八　八〇六〜八一八）。戸塚論文は、参照論文をていねいに表示したので、民俗学講習会開催の経緯の確認ができる。戸塚は、主として『日本民俗学研究』に依拠して論を進め、民俗学講習会後に刊行された『民間伝承』からも関連記事を拾っている。

民俗学史としては、大藤時彦が民俗学講習会について触れている。大藤は昭和十七年（一九四二）に論文「日本民俗学」を『学術の日本』に柳田國男の名前で執筆したが、「民俗学会の統合」の中で民俗学講習会を紹介した。民俗学講習会を民俗学史の中に位置付けた最も早い例であろう。大藤は講習会主催者側であったので、その記述は重要であると思う。以下、関連部分を引用してみる。

日本民俗学の研究は日を逐うて旺んになって来たが、各地方の研究者は夫々思い思いの方向に進んで、相互の間に緊密な連絡がなく共同作業に基づく利益を享けることが少なかった。再三再四に及ぶ民俗学の中央機関誌の改廃も亦之には責任があった。之を何とかして統一せねばならぬことは誰しも考えた処だった。然るに昭和十年自分は率先して日本民俗学講習会を開催することを提案した処、幸に関係者の賛同の下に実現の運びに至り、同年七月三十一日より一週間、明治神宮外苑内日本青年館で第一次の民俗学大会を開いた。各府県より一名若しくは二名を限って会員を募集したが、予定人員を遥かに突破し百余名に及ぶ盛会に終始した。但し若干の府県のみ適当な参加を得られなかった。この時の記録は『日本民俗学研究』(昭和十年)という書物になっている。

〔大藤 一九九〇 一五三〜一五四〕

これによれば、大藤が民俗学講習会を提案したということになる。各地方の研究者相互の連絡がうまくとれていない現況の打破をめざし、講習会を開催して人員の結集を企画提案した。実際に大藤の提案だったかどうかは、現時点では実証が難しい。『日本民俗学大系』一二巻において、関敬吾が「日本民俗学の歴史」を執筆している。この民俗学史は、雑誌中心の学史として構成されたものであった。民俗学講習会に関しては、雑誌の発刊と関わっておらず、以下のような簡略な紹介記事だけである。

柳田の還暦を記念して、一〇年七月一日から六日間、日本青年館で「日本民俗学講習会」が開かれた。その聴講者は、青森から沖縄にいたる全国にわたり、その人員は一二六名に及んだ。

〔関 一九五八 一二七〜一二八〕

関敬吾の記述には、二つの基本的な誤謬が認められる。第一は、開催期日と期間についてである。関敬吾は「一〇年七月一日から六日間」と記しているが、そもそも柳田の誕生日七月三十一日を初日とした記念イベントであったはずである。そのことを関が知らないはずはない。実際には、柳田の誕生日の七月三十一日を初日とし、七日間にわたって開催された講習会である。その第二は、関敬吾は参加人員を「一一六名に及んだ」と具体的な数を記録したが、その数字の典拠が不明である。戸塚論文では「百五十余名」とあり、『民間伝承』一号には参加者氏名が載るので、数えてみると計一六五名いる。関敬吾の数字は間違いの可能性が高い。

鶴見太郎は『橋浦泰雄伝―柳田学の大いなる伴走者―』（二〇〇〇年）の第二部第七節「民間伝承の会の誕生」の中で、柳田と折口が緊張関係にあったこと、昭和八年（一九三三）九月からの民間伝承論の会における柳田の講義、そして民俗学講習会について詳しく論じた。民俗学講習会の参加者の選定、講義の内容、講演録の刊行などについても、入念な準備を行ったことを明らかにした。鶴見の論考は、戸塚論文以降の関係論文の中で最も詳しい記述である。

福田アジオは、『日本の民俗学―「野」の学問の二〇〇年―』の中で、研究体制の確立という視点から民俗学講習会について解説した。全体のプログラムを示し、特徴としてアイヌ民族を視野に入れたこと、ヨーロッパの民俗学研究を紹介したことは注目すべきであると述べた。つまり民俗学を国内に限定するのではなく、世界各地で行われている学問として位置付けたことを高く評価した。これに関しては、アジア太平洋戦争後における日本民俗学が鎖国状態になっている現状を考えると、注目すべきであるという。参加者は、座談会を通して民俗学の問題と自己の見聞や経験をどう結びつけていくべきかを考えることができたであろう。さらに福田は、柳田がこの民俗学講習会を「民俗学大会」と表現している点にも着目している（福田 二〇〇九 一三三～一三六）。福田は民俗学講習会が国際的な視野を持った講習会であった点に着目した。実際には岡正雄と松本信広のヨーロッパにおける民俗学の研究動向の紹介であった。岡正雄は、『季刊柳田國男研究』創刊号の「柳田国男との出会い」のインタビュー記事の中で、以下のように語った。

> ヨーロッパから帰ってきた年の七月、先生の還歴（暦）のお祝いの講演会があったんです。僕に独墺における民俗学について話してくれという主催者の注文なんです。僕は特にフォクロアの勉強などしてこなかったのですからどうにもならない見聞をもとにして随分粗末な話をしたのです。この話が先生のお気に召したらしいようで、お前、

あれをもう少し充実したものに書いてくれといわれ、なんだか渡欧前の先生とはちがってきたように思われました。〔岡 一九七三 一五四〕

成城に建てられた柳田の書斎で、書生として数年を過ごした岡正雄は、諸般の事情から居づらくなってしまう。そして、柳田のもとを出てからオーストリアに留学する。数年後に帰国すると、柳田は手のひらを返すようにやさしく迎え入れて、民俗学講習会の講師を依頼するのであった。

二 日本民俗学講習会の準備

民俗学講習会の準備に関しては、鶴見太郎の『橋浦泰雄伝—柳田学の大いなる伴走者—』が詳しい。以下に該当部分を紹介してみる。

講習会の準備に関する実務を担当したのは、「木曜会」の同人である守随一《しゆずいはじめ》、大藤時彦、山口貞夫、佐々木彦一郎などだった。しかしいずれもまだ若いことも手伝い、多くの部分は橋浦と連絡をとってすすめられた。（中略）会に向けての準備は入念にすすめられた。同講習会の「趣意書」によると、聴講者の選定は、地方五〇人、在京者二〇人とし、申し込み超過の場合は、ほかに申し込みのない地方を優先した。そして各都道府県からなるべく一人は出席者を得るという条件で、すでに柳田と面識、連絡のある人物と交渉して出席を要請した。聴講料は無料、旅費・滞在費は自弁としたが、参加者の一部に対しては旅費の一部を補助した。〔鶴見 二〇〇〇 一三九〜一四〇〕

この文章によると、「趣意書」の存在がある。現時点ではその詳細は明らかではないが、準備実務に関わった大藤時彦によると「日本全国の各府県から一名乃至二名の民俗学の研究者、または民俗学に興味を持って居る人に参加して貰って、日本民俗学の総合的な講習会を開催するという計画」をたてたという〔大藤 一九九〇 六〇〕。全国から各都道府県一名以上の関係者を集めようとしたことがうかがえる。それは『日本民俗学研究』の座題会記録の中で、柳田が「栃木は一人もおいでにならないのですが」と語ることからもうかがえるのである〔柳田編 一九三五 四〇七〕。つまり講習会には各県一人以上を目標にしたこと、全国からまんべんなく議論に加わってもらう意図をもっていたのである。その準備の中心的人物の橋浦泰雄は『五塵録—民俗的自伝—』の中で、民俗学講習会を以下のように語っている。

先生の希望もあり、私たち主催者としても全国各県から一人以上の聴講生を募ろうということになった。ところが過半数の道府県には、より以前から先生との通信者があって、それら案内を出したが、二十県未満にはそれがない。それで主催者がそれぞれ手づるを求めて募ることにした。その中に鳥取県があって当然のことながら私の担当であった。〔橋浦 一九八二 二六五〕

鳥取出身の橋浦は在郷の人を推薦してもらったところ、見ず知らずの蓮佛重寿が東京にやってくることになったという。橋浦と蓮佛は、その講習会で初めて知り合うことになった。蓮佛は柳田との交流を深め、鳥取県に戻るとめざましい活動を始めた。その影響もあって、柳田は橋浦を伴って鳥取県に出かけた。また、山村調査で山口貞夫が鳥取県へ調査に入るなど、鳥取県では一気に民俗研究が広まっていった〔野地 一九九四 四二〇〜四二二〕。

三 日本民俗学講習会の概要

民俗学講習会開催のきっかけは、柳田の還暦祝賀にあった。折口信夫と金田一京助らが熱心に祝賀計画を進めていたのに対して、柳田は還暦というのは高齢になって隠居するための引導をわたすような儀式であるとして、当初はその企画に反対したという。この時期の柳田と折口の関係を考えると興味深い。

柳田が参加した雑誌『民族』は、比較的早く終刊になってしまった。それに代わる雑誌として雑誌『民俗学』が発行され、折口はそれに積極的に関わった。この雑誌は「民俗学会」の名称で発行し、折口信夫を中心に、秋葉隆、有賀喜左衛門、石田幹之助、宇野円空、金田一京助、西田直二郎、早川孝太郎、松村武雄、松本信広らが参加した。雑誌『民族』の後継の性格を有していたが、柳田はこの雑誌に一切関わらなかった。雑誌『民俗学』は昭和四年（一九二九）七月の創刊で、昭和八年（一九三三）十二月の五巻一二号で終刊というわずか五年間の短命な雑誌であった。アカデミックな内容で、初めて民俗学を名乗った雑誌であり、学会名も民俗学会を用いていた。雑誌『民俗学』が発行されている間、柳田は萩原正徳が発行する雑誌『旅と伝説』に寄稿している。民俗学の基本理論を形成していた時期でもあった。牧田茂は、この時期の柳田について以下のように述べた。

> 柳翁が当時、大勢を制していた民俗学会に加わらず、その機関誌「民俗学」にも筆を執らなかったのは、民俗学という名称を時期尚早だと考えていたというような大きな学問的な理由以外に、なにか感情的なものもあったように思われる。（中略）橋浦泰雄はこの時期のことを「柳田先生の孤立された時代」といい、その原因を、柳翁と確執を生じた岡正雄や早川孝太郎の言動にあるのではないかとみている。（牧田　一九七二　一二三〜一二四）

牧田は、柳田が民俗学会の名称にこだわっただけでなく、「なにか感情的なものもあったように思われる」とお茶を濁すような書き方をするが、一体何があったのだろうか。また、橋浦泰雄が「柳田先生の孤立された時代」と評したのは、いつの発言であろうか。橋浦が『季刊柳田國男研究』二号の「柳田国男との出会い」という連載インタビューで語ったのは、以下のとおりである。

昭和の初期に、先生は学界の仲間から一時孤立されたことがあります。それまでに、先生はご自身の主宰で『民族』（大正十四年十一月四日～昭和四年四月）という雑誌を出しておられました。ところがその『民族』とは別に『民俗』の学会を創って、専門の機関誌を発行すべきだという説が生じました。先生は時期尚早だという見地から反対されたのですが、学会創立に努力する若干の人びとがあってついに創立され、その機関誌『民俗学』（昭和四年）が発行されました。この間、早川孝太郎君は、先生と学会との間を往復して、先生と学会とを引き離すような結果をもたらしました。岡正雄氏の言動にも類似の点がありました。

（橋浦 一九七三 一一七～一一八）

牧田が「柳田先生の孤立された時代」と表現したのは昭和四十七年（一九七二）のことであり、橋浦の発言はその翌年の昭和四十八年（一九七三）である。少なくとも、上記の引用部分から採った表現ではない。橋浦がどこかで発言しているのだろうか。書き方から推測すると、学問的な孤立ではなく人間関係に基づいた孤立のようである。柳田にとって、木曜会同人を中心にした山村調査が昭和九年（一九三四）に開始された時期である。そのような意気込みのあるときに、還暦祝賀の企画には同調できなかったのであろう。

では、なぜ折口は一生懸命に祝賀会を企画したのか。それは柳田との関係がこじれていたからと推測する。一番弟子を自称する折口が中心になって、雑誌『民俗学』を発刊することになったが、そのことは柳田にとって面白くないことであったようである。柳田は、池上隆祐《いけがみたかすけ》（一九〇六～一九八六）を通じて、折口を中心とした祝賀会を挙行したいという意向を受けた。池上と柳田とのやりとりに関して、『季刊柳田國男研究』五号の連載インタビュー「柳田国男との出会い」に、池上の語りが掲載されている。池上は、後藤総一郎のインタビューに答えて、以下のように語った。

折口先生が還暦祝いやろうといったとき（筆者注――柳田が）お冠り曲げて、けしからん奴だってところまでいったんですよ。折口先生困っちゃって、それで私に頼み込んできて私が柳田先生んところへお使者になっていったんですよ。そしたらそりゃえらい剣幕でね、いちいち名前をあげるんですよ、折口ごときもんがなんだとかね。それで最初いったときにはヒステリー起しちゃって話にもなにもならねえもんだで、これゃきょうはいけねえと思ってその翌日またいったんですよ。今度は少し妥協したけれど、君、折口だけはいけないよ、君と有賀喜左衛門とが発起人にさしてくれとおれに希望するなら認めてやる、とこういうんですよ。

〔池上 一九七四 一六〇〕

柳田は、折口が発起人となることに強い難色を示したのであった。柳田のヒステリーが何に起因しているのか気になるところである。しばらくして、柳田は祝賀会ではなく、講習会を行うことを逆提案したのである。その意見を折口らが受諾することで還暦記念行事が実現した。この大変な連絡係を務めることになった池上隆祐は、長野県松本市に生まれ、旧制松本中学校、旧制松本高等学校理科乙類を経て東京帝国大学を卒業している。学生時代には柳田に師事して民俗学を学んだ。義兄の有賀喜左衛門とともに民俗学雑誌『郷土』の編纂などにも携わった。

また、宮本常一は、雑誌『民具マンスリー』八巻一〇・一一号に掲載した「民間伝承の会発足の頃」の中で、以下のように語っている。

昭和九年秋、柳田先生が京都大学の講義に来られたとき、是非逢いたいとのお手紙をいただいて京都の宿へおうかがいした。私は当時大阪にいた。その折いろいろの話が出て「自分も来年は還暦になるのだが、還暦といえば赤いチャンチャンコを着せられ、記念論文集というものをもらって年寄の座へ祭りあげられてしまう。こんな不本意なことはない」といわれたので、「実はわれわれは民俗学というものがよくわからぬ、それは私だけでなく、大半のものがそうだろうと思う。そういうわれわれの蒙をひらくために講習会をひらいていただけないだろうか」と申しあげたところ、「それはよい考えだ、東京へかえってみんなに相談してみよう」とおっしゃられた。

〔宮本　一九七六　七〕

この記述通りとすれば、宮本が講習会の企画を発案したことになる。宮本によると、講習会が近づくと柳田から上京するようにと督促があった。宮本は体調が悪かったが東京に出かけると、会場で柳田から「君が言い出したのだから君が来てくれないと意味がない」と声をかけられたという〔宮本　一九七六　七〕。宮本が講習会のきっかけを作ったのかもしれない。しかし、先に見たとおり大藤時彦の論文「日本民俗学」における記述にも留意しなければならない。大藤は、「昭和十年自分は率先して日本民俗学講習会を開催することを提案した」と記している〔大藤　一九九〇　一五四〕。この論考は、昭和十七年（一九四二）に発行された。民俗学講習会の七年後である。一方、宮本の文章は、民俗学講習会から四〇年後の回想である。今後は、この点を明らかにすることが一つの課題であろう。

民俗学講習会の実務を担うのは木曜会同人の守随一、大藤時彦、山口貞夫、佐々木彦一郎ら若手であり、この四人は年長の橋浦と連絡を取りながら進めた。講師にはあらかじめ原稿を用意するように指示が出ていたようで、終了後間もなく岩波書店から『日本民俗学研究』が刊行された。講習会では、講義終了後に五回の座談会が設けられている。

ここからは、『日本民俗学研究』を用いて民俗学講習会の概要をみていく。柳田は「採集期と採集技能」という講話の中で、民俗学と民族学の違いを論じた。大藤時彦はこの講演の意義について、以下のように記した。

わが国における二つのミンゾク学すなわち民俗学と民族学との間における関係区別を明白に説いたものであった。この中で今日の民俗学はナショナルな学問であることをはっきりと説いたものである。すなわち主に自分の同胞の文化を討究し、稀に代ってある一つの未開種族の過去の生活を尋ねてやる。またわれわれの疑問は国に属し、現代に属しているともいった。したがって民俗学は日本民俗学といっておれば民族学と間違うことはないといった。しかしこれも今日では日本民族学会という会ができているので通用しなくなっている。〔大藤　一九七八　六〕

現在では、民族学会が「日本文化人類学会」と名称変更したので、この混乱は消滅したと言えよう。民俗学講習会は、午後あるいは夜に座談会が開かれた。講習会の時間配分は、午前は八時～九時半、十時～十一時半である。午後は一時半～三時半で終わり、夕刻は七時～九時である。このタイムテーブルは、表⑦のようになる。

四　七日間の座談会の特徴

1　毎回の座談会テーマ

座談会速記録の末尾に「（速記者　鬼塚明治氏）」とあるように、座談会での発言は、速記者によって発言内容が再現されている。この座談会の形式は、明治二十六年（一八九三）に鳥居龍蔵が始めた土俗会に類似している。土俗会は、あらかじめテーマを決め、それについて参加者が議論し合う形であり、出席者の住む地域で北から南へ順番に話してもらう工夫も行われていた。

民俗学講習会初日（七月三十一日）の座談会は、参加者の自己紹介とわずかな話題提供が中心であり、この座談会はすべて柳田が仕切った。柳田は多くの参加者と面識があり、一人ずつコメントしている。会場

表⑦　日本民俗学講習会の時間割

	8:00～9:30		10:00～11:30		13:30～15:30	19:00～21:00
7/31（水）	開講の挨拶	熊谷辰次郎	海上労働の話	桜田勝徳	座談会（出席者自己紹介）	柳田先生「生誕祝賀会」（夜5時半より2階食堂）
	地方に居て試みた民俗研究の方法	折口信夫				
8/1（木）	仏蘭西に於ける民俗学研究	松本信広	交易の話	最上孝敬	座談会（食物）	
8/2（金）	協同労働の慣行	橋浦泰雄	方言研究と郷土人	後藤興善		座談会（食物と民謡、特に子守唄）
8/3（土）	独墺両国に於ける民俗学研究	岡正雄	昔話の採集	関敬吾	座談会（祭礼）	
8/4（日）	採集期と採集技能	柳田國男	民俗学と人文地理学との境	佐々木彦一郎	座談会（祭り・年中行事・女性の労働）	アチックミューゼアムの見学と映画鑑賞
8/5（月）	冠婚葬祭の話	大間知篤三	琉球諸島採訪録	伊波普猷		座談会（女性の労働）
8/6（火）	民間信仰の話	杉浦健一	アイヌ部落採訪談	金田一京助	座談会（年中行事・俗信）	

※『日本民俗学研究』等をもとに作成

が日本青年館ということもあるのだろうか、農村青年や青年団に関わる参加者が多いように思う。長野県からは多数参加しており、話も盛り上がっている。福島県の山口弥一郎、岩崎敏夫などの発言も興味深い。

二日目（八月一日）の座談会は、司会の柳田から食物を話題にしたいという発言があり、それに沿った内容が話し合われた。休憩を挟んで、司会が伊奈森太郎（一八八三〜一九六一）に替わった。愛知県の教員を長く務めた郷土史家である。伊奈が司会になって最初に指名したのは中村留二である。中村は柳田よりも十歳年長の七十歳であるが、学ぶべきことが多く知識欲があるので参加したと述べ、食物栄養関連のことを学びたいと提案した。中村は柳田の弟子であると自己紹介した（柳田編 一九三五 四四五）。

三日目（八月二日）は、食物の続きと民謡が話題である。司会は伊奈である。座談会では、折口信夫が口火を切って郷土の特色ある食べ物について話題を提供した。折口は、信州松本では小さなイカの中に塩を入れた塩漬けのイカを松本名産といっていることに不思議を感じていると語り、海なし県の松本ではどう探してもイカが獲れるわけがないと意外性を語る。さらに折口は干鰤を食べた経験を語る。燻製のようであるが、そうではなく塩を付けて干したものだという［2］。山梨の甲府ではニガイと言って鮑を醤油で煮染めて樽に詰めたものが静岡あたりから送られてくるという。すると、柳田がそれに呼応して、養父の実家飯田の話をする。飯田では「鰆は飯田に限る」という。それはおかしいと思っていたが、ごく淡い一塩の鰆を飯田から送ってきたことがあり、実際に食べてみると美味しかった話をした。海なし県で海産物を食べる話で盛り上がったのである（柳田編 一九三五 四五七〜四五九）。

四日目（八月三日）は、祭りが話題で、司会は伊奈であった。最初に柳田が話の流れを作るため簡単な解説をしている。祭りの名称・供え物・神人・祭日・祭場と言う流れで話題提供をしてはどうかという提案があった。それに従って座談が進む。この分野は特に発言のありそうな参加者が多く、説明もしっかりしている印象がある。

五日目（八月四日）は、司会が橋浦に替わる。特別な食べ物についての話題が出る。喜多野精一が最初に、祭に関係する特殊な食べ物について知りたいと意見を出したので、しばらくはそれに関連する話題が続き、次に祭の話になる。

休憩を挟んで、司会から婦人と労働の問題を取り上げる旨が出て、瀬川清子が話題の口火を切る。

六日目（八月五日）は、女性と禁忌や女性のへそくりなどの話題が出る。婚姻の話題と子どもの言葉が話題に出ている。司会は橋浦であった。橋浦のリードで長野県の養蚕に関わる女性の労働の話が進んでいった。紙すき、養蚕、麻績みなどが話題である。へそくりの話題がたくさん出て、柳田も混ざって座談を盛り上げている。愛知県の原田清が、自分の母が「ほった」あるいは「わたくし」と呼んでいたと話したところ、伊波普猷が沖縄でも「わたくし」と言い、岩倉も喜界島では「わたくし」であると語っている。七日目の座談会は、年中行事と俗信についてであった。

以上、七日間連続の座談会であったにもかかわらず、参加者は熱心に討論に参加している。毎回、大雑把なテーマに絞られたこともあり、食物・祭礼・民謡・女性と労働・婚姻などは、ある程度まとまった討論が行われた。参加者が自由に話題を提供しあい、議論している光景が目に浮かぶ。司会者の力量もあると思うが、司会は柳田を中心に、伊奈、橋浦といったベテランが担当した。

2　海藻エゴと年取り魚の鮭と鰤

三日目の八月二日は食物の話であったが、折口がわかりやすく体験談と感想を述べたところ、すぐに柳田がそれに反応したのである。それが松本の塩漬けのイカの話であった。それにつられて多くの人が座談を盛り上げていった。長野県の今井武志は、松本から四里行ったところにある穂高町（現、安曇野市）の穂高神社大門を境として、南地域では食べるが、北地域では一切食べない食物があるという。それは海藻のエゴという食品である。エゴは、お盆に人が呼ばれてきたときやお墓参りに来る人へのご馳走の一つであると語った〔柳田編　一九三五　四六四〕。海藻エゴの食習がある地域は、長野県北安曇郡、南安曇郡、上水内郡内の西山地方や下水内郡北部に限定される。特に盆様に供えたり、盆のお客に出したりする儀礼食とされている〔倉石　一九九六　六二〜七一〕。海藻エゴは、和名をエゴノリといい、北海道から九州にかけて分布する。寒天に使用するテングサ（天草）に似た凝固作用があり、日本海側の一部の地域で食用にされる。エゴまたはイゴと呼ばれるが、九州福岡ではオキュウトと呼ぶ。新潟県内では羊羹状に作り、薄く切って食べる。同じ新潟でも佐渡ではきしめん状にして食べる〔大楽 二〇一七 七三〕。オキュウトは、ところてん突きで作るので素麺状である〔3〕。エゴ文化の中で、特徴的なのは、海なし県の長野県に分布することであり、多田井幸視によると、エゴの色を白っぽくすることで大事な客への貴重な海の幸を供する意識があるという〔多田井 一九九七 三〕。長野県のエゴの材料は、ほとんどが新潟県からの流通であったが、近年は石川県や富山県から流通している。

司会者の伊奈に指名された新潟の小林存が、「鮭は一般によーと云ひまして、『よーやい、〳〵』と云つて歩けば鮭のことです」と、村上市周辺の河川の鮭について説明する〔柳田編 一九三五 四六七〕。すると、岩手県出身の金田一京助が、南部の鼻曲がり鮭の話題を出し、「私の方ではしやけのよと云ひます。福島地方、羽前地方でもさう云ふ名称があるやうでありますが、私ども子供の時にしやけのよが付くと大変結構な御馳走だと思つたのです。しやけのよと云ふ時には一塩のものでなしに生鮭で、どうかすると味噌に付けて食はす」と説明した〔柳田編 一九三五 四六九〕。

青森の小井川潤一郎は「いをと申さずにさかなと申します。単にさかなと云ふと鮭になつてしまつて、あとのは魚の名を云ひます。さかなを食べるとかさかなを買つて来いと云ふと、在の方では大抵鮭のことに決まつて居ります」と述べ、さらに「鮭の子は矢張いをの子、よーのぐと申します」と興味深い話をしている〔柳田編 一九三五 四七二〕。鮭を「よ」「いを」「さかな」と呼ぶのは、魚と言えば鮭のことを指していたことを示すものであり、鮭の子（＝イクラ）を「よーのぐ」と呼ぶのは、まさに魚の子に他ならない。この話題の後、長野県の参加者から年取り魚は鰤であるという話題が出される。しかも、同じ長野県の参加者から、年取り魚が鰤の地域と鮭の地域が混在しているという発言もあった。座談会は各地の比較となっている。

3　アチックの見学記

鹿児島から参加した楢木範行は、「旅の覚書―郷土研究者のために―」として参加記を地元新聞に載せた。この新聞記事は掲載紙名も日付も明らかでないが、アチックの見学に関する記事として貴重であるため、以下に紹介する。

（二）アチック、ミウゼアム

八月四日午後五時から、三田の渋沢子邸内の、アチック、ミウゼアムを見学した。こゝには日本常民の民具の大部分が蒐集されてゐると言つてよからう。東京の真中で、全国の民具が見られることは一つの驚異である。上京の折には是非一度訪れられん事を望む。当主敬三氏（栄一翁の孫）は頗る平民的で、郷土研究には大きな仕事をされつゝある。本当の郷土研究は十日や二十日の調査では駄目だ。少くとも一年位は滞在して調査しなければとの考へからあちこちに、調査員を派遣されてゐる。その中の一人の如きは秋田県のマタギ（山人）の山言葉を採集するため六ケ月も滞在してゐるが、まだ一つも教えてくれないさうである。家での言葉と山での言葉とは全然違ふと言ふのである。外に郷土に関する出版もやつて居られる。また文献索隠（引）と云ふ、パンフレットも毎月出てゐるやうだ。此の夜は越後の熊狩行事、富山県の山間部のドンド焼の行事、十島村、隠岐島の映画を見せて貰つた。

楢木にとってはかなり印象が深かったと思われ、収集・整理された民具を見た感想と、調査のあり方がていねいに記されている。長期にわたる民俗調査のあり方について、渋沢が参会者へ説明したと推測される。アチックミューゼアムの『アチックマンスリー』二号（一九三五年八月三十日発行）には、八月四日の来訪者として四七名の氏名が載り、楢木範行の名も確認できる。

五　参加者の感想

1　村田祐作「日本民俗学講習会の一聴講生として」（一九三五年）

村田祐作は、『ひだびと』三年九号に、「日本民俗学講習会の一聴講生として」を載せている。村田は、この民俗学講習会に参加するために、初めて東京の土地を踏んだのである。大きな立て看板に「日本民俗学講習会会場」とあり、吸い込まれるように会場に入り、そこで会員名簿と会員章を手渡された。地方会員七〇名、在京会員二七名、國學院大学郷土会から一九名、慶應義塾から一一名、都合一〇〇余名が講堂に集まったとある。人数は若干違いがあるものの雰囲気が伝わる。三十一日の開催は「日本民俗学の大恩人、柳田先生の還暦を祝す為」に始められたと記し、座談会録は後日出版されると記している。そして村田自身は感想を以下のように述べた。

講演の総ては民俗学上の一般基礎学とでも云はうか、私如き初歩者には解り良く面白く受講された。中には金田一氏伊波氏、岡、松本両氏の如く一地方に於て自分の試みた探訪談等もあつたが、此等は亦、異常の興味あるものだつた。特に伊波氏の琉球のアマーオエダー（天つ御田、即ち神田――種子蒔に唄ふ歌）を中心として古代農民の研究談は、柳田先生も此の講話のみにて講演会の価値は充分だと賞讃された程、感動を与へる所多かつた。

〔村田　一九三五　二六〕

村田の感想に見るように、七日間の講演会と座談会は各地の研究者に大きな感動を与えたようである。

2　岩崎敏夫『民俗調査の細道』（一九九三年）

福島県の岩崎敏夫は、同僚の山口弥一郎に誘われて参加した。福島県からの二人である。岩崎は國學院大学で折口の指導を受け、かねてから民俗学に関心があった。

昭和十年の夏、柳田国男の還暦記念に、日本ではじめての民俗学の講習会が東京で開かれることになり、学校の同僚の山口弥一郎氏に誘われて出席し、はじめて先生の講義を聞き、講習会が終わると、全国から集まった会員と共に、成城の先生の自宅に招かれて、ここでも充分に先生の謦咳に接することができた。そして民俗学は自分にぴったりで面白そうだ、新しいこの学問を一つやってみようと考えたのであった。〔岩崎 一九九三 四〕

岩崎は、地理学者の山口弥一郎に誘われて参加したと言うが、國學院大学で折口信夫の薫陶を受けていたので民俗学にも関心があった。山口は『津浪と村』を執筆し、岩崎は『本邦小祠の研究』(博士論文)を刊行している。岩崎は、戦時中に柳田のもとを何度か訪れており、『炭焼日記』にその名が見える。なお、民俗学講習会で福島には高木誠一がいると柳田から教えられた山口と岩崎の二人は、高木を中心に磐城民俗研究会を発足させた〔山口 一九七一 一〜二〕。

3 『民間伝承』一号の「会員通信」に載った感想(一九三五年)

『民間伝承』一号の「会員通信」には、民俗学講習会の参加の感想も載せられている。短めの感想を三つほど紹介してみたい〔民間伝承の会編 一九三五 三〕。

この気運に私共の学校にも婦人の民俗学研究の集りをつくりたいものです。(鵠沼 平本よし子)

講習会での印象は到底忘れ難きものでした。(長野 百瀬達子)

今回の講習会は非常に刺激の多いもので我々もジットして居られぬ気持にされました。(長野 箱山貴太郎)

女性が参加していたことも特筆すべきかもしれない。長野県民俗研究のリーダーになる箱山の感想は、短いながらも地方でも民俗研究が始まっていることを感じさせる。

六 『日本民俗学研究』の刊行

1 『日本民俗学研究』の刊行と内容

民俗学講習会の講演記録と座談会記録を収録した『日本民俗学研究』は、昭和十年（一九三五）十二月五日に岩波書店から刊行された。講習会からわずか三か月後のことで、講演記録は恐らく講演のときには原稿化されていたと推測される。既にみたように、速記者による速記録ができて、すぐに印刷所へ入稿した可能性が高い。そうでなければ五〇〇頁を超える書籍をわずか三か月で完成できるはずがない。同書の目次は以下のようになっている。

採集期と採集技能（柳田國男）／地方に居て試みた民俗研究の方法（折口信夫）／アイヌ部落採訪談（金田一京助）／南島稲作行事採集談（伊波普猷）／民間信仰の話（杉浦健一）／海の労働について（桜田勝徳）／昔話の採集（関敬吾）／冠婚葬祭の話（大間知篤三）／方言研究と郷土人（後藤興善）／協同労働の慣行（橋浦泰雄）／交易の話（最上孝敬）／民俗学と人文地理学との境（佐々木彦一郎）／独墺両国に於ける民俗学的研究（岡正雄）／仏蘭西に於ける民俗学的研究（松本信広）

『日本民俗学研究』では、民俗学講習会の発表順ではなく、柳田の「採集期と採集技能」が先頭になっている。これは講習会の四日目の講義である。以降も書籍の目次は講習会の発表順にはなっていない。バランス的には民俗調査の実際が語られている。巻頭に理論的な柳田の原稿を位置させるのは巧妙な仕掛けであるかもしれない。

2 「採集期と採集技能」から「実験の史学」への改変

柳田「採集期と採集技能」では、二つのミンゾク学の区別が紹介される。民族学と民俗学の二つの学問は、耳で聞いた限りでは区別がつかないので、柳田は民俗学を日本民俗学、Ethnologyを土俗学・土俗誌と分けているという。後者は民族学（現在の日本文化人類学）であった。柳田は、日本民俗学だけが「実験の学」であると主張し、講義の中で「実験」の語を多用した。そして最後に、日本民俗学は「実験の史学」とまで言った。

この「採集期と採集技能」は、『定本柳田國男集』二五巻に収録される際に「実験の史学」と名称変更されたものであった。おそらく本文で用いられた名称の一部を論文名にしたのであろう。新版の『柳田國男全集』には二二巻に収載されており、「実験」の語を検索してみると、「実験の科学」（四一三頁）、「実験の学」（四一四頁）、「実験の史学」（四一六頁）、「採集実験」（四二四頁）などの用例が出てくる。論文の中では「実験」が計一三箇所で用いられる。「実験」は、現在のような科学的実験ではなく、柳田は、観察や体験を含めた広い意味で用いている。しかも、「実験の史学」は、壮大な歴史の比較を可能にする概念を秘めている。その点に着目したのが柄谷行人であった。柄谷は『世界史の実験』で柳田の同論文を取り上げた。同書は一つの柳田國男論である。柄谷は、以下のような見解を述べた。

> 柳田が一九三五年に「実験の史学」を唱えたのは、それまでやってきたことに手応えを感じたからでしょう。日本列島では、言葉は中央から波紋のように広がって分布した。中央では消滅しても辺境では残る、ゆえに、南北ないし東西に離れた辺境の言葉が一致する場合、それが古層であるとみてよい。その意味で、日本列島は「実験の史学」に最も適した場である、と柳田は考えました。
>
> 〔柄谷 二〇一九 二一三～二一四〕

柄谷は、シャレド・ダイヤモンドの『歴史は実験できるか―自然実験が解き明かす人類史―』から柳田の「実験の史学」を想起したといい、歴史学で注目される自然実験（natural experiment）の手法と柳田の「実験の史学」が類似していると指摘した。柳田は『明治大正史世相篇』では、「実験の歴史」という表現も使っている。「実験の史学」をめぐる考察は今後の研究課題とし、ここでは題名の変更経過の確認に絞る。「採集期と採集技能」は、どのような経過で「実験の史学」の名に変更されたのか。『定本柳田國男集』二五巻の「あとがき」に、以下のように記される。

○「実験の史学」は、岩波書店発行の「日本民俗学研究」に掲載した「採集期と採集技能」に朱筆書入れ改題したものである。〔柳田 一九六四 五六二～五六三〕

引用した『定本』は旧版である。昭和三十九年（一九六四）一月二十五日発行であり、この時点では柳田は死去している。『定本』への収載論文に関しては、基本的には柳田の意向が強く働いたと言われているが、この場合は死後の刊行である。タイトル変更の指示を出したのは柳田本人であった可能性は高いが、詳細は不明である。

石井正己は、新版の『柳田國男全集』二二巻で、『日本民俗学研究』の詳しい書誌解題を行っている。柳田の「採集期と採集技能」が改題された経緯に関しては、『定本』の「あとがき」を引用しており、「朱書入れ改題したもの」は未確認であるという〔石井 二〇一〇b 七七二～七七四〕。また、柳田の書き入れに着目した茂木明子編著『柳田國男のペン―書き入れに見る後代へのメッセージ―』も参照してみたが、『日本民俗学研究』に関する言及は見当たらなかった〔茂木編著 二〇二二〕。そこで筆者は、成城大学に寄贈された柳田國男蔵書の中に『日本民俗学研究』への書き入れがあるかどうかを含めた書誌学的調査を二〇二四年七月五日に実施した。柳田文庫所蔵の『日本民俗学研究』（ヲ－D－51/26/(Y)）と抜刷「採集期と採集技能」（ヲ－D－5/48(Y)O）に朱書き書き込みは認められなかった。現時点では成城大学民俗学研究所に朱筆書き入れの資料は見つかっていない〔4〕。

七　民間伝承の会の設立と雑誌『民間伝承』の発行

1　民間伝承の会の設立

民間伝承の会は、どのように設立されたのだろうか。牧田茂は、『柳田國男』の中で全国における研究者の連絡機関の設置が話題になったことを明らかにしている。宮本常一が提案者となって満場一致ということで、渋る柳田に認めさせたという（牧田　一九七二　一四四〜一四五）。下話はなかったのだろうか。また、誰が「民間伝承の会」の命名者であろうか。この件に関しては、宮本常一が「民間伝承の会発足の頃」で以下のように述べる。

> みんなの承認を得たら、あらかじめ腹案をつくっておいて、それを閉会式の前にみんなにはかる。会の名前は折口先生に決めていただく。というように筋書きもきめ、講習会の世話人になっている岡正雄・桜田勝徳・大間知篤三・関敬吾・守随一氏らにもはかった。（中略）会の名まえは折口先生の御提唱で「民間伝承の会」とすることにきまり、会誌を出すことにも会員からの声できまった。（宮本　一九七六　八）

宮本によると、会の名称は折口信夫が提案したことになっている。しかし、宮本の文章にはいくつかの誤謬があるように思われる。そこで先行論文を検討してみたい。福田アジオの『日本の民俗学―「野」の学問の二〇〇年―』では、民間伝承の会の設立について以下のように記している。

> 日本民俗学講習会に参加した人々を組織することは当初からの構想であったと思われる。講習会の最終日午後の

座談会終了後、茶話会となったが、そこで折口信夫が座長となって、民俗学研究の全国的連絡機関の設立を提案し、組織されることになった。組織の名称は後日に柳田國男が決めたという。それが民間伝承の会である。

〔福田 二〇〇九 一三七～一三八〕

組織化が当初からの構想であったかどうかは明らかではない。折口が座長となって提案したというが、それはあくまでも全国的組織の設立についてであった。福田は「組織の名称は後日に柳田國男が決めたという」と記しているが、この記述は伝聞「という」表現で終わっており、出典が明らかでない点が気になる。橋浦泰雄は、インタビューの中で、以下のようなことを語っている。

宮本常一君に口火を切って貰おうと思って相談すると、宮本君ももちろん大賛成でした。講習の何日目かに、先生のお宅にみんなが招かれたことがあって、その際、発会の趣旨を宮本君が述べると、みんなももちろん大賛成で、会をつくる決議をしました。そして、そのことを先生に申し上げたのです。会の内容、名称などすべて先生に考えて頂くことにしました。資料採集に力を注ぎ、会員相互に連絡をというのですから、先生も承知され、会名は「民間伝承の会」と先生が命名されました。四、五年前、先生はすでに民間伝承という言葉を使っておられました。

〔橋浦 一九七三 一二三～一二四〕

この語りによると、宮本が口火を切って組織化を図ることを決議し、それを柳田に報告したことになっている。しかも、会の名称は柳田が命名したと断言している。インタビュー記事を典拠とするのは厳密性に欠けるかもしれないが、橋浦が事務の中心者であったことを考慮し、最も信頼のおける発言と理解しておきたい。

2 雑誌『民間伝承』の編集

民間伝承の会は、全国的な連絡機関の設立が提案されて誕生した全国組織の民俗学研究団体である。その機関誌『民間伝承』は、昭和十年（一九三五）九月十八日に創刊された。タブロイド版（B5判）、八頁であった。創刊号には、早々と民俗学講習会の記事が載っている。守随一が編集責任者で彼の自宅を作業場としていた。守随が満州鉄道に移ることになり、橋浦が四巻二号から担当することになった。同誌は、一三巻四号（一九四九年四月五日発行）から一六巻一二号（一九五一年十二月五日発行）までが、日本民俗学会の機関誌であった（井之口 一九九八 四五九～四六二）。

橋浦泰雄は、マルクス主義者であり画家でもあった。戦後間もなく組織された「生活協同組合」の生みの親でもある。橋浦は、有島武郎の『生まれ出づる悩み』（一九一八年）の主人公のモデルとされる画家の木田金次郎から青森県尻屋村の原始共産制の話を聞いたのが民俗学に入る契機であったと語っている。橋浦と柳田との出会いは、大正十四年（一九二五）九月五日で、柳田が「南島研究の現状」と題した講演をした際の控え室であった。橋浦は、堺利彦に青森県下北半島の尻屋村の原始共産制を調査してみたいと話したところ、堺は、そのような調査であれば柳田の指導を受けるべきだと教えた。橋浦は、柳田に会うために調べたところ、新聞で当日の講演会記事を見つけた。そして、予約なしで講演開始前の控え室を訪れて柳田に面会したのであった（橋浦 一九七三 一〇一～一〇七）。柳田はそれを非難せずに、改めて柳田邸に来るように伝えた。橋浦の話が柳田に響いたのであろう。橋浦は柳田から貴重なアドバイスをもらい、青森県へ約三か月間の調査に出かけていった。柳田は、橋浦が佐々木喜善に会えるように手紙を書いて来訪を知らせるなどの便宜を図っている。

この尻屋村調査を契機に、橋浦は柳田と交流を持つことになる（鶴見 二〇〇〇 六一～七〇）。橋浦は、『民俗採訪』という書籍を持つフィールドワークの人であった（橋浦 一九四三）。『雪国の春』（一九二八、岡書院）の表紙と口絵は橋浦の絵が使用されている。橋浦は晩年、「自分は柳田國男の弟子と言えるかどうか疑わしい」と語っているが、その中でも民俗学の組織化について最も心を砕いていた、と語っていたという〔鶴見 二〇〇〇 二〇四〕。橋浦は、まさにオルガナイザーであった。原点は共産主義に基づく相互扶助の探求であった。橋浦が「民間伝承の会」の組織作りと維持に大きく貢献したことは間違いない〔5〕。

まとめ

柳田國男は昭和十年（一九三五）七月三十一日に還暦を迎え、これを記念して「日本民俗学講習会」が日本青年館の講堂で開かれた。七月三十一日から八月六日までの七日間の会期で講義と座談会が開催された。この民俗学講習会には全国各地から約一五〇名の参加者があり、参加者のなかった都道府県はわずかであった。講義では、柳田邸の木曜会で学んでいた若手研究者たちが講師を務めた。海外の事例が紹介されるなど、日本だけに留まらないスケールの大きな民俗学講習会であった。

この講習会は各地の人たちにどのような影響を与えたか。柳田に直接会って、その謦咳に接する機会がどれほど感動的であったかは多くの参加者が一様に語る。そして、座談会では参加者が自分の住む土地以外の事例を聴くことができただけでなく、各地の研究活動の動向がわかる楽しいひとときであったらしい。柳田風に言えば、この座談会は参加者にとって「暗示と啓発は無限」であった〔柳田編 一九三五 四〕。この講習会の記録は、岩波書店から五八七頁に及ぶ『日本民俗学研究』として刊行された。同書で注目されるのは「日本民俗学講習会座談会速記録」である。速記者による本格的な速記録で、参加者の発言が忠実に記録された。参加者の出身地における民俗事例が語られたり、比較しあったりしながら、和気藹々とした座談会であることがよくわかる。時折、柳田國男や折口信夫が解説してみせるなど、参加者にとっては充実した一週間であったと思われる。

民俗学講習会の期間中、連絡組織の設立を希望する声が多くなり、この講習会を契機に「民間伝承の会」が設立された。この会の名称は、柳田國男が名付け親であった。会の設立に際しては、宮本常一や橋浦泰雄の活躍があったことを確認したが、構想の発案者が誰であったのかは課題として残ってしまった。この講習会は、柳田が構想していた民俗学理論を実践に移す組織が具体化する契機となったもので、日本民俗学界にとって記念すべき大きなイベントであった。本章では、以上のように、民俗学講習会の開催経緯とその内容及び影響について明らかにしてきた。

［1］中村留二は、慶応二年（一八六六）に現在の福井県鯖江で生まれた。物理学者の弟清二を東京帝国大学に入学させた後、自分も遅れて東京帝国大学農科大学へ進み、農芸化学科を卒業した。各地の農事試験場に勤務し農商務省に戻った。台湾精糖の技師をしたこともあるという。女優の中村メイコは孫にあたる。中村留二の人となりは、大西伍一『私の聞書き帖』に詳しい〔大西　一九六八　六六～七七〕。

［2］筆者もかつて海なし県長野から海の幸であるイカが届いて、そのパッケージに「信州名産の塩丸いか」とあってかなり驚いた記憶がある。信州名産の塩丸いかは、少し塩っぱいが酒のつまみに最高であった。

［3］天保の飢饉の際に食べられたことから「オキュウト（御救人）」と呼ばれたという（成城大学大学院、三宅元氣氏教示）。

［4］今後は、長野県飯田市の柳田國男記念研究所の蔵書調査が必要になる。『伊那民俗研究』には、前沢奈緒子「柳田国男自著家蔵本校訂一覧①～⑩」の労作がある。前沢によると、柳田家から柳田國男館へ寄贈されたのは四三七冊という〔前沢　一九九〇　四七〕。前沢の論考には『日本民俗学研究』への言及がない。重要案件であるので、朱書きの有無などに関しては今後の研究課題である。『定本柳田國男集』では、「実験の史学」に改題したという注記がある。新版の『柳田國男全集』の二二巻には「採集期と採集技能」のタイトルが使われている。解題の中で初めて「実験の史学」の解説が出てくる。学史研究の立場からも、新版の『柳田國男全集』の索引の充実が期待される。

［5］第二回日本民俗学会年会の総会（一九五〇年十月一日開催）において、多年の学会に対する貢献を顕彰し、柳田國男・折口信夫・橋浦泰雄の三名に名誉会員の称号を与えることを満場一致で可決した。現在、柳田と折口の二名は民俗学界で著名であるが、橋浦の知名度は低い。鶴見太郎も指摘するが、橋浦は民間伝承の会の運営と雑誌『民間伝承』の発行に尽力してきた人物であった〔鶴見　二〇〇〇　一一〕。

結論　# 日本民俗学の創成期と確立期の特徴

一　本書の構成と要約

本書『日本民俗学の創成と確立―椎葉の旅から民俗学講習会まで―』は、日本民俗学の創成期から確立期までの学史研究である。日本民俗学は、柳田國男のライフコースと分かち難く結びついている。その柳田が日本民俗学をどのように構築していったかが、日本民俗学史の軌跡になっていく側面が強い。本書は、柳田を中心に据えた日本民俗学史の論述を選択したので、主題は柳田中心主義となる。しかし、柳田が提示した見解を単純に受け入れてしまうのではなく、柳田の解釈や問題点を批判的にとらえていく研究姿勢の堅持に努めた。

本書が対象とする時代区分は、明治末期から昭和初期に至る期間で、具体的には明治四十一年（一九〇八）の宮崎県椎葉村の旅から昭和十年（一九三五）の日本民俗学講習会開催までの約二五年間である。その期間は、日露戦争・第一次世界大戦という大きな戦争があったが、大正期は自由が謳歌された時代でもあった。その大正後期が民俗学の胎動期であった。この時期は、日本民俗学が確立を迎えるための重要な準備期間であった。

本書は、序論・本論・結論で構成され、本論は二部構成とした。第Ⅰ部「日本民俗学の創成期」は、民俗学の胎動期である明治四十一年（一九〇八）から大正十二年（一九二三）までが該当する。日本民俗学がどのような胎動を見せたかを論述している。第Ⅱ部「日本民俗学の確立期」は、民俗学理論の体系化が目指され、その実践が行われた昭和二年（一九二七）から昭和十年（一九三五）までが該当する。この時期の研究は、現代の日本民俗学に直結しており、ある意味では研究の中核となっていく部分である。

Ⅰ　日本民俗学の創成期──民俗学の胎動　一九〇八〜一九二四年

第一章「『後狩詞記』にみる民俗学理論の萌芽」では、宮崎県椎葉村の旅が柳田の民俗学理論の萌芽にどのような影響を与えたかという命題に沿って論じた。新出資料の提示によって学史研究が進展したと思う。民俗語彙への着目に関しては、幸田露伴の「水上語彙」にヒントがあったことを確認し、方言周圏論の発想につながる比較研究についても論じた。

第二章「『石神問答』の制作意図と問題関心」では、制作意図と研究法の視点から論じた。柳田はもっぱら文献を用いたが、往復書簡の主たる相手の山中共古は、観察記録と聞き書きも用いた。柳田は、シャグジと呼ぶ石神の境界性を強調した。同書をめぐる研究は少ないが、本書では宿神論などの研究も視野に入れて論じた。

第三章「『遠野物語』の執筆動機と民俗学的意義」では、日本民俗学の胎動を予測させる作品という視点から論じた。同書は、佐々木喜善の語りを聞き書きした書であるが、文学作品としての評価が先行している。日本民俗学からの実証的研究はほとんど行われていない。そこで、民俗学的な内容を摘出することも可能であることを提示してみた。

第四章「郷土会の活動と内郷村調査」では、新渡戸稲造を中心とする郷土会の概要を解説し、共同調査の内郷村調査における参加者を特定した。調査にあたっての調査項目と調査の実際について、残された資料から復元を試みた。内郷村調査は、後に続く総合的な山村調査へ向けた、調査の視点と方法を鍛える場でもあった。

第五章「『諸国叢書』と柳田國男の旅」では、柳田が明治三十五年（一九〇二）頃から内閣文庫の菅江真澄の紀行文や「諸国風俗問状答」などを渉猟して、後に「諸国叢書」と呼ぶ筆写本を整備していた。そして旅に出て知見を深めていた。柳田の旅の特徴について、佐渡の一人旅と『雪国の春』『秋風帖』、そして『海南小記』にみる旅について論じた。全国をまわった柳田の旅は、日本民俗学の揺り籠でもあった。

第六章「柳田國男のヨーロッパ体験と洋書の受容」では、国際連盟委任統治委員としてスイスのジュネーブに滞在した足かけ三年間が民俗学史の未開拓領域であることに鑑み、この領域の解明に努めた。柳田はフランスで言語地理学の最新の知識を得た。その後のライフスタイルなどにもヨーロッパ体験が生かされている。成城への移住とそこでの生活スタイルはジュネーブ体験の影響が大きい。洋風の書斎は日本民俗学の研究拠点として活用されていく。

Ⅱ　日本民俗学の確立期――民俗学理論と実践　一九二七～一九三五年

第七章「『蝸牛考』と方言周圏論」では、蝸牛の方言を縦横に論じた柳田の意図を探ろうと試みた。『人類学雑誌』に連載した論文を昭和五年（一九三〇）に一冊の書として刊行した際に、初めて「方言周圏論」の用語を用いた。方言地理学分野では、日本初の方言周圏理論と評価されている。フランスの言語地理学の影響を受けた書であり、柳田のヨーロッパ体験を反映したものであった。

第八章「『明治大正史世相篇』の執筆経緯と社会変動論」では、日本における土着の社会変動論と高い評価がある『明治大正史世相篇』を論じた。同書は社会学のすべての分野を網羅しているという高い評価もある。本章では、制作の経過の探究を試みた。新しい歴史学研究の手法を実践した書であり、変わり目に着目する視点は、民俗学の方法論でもあったので、方法論の継承が望まれる。

第九章「『民間伝承論』制作実態と民俗学理論」では、『民間伝承論』が口述筆記の書であり、『定本柳田國男集』に収録されなかったので、一部の研究者に読まれる程度であったことを指摘した。内容は重出立証法などの理論が記される。『郷土生活の研究法』と相前後するが、最初の民俗学理論書の栄誉を受けている。柳田の講義を聴く会が木曜会へ変化していくことも明らかにした。

第十章「『郷土生活の研究法』の三部分類と常民概念」で扱った『郷土生活の研究法』は、昭和十年（一九三五）の刊行であるが、昭和五十年代も一部の大学では民俗学のテキストに使われていた。柳田は執筆に先立って、「郷土生活の研究法の会」を設け、若い研究者へ質問して問題を把握していたことなど、制作の経過と同書の構成などを明らかにした。

第十一章「山村調査の実施とその展開」は、日本最初の総合調査である山村調査を中心に論じた。日本民俗学確立期を不動のものにする出来事であった。山村調査の成果とその意義について『採集手帖』などを紹介しながら論じた。『採集手帖』の方法は、海村調査や離島調査へと引き継がれていった。

第十二章「日本民俗学講習会の企画とその意義」では、柳田の還暦を記念した七日間に及ぶ講習会が、全国から集まった受講生と柳田をさらに強固につなげたことを指摘した。講演内容と座談内容のほぼ全貌が『日本民俗学研究』で読める。同書に関する研究は管見では見当たらないが、本章では同書を活用した。民間伝承の会がこの講習会を契機に発足し、全国の民俗学研究者の連絡組織ができた。

二　日本民俗学創成期の特徴

1　創成期の柳田國男

日本民俗学創成期は、明治四十一年（一九〇八）から大正十二年（一九二三）までの期間としている。前著『日本民俗学の萌芽と生成』では、明治時代をひとくくりに「生成期」と概括的にまとめて、柳田以前の西洋学者の活躍、柳田が民俗学へ転進する過渡期の両面を論述した。そこではFolkloreを触媒にした日本民俗学の生成という仮説を提示しておいた。本書は、それらに大きく改良を加え、柳田を中心に考察していくために創成期という時期区分を設定し再論を試みた。なぜならば、柳田が日本民俗学を構想したので、柳田の活動に視点を置くことが大事と考えたからである。柳田の著作の中に、日本民俗学の胎動が認められるのである。

本書では、改めて『後狩詞記』『石神問答』『遠野物語』の三部作に注目した。これらの著作の刊行は、明治四十二年（一九〇九）、同四十三年（一九一〇）に集中している。そして同時期に始まった、新渡戸稲造のサロンである郷土会の活動にも着目した。郷土会と白茅会の共同調査である内郷村調査は、日本民俗学にとっては大きなエポックになる事業であった。この調査は、柳田が民俗学的関心を深めていく時期にあたる。朝日新聞社に勤めながらの旅行が柳田に影響を与えているし、それに連続する国際連盟委任統治委員としてのスイスのジュネーブ滞在とヨーロッパ体験は、柳田の民俗学理論の進化に役立っていく。創成期は、次に続く確立期の胎動期であり、揺り籠であった。

2　創成期三部作の特徴

本書では、柳田の初期三部作である『後狩詞記』『石神問答』『遠野物語』について詳細に論じた。高藤武馬によると、詩人として出発した柳田は、明治三十年（一八九七）に詩集『抒情詩』を刊行した。それは、宮崎湖処子・田山花袋・松岡國男・矢崎嵯峨の屋・国木田独歩・太田玉茗の六人の作品を集めた詩集であるが、『定本柳田國男集』には柳田自身が固辞したので収載されていない。花袋への話題提供によって、花袋は小説を何本も書いたし、藤村も伊良湖岬の椰子の実の話を柳田から聞いている。柳田は、いつも話題提供者の中心にいたと言える〔高藤　一九八三　五七～五八〕。それは日本民俗学の立ち上げの中心にいたことに類似しているのではないか。

『後狩詞記』は中瀬淳が送った猪狩りの原稿に脚注を付けた形式の書である。柳田は、九州椎葉の山奥に残る猪狩りのことばに着目した。ことばを命とする人の最初の著作が、猪狩りに関わることばの採集であった点は偶然ではないと思う。柳田の終生を貫くことばへのこだわりが、まさに初発の著作に出ていると言えるのではないか。地名研究も見方によれば、ことばへのこだわりであり、『蝸牛考』もその軌跡に位置している。高藤は、このような柳田の活躍を視野に入れて「ことばの聖」と評した。本書では、『後狩詞記』に関して、宮崎県椎葉村を柳田がどう歩いたかについて通説の修止をした。旅の動機と旅の行程はもちろんであるが、民俗学へ転進していく過程における農政学的視野からの習俗の見方と、民俗語彙への着目、方言周圏論を内包した比較研究の芽生えについて指摘した。

『石神問答』は、柳田が山中共古をはじめとする八名と行った往復書簡をまとめた書である。同書に関する研究は管見ではごく僅かである。日本民俗学では道祖神信仰研究が族生したが、その一つの見解が芸能史から出てきた。すなわち「後戸の神」の理解にあたって、『石神問答』がヒントになったのである。このように同書には、研究の手法や研究のヒントになるような要素が少なからず内包されている。往復書簡の相手である山中共古らに関する研究も残された課題である。もちろん、文献資料の限界性と聞き書きの重要性を感じさせる書であることは言うまでもない。

『遠野物語』は、遠野出身の佐々木喜善から聞き書きした書である。単なる聞き書きではなく、柳田の耳から入ったことばは、体内で咀嚼・消化されて、文語体の格調高い作品として仕上がった点にその特異性が認められる。文学作品としての読み取りが多い中にあって、日本民俗学の書として理解することも重要であることを指摘しておいた。

以上のように、創成期三部作は、三者三様の制作経過となっているが、いずれも柳田が単独で行ったのではなく、必ず相方の人物が存在している。そして、この三部作はあたかも柳田が本作りの実験を行っているかのような仕上がりとなっているのも特徴であろう。

三　日本民俗学確立期の特徴

1　確立期の柳田國男

日本民俗学確立期の設定をいつにするか。一般には一九三〇年代とひとくちに表現されることが多い（福田 二〇〇九 三〇四）。本書では、もう少し絞り込んで確立期を昭和五年（一九三〇）から昭和十年（一九三五）の六年間に設定してみた。いわゆる一九三〇年代前半にあたる。柳田國男は、昭和五年（一九三〇）に『蝸牛考』を出版し、方言周圏論を提示した。その翌年には『明治大正史世相篇』（一九三一年）を刊行し、Folklore について論じた。柳田が同書でとった手法は英国では Folklore と呼び、一部に民俗学という人もいると紹介した。

『民間伝承論』（一九三四年）は、昭和八年（一九三三）から始まった講義の口述筆記である。同書で初めて民俗資料の三部分類と重出立証法が提示された。『郷土生活の研究法』（一九三五年）では、三部分類がさらに精度を高めて紹介された。常民概念も明確に説明された。両書は、研究書としての『民間伝承論』、一般書としての『郷土生活の研究法』という差異が認められ、後者のほうが広く読まれている。このように昭和九年（一九三四）と同十年（一九三五）という時期に、柳田の民俗学理論が出されたのである。いわゆる山村調査が始まったのは、昭和九年（一九三四）であった。この事業は、「郷土生活研究所」という組織を設けて活動を開始した。柳田のまわりに有望な若い研究者がたくさん集まって新しい学問を興す。その中心にいる柳田の姿が見えるのである。

以上概観したが、民俗学理論の表出という点から言えば、昭和五年（一九三〇）から昭和十年（一九三五）という期間が、日本民俗学の確立期にふさわしいことが明らかになった。そして、昭和十年（一九三五）に柳田の還暦を祝って開催された「日本民俗学講習会」とその時に提案された「民間伝承の会」設立が大きなエポックになっている。民俗学の全国組織が出来上がったのである。安室知は、『日本民俗分布論―民俗地図のリテラシー―』の中で、昭和十年（一九三五）をもって民俗学の近代学問としての成立とすると述べる。その理由として、『郷土生活の研究法』と「民間伝承の会」の設立年を指標としたという〔安室 二〇二二 一一六〕。安室が指摘する年代に間違いはないが、ピンポイントで示すことは意外と難しい。昭和十年（一九三五）という年は確立期の頂点であり、それが安室説であった。

2　著書の作成法と典拠の問題

確立期の第一作に『蝸牛考』がある。これは調査表を全国に配布・回収した成果を図化した周圏図を載せた画期的な研究書であった。新聞を活用した『明治大正史世相篇』は、新聞という二次資料を利用したものであるが、本文中では明確な出典が明らかにされていない。柳田の経験知識が書かせたと言えるが、同書は柳田単独の執筆ではない。橋浦泰雄と桜田勝徳の執筆協力があり、現代であれば単独執筆とは言い難いであろう。

民俗学理論書『民間伝承論』は、口述筆記の書である。『定本柳田國男集』に収録時、自分が書いた本ではないという理由から、柳田が執筆した序文と第一章だけが収録された。『郷土生活の研究法』は、いくつかの講演原稿をまとめたものである。口述筆記といい、講演記録といい、柳田は一つひとつ語りながら聴衆の反応を見ていたのではないか。その反応如何によって修正を加えた可能性がある。柳田の本作りの核心を覗いた感じがする。そして、柳田が一冊を一気に書き上げたのは『先祖の話』一冊だけであった。雑誌に掲載した原稿を配列して一冊の書にする手法がほとんどであった。当初から一貫した書の作成を目指した可能性もあるが、気がついたら一定の分量になったので一書にするということもあったかもしれない。

柳田は典拠を示さないと言われる。第八章で『明治大正史世相篇』を取り上げて論じたが、梅棹忠夫は同書を「柳田民俗学のなかの一番のできそこない」と評価した。その理由は、新聞を利用した点であるという。一般には新聞を渉猟した結果、世相を明らかにしたと言われているが、梅棹は新聞はあくまでも二次資料であるという。また、データを公表しない点も当然マイナス評価である。梅棹は、『民間伝承論』とともに民俗学の体系化を図った点だけを評価した。もちろん、鶴見和子が指摘したように、変わり目の変化の感覚や内発的発展の理論も内在している。しかし、後に続く人が再検証不能であることは大きなマイナス点であろう。

3　民俗学理論の体系化

最後にもう一度繰り返すが、昭和五年（一九三〇）の『蝸牛考』にみる方言周圏論を皮切りに、昭和九年（一九三四）の『民間伝承論』にみる重出立証法、民俗資料の三部分類、伝承概念などの民俗学理論が提示された。そして、昭和十年（一九三五）の『郷土生活の研究法』にみる完成度を高めた三部分類の再提示、常民概念の提示があった。数年間に民俗学理論が集中して提出されたのである。この一九三五年前後は、日本民俗学の重要な民俗学理論が勢揃いした時期であった。

それぞれの制作経過は本書で詳述したが、その制作に当たって柳田國男は若い研究者たちと一緒に概念化を進めてきた。その概念はヨーロッパの学問を取り入れながら、長い時間をかけて何度も改訂が加えられた。常民概念のように、時代の変遷の中で実態と理論がうまくかみ合わなくなってしまった例もある。理論と実践の関係で言えば、一〇〇項目の比較研究を目指した昭和九年（一九三四）から始まった山村調査は、民俗学理論を実践の場で試みたもので、若い研究者にとっては鍛錬の場でもあった。ここまで日本民俗学の創成期と確立期に関する叙述を進めてきたが、確立期の頂点を示す日本民俗学講習会の開催で、本書の叙述を終えることにする。

参考文献一覧（五十音順）

會澤健裕　二〇二〇「姉崎正治と柳田國男の学術交流―官の科学・野の科学の接点をめぐって―」『比較民俗研究』三四号、比較民俗研究会

赤坂憲雄　一九九一『山の精神史―柳田国男の発生―』小学館

赤坂憲雄　一九九四『遠野／物語考』宝島社

阿久津昌三　二〇二四「柳田国男の書斎に集まった人びと―柳田国男と『金枝篇』（2）―」『信州大学教育学部研究論集』一八号、信州大学教育学部

アッカーマン，ロバート　二〇〇九『評伝J・G・フレーザー』法蔵館

天艸一典　一九八九「柳田国男　農政学から民俗学への展開（続）―都市と農村の問題をめぐって―」高橋広満編『柳田国男と折口信夫』有精堂

荒井庸一　一九八八「木曜会」柳田国男研究会編『柳田国男伝』三一書房

荒井庸一　一九九八「木曜会」『柳田國男事典』勉誠出版

飯倉義之　二〇〇七「山中共古著『甲斐の落葉』を読む―〈土俗学〉のゆくえ―」『昔話伝説研究』二七号、昔話伝説研究会

飯沢文夫　一九九八「柳田國男と内閣文庫（1）」柳田國男研究会編『柳田國男・ことばと風土』（柳田国男研究年報2）岩田書院

飯沢文夫　二〇〇〇「『内閣文庫』の世界―柳田國男と内閣文庫―（2）」後藤総一郎編『柳田学前史』（常民大学研究紀要1）岩田書院

飯島吉晴　一九九五「解説　山中共古の人と学問」『共古随筆』平凡社（東洋文庫）

飯田辰彦　二〇〇二『山人の賦、今も―宮崎県椎葉村の暮らしと民俗―』河出書房新社

飯田辰彦　二〇一五『のらさん福は願い申さん―柳田國男『後狩詞記』を腑分けする―』鉱脈社

イェーツ，ウィリアム・バトラー　一九九三『ケルトの薄明』筑摩書房（ちくま文庫）

池上隆祐　一九七四「柳田国男との出会い」『季刊柳田國男研究』五号、白鯨社

池田哲夫　二〇〇六『佐渡島の民俗』高志書院

石井正己　一九九八a「解題　蝸牛考」『柳田國男全集』五巻、筑摩書房

石井正己　二〇一二「書簡に見る中瀬淳と柳田國男」ヨーゼフ・クライナー編『日本民族の源流を探る―柳田國男『後狩詞記』再考―』三弥井書店
石井正己　二〇一〇b「解題」『柳田國男全集』二一巻、筑摩書房
石井正己　二〇一〇a『柳田国男の見た菅江真澄―日本民俗学誕生の前夜まで―』三弥井書店
石井正己　二〇〇九『〈遠野物語〉を読み解く』平凡社（新書）
石井正己　二〇〇〇『遠野物語の誕生』若草書房
石井正己　一九九九「解題」『柳田國男全集』一巻、筑摩書房
石井正己　一九九八b「『民間伝承論』」『柳田國男事典』勉誠出版
石黒忠篤　一九一九「内郷村の二日（二）」『都会及農村』五巻一号、洛陽堂
石黒忠篤　一九一八「内郷村の二日」『都会及農村』四巻一一号、洛陽堂
石橋直樹　二〇二二「ザシキワラシ考―不在を〈語る〉ということ―」『現代思想』五〇巻六号（七月臨時増刊号・遠野物語を読む）、青土社
板橋春夫　二〇二三『日本民俗学の萌芽と生成―近世から明治まで―』七月社
伊藤幹治　一九九八「解題」『柳田國男全集』八巻、筑摩書房
伊藤幹治・米山俊直編　一九七六『柳田国男の世界』日本放送出版協会
井之口章次　一九八一「『民俗学辞典』の執筆者一覧（上）」『民間伝承』三二一号、六人社
井之口章次　一九九八「民間伝承の会」『柳田國男事典』勉誠出版
井村君代　一九九三「訳者あとがき」『ケルトの薄明』筑摩書房（ちくま文庫）
色川大吉　一九八六「民衆史と民俗学の接点―変革主体の形成とフォークロア―」『日本民俗学』一六四号、日本民俗学会
色川大吉　一九九〇『昭和史世相篇』小学館
色川大吉　一九九六a『日本人の再発見―民衆史と民俗学の接点から―』小学館（小学館ライブラリー）
色川大吉　一九九六b『色川大吉著作集三巻　常民文化論』筑摩書房
岩崎敏夫　一九九三『民俗調査の細道』錦正社
岩崎真幸　一九八一「柳田国男における〈山人〉をめぐる諸問題―〈山の神〉〈田の神〉〈山人〉の語の使用数の変化を通して―」『民俗学

論叢』三号、相模民俗学会
岩田重則　二〇〇三『墓の民俗学』吉川弘文館
岩本通弥　一九九五「国際連盟委任統治委員としての柳田國男―一九二〇年代の民族問題と世界秩序―」『文明研究』一三号、東海大学文明学会
岩本通弥　二〇二四a「世相篇を注釈することの意義について―特集にあたって―」『日常と文化』一二号、日常と文化研究会
岩本通弥　二〇二四b「『仕来りと行掛り』の民俗学―ナショナル・エスノロジーとしての『世相篇』―」『日常と文化』一二号、日常と文化研究会
岩本由輝　一九八二『柳田國男―民俗学への模索―』柏書房
岩本由輝　一九八三a『続柳田國男―民俗学の周縁―』柏書房
岩本由輝　一九八三b『もう一つの遠野物語』刀水書房
岩本由輝　一九九三「〈サムトの婆〉再考―『遠野物語』の初稿考察の一環として―」『国立歴史民俗博物館研究報告』五一集、国立歴史民俗博物館
上野　勇　一九五一『でえろん息子―利根の昔話―』創元書房
植松明石　一九九四「明治以前の民俗研究」瀬川清子・植松明石編『日本民俗学のエッセンス〈増補版〉』ぺりかん社
牛島盛光　一九九〇「幻の『後狩詞記』―柳田國男の手紙は語る―」『ちくま』二二六号、筑摩書房
牛島盛光　一九九二『柳田國男と椎葉村―『後狩詞記』誕生の背景―』椎葉村教育委員会
牛島盛光　一九九八「椎葉」「『後狩詞記』」『柳田國男事典』勉誠出版
牛島盛光　二〇〇二「『後狩詞記』の付録『西山小猟師　獅子弐流』の出自とその校訂釈文」『日本民俗学』二二九号、日本民俗学会
牛島盛光編著　一九九三『日本民俗学の源流―柳田国男と椎葉村―』岩崎美術社
内田青蔵　一九九二『日本の近代住宅』鹿島出版会
梅棹忠夫　一九八六「まえがき」端信行編『日本人の人生設計〈現代日本文化における伝統と変容2〉』ドメス出版
江口　司　二〇〇八『柳田國男を歩く―肥後・奥日向路の旅―』現代書館
遠州常民文化談話会編　二〇〇〇『見付次第／共古日録抄』パピルス

及川祥平　二〇二四「方法としての『私』、帰結としての『我々』―「同じ流に浮ぶ者」が世相を知る方法―」『日常と文化』一二号、日常と文化研究会
大島広志　一九九二「佐々木喜善」『遠野物語小事典』ぎょうせい
大塚民俗学会編　一九六七「教育大民俗学研究室便り」『民俗学評論』二号、大塚民俗学会
大月隆寛　一九八六「常民・民俗・伝承―開かれた民俗学へ向けての理論的考察②―」『常民文化』九号、成城大学大学院日本常民文化専攻院生会議
大藤時彦　一九六六「調査経過報告」『離島生活の研究』集英社
大藤時彦　一九六七「解説」『郷土生活の研究』筑摩書房
大藤時彦　一九七三『柳田國男入門』筑摩書房
大藤時彦　一九七八「概説」大藤時彦編『講座日本の民俗1　総論』有精堂
大藤時彦　一九七九「『民間伝承論』のころ」牧田茂編『評伝柳田國男』日本書籍
大藤時彦　一九九〇『日本民俗学史話』三一書房
大藤時彦・柳田為正編　一九八一『柳田國男写真集』岩崎美術社
大西伍一　一九六八『私の聞書き帖』慶友社
大西拓一郎　二〇一四「言語地理学と方言周圏論、方言区画論」小林隆編『柳田方言学の現代的意義―あいさつ表現と方言形成論―』ひつじ書房
大間知篤三　一九三五「『民間伝承論』から『民間伝承』まで」『民間伝承』一号、民間伝承の会
大間知篤三　一九五八「山口貞夫君を偲ぶ」『日本民俗学大系』六巻、平凡社
大間知篤三　一九六〇「民俗調査の回顧」『日本民俗学大系』一三巻、平凡社
大間知篤三　一九七六『大間知篤三著作集』三巻、未来社
大室幹雄　二〇〇四『ふくろうと蝸牛―柳田国男の響きあう風景―』筑摩書房
岡　茂雄　一九七四『本屋風情』平凡社
岡　正雄　一九七三「柳田国男との出会い」『季刊柳田國男研究』創刊号、白鯨社

岡村民夫　二〇一〇「柳田国男のスイス―山、川、そして郊外―」『季刊東北学』二三号、東北芸術工科大学
岡村民夫　二〇一三『柳田国男のスイス―渡欧体験と一国民俗学―』森話社
小川直之　二〇〇二「柳田國男と郷土会・内郷村調査」『國學院大学紀要』四〇巻、國學院大学
小川直之　二〇〇七「郷土会と内郷調査」相模湖町史編さん委員会編『相模湖町史民俗編』相模原市
小川　博　一九八五「桜田勝徳民俗学年譜」『日本観光文化研究所研究紀要』五号、日本観光文化研究所
小川　博　一九九四「桜田勝徳―その研究と方法―」瀬川清子・植松明石編『日本民俗学のエッセンス〈増補版〉』ぺりかん社
小熊英二　一九九五「島国民俗学の誕生」『単一民族神話の起源―〈日本人〉の自画像の系譜―』新曜社
小田内通敏　一九一八「内郷村踏査記」『都会及農村』四巻一一号、洛陽堂（後に『聚落と地理』古今書院、一九二七年に収録）
小田富英　一九八二「初校本『遠野物語』の問題」『国文学　解釈と教材の研究』二七巻一号（特集・いま柳田國男とは何か）、學燈社
小田富英編　二〇一九『柳田國男全集』別巻一（年譜）、筑摩書房
小野武夫　一九二五『農村研究講話』改造社
尾前秀久　二〇一九『椎葉村尾向秘境の歳月―山里の生活誌―』須藤功編、鉱脈社
折口信夫　一九六七a「座敷小僧の話」『折口信夫全集』一五巻、中央公論社
折口信夫　一九六七b「先生の学問」『折口信夫全集』一六巻、中央公論社
葛西ゆか　一九八二「菅江真澄小論―そして柳田國男の出合い―」葛西ゆか・斎藤道子『菅江真澄と柳田國男』多摩近代史研究会
加藤幸治　二〇二一「〝常民〟を発見した民俗学」『歴史評論』八五八号、歴史科学協議会
加藤典洋　二〇〇〇『日本人の自画像』岩波書店
加藤秀俊　一九七七『明治・大正・昭和食生活世相史』柴田書店
加藤秀俊　二〇〇一「同時代を読む」『明治大正史世相篇』中央公論新社（中公クラシックス）
加藤秀雄　二〇二三『伝承と現代―民俗学の視点と可能性―』勉誠出版
金田久璋　二〇〇七「シャグジの杜の中に―近江のシャグジ関連地名―」『まつり通信』五三〇号、まつり同好会
金田久璋　二〇一五「『石神問答』とシャクジ研究・地名をめぐる言説」『地名と風土』九号、日本地名研究所
神島二郎　一九六一「民俗学の方法的基礎―認識対象の問題―」『文学』二九巻七号、岩波書店

神島二郎　一九七三「柳田國男─日本民俗学の創始者─」神島二郎編『柳田國男研究』筑摩書房
神島二郎・伊藤幹治編　一九七三『シンポジウム柳田国男』日本放送出版協会
神野善治　一九九六『人形道祖神─境界神の原像─』白水社
柄谷行人　二〇一九『世界史の実験』岩波書店（新書）
菅野覚明　二〇二三『柳田國男』清水書院（新書）
菊池照雄　一九八九『山深き遠野の里の物語せよ』梟社
木畑洋一　二〇一二「『ジュネブの冬は寂しかった。』─柳田国男と国際連盟─」『現代思想』四〇巻一二号（総特集＝柳田国男）、青土社
隈元明子　一九八七「『蝸牛考』の増補改訂をめぐって」『東横国文学』一九号、東横学園女子短期大学国文学会
倉石あつ子　一九九六「イゴ（エゴ）をめぐる味の伝承」『信濃』四八巻一号、信濃史学会
倉石忠彦　二〇〇五『道祖神信仰の形成と展開』大河書房
クライナー，ヨーゼフ編　二〇一二『日本民族の源流を探る─柳田國男『後狩詞記』再考─』三弥井書店
倉田一郎　一九三六a「南紀山村誌─和歌山県日高郡上山路村─（上）」『地理学』四巻一号、古今書院
倉田一郎　一九三六b「南紀山村誌─和歌山県日高郡上山路村─（中）」『地理学』四巻二号、古今書院
倉田一郎　一九三六c「南紀山村誌─和歌山県日高郡上山路村─（下）」『地理学』四巻三号、古今書院
グロータース，W・A　一九七六『日本の方言地理学のために』平凡社
黒木勝美　一九九八「柳田国男と中瀬淳─『後狩詞記』誕生の背景─」『比較民俗学会報』一八巻一号、比較民俗学会
黒羽清隆　一九七五「朝日新聞論説委員としての柳田国男」和歌森太郎先生還暦記念論文集編集委員会編『明治国家の展開と民衆生活』弘文堂
桑原武夫　一九六八「『遠野物語』から」『桑原武夫全集』三巻、朝日新聞社
桑原武夫　一九七六「解説」『遠野物語・山の人生』岩波書店（文庫）
原本遠野物語編集委員会編　二〇二二『柳田國男自筆原本遠野物語』岩波書店
小池淳一　二〇〇二「伝承」小松和彦・関一敏編『新しい民俗学へ─野の学問のためのレッスン26─』せりか書房
小池淳一　二〇〇九「民俗学史は挑発する」小池淳一編『民俗学的想像力』せりか書房

幸田露伴　一九五八「水上語彙」『露伴全集』四〇巻、岩波書店
幸田露伴　一九七六「石神問答を読みて」日本文学研究資料刊行会編『柳田国男』有精堂
小島瓔禮　二〇〇七「柳田國男の『地方の研究』時代―明治四十二年愛川村訪問から大正七年の内郷村調査へ―」『民俗学研究所紀要』三一集、成城大学民俗学研究所
後藤総一郎　一九八七『柳田国男論』恒文社
後藤総一郎　一九八八「まえがき」柳田国男研究会編『柳田国男伝』三一書房
後藤総一郎　一九九六「柳田国男のジュネーブ体験」柳田国男研究会編『柳田国男・ジュネーブ以後』三一書房
後藤総一郎　一九九八「解題」『柳田國男全集』八巻、筑摩書房
後藤総一郎監修　一九九七『注釈遠野物語』筑摩書房
後藤興善　一九三四「巻末小記」『民間伝承論』共立社
後藤興善　一九四八『社会科のための民俗学』火星社
小松和彦　一九九一『神隠し―異界からのいざない―』弘文堂
小林　隆　二〇一四「まえがき」小林隆編『柳田方言学の現代的意義―あいさつ表現と方言形成論―』ひつじ書房
今和次郎　一九八六『今和次郎・民家見聞野帖』竹内芳太郎編、柏書房
今和次郎　一九八九『日本の民家』岩波書店（文庫）
今野大輔　二〇一〇「全国的民俗調査の実施Ⅰ―いわゆる『山村調査』―」『昔風と当世風』一〇五号、古々路の会
今野大輔　二〇一一「全国的民俗調査の実施Ⅱ―いわゆる『海村調査』―」『昔風と当世風』一〇六号、古々路の会
今野大輔　二〇一二a「全国的民俗調査の実施Ⅲ―いわゆる『離島調査』―」『昔風と当世風』一〇七号、古々路の会
今野大輔　二〇一二b「柳田國男明治末年の旅行と絵はがき」成城大学民俗学研究所編『民俗学研究所紀要』四六集別冊（柳田國男旅先からの絵はがき）、成城大学民俗学研究所
酒井卯作　二〇〇九「旅する貴族―『南島旅行見聞記』解説―」『南島旅行見聞記』森話社
桜井徳太郎　一九七二『昔ばなし』塙書房（新書）
桜田勝徳　一九四九「離島沿海僻村の共同調査項目の作成に当つて」『民間伝承』一三巻八号、日本民俗学会

桜田勝徳　一九六六「鹿児島県大島郡十島村宝島」日本民俗学会編『離島生活の研究』集英社
桜田勝徳　一九九三「解説」『明治大正史世相篇（新装版）』講談社（学術文庫）
佐々木喜善　一九二二『江刺郡昔話』郷土研究社
佐々木喜善　一九二六『紫波郡昔話』郷土研究社
佐々木喜善　一九六四『聴耳草紙』筑摩書房
佐々木喜善　一九八六「東奥異聞」『佐々木喜善全集』一巻、遠野市立図書館
佐々木彦一郎　一九三四「村の新聞」『旅と伝説』第七年十一月（八三号）、三元社
佐々木彦一郎　一九三五a「山村の経済地理（一）―埼玉県秩父郡浦山村の調査―」『地理学評論』一一巻六号、日本地理学会
佐々木彦一郎　一九三五b「山村の経済地理（二）―埼玉県秩父郡浦山村の調査―」『地理学評論』一一巻七号、日本地理学会
笹本正治　二〇二一『歴史のなかの音―音がつなぐ日本人の感性―』三弥井書店
佐藤健二　一九八七『読書空間の近代―方法としての柳田国男―』弘文堂
佐藤健二　一九九七「解説」『柳田國男全集』三巻、筑摩書房
佐藤健二　一九九八「解題」『柳田國男全集』五巻、筑摩書房
佐藤健二　二〇〇〇a「解題」『柳田國男全集』二五巻、筑摩書房
佐藤健二　二〇〇〇b「解題」『柳田國男全集』二六巻、筑摩書房
佐藤健二　二〇〇一『歴史社会学の作法』岩波書店
佐藤健二　二〇〇二「常民」小松和彦・関一敏編『新しい民俗学へ―野の学問のためのレッスン26―』せりか書房
佐藤健二　二〇〇九「方法としての民俗学／運動としての民俗学／構想力としての民俗学」小池淳一編『民俗学的想像力』せりか書房
佐野賢治　一九九〇「解説」『柳田國男全集』一五巻、筑摩書房（ちくま文庫）
佐谷眞木人　二〇一五『民俗学・台湾・国際連盟―柳田國男と新渡戸稲造―』講談社
塩原将行　二〇〇五「牧口常三郎と郷土会―内郷村農村調査の参加者とその成果―」『東洋哲学研究所』三九巻一号、東洋哲学研究所
重信幸彦　二〇一五「民俗学のなかの「世間／話」―『明治大正史世相篇』（一九三一）から―」『日本民俗学』二八一号、日本民俗学会
篠原　徹　二〇一八『民俗学断章』社会評論社

篠宮はる子　一九六五「『石神問答』における柳田国男の視点と方法」『民俗』六二号、相模民俗学会

柴田　武　一九七八「方言周圏論」大藤時彦編『講座日本の民俗1　総論』有精堂

柴田　武　一九八〇「解説」『蝸牛考』岩波書店（文庫）

渋沢敬三　一九九二「アチックの成長」『澁澤敬三著作集』一巻、平凡社

志村真幸　二〇二三『未完の天才南方熊楠』講談社（新書）

新谷尚紀　二〇一一『民俗学とは何か―柳田・折口・渋沢に学び直す―』吉川弘文館

新谷尚紀　二〇二〇「民俗伝承学と比較研究法」小川直之・新谷尚紀編『講座日本民俗学1　方法と課題』朝倉書店

杉浦健一　一九二五「人文地理に於ける民俗の役割（一）―福島県大沼郡中ノ川村の社会形態学的研究―」『地理学』三巻四号、古今書院

杉浦健一　一九二五「人文地理に於ける民俗の役割（二）―福島県大沼郡中ノ川村の社会形態学的研究―」『地理学』三巻五号、古今書院

杉浦健一ほか　一九五三「我が国における社会調査の沿革」『民族学研究』一七巻一号、日本民族学協会

杉原和佳子　二〇一三「『石神問答』考―柳田学の揺籃期と『人類学雑誌』―」『岩大語文』一八巻、岩手大学語文学会

杉本　仁　一九七五「柳田学における〈常民〉概念の位相」後藤総一郎編『柳田国男の学問形成』白鯨社

鈴木栄太郎　一九四〇『日本農村社会学原理』日本評論社

鈴木重光　一九二四『相州内郷村話』郷土研究社

鈴木重光　一九六五「長谷川一郎先生の面影を偲ぶ」『石老の礎（長谷川先生一周忌記念文集）』長谷川先生記念祭実行委員会

鈴木正崇　二〇〇一『神と仏の民俗』吉川弘文館

鈴木通大　一九九一「柳田國男と神奈川の民俗学研究I―郷土会の相州内郷村調査を中心に―」『神奈川県立博物館研究報告―人文科学―』一七号、神奈川県立博物館

成城大学民俗学研究所編　一九八五『諸国叢書』二輯、成城大学民俗学研究所

成城大学民俗学研究所編　一九八六a『諸国叢書』三輯、成城大学民俗学研究所

成城大学民俗学研究所編　一九八六b『山村生活五〇年その文化変化の研究（昭和五十九年度調査報告）』（民俗学研究所紀要第一〇集）成城大学民俗学研究所

成城大学民俗学研究所編　一九八七『山村生活五〇年その文化変化の研究（昭和六十年度調査報告）』成城大学民俗学研究所

成城大学民俗学研究所編　一九八八『山村生活五〇年その文化変化の研究（昭和六十一年度調査報告）』成城大学民俗学研究所
成城大学民俗学研究所編　一九九〇『昭和期山村の民俗変化』名著出版
成城大学民俗学研究所編　一九九二「山中笑翁手簡」『民俗学研究所紀要』一七集別冊、成城大学民俗学研究所
成城大学民俗学研究所編　二〇二二『民俗学研究所紀要』四六集別冊（柳田國男旅先からの絵はがき）、成城大学民俗学研究所
瀬川清子・植松明石編　一九九四『日本民俗学のエッセンス〔増補版〕』ぺりかん社
関　敏　一九九三「しあわせの民俗誌・序説―地方学から内郷村調査まで―」『国立歴史民俗博物館研究報告』五一集、国立歴史民俗博物館
関　敬吾　一九三九a「批判に答へて」『民間伝承』四巻九号、民間伝承の会
関　敬吾　一九三九b「再批判に答へる」『民間伝承』五巻二号、民間伝承の会
関　敬吾　一九五八「日本民俗学の歴史」『日本民俗学大系』二巻、平凡社
関　敬吾　一九七三「柳田国男との出会い」『季刊柳田國男研究』二号、白鯨社
関敬吾ほか　一九八六「座談会五〇年前の山村調査」『山村生活五〇年その文化変化の研究（昭和五十九年度調査報告）』（『民俗学研究所紀要』第一〇集）成城大学民俗学研究所（後に、成城大学民俗学研究所編『昭和期山村の民俗変化』に収録）
関戸明子　一九九二「昭和初期までの村落地理学研究の系譜―小田内通敏の業績を中心に―」『奈良女子大学地理学研究報告書Ⅳ』奈良女子大学文学部地理学教室
関戸明子　一九九四「山村研究の成立過程における動向―山村生活調査（一九三四～三六）と地理学研究―」西垣晴次先生退官記念宗教史・地方史論纂編集委員会編『宗教史・地方史論纂』刀水書房
関戸明子　一九九七「近代日本における山村研究の視角と山村概念について」『群馬大学教育学部紀要人文・社会科学編』四六巻、群馬大学教育学部
相馬庸郎　一九六一「柳田民俗学の文学性」『文学』二九巻一号（柳田国男）、岩波書店
大楽和正　二〇一七「エゴ食文化に見る越後と北信地域」地方史研究協議会編『信越国境の歴史像―「間」と「境」の地方史―』雄山閣
高木敏雄　一九一三「郷土研究の本領」『郷土研究』創刊号、郷土研究社
高木昌史　二〇〇六「序」高木昌史編『柳田國男とヨーロッパ―口承文芸の東西―』三交社

高木昌史　二〇一八「柳田国男と西洋の学問」『民俗学研究所紀要』四二集、成城大学民俗学研究所
高木昌史編　二〇〇六『柳田國男とヨーロッパ―口承文芸の東西―』三交社
高桑守史　一九九八「民俗調査と体碑―伝承の一側面―」関一敏編『民俗のことば』朝倉書店
高藤武馬　一九八三『ことばの聖―柳田國男先生のこと―』筑摩書房
高取正男　一九八二『民間信仰史の研究』法蔵館
高橋　治　二〇〇〇「柳田国男の洋書体験　一九〇〇～一九三〇―柳田国男所蔵洋書調査報告―」柳田國男研究会編『柳田国男・民俗の記述』（柳田国男研究年報３）岩田書院
高橋　治　二〇一四「柳田国男におけるＧ・Ｌ・ゴンム受容の一断面」『柳田国男の学問は変革の思想たりうるか』（柳田国男研究７）梟社
高見寛孝　二〇一〇『柳田國男と成城・沖縄・國學院―日本人へのメッセージ―』塙書房
竹内利美編著　一九三四『小学生の調べたる上伊那川島村郷土誌』（アチックミューゼアム彙報第二）アチックミューゼアム
多田井幸視　一九九七「西山地域のエゴ食―裾花川水系のエゴ食―」『長野県民俗の会通信』一三八号、長野県民俗の会
辰野町誌編纂専門委員会編　一九八八『辰野町誌 近現代編』辰野町誌刊行委員会
館林市教育委員会文化振興課編　一九九一『田山花袋宛柳田国男書簡集』館林市
田中宣一　一九八五「『山村調査』の意義」『成城文芸』一〇九号、成城大学文芸学部
田中宣一　一九九〇「山離れと山村民俗の現状―柳田国男指導『山村調査』の追跡を終えて―」『思想』七月号、岩波書店
田中宣一　一九九三「『諸国叢書』と柳田国男」『民俗学研究所紀要』一七集、成城大学民俗学研究所
田中宣一　二〇〇七『柳田国男・伝承の「発見」』岩田書院
田中宣一・吉原健一郎・森田晃一・川部裕幸編　一九九三「『諸国叢書』目録」『民俗学研究所紀要』一七集、成城大学民俗学研究所
田中藤司　一九九八「柳田文庫所蔵読了自記洋書目録・略年表」『成城大学民俗学研究所』一二集別冊、成城大学民俗学研究所
田中藤司　二〇〇〇「弧島苦の政治経済学―南島研究の射程―」『柳田国男・民俗の記述』（柳田国男研究年報３）岩田書院
田山花袋　一九七三「縁」『田山花袋全集』一巻、文泉堂書店
千葉徳爾　一九六六『民俗と地域形成』風間書房
千葉徳爾　一九八五「解題」『諸国叢書』一輯、成城大学民俗学研究所

千葉徳爾　一九八七「『山村生活五〇年―その文化変化の研究―』を読んで」『民俗学研究所紀要』一一集、成城大学民俗学研究所
千葉徳爾　一九九一『柳田國男を読む』東京堂
塚本　学　一九七七『地方文人』教育社（新書）
坪井洋文　一九六〇「民俗調査の歴史」『日本民俗学大系』一三巻、平凡社
津山正幹　二〇〇八『民家と日本人』慶友社
津山正幹　二〇一九「牛腸」森隆男編『住の民俗事典』柊風舎
鶴ヶ谷真一　二〇一九『記憶の箱舟―または読書の変容―』白水社
鶴見和子　一九七三「社会変動論としての『明治大正史世相篇』」神島二郎・伊藤幹治編『シンポジウム柳田國男』日本放送出版協会
鶴見和子　一九七七『漂泊と定住と―柳田国男と社会変動論―』筑摩書房
鶴見太郎　一九九八『柳田国男とその弟子たち―民俗学を学ぶマルクス主義者―』人文書院
鶴見太郎　二〇〇〇『橋浦泰雄伝―柳田学の大いなる伴走者―』晶文社
鶴見太郎　二〇〇一『ある邂逅―柳田國男と牧口常三郎―』潮出版社
鶴見太郎　二〇一九『柳田国男―感じたるまゝ―』ミネルヴァ書房
鶴見太郎　二〇二三「『明治大正史世相篇』『労力の配賦』について」大塚英志編『接続する柳田國男』水声社
定本柳田國男集編纂委員会編　一九七一『定本柳田國男集』別巻五、筑摩書房
東畑精一　一九六一「農政学者としての柳田国男」『文学』二九巻一号、岩波書店
戸塚ひろみ　一九八八「民間伝承の会」柳田国男研究会編『柳田国男伝』三一書房
戸塚ひろみ　二〇〇五「相州内郷村調査その前夜―柳田國男の書簡から―」柳田国男研究会編『柳田国男・民俗誌の宇宙』岩田書院
刀根卓代　二〇一五「瀬川清子と柳田國男―こころ持ちの民俗―」『女性と経験』四〇号、女性民俗学研究会
直江広治　一九五四「日本人の生活の秩序」柳田國男編『日本人』毎日新聞社
永池健二　一九八九「遠野物語研究序章」『柳田國男と折口信夫』有精堂
永池健二　二〇一五「書評・室井康成著『柳田国男の民俗学構想』」『日本民俗学』二八二号、日本民俗学会
中沢新一　二〇〇三『精霊の王』講談社

中瀬　淳　一九四一「会員消息」『民間伝承』六巻六号、民間伝承の会
中野　泰　二〇〇一「『倉田手帖』と『北小浦民俗誌』」福田アジオ編『柳田国男の世界―北小浦民俗誌を読む―』吉川弘文館
中山正典　二〇〇〇「山中共古の人と学問」後藤総一郎編『柳田学前史』（常民大学研究紀要1）岩田書院
並松信久　二〇一〇「柳田国男の農政学の展開―産業組合と報徳社をめぐって―」『京都産業大学論集　社会学系列』二七号、京都産業大学
楢木範行　一九二三「椎葉紀行」『旅と伝説』第六年八月、三元社
楢木範行　一九二五「旅の覚書―郷土研究者のために（上）―」（新聞紙名不詳）
日本学術振興会編　一九三五『日本学術振興会年報』二号、日本学術振興会
日本民俗学会編　一九一三「日本民俗学会設立趣旨」『民俗』第一年第一号、日本民俗学会
日本民俗学会編　一九四九「『海村生活の研究』を語る」『民間伝承』一三巻七号、日本民俗学会
日本民俗学会編　一九六六『離島生活の研究』集英社
日本民俗学会編　一九六九「特集・民俗学の方法論」『日本民俗学会会報』六〇号、日本民俗学会
野澤秀樹　二〇〇八「柳田國男と小田内通敏―『郷土研究』をめぐって―」『放送大学研究年報』二六号、放送大学
野地恒有　一九九四「郷土史家論の試み―鳥取県民俗学形成史―」西垣晴次先生退官記念『宗教史・地方史論纂』刀水書房
野間吉夫　一九七〇『椎葉の山民』慶友社
野村純一ほか編　一九九八『柳田國男事典』勉誠社
野本寛一　一九八九「解説」『柳田國男全集』五巻、筑摩書房（ちくま文庫）
野本寛一　一九九八「旅の継承」『柳田國男全集』一三巻（月報11）、筑摩書房
バークマン，トーマス・W　二〇一二「ヨーロッパへの回廊―柳田国男と国際連盟―」R・A・モース・赤坂憲雄編『世界の中の柳田国男』藤原書店
バーン，C・S　一九二七『民俗学概論』岡正雄訳、岡書院
橋浦泰雄　一九三四「どん底から立ちあがる村―静岡県周智郡気多村にて―」『旅と伝説』七年十一月号（通巻八三号）、三元社
橋浦泰雄　一九四二『民俗採訪』六人社
橋浦泰雄　一九七二「柳田国男との出会い」『季刊柳田國男研究』二号、白鯨社

橋浦泰雄　一九八二『五塵録―民俗的自伝―』創樹社
橋川文三　一九六八『近代日本政治思想の諸相』未来社
橋川文三　一九七七『柳田國男―その人間と思想―』講談社（学術文庫）
長谷川一郎　一九一九「内郷村の農村調査」『神奈川県教育』一六四号、神奈川県教育会
長谷川一郎　一九五六「内郷村調査の思い出」中村亮雄・安西勝・小島瓔禮編『神奈川県の民俗（鈴木重光先生古稀記念文集）』ひでばち民俗談話会
長谷川邦男　一九八八「国際連盟時代」柳田国男研究会編『柳田国男伝』三一書房
長谷川邦男　一九九六「柳田国男とイギリス民俗学の系譜I―柳田国男の読書と蔵書・予備調査―」柳田國男研究会編『柳田国男・ジュネーブ以後』三一書房
服部幸雄　一九七三「後戸の神―芸能神信仰に関する一考察―」『文学』四一巻七号、岩波書店
服部幸雄　二〇〇九『宿神論―日本芸能民信仰の研究―』岩波書店
比嘉春潮・大間知篤三・柳田国男・守随一編　一九八四『山村海村民俗の研究』名著出版
平山和彦　一九九二『伝承と慣習の論理』吉川弘文館
平山和彦　二〇〇〇「伝承」『日本民俗大辞典』下、吉川弘文館
平山和彦　二〇〇六　福田アジオほか編『精選日本民俗辞典』吉川弘文館
平山敏治郎　一九五一「史料としての伝承」『民間伝承』一五巻三号、日本民俗学会
平山敏治郎　一九五八「『伝承』について」『日本民俗学大系』二巻、平凡社
広瀬千香　一九七三『山中共古ノート』二集、青燈社
福田アジオ　一九七七「常民論ノート」『民族史学の方法（木代脩一先生喜寿記念論文集3）』雄山閣出版
福田アジオ　一九八三「民俗学研究法」福田アジオ・宮田登編『日本民俗学概論』吉川弘文館
福田アジオ　一九八四a「解説―『山村調査』と『海村調査』―」比嘉春潮ほか編『山村海村民俗の研究』名著出版
福田アジオ　一九八四b『日本民俗学方法序説―柳田国男と民俗学―』弘文堂
福田アジオ　一九九〇「解説」『柳田國男全集』二八巻、筑摩書房（ちくま文庫）

福田アジオ　一九九二『柳田国男の民俗学』吉川弘文館
福田アジオ　二〇〇〇『民俗学者柳田国男』（神奈川大学評論ブックレット）御茶の水書房
福田アジオ　二〇〇九『日本の民俗学―「野」の学問の二〇〇年―』吉川弘文館
福田アジオ　二〇一四『現代日本の民俗学―ポスト柳田の五〇年―』吉川弘文館
福田アジオ　二〇一六a『歴史と日本民俗学―課題と方法―』吉川弘文館
福田アジオ　二〇一六b『民俗学入門』（伊那民研叢書1）柳田國男記念伊那民俗学研究所
福田アジオ　二〇一八「柳田国男の研究構想と書斎」『伊那民俗研究』二五号、柳田國男記念伊那民俗学研究所
福田アジオ　二〇二三『種明かししない柳田国男―日本民俗学のために―』吉川弘文館
福田アジオほか編　二〇〇〇『日本民俗大辞典』下、吉川弘文館
福田アジオほか編　二〇〇六『精選日本民俗辞典』吉川弘文館
藤井隆至　一九九四「柳田国男における『郷土』の措定―『後狩詞記』の学問的意義―」日本歴史学会編『日本歴史』五五六号、吉川弘文館
藤井隆至　一九九五『柳田國男　経世済民の学―経済・倫理・教育―』名古屋大学出版会
藤井隆至　二〇〇八『柳田国男―『産業組合』と『遠野物語』のあいだ―』日本経済評論社
船木　裕　一九九一『柳田国男外伝―白足袋の思想―』日本エディタースクール出版部
堀越芳昭　二〇一七「一九一八年柳田國男らによる内郷村調査―各所感報告の検証―」『研究年報社会科学研究』三七号、山梨学院大学大学院社会学研究科
前川さおり　二〇二三「震災をめぐる岩手県の民俗学に係る動向」『日本民俗学』三一一号、日本民俗学会
前田　晁　一九七三「解説」『田山花袋全集』一巻、文泉堂書店
牧田　茂　一九五一「常民」民俗学研究所編『民俗学辞典』東京堂
牧田　茂　一九六九『生活の古典―民俗学入門―』角川書店
牧田　茂　一九七一『柳田國男』中央公論社（新書）
牧田　茂　一九七九「木曜会時代」牧田茂編『評伝柳田國男』日本書籍
牧田茂編　一九七九『評伝柳田國男』日本書籍

馬瀬良雄　一九九二『言語地理学研究』桜楓社
松尾宇一編著　一九五四『日向郷土事典』文華堂
松崎かおり　二〇〇六「民俗の多様性―均一化の中にあらわれる独自性―」谷口貢・松崎憲三編著『民俗学講義―生活文化へのアプローチ―』八千代出版
松崎憲三　二〇一二「柳田國男『遠野物語』以前／以後」『現代思想』四〇巻一二号、青土社
松本　修　一九九三『全国アホ・バカ分布考』太田出版
松本　修　二〇二二『言葉の周圏分布考』集英社（新書）
松本信広　一九七二「東北の旅」臼井吉見編『柳田國男回想』筑摩書房
松本信広　一九七四「柳田国男との出会い」『季刊柳田國男研究』六号、白鯨社
松本三喜夫　一九九二『柳田国男と民俗の旅』吉川弘文館
三浦佑之　一九九三「柳田国男の目覚め―『後狩詞記』と『遠野物語』―」『国文学解釈と観賞』三八巻八号、學燈社
三浦佑之　二〇一四「九九話の女―遠野物語と明治三陸大津波―」河合隼雄・赤坂憲雄編『遠野物語　遭遇と鎮魂』岩波書店
三浦佑之・赤坂憲雄　二〇一〇『遠野物語へようこそ』筑摩書房（ちくまプリマー新書）
南方熊楠　一九七二「柳田國男宛書簡」『南方熊楠全集』八巻、平凡社
宮崎靖士　二〇一二「柳田国男初期三部作における『編著』としての構成をめぐって―『後狩詞記』から『遠野物語』『石神問答』へ―」『論潮』五号、論潮の会
宮崎靖士　二〇二三「構成論の観点から検討した『明治大正史世相篇』」大塚英志編『接続する柳田國男』水声社
宮田　登　二〇〇六『宮田登日本を語る8　ユートピアとウマレキヨマリ』吉川弘文館
宮永真弓　一九九七『海から聞こえる笛／つゆ草の花』（みやざき21世紀文庫）鉱脈社（初出は『海から聞こえる笛』朝日新聞社、一九八一年）
宮本常一　一九七六「民間伝承の会発足の頃」『民具マンスリー』八巻一〇・一一号、日本常民文化研究所
宮本常一　一九七九「柳田國男の旅」牧田茂編『評伝柳田國男』日本書籍
三好京三　一九九一『遠野夢詩人―佐々木喜善と柳田國男―』ＰＨＰ研究所（文庫）

三渡俊一郎　一九八二「シャグジ（社宮神）の始源に関して」『日本民俗学』一四一号、日本民俗学会
民間伝承の会編　一九三五「日本民俗学講習会記事」『民間伝承』一号、民間伝承の会
民俗学研究所編　一九五一『民俗学辞典』東京堂
村井　紀　一九七五「宣長・篤胤と柳田国男―国学と新国学の思想―」『伝統と現代』三四号、伝統と現代社
村田祐作　一九三五「日本民俗学講習会の一聴講生として」『ひだびと』三年九号、飛驒土俗考古学会
室井康成　二〇〇七「『遠野物語』再論―柳田国男の〝動機〟をめぐる新たな読みの可能性―」『京都民俗』二四号、京都民俗学会
室井康成　二〇〇九「『常民』から『公民』へ―〈政治改良論〉としての柳田民俗学―」小池淳一編『民俗学的想像力』せりか書房
室井康成　二〇一〇『柳田国男の民俗学構想』森話社
室井康成　二〇一三「『孤立苦』をどうするか―柳田國男が解きたかった世相史的課題―」大塚英志編『接続する柳田國男』水声社
モース，ロナルド・A　一九七六「柳田民俗学のイギリス起源」『展望』二一〇号、筑摩書房
モース，ロナルド・A　一九七七『近代化への挑戦―柳田国男の遺産―』日本放送出版協会
最上孝敬　一九五八「日本民俗学の特質―課題と方法を中心として―」大間知篤三ほか編『日本民俗学大系』一巻、平凡社
茂木明子編著　二〇一二『柳田國男のペン―書き入れにみる後代へのメッセージ―』慶友社
本居宣長　一九三四『うひ山ふみ・鈴屋答問録』岩波書店（文庫）
安室　知　二〇一〇「民俗学における周圏論の成立過程―言語地図から民俗地図へ―」『非文字資料研究』一九号、神奈川大学日本常民文化研究所非文字文化センター
安室　知　二〇一二『日本民俗分布論―民俗地図のリテラシー―』慶友社
柳田國男　一九二七a「蝸牛考」『人類学雑誌』四二巻四号、人類学会
柳田國男　一九二七b「蝸牛考（二）」『人類学雑誌』四二巻五号、人類学会
柳田國男　一九二七c「蝸牛考（三）」『人類学雑誌』四二巻六号、人類学会
柳田國男　一九二七d「蝸牛考（完）」『人類学雑誌』四二巻七号、人類学会
柳田國男　一九三〇『蝸牛考』（初版）刀江書院
柳田國男　一九三四『民間伝承論』（初版）共立社

柳田國男 一九三五「紹介と批評」『民間伝承』一号、民間伝承の会
柳田國男 一九三六「緒言」柳田國男編『山村生活調査第二回報告書』守随一
柳田國男 一九三八「山立と山臥」柳田國男編『山村生活の研究』(復刻版) 国書刊行会
柳田國男 一九四〇『郷土生活の研究法』(第三版) 刀江書院
柳田國男 一九四一a『野草雑記』甲鳥書林
柳田國男 一九四一b『野鳥雑記』甲鳥書林
柳田國男 一九四三『蝸牛考』(改訂版) 創元社
柳田國男 一九六一a「わたしの方言研究」『方言学講座』一巻、東京堂
柳田國男 一九六一b『海上の道』筑摩書房
柳田國男 一九六四「実験の史学」『定本柳田國男集』二五巻、筑摩書房
柳田國男 一九六五『民俗学について—第二柳田国男対談集—』筑摩書房
柳田國男 一九六七『明治大正史世相篇』平凡社 (東洋文庫)
柳田國男 一九七〇「民間伝承論」「あとがき」『定本柳田國男集』二五巻、筑摩書房
柳田國男 一九七一a「(書簡六三) 佐々木喜善氏宛書簡」『定本柳田國男集』別巻四、筑摩書房
柳田國男 一九七一b「(書簡二〇三) 胡桃沢勘内氏宛書簡」『定本柳田國男集』別巻四、筑摩書房
柳田國男 一九七六『明治大正史世相篇』上、講談社 (学術文庫)
柳田國男 一九八〇『蝸牛考』岩波書店 (文庫)
柳田國男 一九八六「中瀬淳宛柳田國男書簡 (釈文)」『諸国叢書』三輯、成城大学民俗学研究所
柳田國男 一九九七a「遠野物語」『柳田國男全集』二巻、筑摩書房
柳田國男 一九九七b「相州内郷村の話—某会の席上にて—」『柳田國男全集』三巻、筑摩書房
柳田國男 一九九七c「村を観んとする人の為に」『柳田國男全集』三巻、筑摩書房
柳田國男 一九九七d「山の人生」『柳田國男全集』三巻、筑摩書房
柳田國男 一九九七e「海南小記」『柳田國男全集』三巻、筑摩書房

柳田國男　一九九七ｆ「雪国の春」『柳田國男全集』三巻、筑摩書房
柳田國男　一九九七ｇ「故郷七十年」『柳田國男全集』二一巻、筑摩書房
柳田國男　一九九八ａ「青年と学問」『柳田國男全集』四巻、筑摩書房
柳田國男　一九九八ｂ「蝸牛考」『柳田國男全集』五巻、筑摩書房
柳田國男　一九九八ｃ「明治大正史世相篇」『柳田國男全集』五巻、筑摩書房
柳田國男　一九九八ｄ「秋風帖」『柳田國男全集』六巻、筑摩書房
柳田國男　一九九八ｅ「佐渡一巡記」『柳田國男全集』六巻、筑摩書房
柳田國男　一九九八ｆ「一目小僧その他」『柳田國男全集』七巻、筑摩書房
柳田國男　一九九八ｇ「民間伝承論」『柳田國男全集』八巻、筑摩書房
柳田國男　一九九八ｈ「郷土生活の研究法」『柳田國男全集』八巻、筑摩書房
柳田國男　一九九八ｉ「菅江真澄」『柳田國男全集』一二巻、筑摩書房
柳田國男　一九九九ａ「後狩詞記」『柳田國男全集』一巻、筑摩書房
柳田國男　一九九九ｂ「石神問答」『柳田國男全集』一巻、筑摩書房
柳田國男　一九九九ｃ「西は彼方」『柳田國男全集』一七巻、筑摩書房
柳田國男　一九九九ｄ「北小浦民俗誌」『柳田國男全集』一八巻、筑摩書房
柳田國男　一九九九ｅ「妖怪談義」『柳田國男全集』二〇巻、筑摩書房
柳田國男　二〇〇〇ａ「津久井の山村より」『柳田國男全集』二五巻、筑摩書房
柳田國男　二〇〇〇ｂ「柳田委任統治委員ヨリ山川部長宛」『柳田國男全集』二五巻、筑摩書房
柳田國男　二〇〇〇ｃ「幽霊思想の変遷」『柳田國男全集』二五巻、筑摩書房
柳田國男　二〇〇〇ｄ「将来のチョコレート」『柳田國男全集』二六巻、筑摩書房
柳田國男　二〇〇〇ｅ「学問の日記・木曜会日記」『民俗学研究所紀要』二四集別冊、成城大学民俗学研究所
柳田國男　二〇〇一ａ「社会人類学の方法及び分類」『柳田國男全集』二八巻、筑摩書房
柳田國男　二〇〇一ｂ「書籍は自分の書斎に置きたい」『柳田國男全集』二八巻、筑摩書房

柳田國男　二〇〇一c『明治大正史世相篇』中央公論新社（中公クラシックス）
柳田國男　二〇〇二「漁村語彙序」『柳田國男全集』一九巻、筑摩書房
柳田國男　二〇〇三「予が出版事業」『柳田國男全集』三〇巻、筑摩書房
柳田國男　二〇〇四「現代科学といふこと」『柳田國男全集』三一巻、筑摩書房
柳田國男　二〇〇六a「九州南部地方の民風」『柳田國男全集』二三巻、筑摩書房
柳田國男　二〇〇六b「旅行の趣味」『柳田國男全集』二三巻、筑摩書房
柳田國男　二〇〇九『南島旅行見聞記』酒井卯作編、森話社
柳田國男　二〇一四a「瑞西日記」『柳田國男全集』三四巻、筑摩書房
柳田國男　二〇一四b「大正七年日記」『柳田國男全集』三四巻、筑摩書房
柳田國男編　一九二五『郷土会記録』大岡山書店
柳田國男編　一九三五『日本民俗学研究』岩波書店
柳田國男編　一九三八『山村生活の研究』（復刻版）国書刊行会
柳田國男編　一九四九『海村生活の研究』日本民俗学会
柳田國男編　一九五五『改訂総合日本民俗語彙』一巻、平凡社
柳田國男・倉田一郎編　一九三八『分類漁村語彙』民間伝承の会
柳田國男・関敬吾　一九四二『日本民俗学入門』改造社（後に、『新版日本民俗学入門』名著出版、一九八二年）
柳田國男ほか　一九四九a「民俗学の過去と将来　座談会（上）」『民間伝承』一三巻一号、民間伝承の会
柳田國男ほか　一九四九b「『海村生活の研究』を語る」『民間伝承』一三巻七号、日本民俗学会
柳田国男研究会編　一九八八『柳田国男伝』三一書房
矢野敬一　一九九二「『山村調査』の学史的再検討」『日本民俗学』一九一号、日本民俗学会
山内克之　一九八八「『雪国の春』の旅」柳田国男研究会編『柳田国男伝』三一書房
山口麻太郎　一九三九a「民俗資料と村の性格」『民間伝承』四巻九号、民間伝承の会
山口麻太郎　一九三九b「再び民俗資料と村の性格に就いて」『民間伝承』五巻二号、民間伝承の会

山下紘一郎　一九八八「郷土会とその人びと」柳田国男研究会編『柳田国男伝』三一書房
山口貞夫　一九三六ａ「山村聚落の生態―山形県最上郡安楽城―（一）」『地理学』四巻四号、古今書院
山口貞夫　一九三六ｂ「山村聚落の生態―山形県最上郡安楽城―（二）」『地理学』四巻六号、古今書院
山口輝臣　二〇二四「民衆史が柳田國男を「発見」するまで―『昭和史世相篇』の著者・色川大吉の場合―」『日常と文化』一二号、日常と文化研究会
山口弥一郎　一九七一『民俗学の話』石堂書房
山口保明　一九八八「日向の狩猟とその伝承―柳田国男『後狩詞記』を視座に―」『宮崎県地方史研究紀要』一四輯　宮崎県立図書館
山田亮因　一九六五「あれも先生、これも先生」『石老の礎（長谷川先生一周忌記念文集）』長谷川先生記念祭実行委員会
山中共古　一九〇二「甲斐の落葉（一）」『東京人類学雑誌』一八巻一九九号、東京人類学会
山中共古　二〇〇〇「見付次第」遠州常民文化談話会編『見付次第／共古日録抄』パピルス
湯川洋司　一九九一『変容する山村―民俗再考―』日本エディタースクール出版部
湯川洋司　一九九八「民俗の生成・変容・消滅」福田アジオ・小松和彦編『講座日本の民俗学1　民俗学の方法』雄山閣出版
吉田禎吾　一九九八『魔性の文化史』みすず書房
由谷裕哉　二〇一五「山村調査（1934－36年）をどのように位置づけるか―大間知篤三と杉浦健一の言説に注目して―」『小松短期大学論集』二二号、小松短期大学
由谷裕哉　二〇二四「柳田國男『石神問答』におけるシャグジ・道祖神以外の雑神の解釈」『民俗学論叢』三九号、相模民俗学会
吉村　昭　二〇〇四『三陸海岸大津波』文藝春秋（文庫）
米山俊直　一九七三「柳田國男の旅」神島二郎・伊藤幹治編『シンポジウム柳田国男』日本放送出版協会
和歌森太郎　一九七〇『新版日本民俗学』清水弘文堂
和歌森太郎　一九七二ａ「伝承記録」大塚民俗学会編『日本民俗事典』弘文堂
和歌森太郎　一九七二ｂ「晴レと褻」大塚民俗学会編『日本民俗事典』弘文堂
渡部圭一　二〇一一「書評・室井康成著『柳田国男の民俗学構想』」『國學院雑誌』一一二巻六号、國學院大学

柳田國男年譜

明治八年（一八七五）〇歳　七月三十一日、飾磨県神東郡辻川村（現、兵庫県神崎郡福崎町辻川）に生まれる。父松岡操、母たけの六男。國男出生時は、長兄鼎、次兄俊次（十九歳で死去）、三兄泰蔵（井上通泰）がいた（この時点で四男・五男は既に逝去）。

明治十一年（一八七八）三歳　五月一日、弟静雄生まれる。鼎、神戸師範を卒業し、辻川昌文小学校訓導になる。

明治十二年（一八七九）四歳　昌文小学校入学。鼎、家督を相続。鼎の結婚に伴い、「日本一小さな家」で両親・鼎夫婦・國男・静雄の生活が始まる。

明治十四年（一八八一）六歳　七月九日、弟輝夫生まれる。十一月、鼎、医学を志し上京。

明治十六年（一八八三）八歳　昌文小学校卒業。北条町の高等小学校に入学。

明治十七年（一八八四）九歳　一家で、北条町に移転し、天明の大飢饉以来といわれる惨状を目にする。

明治十八年（一八八五）十歳　高等小学校卒業。辻川の三木家に預けられ、乱読期を過ごす。

明治二十年（一八八七）十二歳　二月、鼎、茨城県北相馬郡布川町（現、北相馬郡利根町布川）で開業。八月末、通泰に伴われて上京。

明治二十一年（一八八八）十三歳　布川の小川家の蔵に入り、第二の乱読期を過ごす。

明治二十二年（一八八九）十四歳　九月、両親と弟たちも上京し布川で同居。通泰は、森鷗外らと文芸評論誌『しがらみ草紙』を創刊。

明治二十三年（一八九〇）十五歳　冬、上京し、通泰宅に同居。通泰の紹介で鷗外宅へ通い始める。

明治二十四年（一八九一）十六歳　兄たちの援助で開成中学校に編入学。この年、兄のすすめで、桂園派歌人松浦萩坪門に参加し短歌を学ぶ。田山花袋が訪ね、若い門人でつくる紅葉会に誘われる。

明治二十五年（一八九二）十七歳　『しがらみ草紙』に、紅葉会の名入りで歌を発表。進級のために郁文館中学校に転校。

明治二十六年（一八九三）十八歳　二月、鼎一家、千葉県布佐町に転居。七月、第一高等中学校（後の第一高等学校）に合格。寄宿舎で、乾政彦（弁護士）、菊池駒次（国際法学者）、松本蒸治（国務大臣）らと同室。

明治二十八年（一八九五）二十歳　七月、島崎藤村と出会う。

明治二十九年（一八九六）二十一歳　七月八日、母たけ脳卒中で死去（享年五十六歳）。七月二十五日、母の死による疲れから肺炎カタルを患い犬吠崎暁鶏館で保養。九月五日、父操が死去（享年六十四歳）。

明治三十年（一八九七）二十二歳　七月、第一高等学校を卒業。九月、東京帝国大学法科大学政治科入学。ドイツ留学から帰国した農政学者松崎蔵之助に師事。

明治三十一年（一八九八）二十三歳　八月、伊良湖崎に滞在。漂着した椰子の実のことを島崎藤村に話し、詩「椰子の実」が生まれる。

明治三十二年（一八九九）二十四歳　秋、通泰の歌の師松波遊山を通じ柳田家の養嗣子の話が出る。当主直平の母安東菊子は萩坪門下で國男と同門。

明治三十三年（一九〇〇）二十五歳　七月十日、東京帝国大学法科大学政治科を卒業。大学院に籍を置き農商務省農務局に勤務。十一月、高等文官試験合格。早稲田大学で「農政学」の講義を担当。

明治三十四年（一九〇一）二十六歳　二月、官吏になって初の出張。群馬県内の製糸会社を視察。五月四日、入籍の「引取式」に田山花袋・国木田独歩が参列。二十九日入籍。青山より牛込加賀町に移る。養父直平は旧飯田藩出身の大審院判事。妻孝は当時十六歳（結婚は明治三十七年四月）。長姉矢田部順（矢田部良吉夫人）、次姉木越貞（木越安綱夫人）は萩坪門下。

明治三十五年（一九〇二）二十七歳　二月、内閣法制局参事官に任官。のちに龍土会が始まる。水野葉舟参加。内閣記録課に出向して蔵書を読む。早稲田大学講義録『農政学』を執筆する。

明治三十六年（一九〇三）二十八歳　十一月、全国農事会嘱託幹事。

明治三十七年（一九〇四）二十九歳　日露戦争はじまる。横須賀捕獲審検所検察官となる。四月九日、婚約中の柳田直平四女孝（十九歳）と結婚。

明治三十八年（一九〇五）三十歳　麻布龍土軒で会が頻繁に開催され、龍土会と名づけられる。『新古文林』に「幽冥談」を発表。

明治三十九年（一九〇六）三十一歳　八月から東北、北海道、樺太視察旅行。

明治四十年（一九〇七）三十二歳　二月一日、岩野泡鳴とイプセン会を始める。

明治四十一年（一九〇八）三十三歳　五月末から八月にかけて九州旅行。七月、宮崎県椎葉村に入り、焼畑割替慣行、山茶、猪狩りの話などを聞く。十一月四日、水野葉舟が初めて佐々木喜善を連れてくる。十一月五日、『遠野物語』を書くことを決意。

明治四十二年（一九〇九）三十四歳　二月、長女三穂出生。三月、『後狩詞記』刊行。八月二十二日、上野からの夜行列車で遠野へ向かう。伊能嘉矩に会い『遠野雑記』を見る。十月、松浦萩坪死去。

明治四十三年（一九一〇）三十五歳　五月、『石神問答』刊行、六月、『遠野物語』刊行。十二月四日、新渡戸稲造宅で郷土会を創立。

明治四十四年（一九一一）三十六歳　三月、南方熊楠と文通始める。十一月二十七日、神道談話会で初めて高木敏雄に会う。

明治四十五年・大正元年（一九一二）三十七歳　九月、次女千枝出生（のち赤星平馬と結婚）。

大正二年（一九一三）三十八歳　三月、高木敏雄と雑誌『郷土研究』を創刊。十二月三十日、紀州田辺に南方熊楠を訪ねる。

大正三年（一九一四）三十九歳　四月、貴族院書記官長となり官舎に入る。

大正四年（一九一五）四十歳　三月、長男為正出生。六月九日、中山太郎が折口信夫を連れてくる。十一月、京都における大正天皇の即位式に奉仕。この年、ロバートソン・スコットやネフスキーと会う。

大正六年（一九一七）四十二歳　三月、三女三千出生。台湾・中国・朝鮮を旅行。民家研究の白茅会創立。

大正七年（一九一八）四十三歳　八月、日本で最初の村落調査のため神奈川県内郷村（現、相模原市緑区）へ入る。

大正八年（一九一九）四十四歳　一月、四女千津出生。十二月、書記官長を辞任。

大正九年（一九二〇）四十五歳　五月、農政関係の蔵書五〇〇冊近くを帝国農会へ寄贈する。六月、佐渡の旅。八月、朝日新聞社客員となり、東北の旅（『雪国の春』）、十月、中部・関西の旅（『秋風帖』）、十二月から沖縄の旅（『海南小記』）。

大正十年（一九二一）四十六歳　一月五日、那覇に着き、伊波普猷と会う。九州各地で講演。五月、国際連盟委任統治委員としてスイス・ジュネーブへ出発。九月八日、国際連盟総会で初めて発言。このころから、エスペラント語に興味をもつ。

大正十一年（一九二二）四十七歳　一時帰国して、四月、南島談話会創立。五月、渡欧。

大正十二年（一九二三）四十八歳　九月二日、関東大震災の報をロンドンで受け、十一月、帰国。十二月、自宅で民俗学に関する第一回談話会を開く。

大正十三年（一九二四）四十九歳　二月、吉野作造と朝日新聞社編集局顧問論説担当。四月、慶応義塾大学文学部講師となり、民間伝承論を講義。

大正十四年（一九二五）五十歳　四月、『海南小記』刊行。八月、中山太郎、金田一京助らと北方文明研究会創立。十一月、雑誌『民族』創刊。

昭和二年（一九二七）五十二歳　民俗芸術の会結成。八月、北多摩郡砧村（現、世田谷区成城）に移る。

昭和三年（一九二八）五十三歳　二月、『雪国の春』刊行。九月、菅江真澄の墓前祭に参列。十二月、東条操らと方言研究会設立。

昭和四年（一九二九）五十四歳　四月、雑誌『民族』休刊。

昭和五年（一九三〇）五十五歳　五月十三日、田山花袋死去。『蝸牛考』刊行。十一月二十日、朝日新聞論説委員辞任。

昭和六年（一九三一）五十六歳　一月、『明治大正史世相篇』刊行。九月、雑誌『方言』創刊。

昭和七年（一九三二）五十七歳　一月、養母琴死去。四月、有賀喜左衛門、池上隆祐、大藤時彦らと郷土生活の研究法の会を開く。十一月、『秋風帖』刊行。十二月、養父直平死去。

昭和八年（一九三三）五十八歳　九月、毎週木曜日に民間伝承論の会を始める。この会が翌年一月から木曜会となり、日本民俗学会談話会として現在に続く。

昭和九年（一九三四）五十九歳　一月、長兄鼎死去。四月、自宅書斎を郷土生活研究所として開放。山村調査始まる。八月、『民間伝承論』刊行。

昭和十年（一九三五）六十歳　七月三十一日から還暦記念の日本民俗学講習会が日本青年館で開催。八月、『郷土生活の研究法』刊行。九月、民間伝承の会を創設し、雑誌『民間伝承』創刊。

昭和十一年（一九三六）六十一歳　五月、弟静雄死去。

昭和十二年（一九三七）六十二歳　一月、丸ノ内ビルで日本民俗学講座を開講。

昭和十三年（一九三八）六十三歳　語彙集の刊行続く。三兄通泰、貴族院議員となる。

昭和十四年（一九三九）六十四歳　四月、日本民俗学講座で「祭礼と固有信仰」の講義を始める。

昭和十五年（一九四〇）六十五歳　日本方言学会の初代会長になる。

昭和十六年（一九四一）六十六歳　一月、第十二回朝日文化賞受賞。八月、三兄通泰死去。

昭和十九年（一九四四）六十九歳　十月八日、京橋の泰明小学校で古稀記念会開催。十一月、「先祖の話」を書き始める。

昭和二十年（一九四五）七十歳　八月十五日、終戦の詔勅を聞き「感激不止」と記す。

昭和二十一年（一九四六）七十一歳　四月、『先祖の話』刊行。五月、成城学園教師とともに、話し方教育の会を開く。七月、枢密顧問官となる。

昭和二十二年（一九四七）七十二歳　三月、木曜会を発展的解消。民俗学研究所設立。

昭和二十四年（一九四九）七十四歳　二月、国立国語研究所評議員、三月、学士院会員となる。四月、民間伝承の会は日本民俗学会と改称、初代会長となる。四月、『北小浦民俗誌』刊行。

昭和二十五年（一九五〇）七十五歳　離島調査始まる。

昭和二十六年（一九五一）七十六歳　十一月、第十回文化勲章受章。

昭和二十七年（一九五二）七十七歳　六月、東畑精一らと稲作史研究会を始める。

昭和二十八年（一九五三）七十八歳　八月、社会科教科書『日本の社会』（実業之日本社刊）、文部省検定合格。

昭和三十年（一九五五）八十歳　十二月、民俗学研究所は解散すべきと発言。

昭和三十二年（一九五七）八十二歳　三月、ＮＨＫ放送文化賞受賞。四月、民俗学研究所解散を決定。

昭和三十四年（一九五九）八十四歳　十一月、『故郷七十年』刊行。

昭和三十五年（一九六〇）八十五歳　五月、千葉で、後に「日本民俗学の頽廃を悲しむ」と題する講演を行う。

昭和三十六年（一九六一）八十六歳　二月、『定本柳田國男集』の出版を決める。七月、『海上の道』刊行。

昭和三十七年（一九六二）八十七歳　五月、日本民俗学会主催の米寿祝賀会が開かれる。八月八日午後一時二十分、老衰のため逝去。享年八十八歳。戒名、永隆院殿顕誉常正明國大居士。八月十二日、青山斎場で日本民俗学会葬（仏式）。九月十一日、川崎市生田の春秋苑墓地に埋葬。

※年齢は満年齢表記とした。年譜作成にあたっては、小田富英編『柳田國男全集』別巻一（年譜）を参照した。

あとがき

本書は、筆者の日本民俗学史の第二作目である。本書が扱う対象は、明治四十一年（一九〇八）から昭和十年（一九三五）までの二五年余の期間であり、およそ四半世紀の出来事である。当初の計画では、戦中戦後も含めて一冊にまとめるつもりであった。しかし、書き上がる原稿の分量は増大していった。そこで今回は、日本民俗学の確立期を象徴する日本民俗学講習会までを一区切りとすることにした。本書が扱うのは、柳田國男が民俗学理論の構築に腐心していた時期にあたる。

柳田の還暦を記念した日本民俗学講習会は大盛況であった。会場の日本青年館には全国から柳田との邂逅を熱望した人たちが集まった。一週間を通しで、朝から夜まで開催したのである。柳田の書斎喜談書屋の見学や渋沢敬三のアチックミューゼアムの見学も企画された。現在の日本民俗学会では地方大会でエクスカーション（現地見学会）を実施することがある。まさにそれに似ていると思う。しかし、日本民俗学会及び関連学会が一週間という長期間の研究大会を実施できるだろうか。そのこと一つをとっても、いかに壮大で情熱的な企画であったかがわかる。参加者の満足度も高かったようである。日本民俗学講習会を契機に「民間伝承の会」（後の日本民俗学会）という新しい研究団体が誕生した。期間中の座談会の速記録を見ても、柳田が尊敬される偉大な学者であったことが知れる。

本書は、日本民俗学の歩みを柳田國男というひとりの巨人の活動を中心に論じてきた。柳田が構築した日本民俗学の森は大きく、まずは先行研究に学びながら知識を深めることにした。その作業は楽しくもあり苦しくもあった。しばらくは民俗学史の学びを続けたいと思う。本書の出版は、「創業七年目」の七月社の西村篤氏に、前著『日本民俗学の萌芽と生成』に続いてお願いすることに決めていた。仕事は忙しそうな人に頼めと言われる。それは本当だと思う。もっとも頼むほうはそれで良いが、頼まれた西村氏はどうだろうか。年賀状に「続編の原稿を楽しみにしております」とメモ書きがありホッとした。そして、期待通りのすばらしい編集力を発揮してくださった。図版の掲載許可等で、成城大学民俗学研究所、宮崎県立図書館、相模原市立博物館、館林市立田山花袋記念館にお世話になった。津山正幹氏には貴重な「牛腸」の写真を提供いただいた。以上記してお礼申し上げる。

日本民俗学史を後世へ伝達する意義は大きいと考え、文献照合には念を入れ、索引作成にも力を込めた。先行研究の検証を続けていく中で、いくつもの新しい発見があった。日本民俗学史はこれほど興味深い分野だったのか、と何度も感嘆した。この学史探究の魅力を多くの人と共有したいと考え、本書の執筆に専心してきた。本書が日本民俗学をさらに活力ある学問へ成長させる一助となれば幸いである。それを信じて刊行するものである。

二〇二四年九月六日　　板橋春夫

［ら］

［わ］

[ま]

[や]

書名・論文名索引

［か］

［さ］

人名索引

［さ］

索 引

- 本索引は、「事項索引」「人名索引」「書名・論文名索引」の三つからなる。配列は各索引とも五十音順とした。
- 「人名索引」では、「柳田國男」は頻出するので省略した。
- 「書名・論文名索引」は、書名は『　』、論文名は「　」で示し、（　）に執筆者名を記した。サブタイトルは適宜省略した。

事項索引

［著者略歴］

板橋春夫（いたばし・はるお）

1954年群馬県生まれ。1976年國學院大学卒業。
伊勢崎市職員、新潟県立歴史博物館参事、日本工業大学建築学部教授を経て、
現在、放送大学客員教授、神奈川大学大学院歴史民俗資料学研究科非常勤講師。
博士（文学・筑波大学）、博士（歴史民俗資料学・神奈川大学）。

単著：
『群馬の暮らし歳時記』（上毛新聞社、1988年）、『葬式と赤飯―民俗文化を読む―』（煥乎堂、1995年）、『平成くらし歳時記』（岩田書院、2004年）、『誕生と死の民俗学』（吉川弘文館、2007年）、『叢書・いのちの民俗学1　出産』（社会評論社、2008年）、『叢書・いのちの民俗学2　長寿』（社会評論社、2009年）、『叢書・いのちの民俗学3　生死』（社会評論社、2010年）、『群馬を知るための12章―民俗学からのアプローチ―』（みやま文庫、2012年）、『産屋の民俗』（岩田書院、2022年、日本民俗建築学会竹内芳太郎賞受賞）、『日本民俗学の萌芽と生成―近世から明治まで―』（七月社、2023年）

共編著：
『日本人の一生―通過儀礼の民俗学―』（八千代出版、2014年）、『年中行事の民俗学』（八千代出版、2017年）

日本民俗学《にほんみんぞくがく》の創成《そうせい》と確立《かくりつ》
――椎葉《しいば》の旅《たび》から民俗学講習会《みんぞくがくこうしゅうかい》まで

2024年10月29日　初版第1刷発行

著　者……………………板橋春夫
発行者……………………西村　篤
発行所……………………株式会社七月社
〒182-0015 東京都調布市八雲台2-24-6
電話・FAX 042-455-1385
印　刷……………………株式会社厚徳社
製　本……………………榎本製本株式会社

Printed in Japan ISBN 978-4-909544-37-7 C1039

七月社の本

政治風土のフォークロア
——文明・選挙・韓国

◉

室井康成著

「世の中はさういふものなのだよ」に抗う

世の中が、そして私たちが、知らず知らずのうちに従っている見えないルール＝「民俗」。法規やデータなどの可視化された資料ではなく、不可視の行動基準「民俗」の視座から、日本という風土に醸成された、政治と選挙の「情実」を読み解く。

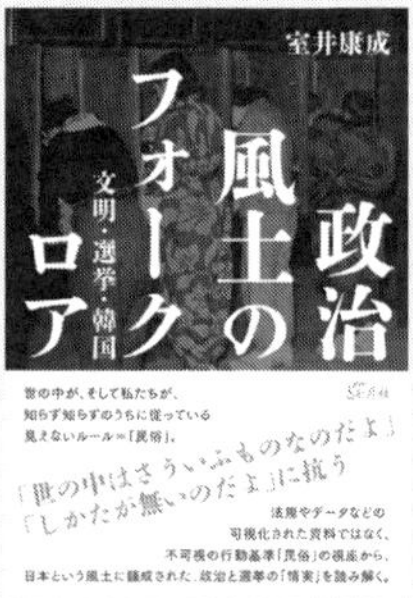

四六判上製／360頁
ISBN 978-4-909544-29-2
本体3500円＋税
2023年2月刊

［主要目次］

七月社の本

日本民俗学の萌芽と生成

――近世から明治まで

◉

板橋春夫著

日本民俗学誕生前夜の鳥瞰図

「古風」や「田舎」が発見され、失われゆくそれらを書き留めようとすることで、江戸時代に民俗学の種が撒かれた。そこから芽生えた民俗的関心は、明治以降の近代化の中で、触発・融合・反発を繰り返し、やがて柳田國男という大河に注ぎ込む。

A5 判並製／320頁
ISBN 978-4-909544-32-2
本体5400円＋税
2023年10月刊

［主要目次］